Deutsche Literaturgeschichte
Band 4

Ernst und Erika von Borries:
Zwischen Klassik und Romantik:
Hölderlin, Kleist, Jean Paul

Deutscher
Taschenbuch
Verlag

Originalausgabe
April 1993
© 1993 Deutscher Taschenbuch Verlag GmbH & Co. KG,
München
Umschlaggestaltung: Celestino Piatti
Gesamtherstellung: C.H. Beck'sche Buchdruckerei,
Nördlingen
Printed in Germany · ISBN 3-423-03344-4

Die Ausgabe

Daß Literaturgeschichte nicht abstrakt und theoretisch sein muß, daß sie lebendig, erzählerisch und unterhaltend sein kann – nicht weniger will diese Geschichte der deutschen Literatur beweisen. Vom Mittelalter bis zur Gegenwart schildert sie die großen Strömungen der deutschsprachigen Dichtung, beschreibt daneben, in kürzerer Zusammenfassung, die ideengeschichtlichen, politischen und gesellschaftlichen Veränderungen, die sie begleitet und beeinflußt haben. Die Lektüre erfordert kein spezielles Vorwissen: Es ist das Ziel der Verfasser, so gradlinig und allgemeinverständlich wie nur möglich zu schreiben, zwar auf der Höhe der wissenschaftlichen Kenntnisse, doch ohne Kompliziertheit und akribische Weitschweifigkeit.

Die bedeutendsten Dichtungen jeder Epoche werden ausführlich nacherzählt und interpretiert, woran sich Hinweise auf die Umstände ihrer Entstehung knüpfen. Manches Geschichtliche, manches aus dem Leben und der Gedankenwelt der Autoren kommt dabei zur Sprache. Eingeflochten ist außerdem eine stattliche Zahl von Zitaten, dazu gedacht, den besonderen Stil, die Tonlage und Atmosphäre der Werke eingehend zu belegen. Dergestalt entsteht ein Bild der geistigen Bewegungen, in dem beides – Erklärung und Original, Kommentar und Kommentiertes – zusammenwirkt, um den Leser auf anschaulichste Weise durch die verschiedenen Epochen der deutschen Literatur zu führen.

Die Autoren

Ernst von Borries studierte Germanistik, Geschichte und Soziologie; er ist Direktor eines Privatgymnasiums in München.
Erika von Borries arbeitete ein Jahrzehnt im Feuilleton der Süddeutschen Zeitung und lebt als freie Schriftstellerin in München.

Eine populäre Literaturgeschichte für den interessierten Laien zu schreiben, war das Ziel dieser Arbeit. Sie will eine erste Einführung in die literarischen Epochen bieten und mit ihren wichtigsten Autoren bekannt machen.

Im Mittelpunkt steht daher die ausführliche Interpretation einzelner Werke, die exemplarisch die Epoche und die Eigenart eines Dichters erhellen soll. Aus der Fülle der literarischen Zeugnisse repräsentative Beispiele für diese Einzeldarstellungen auszuwählen, war nicht immer einfach, galt es doch, ästhetische Maßstäbe ebenso zu berücksichtigen wie – unabhängig vom poetischen Rang – das Epochentypische herauszuarbeiten, auch wenn manches davon heute befremdlich erscheinen mag; gelegentlich entschieden einfach persönliche Vorlieben. Im ganzen glauben die Autoren jedoch, zwischen populär Gewordenem, Zeitbedingtem und Bleibendem eine Mitte gefunden zu haben, die den Reiz einer Epoche, die Spannung des literarischen Prozesses vermitteln kann. Daß bei diesem Konzept grundsätzlich auf die Diskussion wissenschaftlicher Positionen und Meinungen verzichtet wurde, ebenso auf Anmerkungen, weiterführende Literaturhinweise etc., versteht sich von selbst; auch wurde kein vollständiger Überblick über die deutsche Literatur angestrebt.

Die üblichen Epochenbezeichnungen sowie die Gliederung in lyrische, dramatische und erzählende Dichtung wurden, soweit möglich, beibehalten. Da die originalen Texte die Interpretationen unmittelbar belegen und ergänzen sollen, werden in der Regel Gedichte vollständig abgedruckt, aus Dramen, Erzählungen und Romanen auch längere Passagen zitiert. Auf diese Weise will diese Literaturgeschichte auch dazu verführen, die Werke weiterzulesen, wiederzulesen.

Um die Anliegen einer literarischen Epoche einleuchtend darzustellen, wurden zur Einführung jeweils die politischen, sozial- und kulturgeschichtlichen Grundlagen vorangestellt; diese kurzen Überblicke berücksichtigen vor allem die literaturrelevanten Ereignisse und Entwicklungen.

Der vorliegende Band nimmt in gewisser Weise eine Sonderstellung in der Reihe ein, denn er befaßt sich sehr ausführlich mit drei einzelnen Autoren; doch wollten wir bewußt ein Gegengewicht zur Weimarer Klassik schaffen, deren Werke lange Zeit als der Höhepunkt der deutschen Dichtung angesehen und entsprechend breit gewürdigt wurden. Dazu kommt, daß die drei Einzelgänger zwischen Klassik und Romantik, vor allem Hölderlin und Jean Paul, etwa im Schulunterricht meist vernachlässigt werden, und eine populäre Einführung in das Werk dieser Autoren zur Zeit fehlt.

Als schwierig, unangepaßt oder auch sonderlich werden Hölderlin, Kleist und Jean Paul im allgemeinen angesehen; sie hatten ihre sehr eigenwilligen poetischen Vorstellungen, die sie gegen den Zeitgeschmack und die herrschenden Schulen der Klassik und Romantik durchzusetzen suchten. Das Leiden an der geistigen Isolierung führte bei Hölderlin schließlich zum Wahnsinn, Kleist nahm sich das Leben, nur Jean Paul gelang es, sich in seiner anspruchsvollen Originalität zu behaupten, die allerdings bis heute eine breitere Leserschaft verhindert hat.

In unsere Darstellung haben wir, anders als in den vorherigen Bänden, immer wieder Biographisches, Briefe usw. eingeflochten, wo wir glaubten, damit den Zugang zu den einzelnen Werken zu erleichtern.

Hölderlin, Kleist und Jean Paul erlebten zwischen den beiden Weltkriegen im Kreis um Stefan George eine Renaissance bzw. Neubewertung; erst in den dort entstandenen Arbeiten wurde ihren Werken klassischer Rang zuerkannt. Mit Hölderlins innerer Unruhe und Zerrissenheit, Kleists schockierender Emotionalität und Jean Pauls fast surrealistischer Weltaneignung identifizierte sich der Leser des 20. Jahrhunderts eher als der Bildungsbürger vergangener Zeit. Wenn nun neben den Band III über ›Die Weimarer Klassik‹ ein weiterer tritt, der großen Einzelpersönlichkeiten der deutschen Literatur gewidmet ist, so wird damit der traditionellen Wertschätzung und dem modernen Interesse Rechnung getragen.

Wir danken den Verantwortlichen des Deutschen Taschenbuch Verlags, daß sie unsere Vorstellungen akzeptierten und uns den germanistischen Luxus dieses besonderen Bandes erlaubten.

München, im Oktober 1992　　　　　　Ernst und Erika von Borries

INHALT

ZWISCHEN KLASSIK UND ROMANTIK
HÖLDERLIN, KLEIST, JEAN PAUL

I. Einführung

FRIEDRICH HÖLDERLIN (1770–1843)

I. Philosophisch-ästhetische Fragmente

II. Die lyrische Dichtung

III. Die erzählende Dichtung

IV. Die dramatische Dichtung

HEINRICH VON KLEIST (1777–1811)

I. Kunsttheoretische Betrachtungen

II. Die dramatische Dichtung

III. Die erzählende Dichtung

JEAN PAUL (JOHANN PAUL FRIEDRICH RICHTER, 1763–1825)

I. Poetische Theorie

II. Die erzählende Dichtung

Anhang

ZWISCHEN KLASSIK UND ROMANTIK
HÖLDERLIN, KLEIST, JEAN PAUL

I. Einführung

1.1 Deutschland nach der Französischen Revolution

Der Ausbruch der Französischen Revolution 1789 stieß in Deutschland zunächst auf beachtliches Verständnis: Der Mißstände im Ancien Régime war man sich durchaus bewußt; die großen Ideale der Menschen- und Bürgerrechte – Freiheit, Gleichheit, Brüderlichkeit – waren von der Philosophie der Aufklärung entwickelte, in Deutschland ebenso bekannte und angestrebte Ziele. Aber anders als in Frankreich bestand in den Jahrzehnten nach 1789 hierzulande zu keiner Zeit eine ernstzunehmende revolutionäre Situation. Einmal verhinderte die Zersplitterung des Reichs in mehrere hundert Einzelstaaten die Entstehung einer politischen Massenbewegung, zum andern hatten die landesfürstlichen Reformen in der zweiten Hälfte des 18. Jahrhunderts (etwa im Bereich der Justiz und des Bildungswesens) viel sozialen Konfliktstoff abgebaut. Wohl gab es im Bereich der jüngeren Intellektuellen-Generation anfangs so viel Sympathie für die Ereignisse im Nachbarland, daß man durchaus von einer Revolutionsbereitschaft in diesen Kreisen sprechen kann, doch die weiteren Ereignisse – insbesondere die Septembermorde, die Hinrichtung Ludwigs XVI., der Terror der Jakobinerherrschaft und dann natürlich Konsulat und Kaisertum Napoleons – wurden einhellig verurteilt als eine Art Verrat an den ursprünglich edlen Zielen. Die Sorge vor einem Überspringen der Revolution nach Deutschland bewirkte das Ende der aufgeklärten Reformbewegung mit ihren liberalisierenden Tendenzen und stieß, obwohl die polizeistaatliche Überwachung von Versammlungen und Vereinen, auch einzelner Untertanen, zunahm, obwohl die Zensur merklich verschärft wurde, auf keinen nennenswerten Widerstand bei der Intelligenz. Die Masse der Bevölkerung, Bauern und Handwerker, war ohnedies vollauf mit dem Kampf ums tägliche Brot beschäftigt und gänzlich unpolitisch.

Seit 1792 führten die europäischen Großmächte – Preußen, Österreich, Rußland und England – in wechselnden Koalitionen und mit wechselnden Verbündeten unter den kleineren Staaten Krieg mit dem revolutionären Frankreich, das zur anfänglichen Verblüffung und später mit wachsendem Schrecken stets Sieger blieb. Frankreich, und das hieß sehr bald: Napoleon Bonaparte konnte die Bedingungen der einzelnen Friedensschlüsse diktieren, die mit jedem französischen Sieg härter wurden. Als alle Gebiete links des Rheins abgetreten, die geistlichen Fürstentümer aufgehoben und der sonstige geistliche

Besitz enteignet (Säkularisation), so wie die kleinen reichsunmittelbaren Herrschaften und die Reichsstädte den mächtigen Landesfürsten unterstellt waren (Mediatisierung), wurde schließlich im August 1806 unter massivem Druck Napoleons das Deutsche Reich aufgehoben: Kaiser Franz II. legte die deutsche Kaiserkrone nieder und nannte sich nur mehr Kaiser Franz I. von Österreich. Dabei waren Österreich und Preußen durch massive Gebiets- und Bevölkerungsverluste, die beide Länder als Preis für den Frieden hinnehmen mußten, nach Osten verschoben und zu mittleren Mächten herabgestuft worden: Frankreich hatte nun außer dem Zarenreich keinen ernstzunehmenden Gegner mehr auf dem Kontinent.

Die west- und süddeutschen Staaten schlossen sich am 12. Juli 1806 unter dem Vorsitz Napoleons zum »Rheinbund« zusammen, d.h. sie akzeptierten die französische Oberhoheit; wenig später folgten noch die Staaten Mitteldeutschlands, vor allem Sachsen. Dies hatte weit über das Zeitalter Napoleons hinausreichende Folgen: Auf sein Drängen hin wurde beispielsweise in Bayern 1808 eine Verfassung erlassen, d.h. die ersten entscheidenden Schritte zur Überwindung des Absolutismus getan, denn in einem Verfassungsstaat ist der Monarch gewissermaßen Sachwalter seines Staates, mit dem er nicht mehr wie mit rein privatem Besitz nach Belieben schalten und walten kann; auch wandelt sich die Stellung des Einzelnen vom reinen Untertanen zum Staatsbürger, mögen seine Rechte anfangs auch noch so eingeschränkt sein. Zum zweiten übernahmen eine Reihe von Staaten das neue französische Zivilrecht, den Code Napoléon. In Baden z.B. galt er in deutscher Übersetzung als ›Badisches Landrecht‹ bis zum Jahre 1900. Damit wurden wichtige Bürgerrechte in einer Reihe deutscher Staaten Gesetz: die Gleichheit aller vor dem Gesetz, die Unabhängigkeit der Rechtsstellung von der Religion des Betroffenen, die Freiheit der Person und die Sicherung des Privateigentums usw. Da Italien ebenfalls den Code Napoléon übernahm, und Belgien und die Niederlande ihn zumindest zur Grundlage ihrer Gesetzgebung machten, entstand, erstmals seit der Römerzeit, eine Zone weitgehend gleichen Rechts vom Mittelmeer bis zur Nordsee; dies war eine der entscheidenden Voraussetzungen für die Industrialisierung des Kontinents.

Gleichzeitig bedeutete die Herrschaft Napoleons eine immer drückendere Steuerlast und einen enormen Blutzoll, denn die dauernden Kriege kosteten unzähligen Menschen das Leben und sie verschlangen Unsummen Geldes. Die polizeistaatliche Willkür machte die Besatzungsmacht vollends unerträglich: Als z.B. kurz nach der Aufhebung des Deutschen Reichs, Mitte August 1806, beim Buchhändler Johann Palm in Nürnberg eine anonyme Schrift ›Deutschland in seiner tiefen Erniedrigung‹ erschien, ließ Napoleon ihn wegen angeblicher Beleidigung Frankreichs verhaften und kurzerhand am 26. August 1806 in Braunau am Inn erschießen. Napoleon hatte offensichtlich die Bedeutung unterschätzt, vielleicht gar nicht erwogen, die ein nationaler Märtyrer für die Deutschen haben mußte, denn längst hatte die Idee des Nationalismus, einer der brisantesten ideologischen »Exportartikel« der Französischen Revolution, auch Deutschland erfaßt und fand gewissermaßen täglich angesichts ständiger Übergriffe der Besatzungsmacht neue Nahrung.

Etwa zeitgleich mit den von Napoleon veranlaßten Reformen in den Rheinbundstaaten entstand in Preußen ebenfalls ein Reformprogramm, allerdings mit gänzlich anderer Zielsetzung. Preußen war durch die Niederlage bei Jena und Auerstedt faktisch vernichtet worden, und nur der Protest des Zaren rettete 1807 beim Frieden von Tilsit seine staatliche Existenz. Allerdings mußte Preußen eine enorme Kriegsentschädigung zahlen und mehr als die Hälfte seines Staatsgebietes abgeben, darunter alle Landesteile westlich der Elbe; es hatte danach nur noch knapp 5 Millionen Einwohner. Die Bevölkerung hungerte, der König war mit seiner Familie nach Königsberg geflüchtet, das Symbol der preußischen Macht, die Quadriga des Brandenburger Tors, hatte Napoleon als Beute nach Paris verschleppt. Es war die nackte Not, die König Friedrich Wilhelm III. zwang, dem Drängen nach Reform des Staates Preußen endlich nachzugeben.

Unter dem Minister Karl Freiherr vom Stein wurde zunächst die Regierung neu organisiert durch die Errichtung von Fachministerien mit klarer Ressortaufteilung (anstelle der königlichen Kabinette); Maßnahmen wie die Aufhebung der bäuerlichen Leibeigenschaft, die Einführung der Gewerbefreiheit und die gemeindliche Selbstverwaltung sollten die preußischen Untertanen zu verantwortlichen Staatsbürgern erziehen, die eines Tages in der Lage und bereit sein würden, für die Befreiung von der französischen Herrschaft zu kämpfen. In seiner Nassauer Denkschrift von 1807 schrieb der Freiherr vom Stein:

Soll die Nation veredelt werden, so muß man dem unterdrückten Teile derselben Freiheit, Selbständigkeit und Eigentum geben und ihm den Schutz der Gesetze angedeihen lassen. Die Vervollkommnung der Unterrichtsanstalten, besonders der Landschulen, und ihre Einrichtung muß fortschreiten, damit eine größere Masse gründlicher Kenntnisse sich durch die ganze Nation verbreite.

Ein wichtiger Teil der staatlichen Umstrukturierung war die Heeresreform unter Scharnhorst, der durch ein rollierendes System von Ausbildungs- und Dienstzeiten, zu denen regelmäßige Reserveübungen kamen, erreichte, daß trotz der von Napoleon verfügten Beschränkung des preußischen Heeres auf 42000 Mann in wenigen

Jahren eine schlagkräftige Reservistenarmee aufgebaut werden konnte.

Als ein Brief Steins, in dem er seine Hoffnung auf Befreiung von der französischen Herrschaft allzu offen ausdrückte, von französischen Spitzeln abgefangen und in Paris veröffentlicht worden war, entließ ihn Friedrich Wilhelm III. auf Verlangen Napoleons, der in seiner Rachsucht Stein schier ächtete:

1. Der pp. Stein, welcher Unruhen in Deutschland zu erregen sucht, ist zum Feinde Frankreichs und des Rheinbundes erklärt. 2. Seine Güter ... werden mit Beschlag belegt. Der besagte Stein wird überall, wo er durch Unsere und Unserer Verbündeten Truppen erreicht werden kann, persönlich zur Haft gebracht.

Stein wandte sich erst nach Österreich und Böhmen, ging schließlich nach Rußland, von wo aus er den deutschen Widerstand gegen Napoleon zu organisieren suchte. Nach einer Zeit der Stagnation wurden die Reformen unter dem neu ernannten Staatskanzler Hardenberg, einem engen Mitarbeiter Steins, nachgerade hektisch vorangetrieben, doch war König Friedrich Wilhelm III. zu schwach und ängstlich, so daß unter dem Druck der landadeligen Reaktion das Reformwerk wieder zusammenbrach.

Nach der Katastrophe des napoleonischen Winterfeldzugs gegen Rußland begannen 1813 schließlich die Befreiungskriege. In der Völkerschlacht bei Leipzig am 16.–19. Oktober wurde Napoleon vernichtend geschlagen; am 4. November wurde der Rheinbund aufgelöst; am 30. Mai 1814 schloß man in Paris Frieden. Zur Neuordnung Europas tagte ab dem Herbst 1814 der Wiener Kongreß, der die Souveränität der deutschen Fürstenstaaten, so wie sie nach dem Reichsdeputationshauptschluß entstanden waren, festschrieb, d. h. der Bevölkerung den ersehnten Nationalstaat verweigerte und lediglich den lockeren Deutschen Bund zuließ.

Die überragende Figur in Wien war der österreichische Kanzler Klemens von Metternich, der zur Sicherung des Vielvölkerstaats Österreich alle nationalistischen Bestrebungen ignorierte und später (1819) auch für die Karlsbader Beschlüsse zur Unterdrückung der politischen Opposition, d. h. die sogenannten Demagogenverfolgungen, verantwortlich war.

Immerhin aber enthielt die Bundesakte einen Artikel über die Einführung von Verfassungen in den einzelnen deutschen Staaten. Dies bedeutete eine wichtige, wenn auch vorläufig nur ideelle Stärkung des Gedankens der konstitutionellen Monarchie; zum andern ließ die Gründung des Deutschen Bundes die Hoffnung auf die Erneuerung der nationalen Einheit nicht untergehen. Gleichzeitig bewirkten jedoch beide Ansätze ein Ansteigen der innenpolitischen Spannungen in den 41 souveränen Einzelstaaten, je weiter sich die fürstlichen Regierungen vom Erlaß einer Verfassung entfernten und das absolutistische Gottesgnadentum wieder hervorkehrten.

1.2 Bürgertum und Demokratiebewegung

Die Schicht der akademisch Gebildeten bestand im wesentlichen aus Beamten, einigen wenigen Selbständigen wie Ärzten, Anwälten oder Verlegern und, dies betrifft wichtige Teile der jüngeren Generation, aus Hofmeistern, d. h. aus Hauslehrern (dies war der einzige Beruf, den junge Akademiker i. a. vor Erreichen einer Beamtenstellung ausüben konnten). Man verstand sich als geistige Elite und dokumentierte dies nicht nur durch die tägliche Zeitungslektüre, sondern durch die fundierte Kenntnis literarischer und wissenschaftlicher Spitzenwerke: man war gebildet. Die großen literarischen, philosophischen und naturwissenschaftlichen Errungenschaften in dieser Zeit stammten von Mitgliedern dieser Schicht, wie sich auch die entsprechenden Veröffentlichungen fast ausschließlich an die wenigen Akademiker wandten.

Dieses Bildungsbürgertum begriff sich als Stand zwischen dem Adel und den regierenden Fürstenhäusern und dem »Volk«; es beobachtete die Entwicklung in Frankreich sehr genau und arbeitete sie vor allem philosophisch auf, wie dies in keinem anderen europäischen Land geschah. Die Versuche der Analyse mündeten direkt in den deutschen Idealismus.

Das einfache Volk, d. h. vor allem die Bauern, die etwa 70 Prozent der Bevölkerung ausmachten, bestand weitgehend aus Analphabeten; zwar war die allgemeine Schulpflicht eingeführt, aber ihre Durchsetzung dauerte lange. Es gab beispielsweise nicht genügend Lehrer mit geeigneter Ausbildung, auch wurden die Lehrer miserabel besoldet – in Preußen gestattete man den Volksschullehrern, wenn sie nicht eigenes Vermögen hatten, sich sechs Wochen während der Ernte als Landarbeiter zu verdingen –; auf der andern Seite war die Bereitschaft durchaus unterentwickelt, auf die Arbeitskraft der Kinder zu verzichten und sie auf die Schule zu schicken.

Interesse an der Teilhabe am politischen Prozeß, also an der Demokratisierung der Fürstenstaaten, hatte nur das Bildungsbürgertum, das jedoch kaum eine Chance auf wirksame Organisation besaß. In den teilweise schon im 17. Jahrhundert gegründeten und im Deutschen Reich weit verbreiteten »Lesegesellschaften« diskutierte man

Bücher und Zeitschriften, die meist gemeinsam erworben und bei den Zusammenkünften gelesen wurden. In diesen Vereinigungen wurden zwar die großen philosophischen Ideen verbreitet, aber eine unmittelbare politische Bedeutung kam ihnen nicht zu.

Die Berliner Romantiker etwa trafen sich in der von Achim von Arnim gegründeten »Christlich-Teutschen Tischgesellschaft«, zu der satzungsgemäß weder Juden noch Franzosen, auch keine »Philister« (Spießbürger) zugelassen waren. Der Staatsrechtler Adam Müller z. B. war Mitglied, auch Heinrich von Kleist, Clemens Brentano, Savigny und der Philosoph Fichte und viele andere mehr. Politisch war der Kreis geprägt vom patriotisch-nationalen Konservatismus der jüngeren romantischen Schule; von den preußischen Reformern verkehrte niemand dort. Solcher Zirkel – man könnte fast »Clubs« sagen, da sie auch gewisse Regeln des Beisammenseins hatten – gab es viele in Deutschland; untereinander bestanden kaum mehr als zufällige Verbindungen, zur Organisation einer politischen Kraft konnten auch sie nicht dienen.

Anders der von »Turnvater« Friedrich Ludwig Jahn begründete »Deutsche Bund«, der als antinapoleonische Vereinigung von der Obrigkeit tolerierte politische Ziele vertrat. Die von Jahn gegründete Turnbewegung wurde schließlich die erste, ganz Deutschland erfassende politisch-nationale Bewegung; sie entwickelte sich nach den Befreiungskriegen zu einem Sammelbecken der bürgerlichen Opposition und wurde folgerichtig, als sich nach dem Wiener Kongreß die fürstlichen Regierungen wieder gefestigt hatten, vielerorts verboten, in Preußen bereits 1819.

Der Weg vom Untertan zum politisch denkenden Bürger war noch weit. »Das Volk soll sich zerstreuen, nicht versammeln«, meinte Metternich und artikulierte damit die Einstellung wohl aller deutschen Fürsten seiner Zeit.

1.3 Zensur in Deutschland

Neben den Strafrechtsartikeln über Hochverrat und Majestätsbeleidigung und dem Verbot, politische Vereinigungen zu gründen, war die Pressezensur das wohl wichtigste Instrument, mit dem das bürgerliche Freiheitsstreben und der Wunsch nach Demokratie unterdrückt wurden.

Vom 1. Oktober 1810 an gab Heinrich v. Kleist die ›Berliner Abendblätter‹ heraus, die erste deutsche Abendzeitung gewissermaßen, die ihre Attraktivität letztlich aus den knapp gefaßten Nachrichten, darunter dem Polizeibericht, und der aktuellen Theaterkritik bezog. Als Mitarbeiter gewann Kleist vor allem Adam Müller, aber auch Männer wie Friedrich de la Motte Fouqué, Achim von Arnim und andere aus dem Kreis der Berliner Romantiker. Die ›Berliner Abendblätter‹ waren vom Start weg ein Erfolg. Auch die preußische Regierung unter Hardenberg, sogar der König verfolgte aufmerksam, was dort veröffentlicht wurde. Soweit wären die Aussichten glänzend gewesen, hätte nicht gerade dieses »allerhöchste« Interesse massives Mißtrauen der Obrigkeit bedeutet.

Als in den ›Abendblättern‹ eine Nachricht über erhebliche französische Verluste in Portugal erschien, wurde von französenfreundlicher Seite versucht, ein Verbot aller politischen Artikel für die Zeitung beim Berliner Polizeipräsidenten durchzudrücken. Aber keinesfalls lösten nur Artikel, die sich kritisch mit der Besatzungsmacht auseinandersetzten, solche Reaktionen aus. Unter Hardenberg wurden Ende Oktober 1810 wichtige Finanzgesetze erlassen (darunter am 27. 10. die Aufhebung der Steuerprivilegien); Ziel war die Sanierung der preußischen Staatskassen, die insbesondere durch enorme Kontributionszahlungen an Frankreich zerrüttet waren. Mit diesen Gesetzen beschäftigte sich der Volkswirtschaftler Adam Müller kritisch, und Kleist druckte den Artikel. Da erließ der König mit Datum vom 18. 11. 1810 folgende Kabinettsorder:

Ich finde den Aufsatz »Vom Nationalkredit« in dem Berliner Abendblatt vom 16. d. M. gar sehr am unrechten Orte . . . Absichtlich oder aus gegenseitiger Überzeugung, im Effekt einerlei, kann jetzt nichts Nachteiligeres geschehen, als wenn man Mißtrauen gegen die getroffenen großen Maßregeln der Regierung in den Gemütern der Menge erweckt, und dies geschieht durch dergleichen hingeworfene ganz unreife Aufsätze in einem Blatte, welches so allgemein vom Publikum gelesen wird. Es ist daher von der äußersten Wichtigkeit, dergleichen Blätter der strengsten Zensur zu unterwerfen, und da dem Zensor des Abendblattes eine diesfällige richtige Beurteilung zu mangeln scheint, so will Ich, daß Ihr selbst Euch diesem Geschäft unterziehet.

Gegen solchen staatsautoritären Geist anschreiben zu müssen, war für einen kritischen Kopf fast unmöglich. Lange *vor* den Karlsbader Beschlüssen von 1819 und der Demagogenverfolgung hatte sich die Sorge vor revolutionären Umtrieben zur Angst vor jedem kritischen Denken der Untertanen gesteigert. So durfte Kleist schließlich nur mehr politische Nachrichten drucken, die bereits in den anderen Berliner Zeitungen gestanden hatten.

Doch waren die Bedingungen für die journalistische Arbeit noch schwieriger, als die beiden obigen Beispiele vermuten lassen, denn der verbietende Zugriff der zensierenden Obrigkeit erstreckte sich über alle Teile einer Zeitung, nicht nur über die politischen. Angeblich um die Moral des einfachen Volks zu schützen, versuchte die Berliner Polizeibehörde die meist in Wirtschaften auftretenden Marionettentheater zu verbieten. Gleichzeitig betrachtete man dort jede auch nur andeutungsweise negative Kritik am »Königlichen Nationaltheater« als unzulässig, denn eine staatlich subventionierte Institution galt grundsätzlich als erhaben über Kritik. Die guten persönlichen Beziehungen des sehr empfindlichen Intendanten Iffland zu Hardenberg reichten schließlich aus, daß der preußische Staatskanzler kurzerhand Kleist verbot, weiter kritisch über das Berliner Theater zu berichten. Damit war das Schicksal der ›Abendblätter‹ besiegelt, Kleist mußte am 30. März 1811 ihr Erscheinen einstellen. Achim von Arnim klagte:

... Diesen Druck, der insbesondere alles Schreiben über Landesangelegenheiten unterdrückt, hat Kleist bei seinen Abendblättern lästig gefühlt; über die Hälfte der Aufsätze wurden von der Zensur der Polizei unterdrückt, häufig mußte er sich mit Lückenbüßern behelfen. Über das Theater ward gar keine freie Äußerung erlaubt; Iffland und Hardenberg hängen wie Rad und Wagenschmiere zusammen. Ein gewöhnliches Lachen über eine schlechte Sängerin, Mslle. Herbst, die eine Hauptrolle bekommen hatte, auf die drei andere nähere Ansprüche machten, hat die Verbannung von fünf jungen Leuten nach sich gezogen; nun soll mir doch niemand von englischer Verfassung und Freiheit reden, der zu gleicher Zeit alle äußere Freiheit in ihren bedeutenden und unbedeutenden Äußerungen aufhebt!

(am 31. 12. 1810 an Wilhelm Dorow)

Ob im Interesse der französischen Besatzungsmacht oder aus obrigkeitlicher Kritikfeindlichkeit: die Zensur war allmächtig und konnte beliebig und willkürlich ausgeübt werden. Eine Möglichkeit, sich juristisch dagegen zu wehren, bestand im Absolutismus nicht.

1.4 Philosophische Grundlagen

Johann Gottlieb Fichte

Die Philosophie Fichtes (1762–1814) faszinierte und prägte vor allem die junge Intellektuellen-Generation der neunziger Jahre, die sich, stärker noch als die Klassiker und ihre Wegbereiter, mit den Zielen der Französischen Revolution identifizierte. 1793 veröffentlichte Fichte anonym eine Rede ›Zurückforderung der Denkfreiheit von den Fürsten Europas, die sie bisher unterdrückten‹ sowie ›Beitrag zur Berichtigung der Urteile des Publikums über die Französische Revolution zur Beurteilung ihrer Rechtmäßigkeit‹, in denen er seine radikalen Thesen von der uneingeschränkten Freiheit des Individuums im Denken und Handeln propagierte. »Die Frage vom Recht gehört gar nicht vor den Richterstuhl der Geschichte«, kommentierte er die Ereignisse in Frankreich. Und: »Jeder Mensch ist von Natur frei, und niemand hat das Recht, ihm ein Gesetz aufzuerlegen, als Er sich selbst.«

1794 erhielt Fichte einen Lehrstuhl in Jena; dort beeinflußte er die jungen Romantiker um Friedrich Schlegel, auch Hölderlin, der wiederum seine Freunde Schelling und Hegel mit Fichtes Lehren bekanntmachte. In seiner berühmten ›Wissenschaftslehre‹ versuchte Fichte, die Philosophie, die sich noch bei Kant aus der Erfahrung ableitete, zu einer systematischen Wissenschaft, zu einem unumstößlichen rationalen Gedankengebäude zu machen. Fichte führte in die moderne Philosophie die Methode des dialektischen Dreischritts ein, den bedeutende Dichter und Denker seiner Zeit auf ihre Kunst-, Natur- und Geschichtsauffassung übertrugen.

Die ›Wissenschaftslehre‹ leiten drei Grundsätze ein, die den drei Schritten von These, Antithese und Synthese entsprechen. Aus der Erkenntnis, daß allem Denken logischerweise erst einmal ein Sich-selbst-Denken vorausgehen müsse, erklärt Fichte den wirklich voraussetzungslosen Anfang als »Tathandlung« des Menschen: »Das Ich setzt sich selbst.« Nachdem aber kein Gegenstand gedacht werden kann, ohne ihn zu unterscheiden, folgt als zweiter Grundsatz (Antithese), daß dem Ich ein Nicht-Ich entgegengesetzt sein müsse: »Ich ist nicht Nicht-Ich.« Der dritte Grundsatz, die Synthese, die beide Sätze verbindet, legt ihre wechselseitige Bestimmung und Einschränkung fest, ohne die die beiden vom Ich gesetzten Akte sich aufheben würden: »Ich setze im Ich dem teilbaren Ich ein teilbares Nicht-Ich entgegen.« Das bedeutet: Indem es sich als durch das Nicht-Ich bestimmt erkennt, ist das Ich eingeschränkt, aber in der Tathandlung, indem es bestimmend handelt (Ich und Nicht-Ich *setzt*), ist es absolut frei. Als handelndes Subjekt kommt der Mensch nach Fichte seiner Bestimmung zur Freiheit nach, erfüllt er sein eigentliches Wesen.

Fichte selbst hat zum Verständnis des in drei Schritten erfolgenden Erkenntnisprozesses das Beispiel vom Gold gebracht: Es wird zunächst als solches erkannt, dann von Kupfer und Silber unterschieden und zuletzt als (These und Antithese zusammenfassendes) Metall begriffen, das sich aufgrund bestimmter Qualitäten von Kupfer und Silber abgrenzen läßt.

Es ging Fichte aber nicht in erster Linie um die Selbsterkenntnis, sondern er forderte, die Erkenntnis des freien Ichs nun auch zu realisieren, im Tun und Handeln zum Ausdruck zu bringen. Damit verbanden die jugendlichen Fichte-Hörer, die sich in Jena in jakobinisch gesinnten Zirkeln versammelten, die Aufforderung auch zu politischer Tat. »Der Staat geht . . . auf seine eigene Vernichtung aus; es ist der Zweck aller Regierung, die Regierung überflüssig zu machen«, heißt es in der Schrift ›Über die Bestimmung des Gelehrten‹. Fichte setzte bei solchen Postulaten voraus, daß der Staat am Ende eines fortschreitenden Erziehungsprozesses aus einer Gemeinschaft von freien Persönlichkeiten bestünde, die sich als frei erwiesen, indem sie auch die anderen in ihrer Freiheit achteten – dann bedürfte es tatsächlich keines Staates und keiner Regierung mehr. Mit dieser Schrift und der dazu gehörenden Vorlesung wollte Fichte den Gelehrtenstand als eine Art »öffentlichen Gewissens« etablieren; bei dem Versuch, ganz konkret das studentische Leben in Jena zu reformieren, wehrten sich seine Studenten allerdings so heftig, daß Fichte zeitweise vor ihren Angriffen aus der Stadt fliehen mußte.

Mit der Veröffentlichung seiner ›Wissenschaftslehre‹ und den darin enthaltenen demokratischen Positionen wurde Fichtes Professur in Jena untragbar, dennoch wurde er nicht wegen seiner republikanischen Gesinnung, die wohl aus den schwierigen Gedankengängen gar nicht so leicht als solche herausgefiltert werden konnte, sondern wegen seines ihm nachgesagten Atheismus 1799 aus Jena verwiesen. Friedrich Wilhelm III. berief ihn schließlich nach Berlin, wo er an der neugegründeten Universität weiter lehren durfte und 1811 zum ersten Rektor ernannt wurde.

Bevor Fichte nach Berlin ging, muß es von französischer Seite Versuche gegeben haben, den glühenden Verfechter der Revolution an die Universität Mainz zu holen. (Mainz war seinerzeit *das* jakobinische Zentrum Deutschlands.) Und Fichte, über die schmähliche Entlassung in Jena erbittert, soll durchaus begeistert zugestimmt haben; zur Berufung kam es dann doch nicht, die Reaktion gewann auch in Mainz wieder die Oberhand.

In Berlin wurde Fichte in den Romantiker-Kreis um Arnim, Tieck, Brentano und Friedrich Schlegel eingeführt, von dem er auch selbst wichtige Gedanken übernahm. Nicht zuletzt stimmte er mit ihrem Haß auf die französische Besatzungsmacht überein. In seinen berühmt gewordenen ›Reden an die deutsche Nation‹ bekundete er seinen neuen Patriotismus, setzte er sich leidenschaftlich für eine Erneuerung Deutschlands von innen heraus ein. In diesen Ideen traf sich Fichte mit dem Kreis der preußischen Reformer um den Freiherrn vom Stein, Humboldt, Scharnhorst usw., die zur gleichen Zeit am Umbau des preußischen Untertanenstaats in einen Staat freier selbstbewußter Bürger arbeiteten.

Friedrich Wilhelm Joseph Schelling

Während Fichte mit seinem Postulat von der freien Tatkraft des Geistes für den Ausbau der romantischen Theorie wichtige Impulse gab, gilt Schelling (1775–1854) als der eigentliche Philosoph der Romantik. Er führte Fichtes dialektische Erkenntnismethode weiter und übertrug sie auf das Naturgeschehen und das Leben schlechthin. Schelling kehrte sich von der rein rationalen Welterkenntnis ab, er wollte über die empirischen wissenschaftlichen Ergebnisse hinaus das innerste Wesen der Natur und des Seins verstehen. Nicht rein verstandesmäßig, sondern in einem mystischen Erfassen, das er als »intellektuale Anschauung« bezeichnete, vollzog sich für ihn das erkennende Eindringen in die Natur. Indem er auch die irrationalen Kräfte gelten ließ, knüpfte er an Vorstellungen des Sturm und Drang (Hamann, Herder) an.

In wichtigen Punkten unterschied sich Schellings Naturphilosophie von Fichtes Wissenschaftslehre: Für ihn war Natur nicht mehr lediglich Objekt, notwendiger Widerstand des Nicht-Ich, den das Subjekt zur Etablierung seines Ich-Bewußtseins brauchte, sondern dem Ich gleichgesetzte schöpferische Intelligenz. Was im Menschen als bewußte Kraft tätig sei, wirke in der Natur unbewußt, wobei sich die Höherentwicklung in Stufen vollziehe wie im menschlichen Bewußtsein. Im künstlerischen Schaffen komme es zur Verbindung von naturhaftem, unbewußtem Schöpfertum und bewußtem Wollen des Geistes. Sah Fichte noch den Gipfel der Menschheitsentwicklung in der vernunftbestimmten, frei handelnden Persönlichkeit, so stellt nach Schelling der Künstler die höchste Stufe des Menschseins dar, die Harmonie von Vernunft und Natur.

Schon längst ist eingesehen worden, daß in der Kunst nicht alles mit dem Bewußtsein ausgerichtet wird, daß mit der bewußten Tätigkeit eine bewußtlose Kraft sich verbinden muß und daß die vollkommne Einigkeit und gegenseitige Durchdringung dieser beiden das Höchste der Kunst erzeugt. Werke, denen dies Siegel bewußtloser Wissenschaft fehlt, werden durch den fühlbaren Mangel an selbständigem von dem Hervorbringenden unabhängigem Leben erkannt, da im Gegenteil, wo diese wirkt, die Kunst ihrem Werk mit der höchsten Klarheit des Verstandes zugleich jene unergründliche Realität erteilt, durch die es einem Naturwerk ähnlich erscheint.

(Über das Verhältnis der bildenden Künste zur Natur)

Da für Schelling in der Natur wie im menschlichen Geist derselbe Schöpfertrieb wirksam ist, das System der Natur also zugleich das System des Geistes ist, wird seine Philosophie auch als »Identitätsphilosophie« bezeichnet. Die Kluft zwischen Subjekt und Objekt, Geist und Natur, Idealem und Realem wird damit aufgehoben: »Alles, was ist, ist an sich Eines.« Den Dualismus innerhalb der als Einheit begriffenen Natur, der sich z. B. als unendliche schöpferische Tätigkeit und als »beharrendes« endliches Objekt darstellt, erklärt Schelling aus einem den ganzen Kosmos durchwaltenden Prinzip der Polarität. Jeder Kraft ist eine Gegenkraft zugeordnet, die Spannung zwischen Positivem und Negativem, Subjektivität und Objektivität, »Licht« und »Schwere« kennzeichnet alles Sein, dessen Ursprung, nach Schelling, in der Sonne liegt.

Was unserer Erde angehört, hat alles eine gemeinschaftliche Eigenschaft: diese, daß es dem positiven Prinzip, das von der Sonne uns zuströmt, entgegengesetzt ist. In dieser ursprünglichen Antithese liegt der Keim einer allgemeinen Weltorganisation.

Für Schelling wird damit alles Sein zu einem lebendigen Strom des Werdens, auch das Feste, Anorganische, ist für ihn nur erstorbenes Leben. Dabei setzte er eine ursprüngliche Einheit voraus, aus der sich alle Gegensätze erst entwickelt haben. Die absolute Einigkeit sah Schelling später in Gott, in dem Dunkel und Licht gleichzeitig und untrennbar seien. Der Mensch, in dem das Dunkle, Unbewußte, Ungeordnete und die Klarheit des Bewußtseins, des Verstandes auseinandertreten, ist daher zum Guten und zum Bösen fähig. Schellings Philosophie mündete schließlich in einen theosophisch-religiösen Mystizismus, wobei er sich stark von Jakob Böhmes Schriften beeinflussen ließ.

1.5 Zur Kunstauffassung von Klassik und Romantik

Die wichtigsten Merkmale der klassischen bzw. romantischen Dichtungstheorie sollen im folgenden zusammengefaßt werden, um die Zuordnung von Hölderlin, Kleist und Jean Paul einsichtig zu machen; in ihren eigenen dichtungstheoretischen Konzepten, vor allem bei der Interpretation ihrer Werke wird immer wieder auf die Übereinstimmungen und Abweichungen von den herrschenden Schulen hingewiesen. Im übrigen ist eine ausführlichere Darstellung der Kunsttheorien beider Epochen in den entsprechenden Bänden über ›Die Weimarer Klassik‹ und die deutsche ›Romantik‹ nachzulesen.
    Friedrich Schiller (1759–1805) als der Theoretiker in dem Weimarer Bündnis hat in seinen philosophisch-ästhetischen Schriften die leitenden Prinzipien der Klassik dargelegt. Wie die frühromantische Dichtungstheorie ist die der Klassik Antwort auf die Beunruhigung

durch die Französische Revolution und Kritik am Zeitgeist; dem leidvoll erfahrenen Zustand der Zerrissenheit des Menschen zwischen Verstand und Gefühl, Sittlichkeit und Sinnlichkeit, der Kluft zwischen aufklärerischem Ideal und der realen Erfahrung einer egoistischen, unfreien Standesgesellschaft sollte das »Wahre, Gute und Schöne« der Kunst entgegenwirken. Durch »ästhetische Erziehung« glaubte Schiller die verloren gegangene Harmonie des Menschen wiederherstellen und ihn zu neuer Würde und moralischer Integrität führen zu können. In einer Zeit, in der »der Nutzen zum großen Idol der Zeit« geworden war, müsse die Kunst ein »allgemeines und höheres Interesse« verfolgen, also unabhängig sein von aktuellen politischen und gesellschaftlichen Zwecken. Denn nur »was *rein menschlich* und über allen Einfluß der Zeiten erhaben ist, [vermöge die Menschen] wieder in Freiheit zu setzen und die politisch geteilte Welt unter der Fahne der Wahrheit und Schönheit wieder zu vereinigen«. (Ankündigung der Zeitschrift ›Die Horen‹)

In der Antike sahen die Klassiker die harmonische Geschlossenheit des Menschen vorgebildet, sein Einssein mit der Natur, den Göttern, sich selbst. Joachim Winckelmann hatte die Stichworte für die Epoche formuliert, als er von der »edlen Einfalt und stillen Größe« der Griechen sprach, die noch in der Leidenschaft Mäßigung bewahrten. Die vergangene Idealität wurde als Verheißung für die Zukunft verstanden; das im deutschen Idealismus entwickelte triadische Geschichtsbild enthielt jenen Optimismus, wonach das verlorene Kindheitsparadies der Menschheit nach einer Phase des Gespalten-Seins einst wiederzuerlangen sei. Diesen neuen Idealzustand herbeizuführen, sollte die Kunst dienen, bis der »schöne Schein«, das zeitlose Schöne der Kunst, allmählich zur Wirklichkeit geworden sei. Das in sich geschlossene, formvollendete Kunstwerk, das die Klassiker anstrebten, leistet die Versöhnung der Gegensätze, spiegelt die wiederzugewinnende Harmonie und Ganzheit des Menschen.

Anfangs stimmten die Romantiker, vor allem Friedrich Schlegel (1772–1829) als ihr Wortführer und wichtigster Theoretiker, mit den Positionen Schillers durchaus überein: Gegen die poesiefeindliche, nüchtern-rationalistische Zeit waren die Dichtungen auf eine geistig-seelische Erneuerung der Gesellschaft gerichtet; auch die Romantiker strebten eine langsame Veränderung an und lehnten den gewaltsamen Umsturz ab.

Erst allmählich entwickelten die Romantiker, auch unter dem Einfluß Fichtes, ihre progressiveren Ideen, die sie in ihrer Zeitschrift ›Athenäum‹, 1798-1800, veröffentlichten. Erstmals wurde dort die moderne, romantische Poesie genauer definiert und als etwas Lebendiges, Ewig-Werdendes vorgestellt, das die äußere Wirklichkeit

»romantisieren«, d.h. alle Trennungen zwischen Kunst und Leben aufheben sollte: Die »Poesie lebendig und gesellig und das Leben und die Gesellschaft poetisch [zu] machen«, sahen die Romantiker als ihre Aufgabe. Friedrich Schlegel bezeichnete die romantische Dichtkunst als »progressive Universalpoesie«, die alle getrennten Gattungen und Formen wieder zusammenführen sollte.

Sie umfaßt alles, was nur poetisch ist, vom größten wieder mehrere Systeme in sich enthaltenden Systeme der Kunst bis zu dem Seufzer, den das dichtende Kind aushaucht in kunstlosen Gesang. [...] Die romantische Dichtart ist noch im Werden; ja das ist ihr eigentliches Wesen, daß sie ewig nur werden, nie vollendet sein kann. [...] Sie allein ist unendlich, wie sie allein frei ist und das als ihr erstes Gesetz anerkennt, daß die Willkür des Dichters kein Gesetz über sich leide.

(Friedrich Schlegel, 116. Athenäumsfragment)

Das Fragment wurde die charakteristische Ausdrucksform der Romantiker im Gegensatz zum geschlossenen Ganzen der Klassiker; es spiegelt das Unvollständige, Unfertige der immer fortschreitenden Poesie, die erst in unendlicher Zukunft vollendet sein wird. Die gesetzmäßige Formstrenge der Klassik ersetzten die Romantiker durch die schöpferische Freiheit, das Recht auf Willkür des Dichters.

Gerade den Roman, auch das Roman-Fragment, bezeichnete Friedrich Schlegel als die »ursprünglichste, eigentümlichste, vollkommenste Form der romantischen Poesie«, weil hier in der möglichen Vermischung aller Gattungen und Formen die Idee der Universalpoesie am besten verwirklicht werden könne.

Flexibilität und Totalität wurden zu Postulaten der Romantiker. So sahen sie in der starren Ausrichtung auf die Antike die Gefahr der Einseitigkeit und des Stillstands; sie definierten den Auftrag des modernen Dichters neu aus den völlig andersartigen Bedingungen seines Schaffens seit dem Aufstieg des Christentums: Die innere Welt des Menschen darzustellen, den unendlichen Möglichkeiten des Geistes und der Seele nachzuspüren, sei das Anliegen der modernen Poesie. »Nach innen geht der geheimnisvolle Weg. In uns, oder nirgends ist die Ewigkeit mit ihren Welten, die Vergangenheit und Zukunft.« So heißt es im ›16. Blütenstaub-Fragment‹ von Novalis (1772–1801), der neben Friedrich Schlegel zum Mitbegründer der romantischen Theorie wurde. Für ihn war das verlorene Glück des Goldenen Zeitalters wiederzugewinnen, indem der Dichter die ins Unterbewußtsein verdrängten Kräfte des Menschen neu ins Bewußtsein hebt, sinnlich erfahrbar macht. In allem Vorgedachten, fraglos übernommenen Realen, forderte Novalis, müsse das Rätselhafte, Neue, Nicht-Bewußte wieder entdeckt werden, dann könne der Zwiespalt des modernen Menschen aufgehoben werden:

Indem ich dem Gemeinen einen hohen Sinn, dem Gewöhnlichen ein geheimnisvolles Ansehen, dem Bekannten die Würde des Unbekannten, dem Endlichen einen unendlichen Schein gebe, so romantisire ich es.

Romantik und Klassik übten Kritik am einseitigen Rationalismus der Aufklärung und appellierten an die vernachlässigten Gemütskräfte, das Empfindungsvermögen, aber mit der Betonung der schöpferischen Phantasie, des Dunkeln und Geheimnisvollen bezogen die Romantiker eine eigene Position gegen die Klarheit des Klassizismus. Dem klassischen Ideal der Vollendung setzten sie ihre Sehnsucht nach dem Unendlichen entgegen, das, aus ihrem Inneren erschaffen, alle äußere Beschränkung überschreiten konnte. Für den ins Grenzenlose hinausstrebenden romantischen Künstler wurde der »Philister«, der spießig-nüchterne, pragmatisch lebende Alltagsmensch, zur mit Hohn und Spott bedachten gesellschaftlichen Kontrastfigur – unbeschadet der Trauer über die eigene Einsamkeit unter solchen Mitmenschen.

Wie die Mythologie in der Antike sollte die romantische Poesie zum Zentrum des Menschen werden, durch die Kraft der Begeisterung eine neue allumfassende Religion begründen.

Die neue Mythologie muß ... aus der tiefsten Tiefe des Geistes herausgebildet werden. ... Aber die höchste Schönheit, ja die höchste Ordnung ist denn doch nur die des Chaos, nämlich eines solchen, welches nur auf die Berührung der Liebe wartet, um sich zu einer harmonischen Welt zu entfalten, eines solchen wie es auch die alte Mythologie und Poesie war. Denn Mythologie und Poesie, beide sind eins und unzertrennlich.

(Friedrich Schlegel, Rede über die Mythologie)

Im Idealismus sah Friedrich Schlegel die revolutionäre, alles verändernde Kraft, die allein die Menschen verwandeln, »verjüngen« könnte. Schlegel bezieht sich wohl auf Fichtes Lehre von der absolut freien Tatkraft des Geistes, die alle Realität sich erst erschaffe, wenn er von der »tiefsten Tiefe des Geistes« spricht, aus dem »das unendliche Gedicht, welches die Keime aller anderen Gedichte verhüllt«, hervorkomme. (Die ›Wissenschaftslehre‹ Fichtes zählte er neben der Französischen Revolution und Goethes Roman ›Wilhelm Meister‹ zu den »größten Tendenzen des Zeitalters«.) Die romantische Poesie – und das ist zugleich die romantische Mythologie – sollte den Menschen wieder zurückversetzen in jenes ursprüngliche schöpferische Chaos, aus welchem sich alle höchste und ideale Ordnung entwickkelt.

In diesem Zusammenhang nennt Schlegel den »Witz der romantischen Poesie«, der eine »künstlich geordnete Verwirrung, [die] reizende Symmetrie von Widersprüchen, [den] wunderbaren ewigen Wechsel von Enthusiasmus und Ironie« hervorbringe, und bezeichnet die »Arabeske [als] die älteste und ursprüngliche Form der menschlichen Phantasie«. Jean Pauls Romane lobte Schlegel, trotz und gerade wegen ihres »bunten Allerlei von kränklichem Witz«, als »die einzigen romantischen Erzeugnisse unsers unromantischen Zeitalters«.

Um die Gebrüder Schlegel in Jena und Berlin, wo Friedrich Schlegel Vorlesungen über die neuere deutsche Literatur hielt, sammelte sich Ende des 18. Jahrhunderts der kleine Kreis der älteren romantischen Schule, zu der Novalis gehörte und etwa Tieck, Wackenroder, Schleiermacher und Schelling. Die zweite romantische Generation fand sich in Heidelberg etwa ab 1805 zusammen: Achim von Arnim und Brentano, Eichendorff, die Brüder Grimm sind diesem Kreis zuzurechnen, ebenso Joseph Görres. Die »transzendentalpoetischen Theorien« der Jenaer Romantiker traten bei den Jüngeren unter dem Eindruck der Napoleonischen Herrschaft über Deutschland in den Hintergrund zugunsten nationaler und volkstümlicher Tendenzen. Etwa ab 1807/1808, als Fichte seine ›Reden an die deutsche Nation‹ hielt, mündete die Heidelberger in die Berliner Romantik; denn Berlin wurde in diesen Jahren zum Zentrum einer gegen Frankreich gerichteten politischen und gesellschaftlichen Erneuerung.

1.6 Zwischen Klassik und Romantik

Friedrich Hölderlin orientierte sich, wie die Klassiker, an der Antike, die er jedoch als vorbildliches Muster überwand; als zeitgemäß und »vaterländisch« sah er später eine die Antike und den eigenen Ursprung, das »Nationelle«, vereinende Dichtkunst an, die die Synthese von abendländischer Nüchternheit und griechischer Begeisterung leistete. Vor allem in seiner Überzeugung eines religiös-politischen Dichtertums distanzierte sich Hölderlin von der Klassik. Mit der Romantik verbindet ihn der dynamische Ansatz, das Bewußtsein eines notwendigen Wechsels von Werden und Vergehen, das ihn die Geschichte wie die Dichtkunst als eine dialektisch fortschreitende Entwicklung begreifen ließ. Aus dem Untergang des Alten mußte die Verjüngung der Welt erfolgen; das »menschliche Chaos«, das für ihn die Welt in ihrer »ungeheuren Mannigfaltigkeit von Widersprüchen und Kontrasten« darstellte, bejahte Hölderlin; er sah darin die Vorboten einer »künftigen Revolution der Gesinnungen und Vorstellungsarten, die alles Bisherige schamrot machen wird«. Dennoch ist Hölderlin mit seinen antiken Strophenformen, der Wahl seiner Stoffe, auch für Roman und Tragödie, gewissermaßen der klassischste der in diesem Buch behandelten Dichter.

Auch *Heinrich von Kleist* steht seiner strengen Formkunst nach der Klassik nahe: Seine Novellen gelten bis heute als Muster ihrer Gattung, sein spätes Drama ›Prinz Friedrich von Homburg‹ etwa erfüllt bis zu dem verwendeten Blankvers die Kriterien der klassizistischen Theorie. Kleist beherrschte die dichterischen Formen vollkommen, verfügte über ein differenziertes Sprachbewußtsein, eine Sprachgewalt, die ihn von den klassischen und romantischen Zeitgenossen abhebt.

Wie die Romantiker interessierte sich Kleist für das Innere des Menschen, das Unbewußte, Widersprüchliche, Gefährliche. Er konfrontiert seine Figuren mit ihrem naturhaft-ursprünglichen Sein, das ihm unter Konventionen und Gesetzen erstarrt bzw. verdrängt schien, und zwingt sie zur Auseinandersetzung mit ihrem unbewußten Ich. Desillusionierter und kritischer als die Romantiker zeichnet er die Gesellschaft seiner Gegenwart, die nach seinem Dafürhalten nur durch eine wiedergewonnene Einheit von Bewußtsein und Unbewußtem und durch unbedingtes Vertrauen zwischen den Menschen zu retten wäre. Kleist verstand sich als politischer Schriftsteller, seine journalistische Tätigkeit war ganz in den Dienst einer Erziehung der preußischen Untertanen zu mündigen Staatsbürgern gestellt; gegen das Weltbürgertum der Klassiker schrieb Kleist auch patriotisch-propagandistische Werke, die gezielt zu Franzosenhaß und Befreiungskampf aufforderten.

Jean Paul kommt in Theorie und Praxis den Romantikern am nächsten: Sein Sujet war der Roman, nicht die hohen klassischen Formen der Lyrik und der Tragödie. In seiner willkürlichen Art zu erzählen und die Dinge der äußeren Welt in ein scheinbares Chaos von Assoziationen, Anspielungen und ironischen Selbstreflexionen zu verwandeln, entsprach sein Dichten ganz den Vorstellungen der Jenaer Romantik. Über die äußere Welt in ihrer bedenklichen, ja bedrohlichen Beschaffenheit hinauszugelangen zu einer Gott näheren zweiten Welt, war Jean Pauls dichterische Sehnsucht, für die er auch die Leser entzünden wollte. Darin sah er durchaus eine religiöse Aufgabe. Sein Leiden an der Realität hat Jean Paul bei aller Fähigkeit, sich ins Reich der Phantasie zu erheben, in seine Romane eingebracht; er führte nicht die Versöhnung der Gegensätze vor, sondern machte gerade die Zwiespältigkeit bewußt, bis in seine Sprache. Nach seiner Begegnung mit den Weimarern versuchte Jean Paul, sich klassische Mäßigung aufzuerlegen und seine Vorliebe für überbordende Bild- und Gedankenketten zu bemeistern, was ihm in gewissem Umfang auch gelang:

Sein größter Roman, ›Titan‹, spiegelt Jean Pauls Bemühen um Klassizität.

Alle drei Dichter setzten sich intensiv mit Schiller bzw. Goethe auseinander, strebten wenigstens zeitweilig nach Anerkennung durch die »Olympier«, die sich aber geschlossen von dem »absolut und unter allen Umständen so subjektivisch Überspannte[n] und Einseitige[n]« der drei distanzierten.

FRIEDRICH HÖLDERLIN
(1770–1843)

I. Philosophisch-ästhetische Fragmente

1.1 Zu Hölderlins »Vereinigungsphilosophie«

Während seines Aufenthalts in Bad Homburg vor der Höhe (1798/1800) beschäftigte sich Hölderlin intensiv mit poetologischen Fragen, um den Standpunkt seines eigenen Dichtens zu klären. Die Homburger Aufsätze waren wohl nicht für den Druck bestimmt, eher handelt es sich um Entwürfe, in denen der Dichter für sich philosophisch-ästhetische Überlegungen, mehr oder weniger ausgearbeitet, festhielt. Die Texte sind zum Teil so kompliziert, daß sie sich nur schwer in allgemein verständlicher Form wiedergeben lassen; doch soll versucht werden, die wesentlichen Ideen im folgenden kurz darzustellen.

Hervorzuheben ist die Bedeutung des dialektischen Dreischritts der zeitgenössischen Philosophie, der Hölderlin in seinem Denken bestimmte wie kaum einen anderen Dichter der Epoche; bis in die Struktur seiner Gedichte trug er den triadischen Ansatz (von These, Antithese und Synthese) hinein. Aus dem Bedürfnis, seine Ideale einer schöneren Menschheit und das wirkliche Leben zu vereinen, also die Widersprüche und Spannungen seiner Zeit und seiner Existenz anzunehmen, ohne doch den Geist des Friedens zu verleugnen, schuf er sich seine »Vereinigungsphilosophie«. Sie besagt, auf den Punkt gebracht: Nur als Wechsel von Positivem und Negativem, Schönem und Häßlichem, oder wie immer die Gegensätze heißen mögen, ist die Einheit, die Synthese, gegeben.

Zum Schönen des Ideals gehört das Gewöhnliche und Gemeine der Wirklichkeit, zur ersehnten Einigkeit mit sich selbst, mit der Natur und mit Gott gehört die Trennung, die Erfahrung des Isoliert-Seins und der Entfremdung; erst im Wechsel der Zustände ist das Ganze, die Wahrheit des Seins und der Kunst, zu fassen. Aller Vielfalt und Widersprüchlichkeit der wirklichen Welt liegt ihre ursprüngliche Einheit zugrunde; der Widerstreit ist notwendig, damit dieses »Ursprünglicheinige«, das sonst nicht fühlbar und sichtbar würde, aus sich heraustritt und zur Entfaltung kommt. (Vgl. Schellings Identitätsphilosophie)

Schrittweise fand Hölderlin zu einer selbständigen philosophischen Position innerhalb des deutschen Idealismus. Schon während seiner Tätigkeit als Hofmeister bei Charlotte v. Kalb 1793/94 hatte er sich ausgiebig mit Spinozas Lehre befaßt, nach der sich Gott nicht nur in der Natur offenbare, sondern – *deus sive natura* – die Natur selbst Gott sei. An diese pantheistischen Vorstellungen, die seinem eigenen Lebensgefühl entsprachen, knüpfte er nun wieder an, als er sein vereinigungsphilosophisches System entwickelte.

Weder Fichtes Philosophie, die nach Hölderlins Auffassung im absoluten Ich den Gegensatz von Subjekt und Objekt aufhob, noch Schillers philosophischer Ansatz, der in der Erhabenheit des Geistes die Grenzen und Widerstände der Natur überwinden wollte, konnten Hölderlin befriedigen; er wollte weder die Herrschaft des Geistes, was er als Anmaßung empfand, noch das Bewußtsein des Gespalten-Seins leugnen, sondern strebte nach einer die Gegensätze vereinenden »Weltformel«.

An Friedrich Immanuel Niethammer, damals Professor der Philosophie und Theologie in Jena, schrieb Hölderlin am 24. 2. 1796, er sei auf der Suche nach einem ästhetischen Prinzip, das ihm »die Trennungen, in denen wir denken und existieren, erklärt, das aber auch vermögend ist, den Widerstreit verschwinden zu machen, den Widerstreit zwischen dem Subjekt und dem Objekt, zwischen unserem Selbst und der Welt, ja auch zwischen Vernunft und Offenbarung«. Hölderlin plante, in dem ›Philosophischen Journal von einer Gesellschaft deutscher Gelehrten‹, das Niethammer zusammen mit Fichte herausgab, ›Neue Briefe über die ästhetische Erziehung des Menschen‹ zu veröffentlichen, die, den Titel von Schillers berühmter Arbeit (vgl. Bd. III) aufnehmend, wohl eine Abgrenzung von seinem großen Vorbild enthalten sollten. In diesen Briefen wollte Hölderlin, wie er Niethammer mitteilte, »von der Philosophie auf Poesie und Religion kommen«; damit deutete er die alle Wissenschaftsbereiche dominierende Rolle der Poesie an, die auch die romantische Schule Friedrich Schlegels mit dem Begriff der »Universalpoesie« vertrat.

In seiner 1795 zusammen mit Hegel und Schelling, den Freunden aus der Tübinger Stiftszeit, entworfenen Schrift ›Das älteste Systemprogramm des deutschen Idealismus‹ ist diese Vorstellung bereits als Leitlinie dargelegt. Die Poesie müsse eine »neue Mythologie« begründen, die die abstrakten Hoffnungen auf »allgemeine Freiheit und Gleichheit der Geister« dem Volk zugänglich, sinnlich faßbar machen sollte. Als allumfassende »ästhetische Kraft« müsse die Dichtkunst – »die alle übrigen Wissenschaften und Künste überleben [wird]« – eine neue Religion stiften, die wieder das ganze Leben des Menschen umgreifen und ihn zu seiner ursprünglichen harmonischen Einheit mit Gott, und das hieß: auch mit der Natur, zurückführen sollte. Hölderlins besondere Auffassung vom Dichter als Volkserzieher und Priester beginnt sich hier abzuzeichnen.

Die ›Neuen Briefe über die ästhetische Erziehung des Menschen‹ hat Hölderlin nicht geschrieben, aber seine poetologischen Fragmente enthalten die wichtigsten Aspekte seiner Philosophie. Als Voraussetzung des Dichtens postulierte er in seinem Aufsatz ›Über die Verfahrensweise des poetischen Geistes‹ ein »Totalbewußtsein«, das sowohl das Gefühl für »die gemeinschaftliche Seele, die allem gemein und jedem eigen ist«, einschließt wie die Einsicht in die Notwendigkeit »der freien Bewegung, des harmonischen Wechsels und Fortstrebens«, worin der Geist sich äußert, um das Ideal eines Ganzen zur Entfaltung und Anschauung zu bringen. Der »Stoff«, den sich der Dichter aus der sinnlichen lebendigen Welt nimmt, und der »Geist«, der zum allgemeinen Ideal tendiert, sind sich nach Hölderlin entgegengesetzt, zwischen beiden vermittelt die dichterische Sprache. Die Poesie leistet also einen ständigen Vermittlungsprozeß zwischen der vom Geist angestrebten unendlichen Einheit und der widersprüchlichen Vielfalt der empirischen Wirklichkeit; sie verwirklicht die Grundidee der Vereinigungsphilosophie von der Einheit in der Entgegensetzung.

In der Arbeit ›Der Gesichtspunkt, aus dem wir das Altertum anzusehen haben‹ formulierte Hölderlin seine Haltung zur klassischen Antike, die für ihn nur in vermittelnder Form, nicht als reines Vorbild, positiv auf den modernen Dichter wirken könne; damit distanzierte sich Hölderlin vom Klassizismus der Weimarer.

Wir träumen von Bildung, Frömmigkeit p.p. und haben gar keine, sie ist angenommen – wir träumen von Originalität und Selbständigkeit, wir glauben lauter Neues zu sagen, und alles dies ist doch Reaktion, gleichsam eine milde Rache gegen die Knechtschaft, womit wir uns verhalten haben gegen das Altertum. Es scheint wirklich fast keine andere Wahl offen zu sein, erdrückt zu werden von Angenommenem und Positivem oder, mit gewaltsamer Anmaßung, sich gegen alles Erlernte, Gegebene, Positive, als lebendige Kraft entgegenzusetzen. Das schwerste dabei scheint, daß das Altertum ganz unserem ursprünglichen Triebe entgegenzusein scheint, der darauf geht, das Ungebildete zu bilden, das Ursprüngliche, Natürliche zu vervollkommnen, so daß der zur Kunst geborene Mensch natürlicherweise und überall sich lieber mehr das Rohe, Ungelehrte, Kindliche, holt, als einen gebildeten Stoff, wo ihm, der bilden will, schon vorgearbeitet ist. Und was allgemeiner Grund vom Untergang aller Völker war, nämlich, daß ihre Originalität, ihre eigene lebendige Natur erlag unter den positiven Formen, unter dem Luxus, den ihre Väter hervorgebracht hatten, ... das scheint auch unser Schicksal zu sein.

Mit der Erkenntnis, daß die Völker und Kulturen, obwohl alle »aus dem gemeinschaftlichen ursprünglichen Grunde hervorgegangen«, ihre je eigene Richtung nehmen, um sich zu vervollkommnen, der »Bildungstrieb« (die Kunst) der Griechen also auf andere Zwecke gerichtet sei als im Abendländischen, erklärt Hölderlin ihre Verschiedenartigkeit; nur wenn der Künstler sich auf seinen Ursprung besinne und das Eigene in ein lebendiges Verhältnis mit dem Fremden bringe, würden Kunst und Kultur fortschreiten; bloße Nachahmung dagegen führe zu Stillstand und allmählichem Untergang. In dem berühmten Brief an den Freund Casimir Ulrich Böhlendorff vom 4. 12. 1801, auf den wir im Lyrik-Kapitel näher eingehen, bezeichnet Hölderlin als das Eigene der abendländischen Kultur ihre Nüchternheit und setzt sie in ein Spannungsverhältnis mit dem »heiligen Pathos« der Griechen. (Vgl. S. 83 ff.)

1.2 Vom Wechsel der Töne

In seinem Fragment ›Über den Unterschied der Dichtarten‹ geht Hölderlin ebenfalls von der ursprünglichen Einheit, hier: aller Gattungen, aus, die er erst dann mit Hilfe seiner Theorie ›Vom Wechsel der Töne‹ unterscheidet. Das lyrische, das epische und das tragische Gedicht nennt er die drei Hauptarten der Dichtung, die durch das Wechselspiel ihrer Töne definiert werden, durch die Spannung von »eigentlichem Ton« und »uneigentlichem Ton«. Hölderlin zerlegt also erst einmal auch die Einheit des einzelnen Kunstwerks; seine Darstellungsweise (sein uneigentlicher Ton) ist nicht identisch mit der Grundstimmung (mit dem eigentlichen Ton), sondern ihr entgegengesetzt; aus diesem Widerstreit erwächst die innere Dynamik des Gedichts, die zuletzt zu einer anschaulicheren, nicht mehr rein geistigen Synthese führt. Würde das Gedicht nur seiner Grundstimmung folgen, fehlte ihm die lebendige Kraft, würde es zur spannungslosen Kunst verkümmern.

Hölderlin zeigt nun genau auf, wie die drei Töne: der naive, der heroische und der idealische, zusammenwirken müssen, um ein vollkommenes lyrisches, episches oder tragisches Kunstwerk entstehen zu lassen. In systematischen Tabellen stellt er die ideale Abfolge der Töne dar, wobei das Gedicht stets am Ende in seinen Anfangston mündet und damit, trotz Entgegensetzung, wieder zum Ganzen sich schließt; doch in ein so strenges Schema lassen sich selbst seine eigenen Gedichte nicht einordnen.

Um die Qualität der drei verschiedenen Töne zu veranschaulichen, hat Hölderlin anthropologische Vorstellungen zu Hilfe genommen; er spricht in dem Fragment ›Ein Wort über die Iliade‹, in dem er vermutlich die epische Dichtung genauer charakterisieren wollte, von drei Grundtypen des Menschen, die den drei Tönen seiner Poetik entsprechen. Den ersten nennt er den »natürlichen Menschen«, weil er und seine einfache Sphäre ein harmonisches Ganze sind, aber es scheint ihm dagegen verglichen mit andern an Energie und dann auch wieder an tiefem Gefühl und Geist zu mangeln; ein anderer [der heroische Mensch] interessiert uns mehr durch Größe und Stärke und Beharrlichkeit seiner Kräfte und Gesinnungen, durch Mut und Aufopferungsgabe, aber er dünkt uns zu gespannt, zu ungenügsam, zu gewaltsam, zu einseitig in manchen Fällen, zu sehr im Widerspruche mit der Welt; wieder ein anderer [der idealische] gewinnt uns durch die größere Harmonie seiner inneren Kräfte, durch die Vollständigkeit und Integrität und Seele, womit er die Eindrücke aufnimmt, durch die Bedeutung, die ebendeswegen ein Gegenstand, die Welt, die ihn umgibt, im Einzelnen und Ganzen für ihn hat, für ihn haben kann und die dann auch in seinen Äußerungen über den Gegenstand sich findet ... aber wir sind nicht selten versucht, zu denken, daß er, indem er den Geist des Ganzen fühle, das Einzelne zu wenig ins Auge fasse, daß er, wenn andere vor lauter Bäumen den Wald nicht sehn, über dem Walde die Bäume vergesse, daß er bei aller Seele ziemlich unverständig und deswegen auch für andere unverständlich sei.

(In dem idealischen Menschen hat sich der sensible, ganz aus seinem Inneren wirkende Dichter selbst gezeichnet; daher mag er diesen Charakter am genauesten ausgeführt haben.) Die verschiedenen Typen hat Hölderlin in Vorzügen und Mängeln skizziert; dabei deutet er bereits an, daß ihnen jeweils das Wesentliche der beiden anderen fehlt. Diese mehr im Hintergrund liegenden »Vorzüge« müssen nun, auf die Dichtungsebene übertragen, zum Klingen gebracht werden, damit ein lebendiges Ganzes entstehen kann.

Wichtig war für Hölderlin das Erkennen, das Bewußtwerden des »Bildungstriebs« einer Kultur, der dem Ursprünglichen, nach seinem Verständnis, immer entgegengesetzt ist; dann ließen sich Fehler vermeiden oder wenigstens korrigieren. Auf sein eigenes Dichten bezogen, erkannte Hölderlin die Gefahr einer allzu abstrakten, nur hymnisch-idealistischen Lyrik. Er bemühte sich fortan, auch das wirkliche, sinnliche Leben, also den naiven Ton, in seine Gedichte aufzunehmen, wie auch den heroischen, der die Dissonanzen der Welt anzeigt. In seinem Brief an den Freund Neuffer vom 12. November 1798 greift Hölderlin ähnliche Überlegungen auf (s. unten S. 61); dort spricht er von »der eiskalten Geschichte des Tags«, von dem »Gemeinen in der Welt«, das auf ihn zerstörerisch wirke, das er aber als Künstler »als unentbehrlichen Stoff nehmen [müsse], ohne den [sein] Innigstes sich niemals völlig darstellen« werde. Das Wirkliche soll ihm als Kontrast dienen, durch den sein eigentliches Anliegen, das Idealische, um so lebendiger hervortreten könne.

An dem Gedicht ›Die Abendphantasie‹ (ausführlich besprochen (S. 62 ff.) läßt sich gut ablesen, wie Hölderlins eigentlicher idealischer Ton im naiven (uneigentlichen) zur Darstellung kommt, damit das Ideal verständlich, sinnlich nachvollziehbar wird; auch daß es des dritten Tons, des heroischen, bedarf, um die Spannung zwischen Ideal und Wirklichkeit wiederzugeben und zuletzt eine höhere, realere Stufe der Harmonie zu erreichen, bestätigt das Gedicht, das 1799 in Bad Homburg entstand.

Für Hölderlin war die Kunst nichts Endgültiges, Abgeschlossenes, sondern konnte, aus ihren historischen Bedingungen erwachsen, nur immer »punktuelle Vollendung« sein. Dabei sah Hölderlin die Entwicklung der Poesie analog zum Gang der Menschheit, die sich

aus ursprünglicher Kindheit ... in entgegengesetzten Versuchen zur höchsten Form, zum reinen Widerklang des ersten Lebens emporgerungen hat und *so* als unendlicher Geist im unendlichen Leben sich fühlt, ... so ahndet der Dichter auf jener Stufe, wo er auch aus einer ursprünglichen Empfindung, durch entgegengesetzte Versuche, sich zum Ton, zur höchsten reinen Form derselben Empfindung emporgerungen hat und ganz in seinem ganzen inneren und äußeren Leben mit jenem Tone sich begriffen sieht, auf dieser Stufe ahndet er seine Sprache und mit ihr die eigentliche Vollendung für die jetzige und zugleich für alle Poesie.

(Wink für die Darstellung und Sprache)

2.1 Frühe Gedichte und Hymnen

Friedrich Hölderlin wurde schon in früher Kindheit von der Mutter zum Theologiestudium bestimmt. Mit zwei Jahren hatte er seinen Vater, mit neun Jahren auch den Stiefvater verloren, der Einfluß der fordernden Mutter lastete nun doppelt auf ihm. Bis zu ihrem Tod fühlte er sich auch bedrängt von ihrer sorgenden Liebe und ihren Plänen, den Sohn in geordneten bürgerlichen Verhältnissen zu sehen. Dabei war schon der Knabe Friedrich eher ein Träumender und Eigenbrötler, der lieber mit den Wolken am Himmel Zwiesprache hielt, und dem eher die Worte der Menschen fremd klangen. In der Klosterschule Denkendorf, in der sich der Vierzehnjährige durch Unterzeichnung einer Urkunde verpflichten mußte, sich »auf keine andere Profession, dann die Theologiam zu legen«, schrieb Hölderlin seine ersten Gedichte; bis zum Eintritt in das berühmte Tübinger Stift (Oktober 1788) hatte er schon eine erste Sammelhandschrift fertiggestellt mit Reimstrophen, dann zunehmend Odenstrophen im Stile Klopstocks. Das erste zur Veröffentlichung bestimmte Gedicht ›Mein Vorsatz‹ spricht das große deutsche Dichtergenie, dem er nacheiferte, direkt an; auch der griechische Lyriker Pindar, der vor allem sein spätes hymnisches Werk entscheidend prägte, ist schon programmatisch genannt.

Mein Vorsatz

O Freunde! Freunde! die ihr so treu mich liebt!
  Was trübet meine einsame Blicke so?
    Was zwingt mein armes Herz in diese
    Wolkenumnachtete Totenstille?

Ich fliehe euren zärtlichen Händedruck,
  Den seelenvollen, seligen Bruderkuß.
    O zürnt mir nicht, daß ich ihn fliehe!
    Schaut mir ins Innerste! Prüft und richtet! –

Ist's heißer Durst nach Männervollkommenheit?
  Ist's leises Geizen um Hekatombenlohn?
    Ist's schwacher Schwung nach Pindars Flug? ist's
    Kämpfendes Streben nach Klopstocksgröße?

Ach Freunde! welcher Winkel der Erde kann
Mich decken, daß ich ewig in Nacht gehüllt
Dort weine? Ich erreich ihn nie, den
Weltenumeilenden Flug der Großen.

Doch nein! hinan den herrlichen Ehrenpfad!
Hinan! hinan! im glühenden kühnen Traum
Sie zu erreichen; muß ich einst auch
Sterbend noch stammeln: Vergeßt mich, Kinder!

Hölderlin hat das Schicksal seiner dichterischen Existenz früh formuliert, das ihn in die Einsamkeit, später in »wolkenumnachtete Totenstille« führte. Zwischen Resignation und mutigem Entschluß, den »glühenden kühnen Traum« dennoch zu wagen, ist sein jugendliches Herz hin- und hergerissen. Am Schluß sammelt er alle Kraft, gegen die eigenen Zweifel doch seiner dichterischen Berufung zu folgen, auch wenn sein Werk nicht die erhoffte Anerkennung finden würde. Wirklicher Erfolg war Hölderlin zu Lebzeiten tatsächlich nicht beschieden; erst in unserem Jahrhundert brachten vor allem der Kreis um Stefan George und Norbert von Hellingraths erste historischkritische Gesamtausgabe (1913–23) den »kranken Poeten« neu ins Bewußtsein.

In Tübingen gründete Hölderlin mit gleichgesinnten Studenten aus dem Stift einen Dichterbund; Christian Ludwig Neuffer, der lebenslange Briefpartner, gehörte dazu, auch die Philosophen Hegel und Schelling. Wie im »Göttinger Hain« (s. Bd. II) wurden dort in empfindsamer Seelengemeinschaft, im Gefühl, zu Höherem erwählt zu sein, Poesie und Gesang zelebriert. Schillers Lied ›An die Freude‹ (aus der Freundschaft zu Christian Körner und seinem Kreis entstanden) durfte erst nach einer symbolischen Reinigung am sogenannten Philosophenbrunnen, »dem kastalischen Quell« Hölderlins, gesungen werden. Überhaupt wurde Schiller mit seinen großen gereimten Ideen-Hymnen für die folgenden Jahre Hölderlins bestimmendes Vorbild; sein Pathos, sein forcierter Begeisterungston sind fast durchgängig auch in Hölderlins Lyrik (etwa ab 1790) zu finden. Die Anklänge sind unüberhörbar:

Lied der Freundschaft

Wie der Held am Siegesmahle
Ruhen wir um die Pokale,
Wo der edle Wein erglüht,
Feurig Arm in Arm geschlungen,
Trunken von Begeisterungen
Singen wir der Freundschaft Lied. . . .

Hymne an die Liebe

Froh der süßen Augenweide
Wallen wir auf grüner Flur;
Unser Priestertum ist Freude,
Unser Tempel die Natur; –
Heute soll kein Auge trübe,
Sorge nicht hienieden sein!
Jedes Wesen soll der Liebe,
Frei und froh, wie wir, sich freun!

Höhnt im Stolze, Schwestern, Brüder!
Höhnt der scheuen Knechte Tand!
Jubelt kühn das Lied der Lieder,
Festgeschlungen Hand in Hand!
Steigt hinauf am Rebenhügel,
Blickt hinab ins weite Tal!
Überall der Liebe Flügel,
Hold und herrlich überall! . . .

Hymnen an die Schönheit, an die Freiheit, die Wahrheit, an die
Menschheit usw. entstanden, die zwar formal eng an das Schillersche
Vorbild anschließen, aber auch schon Hölderlins ganz eigenes re-
ligiös verstandenes dichterisches Anliegen und den politisch-dynami-
schen Ansatz deutlich machen. Die intellektuelle Jugend Deutschlands identifizierte sich nach der Französischen Revolution in hohem
Maße mit den Errungenschaften des Nachbarlandes, glaubte an ein
unmittelbar bevorstehendes Reich der Tugend, der Vernunft, der
Menschenliebe. Hölderlins frühe Hymnen mit ihren gewissermaßen
abstrakten Themen beziehen ihre Aktualität aus diesen Hoffnungen,
dürfen also nicht nur als jugendlicher Überschwang abgetan werden.
In der ›Hymne an die Menschheit‹ heißt es:

. . .

Schon lernen wir das Band der Sterne,
Der Liebe Stimme männlicher verstehn,
Wir reichen uns die Bruderrechte gerne,
Mit Heereskraft der Geister Bahn zu gehn;
Schon höhnen wir des Stolzes Ungebärde,
Die Scheidewand, von Flittern aufgebaut,
Und an des Pflügers unentweihtem Herde
Wird sich die Menschheit wieder angetraut.

Schon fühlen an der Freiheit Fahnen
Sich Jünglinge, wie Götter, gut und groß,
Und, ha! die stolzen Wüstlinge zu mahnen,
Bricht jede Kraft von Bann und Kette los;
Schon schwingt er kühn und zürnend das Gefieder,
Der Wahrheit unbesiegter Genius,
Schon trägt der Aar des Rächers Blitze nieder,
Und donnert laut, und kündet Siegsgenuß.

. . .

So jubelt, Siegsbegeisterungen!
Die keine Lipp in keiner Wonne sang;
Wir ahndeten – und endlich ist gelungen,
Was in Äonen keiner Kraft gelang –
Vom Grab erstehn der alten Väter Heere,
Der königlichen Enkel sich zu freun;
Die Himmel kündigen des Staubes Ehre,
Und zur Vollendung geht die Menschheit ein.

Mit seinem Enthusiasmus wollte Hölderlin zu einer Bewußtseinsänderung anreizen, die Zeitgenossen ihrer Kraft versichern, die vorbildliche staatliche und menschliche Ordnung der Antike wieder errichten zu können – um sich als »königliche Enkel« selbst zu regieren wie die Vorväter in den griechischen Demokratien. Sein ganzes geistig waches Leben hat Hölderlin trotz aller resignativen Erfahrung an dieser Aufgabe des Dichters festgehalten, die Menschen zur Umkehr zu bewegen.

Mit seinen ›Tübinger Hymnen‹ hoffte Hölderlin vor allem auf die Anerkennung Schillers, die er in gewissem Maße auch erhielt. 1794 druckte dieser das Gedicht ›Das Schicksal‹ und ein Fragment des ›Hyperion‹-Romans in den ›Thalia‹-Heften ab. Außerdem vermittelte er ihm eine Hofmeisterstelle bei Familie von Kalb, die Hölderlin wichtige Verbindungen zu den Großen in Jena und Weimar, Goethe, Herder und Wieland, öffnete. Im Januar 1794 trat Hölderlin die Stelle bei den von Kalbs in Waltershausen nahe Königshofen/Grabfeld an; in der folgenden Zeit entwickelte sich mit Schiller ein persönlicher Umgang, vor allem aber faszinierte ihn Fichte (»Fichte ist jetzt die Seele von Jena«, schrieb Hölderlin im November 1794 an den Stiftsfreund Neuffer).

Den revolutionär gestimmten Studenten kam Fichtes Auflösung des Kantischen Widerspruchs von Erkenntnis und praktischer Vernunft sehr entgegen, vor allem die Aufforderung zum Handeln, die seine Philosophie enthielt; endlich schien eine unmittelbare Verbindung zwischen philosophischer Idee und dem Leben möglich. Fichte forderte in seiner ›Wissenschaftslehre‹ (1794), die Erkenntnis der eigenen Freiheit, des eigenen Wesens, in Tat umzusetzen, bis sich das autonome Ich ganz realisiert habe. Um des Fortschritts der Freiheit willen räumte er jedem Einzelnen das Recht ein, den Staatsvertrag für sich zu kündigen. In seinem Haß auf die bestehende Gesellschaftsordnung polemisierte der junge Fichte leidenschaftlich gegen den Staat – dem er jedoch später, nach der Jahrhundertwende, wieder extreme Eingriffe in die Freiheit des Individuums zubilligte.

Hölderlin setzte sich intensiv mit den radikalen Thesen Fichtes auseinander, der mit seiner Idee des absolut freien Ichs einen im Grunde unchristlichen Standpunkt einnahm (was ihm auch einen Prozeß wegen Atheismus eintrug). Er vermittelte später Hegel, dem Freund aus der Tübinger Stiftszeit, Fichtes Ideen, der sie begeistert aufnahm und weiter entwickelte, während sich Hölderlin selbst schon bald von ihnen distanzierte.

Nach einem Jahr löste Hölderlin sein Erzieher-Verhältnis im Hause von Kalb und ging im Januar 1795 nach Jena, das er aber im Juni fluchtartig wieder verließ, um, unabhängig von den starken prägenden Eindrücken Fichtes und Schillers, seine eigene poetische Bestimmung zu finden. In dem Anfang 1796 begonnenen Gedicht ›An die klugen Ratgeber‹ reißt er sich vehement, wie mit einem Aufschrei, los von aller Gängelei, als die er Schillers Einflußnahme auch empfand, bekennt sich ganz zu seinem »glühend[en] Element«, zur dionysischen Begeisterung. Umgearbeitet, mit geändertem Titel, schickte er das Gedicht später Schiller zur Veröffentlichung – der es allerdings nicht abdruckte.

Der Jüngling an die klugen Ratgeber

Ich sollte ruhn? Ich soll die Liebe zwingen,
Die feurigfroh nach hoher Schöne strebt?
Ich soll mein Schwanenlied am Grabe singen,
Wo ihr so gern lebendig uns begräbt?
O schonet mein! Allmächtig fortgezogen,
Muß immerhin des Lebens frische Flut
Mit Ungeduld im engen Bette wogen,
Bis sie im heimatlichen Meere ruht.

Des Weins Gewächs verschmäht die kühlen Tale,
Hesperiens beglückter Garten bringt
Die goldnen Früchte nur im heißen Strahle,
Der, wie ein Pfeil, ins Herz der Erde dringt.
Was sänftiget ihr dann, wenn in den Ketten
Der ehrnen Zeit die Seele mir entbrennt,
Was nimmt ihr mir, den nur die Kämpfe retten,
Ihr Weichlinge! mein glühend Element?

Das Leben ist zum Tode nicht erkoren,
Zum Schlafe nicht der Gott, der uns entflammt,
Zum Joch ist nicht der Herrliche geboren,
Der Genius, der aus dem Äther stammt;
Er kommt herab; er taucht sich, wie zum Bade,
In des Jahrhunderts Strom und glücklich raubt
Auf eine Zeit den Schwimmer die Najade,
Doch hebt er heitrer bald sein leuchtend Haupt.

Drum laßt die Lust, das Große zu verderben,
Und geht und sprecht von eurem Glücke nicht!
Pflanzt keinen Zedernbaum in eure Scherben!
Nimmt keinen Geist in eure Söldnerspflicht!
Versucht es nicht, das Sonnenroß zu lähmen!
Laßt immerhin den Sternen ihre Bahn!
Und mir, mir ratet nicht, mich zu bequemen,
Und macht mich nicht den Knechten untertan.

Und könnt ihr ja das Schöne nicht ertragen,
So führt den Krieg mit offner Kraft und Tat!
Sonst ward der Schwärmer doch ans Kreuz geschlagen,
Jetzt mordet ihn der sanfte kluge Rat;
Wie manchen habt ihr herrlich zubereitet
Fürs Reich der Not! wie oft auf euern Sand
Den hoffnungsfrohen Steuermann verleitet
Auf kühner Fahrt ins warme Morgenland!

Umsonst! mich hält die dürre Zeit vergebens,
Und mein Jahrhundert ist mir Züchtigung;
Ich sehne mich ins grüne Feld des Lebens
Und in den Himmel der Begeisterung;
Begrabt sie nur, ihr Toten, eure Toten,
Und preist das Menschenwerk und scheltet nur!
Doch reift in mir, so wie mein Herz geboten,
Die schöne, die lebendige Natur.

Hölderlin lehnt sich gegen die Ruhe, die vernünftige Mäßigung (der Klassiker) auf, die sein »Sonnenroß« lähmen, seinen von Gott entflammten Genius unterjochen, ja töten würden. »Feige Ruhe« nennt er in der ersten Fassung des Gedichts das bequeme Anpassen an den Zeitgeschmack, setzt dagegen seinen kämpferischen Geist: »Was nimmt ihr mir, den nur die Kämpfe retten, / Ihr Weichlinge! mein glühend Element?« Im Kampf vollendeten sich einst die Göttersöhne, die Heroen; mit ihnen fühlt sich der Dichter verwandt, wenn er sich kühn gegen den Strom seiner Zeit stemmte.

Nicht mit nüchternem Verstand waren nach Hölderlins Auffassung die »Ketten der ehrnen Zeit«, Dürre und Kälte der Gegenwart, zu überwinden, sondern nur mit »feurigfroher Liebe«, mit der schöpferischen Begeisterung. Der junge Dichter glaubte an das »hohe Schöne«, das für ihn ein göttlich-einiges Leben in Harmonie mit der Natur bedeutete, und er wollte mit der ganzen Ungeduld und Energie seiner Jugend dieses Schöne verwirklichen. »Hesperiens goldne Früchte« (d. h. die ewige Jugend und Fruchtbarkeit verleihenden Äpfel der Hesperiden), den stolzen, hochaufwachsenden Zedernbaum, das »warme Morgenland« gebraucht er als Metaphern eines höheren Lebens, das er in seinen Entwürfen ansteuert.

Damit das Gedicht glücke und fruchtbar werde, bedarf es – wie die zweite Strophe verschlüsselt sagt – nicht kühl-rationaler Distanz, sondern des »heißen Strahls«, des göttlichen Funkens, der wie ein Pfeil ins Herz des Dichters dringt. Dem Wein und dem schöpferischen Geist ist das glühende Element notwendig zum Gedeihen: Dieser Gedanke, der eine Verbindung zwischen dem Wein als Attribut des begeisternden Gottes Bacchus und der begeisternden Dichtkunst herstellt, wird in Hölderlins Werk noch öfter auftauchen.

Sein liebendes Herz und seinen Enthusiasmus setzt der Jüngling dem klugen Verstand seiner Lehrer entgegen, ja er nennt den Verstand (in der ersten Fassung) »furchtbar, wie ein Scherge«. Vom »alternden Verstand« sprach schon Herder, weil er trenne, vom lebendigen Ursprung entferne. Mit Fichtes Philosophie, die das Ich zum Mittelpunkt der Welt erklärt und alle Materie, auch die Natur, großartig als Projektionen des menschlichen Geistes definiert hatte, waren die Menschen endgültig vom ursprünglichen Allzusammenhang getrennt. Auch Schillers ästhetisch-philosophisches Konzept stellte zwar den über alle physische Natur triumphierenden Geist heraus, versöhnte aber auch nicht die Gegensätze. Selbst wenn im Gedicht nicht direkt darauf angespielt ist, zeichnet sich doch eine merkliche Distanzierung von den so schlüssig begründeten philosophischen Systemen Fichtes und Schillers ab, die in Hölderlins Augen keinen Anstoß gaben zur Veränderung des friedlosen und einseitigen Daseins des Menschen. (Vgl. oben zur Theorie)

Der antithetische Aufbau des Gedichts spiegelt den Widerstand Hölderlins, der gegen den vernunftbestimmten Zeitgeist und gegen Schillers ästhetische Mäßigung die Welt poetisch verändern wollte. Erst am Schluß setzt der leidende, zornige Dichter der bedrängenden Situation seine Zuversicht entgegen: »Doch reift in mir ... die schöne, die lebendige Natur.« Sein Herz hatte sie immer schon gefordert, aber als Schüler, ganz unter dem Eindruck seiner Lehrmeister, hatte er sie verleugnet.

In seinem Gedicht ›An die Natur‹, das, im Sommer 1795 entstanden, noch ganz unmittelbar die Erschütterung seines Weltbilds durch Fichtes Philosophie wiedergibt, ruft sich Hölderlin sein glückliches Erleben der Natur in der Kindheit und Jugend noch einmal zurück: Innigstes Gegenüber war sie dem Knaben gewesen, in dem alles Sehnen und Sein arkadisch aufgehoben war; als ihr Geschöpf empfand er sich. Den Blüten und Sternen, dem Äther, dem Licht fühlte er sich verwandt, hatte so teil an der unendlichen Schönheit und Freude des Göttlichen. Wenn Hölderlin von der jugendlichen Welt, vom Morgen oder Frühling spricht, ist bei ihm damit auch ganz konkret diese in der Kindheit erlebte Fülle und Geborgenheit angesprochen, während ihm das Alter kritisches Bewußtsein, Herzensarmut, Einsamkeit bedeutet.

»Doch reift in mir die schöne, die lebendige Natur«: Die »guten Keime«, die die Natur durch ihre Erziehung in dem Knaben angelegt hatte, kommen nun zur Reife und machen den Erwachsenen widerstandsfähig gegen den positivistischen Zeitgeist. Das Gesetzte, Phantasielose seiner Mitmenschen, das starre Denken in Regeln und fertigen Bahnen verband er mit diesem Zeitgeist, der ihm das Leben ertötete, und gegen den er mit seinen Dichtungen ankämpfen wollte.

2.2 Frankfurter Gedichte, 1796–1798

Eine Wende in Hölderlins poetischem Schaffen markiert das Gedicht ›Die Eichbäume‹. Sein sehnlicher Wunsch, eines souveränen, unbefangenen Umgangs mit den »Großen« fähig und würdig zu werden, findet darin Ausdruck. Wie die Stürmer und Dränger verteidigt er die Autonomie und Titanenkraft des nur aus eigenem Genie lebenden Dichters. Durch den getragenen Fluß des Hexameters, mit dem sich Hölderlin hier auch formal von den Schillerschen Reimstrophen abwendet, wirkt der Schmerz über die noch fehlende Eigenständigkeit gemildert.

Die Eichbäume

Aus den Gärten komm ich zu euch, ihr Söhne des Berges!
Aus den Gärten, da lebt die Natur geduldig und häuslich,
Pflegend und wieder gepflegt mit dem fleißigen Menschen zusammen.
Aber ihr, ihr Herrlichen! steht, wie ein Volk von Titanen
In der zahmeren Welt und gehört nur euch und dem Himmel,
Der euch nährt' und erzog, und der Erde, die euch geboren.
Keiner von euch ist noch in die Schule der Menschen gegangen,
Und ihr drängt euch fröhlich und frei, aus der kräftigen Wurzel,
Untereinander herauf und ergreift, wie der Adler die Beute,
Mit gewaltigem Arme den Raum, und gegen die Wolken
Ist euch heiter und groß die sonnige Krone gerichtet.

Eine Welt ist jeder von euch, wie die Sterne des Himmels
Lebt ihr, jeder ein Gott, in freiem Bunde zusammen.
Könnt ich die Knechtschaft nur erdulden, ich neidete nimmer
Diesen Wald und schmiegte mich gern ans gesellige Leben.
Fesselte nur nicht mehr ans gesellige Leben das Herz mich,
Das von Liebe nicht läßt, wie gern würd ich unter euch wohnen!

Das Bild der Gärten, in denen die Natur gehegt, gepflegt, gebändigt wird, steht hier für die geistigen Schulen, die das Dichten und Denken in geordnete Bahnen lenken. Als unerträgliche Knechtschaft empfindet Hölderlin im Grunde seine Abhängigkeit von der Autorität Schillers, den er sich doch als Mentor erwählt hatte – und brauchte. Mit aller Macht sucht er sich in seiner Eigenart zu behaupten und als ebenbürtiger Dichter anerkannt zu werden. Da es in den herrschenden Schulen (der klassischen und der romantischen) aber nur Unterordnung, keinen »freien Bund« gleichrangiger Dichter gab, muß er den Widerstreit vorerst stehen lassen: in der Weimarer und Jenaer Gesellschaft der »Meister« seine Fesseln zu spüren, ohne noch die Kraft zu haben, sich zu befreien, vor allem von seiner liebenden Bewunderung für Schiller. In seinen Briefen spricht er von »Lust und Schmerz, den großen Mann Schiller zu kennen«, gesteht seinem väterlichen Lehrmeister noch im Januar 1798 seine »Furcht, von Ihnen durch und durch beherrscht zu werden«, und entschuldigt seine Flucht aus Jena, »daß jeder große Mann den anderen, die es nicht sind, die Ruhe nimmt«.

Vermutlich für eine Gedichtsammlung schrieb Hölderlin einige seiner Gedichte 1799/1800 noch einmal ab, bzw. bearbeitete sie neu, darunter auch ›Die Eichbäume‹; »als Proömium zu gebrauchen«, d.h. als Einleitung, vermerkte er dazu. Hölderlin empfand offenbar selbst, daß mit diesem Gedicht eine neue Phase seines lyrischen Schaffens begonnen hatte. In der Abschrift klammerte er die letzten vier Verse ein und setzte in Prosa darunter: »O daß mir nie nicht altere, daß der Freuden, daß der Gedanken unter den Menschen, der Lebenszeichen keins mir unwert werde, daß ich seiner mich schämte, denn alle brauchet das Herz, damit es Unaussprechliches nenne.«

In den vier Jahren zwischen der Entstehung des Gedichts und diesem neuerlichen Entwurf für einen überzeugenden Schluß hatte sich Hölderlins Empfindlichkeit, sein Leiden an den Dissonanzen des Daseins beunruhigend verschärft, auch sein Hang, sich vor den Menschen in sich selbst abzuschließen. Das Problem Schiller war weitgehend überwunden, dafür quälte ihn nun die Angst, seine religiöse Aufgabe als Mittler zwischen den Menschen und Gott nicht mehr erfüllen zu können – darauf vor allem stützte er seine Legitimation als Dichter –, wenn ihn seine Hoffnungen nicht mehr trügen (»O daß mir nie nicht altere . . .«) und ihm die Menschen gleichgültig würden.

So gesehen, enthalten die Prosabemerkungen eine prophetische Mahnung, denn wenige Jahre später, 1806, wurden Hölderlins krankhafte Zustände so bedenklich, daß er in eine Nervenklinik eingeliefert werden mußte, aus der er dann zu dem Tübinger Schreinerehepaar Zimmer kam, bei dem er 36 Jahre fast gänzlich isoliert von den Menschen verbrachte. Als Dichter war er damit weitgehend verstummt.

Mitte Januar 1796, nach einem halben Jahr zu Hause in Nürtingen, trat Hölderlin seine zweite Hofmeisterstelle im Hause des Bankiers Gontard in Frankfurt a. M. an, mit dessen Frau Susette sich bald ein Liebesverhältnis entwickelte. Die »schöne lebendige Natur«, die seine Kinderträume vergoldet hatte, die ihm aber im Umgang mit Schiller und Fichte zum Traum- und Schattenbild abgestorben war (vgl. ›An die Natur‹), wurde Hölderlin in Frankfurt wieder zur Heimat. Sie begegnete ihm leibhaftig in Susette – jedenfalls stellte es Hölderlin so dar. Doch war es für seinen Werdegang bedeutsam und entsprach seiner ganzen Lebens- und Dichtungsphilosophie, daß er »die Bedürftigkeit der Wissenschaft« erst ganz kennengelernt, daß er die Entfernung von der Natur erst durchlitten hatte, um von Grund auf die Rückkehr zu ihrer Schönheit vollziehen zu können. Erst am Widerstand gegen den Zeitgeist, postulierte Hölderlin, wurde die Kraft zum Guten, Wahren und Schönen gereizt.

Diotima oder seinen Engel nannte Hölderlin Susette Gontard, die ihm seinen schönen Traum einer Versöhnung von Menschen und Göttern schon auf Erden wahr machte. An Neuffer, den treuesten Freund aus der Tübinger Stiftszeit, schrieb er:

... Ich bin in einer neuen Welt. Ich konnte wohl sonst glauben, ich wisse, was schön und gut sei, aber seit ich's sehe, möcht ich lachen über all mein Wissen. Lieber Freund! es gibt ein Wesen auf der Welt, woran mein Geist Jahrtausende verweilen kann und wird, und dann noch sehn, wie schülerhaft all unser Denken und Verstehn vor der Natur sich gegenüber findet. Lieblichkeit und Hoheit, und Ruh und Leben, und Geist und Gemüt und Gestalt ist *ein* seliges Eins in diesem Wesen. Du kannst mir glauben, auf mein Wort, daß selten so etwas geahndet und schwerlich wieder gefunden wird in dieser Welt. Du weißt ja, wie ich war, wie mir Gewöhnliches entleidet war, weißt ja, wie ich ohne Glauben lebte, wie ich so karg geworden war mit meinem Herzen, und darum so elend; konnt ich werden, wie ich jetzt bin, froh, wie ein Adler, wenn mir nicht dies, dies Eine erschienen wäre und mir das Leben, das mir nichts mehr wert war, verjüngt, gestärkt, erheitert, verherrlicht hätte mit seinem Frühlingslichte? Ich habe Augenblicke, wo all meine alten Sorgen mir so durchaus töricht scheinen, so unbegreiflich wie den Kindern.

Es ist auch wirklich oft unmöglich, vor ihr an etwas Sterbliches zu denken, und eben deswegen läßt so wenig sich von ihr sagen.

Vielleicht gelingt mir's hie und da, einen Teil ihres Wesens in einem glücklichen Zuge zu bezeichnen, und da soll Dir keiner unbekannt bleiben. Aber es muß eine festliche, durchaus ungestörte Stunde sein, wenn ich von ihr schreiben soll ...

(wohl Ende Juni und am 10. Juli 1796)

Diotima nannte Hölderlin das geliebte Wesen nach der Seherin in Platons ›Gastmahl‹, die die Liebe gleichsetzt mit dem höchsten Ziel des Menschen, dem Streben nach Wahrheit. Für Hölderlin versöhnt die Liebe jene Polarität, die allem Sein anhaftet; daher ist der Name Diotima auch immer mit Frieden und Harmonie assoziiert und mit der Natur, die das Muster göttlicher Alleinigkeit darstellt. Diotima öffnet dem Leidenden wieder Herz und Sinne für die schöne Welt, läßt ihn die Not der Zeit vergessen und am »vollen Götterleben« teilhaben, »wo wir Eins und Alles werden« (mittlere Fassung von ›Diotima‹, Juli 1796). Mit dieser Formel des griechischen Philosophen Heraklit (um 550 – um 480 v. Chr.) unterstrich der Dichter das Gefühl der Liebenden, sich ganz selbst zu gehören und zugleich einbezogen zu sein in das Eine und Ganze der Weltnatur, das Gott darstellt.

An Diotima hat Hölderlin eine ganze Reihe kurzer und längerer Gedichte gerichtet; vor allem in seinem Roman ›Hyperion‹ hat er ihr unsterblichen Ruhm, neben den Göttern und Helden, gesichert, wie er es in einem anderen (weiter unten zitierten) Gedicht versprach.

Diotima

Komm und besänftige mir, die du einst Elemente versöhntest,
   Wonne der himmlischen Muse, das Chaos der Zeit,
Ordne den tobenden Kampf mit Friedenstönen des Himmels,
   Bis in der sterblichen Brust sich das Entzweite vereint,
Bis der Menschen alte Natur, die ruhige, große
   Aus der gärenden Zeit mächtig und heiter sich hebt.
Kehr in die dürftigen Herzen des Volks, lebendige Schönheit!
   Kehr an den gastlichen Tisch, kehr in die Tempel zurück!
Denn Diotima lebt, wie die zarten Blüten im Winter,
   Reich an eigenem Geist, sucht sie die Sonne doch auch.
Aber die Sonne des Geists, die schönere Welt, ist hinunter
   Und in frostiger Nacht zanken Orkane sich nur.

In diesen ersten Gedichten der Frankfurter Zeit experimentierte Hölderlin noch mit verschiedenen antiken Strophenformen und Versmaßen, bis er in der (alkäischen und asklepiadeischen) Ode die ihm gemäße Form fand. Das hier gebrauchte Distichon, aus einem Hexameter und einem Pentameter bestehend, wird der Dichter vor allem für seine großen Elegien des Jahres 1800 verwenden. Kennzeichnend für die Frankfurter Zeit ist ein deutlich größerer »Realitätsgehalt«; gerade aus der Spannung zwischen seinen Idealen, die Diotima nun mit Leben füllte, und der dissonanten Wirklichkeit gewinnen diese Gedichte ihre Kraft.

Auf Urania, die Muse der kosmischen Harmonie, spielt Hölderlin in dem obigen Gedicht an. In seiner frühen ›Hymne an die Göttin der Harmonie‹ (1791) hatte er sie schon als »Königin der Welt«, die das Chaos bändigt und die wilden Elemente liebend zueinanderführt, apostrophiert. Der Mensch als ihr »königliches Ebenbild« sei auserwählt, hieß es dort, in ihrem Geist »der Liebe großen Bund zu stiften«. Der Schluß der Hymne hatte den Anklang an die Ideale der Französischen Revolution deutlich gemacht: Die Erdengötter werden aufgerufen, »ihre Kronen niederzuwerfen«, Millionen, fern und nah, sollen in den Jubel zu ihrem Triumph einstimmen.

Bis in seine späten Hymnen bleibt die versöhnende, auf Freiheit beruhende Liebe das Hauptthema in Hölderlins Dichtung. Die Ideale der Französischen Revolution, seine Empfänglichkeit für die Schönheit der Natur, die griechische Antike mit ihrer eher demokratischen Gesinnung als wachzuhaltende Erinnerung, daß eine mit der Natur in Einklang lebende Menschheit möglich sei, und seine Liebe zu Diotima: diese wesentlichen Ereignisse in Hölderlins Leben werden immer wieder aufeinander bezogen; sie stellen nur jeweils verschiedene Aspekte der erstrebten Alleinigkeit dar. Die Geliebte, in sich selbst ruhend, verkörpert Hölderlins an Winckelmann gemahnendes Ideal griechisch-klassischer Vollendung, die »Athenerin« nennt er sie (›An ihren Genius‹, 1799). Das gleiche Götterband der Liebe, das ihn mit Diotima verband und ihm neue Kraft im Streben zu Gott verlieh, sollte im Großen den brüderlichen Bund zwischen den Völkern knüpfen, sollte den Kämpfen um Macht und Ruhm, der Knechtschaft und Feigheit ein Ende bereiten.

In dem oben zitierten Gedicht ›Diotima‹ beschwört Hölderlin die Schönheit als lebendige Kraft in der Geschichte herauf, die auch die friedlose Gegenwart zu heilen vermag. Dem triadischen Geschichtsbild seiner Zeit folgend, das ihn prägte wie kaum einen andern Dichter, ist auch für Hölderlin der »Menschen alte Natur, die ruhige, große«, verloren gegangen, als der Mensch mit der Bewußtwerdung seine Unschuld verlor. Mannigfaltig, freudig und warm war dieser frühe Zustand engen Zusammenlebens von Menschen und Göttern, den auch Schiller in seinem Gedicht ›Die Götter Griechenlands‹ feiert (vgl. Bd. III). Mit der fortschreitenden Entfremdung des Menschen von seinem Ursprung durch das zergliedernde Bewußtsein sind die erwärmenden, Leben und Einigkeit stiftenden Herzenskräfte verkümmert. Der Seher-Dichter aber ahnt, daß die »gärende Zeit« einen neuen Frühling der Menschheit vorbereitet. Wohl wissend, daß der Winter nur vorübergehend ist, sucht er nach Zeichen des kommenden Frühlings, wenn »mächtig und heiter« der neue Frieden anhebt. Zeichen des nahenden Göttertags ist Diotima, für die Hölderlin den Vergleich mit den »zarten Blüten im Winter« wählte, Sinnbild ihrer naturhaften Schönheit und ihrer göttlichen Kraft, das extrem Entgegengesetzte zu vereinen. In ihrer eigenen Sphäre ruhend, eine Welt in sich, scheint sie aus ihrem Selbstverständnis gerissen und sich nicht zurechtzufinden in der frostig-nächtlichen Gegenwart. Die letzten beiden Distichen setzen den Kontrast zwischen dem Ideal der Versöhnung und der rauhen Wirklichkeit (etwa der Koalitionskriege gegen Frankreich) ganz unmittelbar ins Bild.

Auch in dem folgenden Gedicht wird die schönere, Diotima verwandte Welt Griechenlands als vergangen beklagt, so daß edle Naturen wie sie leiden und, hineingestellt in eine fremde barbarische Welt, verstummen müssen. Doch Hoffnung, ja Gewißheit besteht, daß das neue Goldene Zeitalter kommen wird, das Diotimas Sein verheißt.

Diotima

Du schweigst und duldest, und sie verstehn dich nicht,
  Du heilig Leben! welkest hinweg und schweigst,
    Denn ach, vergebens bei Barbaren
      Suchst du die Deinen im Sonnenlichte,

Die zärtlichgroßen Seelen, die nimmer sind!
  Doch eilt die Zeit. Noch siehet mein sterblich Lied
    Den Tag, der, Diotima! nächst den
      Göttern mit Helden dich nennt, und dir gleicht.

In der Gestalt der Diotima hat Hölderlin nicht nur Susette Gontard abgebildet, sondern in ihr als einer poetischen Kunstfigur all seine Idealvorstellungen vom Menschen als göttlichem Wesen vereinigt. Die Bedeutung ihrer Existenz – weniger für ihn selbst als für die versöhnungsbedürftigen Menschen – hat der Dichter in seinem Roman ›Hyperion‹ ausführlich dargestellt. Wie der Held des Romans Diotima aus ihrer göttergleichen Ruhe reißt und sich damit schuldig macht, spricht auch die folgende Kurzode die Schuld des lyrischen Ichs an, das »heilige Wesen« gestört zu haben, indem er es mit dem tiefen, innigen Gefühl der Liebe bekannt gemacht hat. Die leidensfreie Ruhe der Götter hat Diotima für diese Erfahrung hingegeben; daß sie nach dieser Beunruhigung wieder zu ihrer Mitte, ihrem Frieden, finden werde, formuliert der Dichter (sich) als Wunsch und (ihr) als Versprechen:

Abbitte

Heilig Wesen! gestört hab ich die goldene
　　Götterruhe dir oft, und der geheimeren,
　　　　Tiefern Schmerzen des Lebens
　　　　　　Hast du manche gelernt von mir.

O vergiß es, vergib! gleich dem Gewölke dort
　　Vor dem friedlichen Mond, geh ich dahin, und du
　　　　Ruhst und glänzest in deiner
　　　　　　Schöne wieder, du süßes Licht!

In der Frankfurter Zeit hat sich Hölderlin, wie oben erwähnt, den griechischen Oden zugewandt, die Klopstock so meisterlich in die deutsche Dichtung übertragen hatte; insbesondere die alkäische Odenstrophe und die asklepiadeische (nach den griechischen Lyrikern Alkaios und Asklepiades, 7./6. bzw. 3. Jahrhundert v. Chr.), die über Horaz' Gedichte lebendig geblieben waren, verwandelte Hölderlin in vollkommener Weise dem Deutschen an.

Eine ganze Reihe von Kurzoden entstand in Frankfurt, wegen ihres sentenzartigen Charakters auch epigrammatische Oden genannt, die Hölderlin oft später zu längeren Gedichten ausführte.

Ehmals und jetzt

In jüngern Tagen | war ich des Morgens froh,
　　Des Abends weint ich; | jetzt, da ich älter bin,
　　　　Beginn ich zweifelnd meinen Tag, doch
　　　　　　Heilig und heiter ist mir sein Ende.

Dem dialektischen Ansatz der zeitgenössischen Philosophie folgend, faßt Hölderlin hier seine Entwicklung als Dichter auf knappstem Raum zusammen. Der jugendliche Schwärmer mußte seine hoffnungsfrohen Entwürfe schmerzlich revidieren; durch kritische Reflexion findet er zur Einsicht, daß die Krise unerläßlich ist, um sich weiterzuentwickeln. Von diesem neuen Standpunkt aus kann er seine »heilige« Aufgabe erkennen als Künder einer schöneren Zukunft.

Wie im großen Rhythmus der Geschichte sah Hölderlin auch das individuelle Schicksal des Menschen in wechselnde Perioden aufgeteilt. Auf den Zustand »naiven« Glücks in der Jugend, dem die rasch stürmende Aufwärtsbewegung des Gedichtanfangs entspricht, folgt die »heroische« Zeit des Kämpfens und Aufbegehrens (der stockende Rhythmus des Abverses der zweiten Zeile teilt das Ringen um den rechten Weg mit), um zuletzt in eine »idealische« Perspektive für die Zukunft überzugehen (s. oben ›Vom Wechsel der Töne‹). Die auf den

Zweifel folgende Zuversicht ist mehr als das unbewußte spontane Wollen des Jünglings; sie erlaubt, ruhig und heiter den Lebensbogen zu schließen.

Das oben besprochene Gedicht wird gern zitiert als Musterbeispiel einer *alkäischen* Strophe. Sie beginnt mit zwei elfsilbigen Versen, von einer Zäsur in An- und Abvers gegliedert, und wird von je einem Neun- und einem Zehnsilbler geschlossen:

$$x\ \acute{x}\ x\ x\ \acute{x}\ |\ \acute{x}\ x\ x\ \acute{x}\ x\ \acute{x}$$
$$x\ \acute{x}\ x\ x\ \acute{x}\ |\ \acute{x}\ x\ x\ \acute{x}\ x\ \acute{x}$$
$$x\ \acute{x}\ x\ \acute{x}\ x\ \acute{x}\ x\ \acute{x}\ x$$
$$\acute{x}\ x\ x\ \acute{x}\ x\ x\ \acute{x}\ x\ \acute{x}\ x$$

Die alkäische Strophe besitzt, infolge des regelmäßigen Wechsels von Senkung zu Hebung in der Zäsur, einen fließenden Rhythmus in den beiden elfsilbigen Anfangsversen, der in den zäsurlosen, erst neun-, dann zehnsilbigen Versen des Abgesangs ausschwingen kann.

Die *asklepiadeische* Strophe beginnt mit zwei Zwölfsilblern und endet mit einer sieben- und einer achtsilbigen Zeile. Da die Zäsur der beiden Eingangsverse zwischen zwei Hebungen fällt, wird der Rhythmus sehr viel härter; die deutlich kürzeren Schlußverse halten die Spannung bis zum Strophenende.

$$\acute{x}\ x\ \acute{x}\ x\ x\ \acute{x}\ |\ \acute{x}\ x\ x\ \acute{x}\ x\ \acute{x}$$
$$\acute{x}\ x\ \acute{x}\ x\ x\ \acute{x}\ |\ \acute{x}\ x\ x\ \acute{x}\ x\ \acute{x}$$
$$\acute{x}\ x\ \acute{x}\ x\ x\ \acute{x}\ x$$
$$\acute{x}\ x\ \acute{x}\ x\ \acute{x}\ x\ \acute{x}$$

Die folgende Ode ist ein Beispiel für asklepiadeischen Strophenbau:

Die Kürze

»Warum bist du so kurz? | liebst du, wie vormals, denn
   Nun nicht mehr den Gesang? | fandst du, als Jüngling, doch,
     In den Tagen der Hoffnung,
       Wenn du sangest, das Ende nie!«

Wie mein Glück, ist mein Lied. | – Willst du im Abendrot
   Froh dich baden? hinweg | ist's! und die Erd ist kalt,
     Und der Vogel der Nacht schwirrt
       Unbequem vor das Auge dir.

Hölderlin hat hier in metaphorischer Sprache seine ernüchternde prosaische Gegenwart dargestellt, die er mit seinen hymnischen Gesängen überwinden wollte. Wie eine trotzige Antwort auf Schillers Brief vom 24. 11. 1796, der vor »der Weitschweifigkeit« warnte, »die in einer endlosen Ausführung ... oft den glücklichsten Gedanken erdrückt«, wirkt das Gedicht. Hier »beweist« Hölderlin, daß er auch präzise und knapp sein kann.

In Rede und Gegenrede problematisiert und rechtfertigt er die Kürze seiner neuen Gedichte. Sein Gesang, als Feier und Huldigung der Götter verstanden, muß verstummen, wenn die Hoffnungen auf eine götterversöhnte Zukunft sich angesichts der kalten Wirklichkeit nicht halten lassen. Die letzten Zeilen deuten auf das unbequeme dichterische Amt: Gegen den herrschenden Geschmack, ohne wirkliche Bestätigung, mußte er doch seiner inneren Berufung folgen; trotz aller persönlichen Irritationen und Zweifel fordert er von sich, daß er die Hoffnung aufrecht erhält. Mit dem »Vogel der Nacht« ist ganz konkret die Eule gemeint, das Wahrzeichen der Göttin Athene, die mit ihrer Weisheit Philosophen und Dichter begabte. Das ursprüngliche Bild war Hölderlin gemäßer als die metaphorische Aussage, die wir im 20. Jahrhundert hinter den letzten beiden Versen vermuten würden.

2.3 Bad Homburger Gedichte, 1798–1800

Im September 1798 mußte Hölderlin das Haus Gontard verlassen, das Verhältnis mit Susette war untragbar geworden. Der Freund aus der Jenaer Zeit, Isaak von Sinclair, holte ihn nach Bad Homburg v.d. Höhe. Dort versuchte der Dichter, den »tötenden Schmerz« des Abschieds zu verarbeiten (auch wenn er die Geliebte noch einige Mal heimlich sah): einerseits schuf er sich für seine Dichtung eine festere Grundlage, indem er theoretische, poetologische Reflexionen anstellte und zumindest in Teilen ausformulierte; andererseits rettete er sich in die Überzeugung, daß es tiefere, dauerhaftere Bindungen zwischen Liebenden gäbe als die räumliche Nähe. In seiner Dichtung suchte er Halt:

> Und daß mir auch, zu retten mein sterblich Herz,
>   Wie andern eine bleibende Stätte sei,
>   Und heimatlos die Seele mir nicht
>   Über das Leben hinweg sich sehne,
>
> Sei du, Gesang, mein freundlich Asyl! ...

(Mein Eigentum, 37–41)

In Oden und Elegien hielt Hölderlin seine Liebe lebendig; erinnernd bewahrte er ihr Bild, konnte er seinen Schmerz ertragen und schließlich überwinden, bis sich das Ideal vor die Trauer schob. In dem folgenden Bruchstück einer Elegie (vermutlich handelt es sich um den Schluß des dritten und vierten Abschnitts) wird Diotimas überirdische Ausstrahlung, die sie mit Musen und Halbgöttern gleichstellt, irdisches Leid transzendieren läßt, in feierlichen Distichen besungen:

Götter wandelten einst . . .

Götter wandelten einst bei Menschen, die herrlichen Musen
  Und der Jüngling, Apoll, heilend, begeisternd wie du.
Und du bist mir, wie sie, als hätte der Seligen einer
  Mich ins Leben gesandt, geh ich, es wandelt das Bild
Meiner Heldin mit mir, wo ich duld und bilde, mit Liebe
  Bis in den Tod, denn dies lernt ich und hab ich von ihr.
Laß uns leben, o du, mit der ich leide, mit der ich
  Innig und glaubig und treu ringe nach schönerer Zeit.
Sind doch wir's! und wüßten sie noch in kommenden Jahren
  Von uns beiden, wenn einst wieder der Genius gilt,
Sprächen sie: es schufen sich einst die Einsamen liebend
  Nur von Göttern gekannt ihre geheimere Welt.
Denn die Sterbliches nur besorgt, es empfängt sie die Erde,
  Aber näher zum Licht wandern, zum Äther hinauf
Sie, die inniger Liebe treu, und göttlichem Geiste
  Hoffend und duldend und still über das Schicksal gesiegt.

Laut vorgetragen und mit dem richtigen Wechsel der Akzente entfaltet sich erst die schöne Melodik von Hölderlins Dichtung. Der ungewöhnliche, regelwidrige Satzbau unterstreicht den erhabenen Duktus des Fragments. Die kompliziert verschränkten Satzgefüge, in denen die besondere Aussage einzelner Worte oder Wortgruppen durch ihre Stellung im Vers metrisch-klanglich hervorgehoben wird, stimmen das Gemüt höher, nehmen den Leser herein in die Emphase des Dichters. Ohne Klopstocks Vorbild ist Hölderlins Hymnendichtung nicht denkbar.

Die Sprache war Hölderlin das Medium, seinen Zeitgenossen das zukünftige Schöne zu vermitteln. Daher hat der Dichter andere Ordnungen als die logisch-grammatikalischen zu befolgen; seine Sprache soll wieder lebendiges, tönendes Wort sein, soll durch ihren Rhythmus, durch assoziationskräftige Bilder den Gedanken unterstreichen und fühlbar machen. Hölderlins Denken war bildhaft, nicht begrifflich-abstrakt, seine Sprache ein Singen – damit näherte er sie wieder ihrer ursprünglichen Bestimmung.

Nach dem Vorbild seiner Heldin Diotima versucht der Dichter, den Schmerz der Trennung zu erdulden und zu verstehen als Vorstufe einer »schöneren Zeit«. Das Schicksal hat die beiden Liebenden, die sich als verwandte Seelen finden mußten, in eine unselige Gegenwart gestellt, ihnen aber aufgegeben, liebend zu wachsen auch im Leid, in der Gewißheit ihrer höheren Einheit. »Inniger Liebe treu«, »duldend und still« blieben die beiden miteinander verbunden, auch nach ihrer Trennung – so stellte es Hölderlin poetisch stilisierend dar. (Die Wirklichkeit sah wohl anders aus: Da gab es neben dem Dulden auch Aufbegehren und Zweifel, ob das Verleugnen der Liebe das Richtige sei; Susette jedenfalls welkte wie eine Blume dahin.) In den Schlußversen des Fragments verwendet Hölderlin Vorstellungen der Leibnizschen Monadenlehre, die ähnlich in Goethes ›Faust‹ formuliert sind: Das Streben nach dem göttlichen Licht, nach jenen Idealen, die den Erdenmenschen gewöhnlich wenig kümmern, läßt die Seelen der Liebenden höchster Vollendung und Versöhnung mit Gott näherkommen.

Der Dichter konnte sein Leid formulieren und dadurch die Trennung von Diotima vielleicht besser ertragen; außerdem hatte er eine volkserzieherische, politische, »heilige« Aufgabe, die ihn am Leben hielt. Die fast zwei Jahre (vom September 1798 bis zum Juni 1800), die er nach der Trennung von Susette Gontard im Hause Isaak von Sinclairs lebte, waren für ihn eine besonders produktive Phase: Hölderlin trug sich mit Plänen, eine Zeitschrift, ›Iduna‹, zu gründen, ging zielstrebig und mit Elan an die Verwirklichung des Projekts. Er bewarb sich darum, in Jena Vorlesungen über griechische Dichtungen zu halten; er arbeitete intensiv an seinem Trauerspiel ›Der Tod des Empedokles‹, gab seinen Roman ›Hyperion‹ in Druck, entwarf philosophische und poetische Theorien und veröffentlichte zahlreiche Gedichte. Der verzweifelte Mut, sich eine Existenz als Dichter aufzubauen, unabhängig von den entehrenden Hofmeisterstellen und den erbettelten Zuschüssen seiner Mutter zu werden, gab ihm Festigkeit und kämpferische Kraft. Auch glaubte er, wie Sinclair und andere, eine Zeitlang daran, daß sich in Schwaben eine Republik bilden würde. Als schließlich alle Pläne scheiterten, ermattete Hölderlins Glaube an sich und seine Zeit.

Hölderlins berühmtes ›Parzen‹-Gedicht erschien neben anderen in Neuffers ›Taschenbuch auf das Jahr 1799‹. August Wilhelm Schlegel, der damals schon einen bedeutenden Ruf als Literaturwissenschaftler und -kritiker hatte, lobte die Beiträge Hölderlins, die »voll Geist und Seele« wären, wünschte für die größere Arbeit, auf die in dem Gedicht angesprochen sei, »von Herzen jede äußere Begünstigung« (Jenaer Allgemeine Literatur-Zeitung 71 vom 2. 3. 1799). Wie wichtig Hölderlin diese Kritik war, zeigt, daß er sie kurz darauf in einem Brief an die Mutter zitierte.

An die Parzen

Nur *einen* Sommer gönnt, ihr Gewaltigen!
    Und einen Herbst zu reifem Gesange mir,
        Daß williger mein Herz, vom süßen
            Spiele gesättiget, dann mir sterbe.

Die Seele, der im Leben ihr göttlich Recht
    Nicht ward, sie ruht auch drunten im Orkus nicht;
        Doch ist mir einst das Heil'ge, das am
            Herzen mir liegt, das Gedicht, gelungen,

Willkommen dann, o Stille der Schattenwelt!
    Zufrieden bin ich, wenn auch mein Saitenspiel
        Mich nicht hinab geleitet; *einmal*
            Lebt ich, wie Götter, und mehr bedarf's nicht.

Hölderlins Mutter mußte wohl ängstlich-ärgerlich auf das Gedicht reagiert haben und das eindringliche Flehen um Gelingen seiner Pläne, das durch die Zeitbegrenzung »nur *einen* Sommer« erst sein ganzes Gewicht erhält, als Todeswunsch verstanden haben; jedenfalls schrieb der Sohn ihr am 8. Juli 1799 beschwichtigend zurück:

... Das Gedichtchen hätte Sie nicht beunruhigen sollen, teuerste Mutter! Es sollte nichts weiter heißen, als wie sehr ich wünsche, einmal eine ruhige Zeit zu haben, um das zu erfüllen, wozu mich die Natur bestimmt zu haben schien. Überhaupt, liebste Mutter! muß ich Sie bitten, nicht alles für strengen Ernst zu nehmen, was Sie von mir lesen. Der Dichter muß, wenn er seine kleine Welt darstellen will, die Schöpfung nachahmen, wo nicht jedes einzelne vollkommen ist und wo Gott regnen läßt auf Gute und Böse und Gerechte und Ungerechte; er muß oft etwas Unwahres und Widersprechendes sagen, das sich aber natürlich im Ganzen, worin es als etwas *Vergängliches* gesagt ist, in *Wahrheit* und Harmonie auflösen muß, und so wie der Regenbogen nur schön ist nach dem Gewitter, so tritt auch im Gedichte das Wahre und Harmonische aus dem Falschen und aus dem Irrtum und Leiden nur desto schöner und erfreulicher hervor ...

Die symbiotische Bindung an die Mutter bereitete Hölderlin bis an sein Lebensende Schuldgefühle; aus der Abhängigkeit von ihr konnte er sich nie befreien: Immer versuchte er, ganz gehorsamer Sohn, sich zu rechtfertigen, selbst seinen »Hang zur Trauer«, die mangelnde Heiterkeit, die sie ihm wohl vorgeworfen hatte. Beherrscht wurde er von seiner Mutter, aber Geborgenheit, liebende Unterstützung erfuhr er wohl kaum. Ein Grund für seine seelische Zerrissenheit und die ewigen Selbstzweifel war sicher das Gefühl, in den Augen der Mutter versagt zu haben, die nie mit seiner Dichterexistenz einverstanden war. Es ist erschütternd zu lesen, wie er noch ihre Kälte zu entschuldigen sucht:

... Darf ich's Ihnen einmal sagen? Wenn ich oft in meinem Sinn verwildert war und ohne Ruhe mich umhertrieb unter den Menschen, so war's nur darum, weil ich meinte, daß Sie keine Freude an mir hätten. Aber nicht wahr, Sie mißtrauen sich nur, Sie fürchten Ihre Söhne zu verzärteln und zu eigenwillig zu machen, Sie fürchten, daß Ihr mütterlich Gemüt Sie selbst betören möchte und dann Ihre Söhne ohne Leitung wären und ohne Rat, und darum setzen Sie lieber zu wenig Vertrauen in uns und versagen sich aus Liebe die Freude, die der Eltern Eigentum im Alter ist, und hoffen lieber weniger von uns, um nicht zu viel von uns zu hoffen? ...

(11. Dezember 1798)

In dem ›Parzen‹-Gedicht klingt des Dichters Sorge auf, es könne seine Lebenszeit dahingehen, ohne daß er den göttlichen Auftrag, der ihn beseelt, erfüllt und sich in seiner Kunst vollendet hätte. Die Parzen, die er als die »Gewaltigen« anfleht, stehen nach der griechischen Mythologie als Schicksalsmächte noch über den Göttern: eine spinnt den Lebensfaden, die zweite bewahrt ihn, und die dritte schneidet ihn ab. Ihre Gunst (»gönnt«!) ist notwendig, soll dem Menschen auf Erden Vollkommenes gelingen. So übergroß ist das Streben des Dichters nach Vollendung, nach einem Augenblick der Göttergleichheit, daß seine Seele auch nach dem Tode keine Ruhe fände, weiter getrieben wäre, wenn er seinem Anspruch nicht genügte.

Die Arbeit, auf die Hölderlin in dem Gedicht anspielt, das Drama ›Der Tod des Empedokles‹, wurde nie fertiggestellt. Die Aufgabe, die er sich vorgenommen hatte, nämlich die griechische Tragödie in ihrem Wesen zu erhalten und mit den Anliegen der eigenen Zeit zu verbinden, scheiterte aus mehreren Gründen. Unter anderem konnte Hölderlin die tragische Opferung seines Helden, der die Versöhnung zwischen Menschen und Göttern bewirken wollte, nur überzeugend darstellen, wenn die politische und soziale Realität Zeichen solcher Hoffnung erkennen ließ. Mit dem Scheitern der Pläne einer »württembergischen Republik« im Frühjahr 1799 schien für ihn die Möglichkeit einer geistigen Erneuerung erheblich, wenn nicht völlig geschwunden (vgl. das Kapitel über ›Empedokles‹).

An dem ›Parzen‹-Gedicht ist Hölderlins Harmonie- und Symmetriebedürfnis gut abzulesen. Genau in der Mitte, nämlich nach der sechsten Zeile, beginnt mit »Doch ist mir einst ...« der Wechsel der Töne: Von der leidenschaftlichen Bewegtheit des »heroischen Tons«, der die Spannungen der Gegenwart anzeigt, kehrt sich der Duktus zum »idealischen« Ton, in dem hier der Traum dichterischer Erfüllung geschildert wird.

Die Zäsur, die »einen Moment des Besinnens« gibt, bevor die Gegenbewegung einsetzt, ist für Hölderlins Lyrik wichtig; sie verleiht dem Gedicht den natürlichen Rhythmus, der nach Hölderlin im harmonischen Wechsel von Entgegensetzung und Ausgleich besteht.

Nach der Zäsur beginnt die Schilderung des erfüllten Augenblicks, der alles Leiden beenden würde, alle irdische Vergänglichkeit bedeutungslos werden ließe. Wunsch und Erfüllung, Möglichkeit und Gewißheit verschmelzen in dem »idealischen« Ausblick auf die Zukunft. Den Zeilen, die Hölderlins innigstes Anliegen aussprechen, verleiht er durch Reihung und ungewöhnliche Klimax besonderen Nachdruck: »das Heil'ge, das am / Herzen mir liegt, das Gedicht«. Weil es dem Göttlichen Sprache verleiht, ist Hölderlin das Gedicht heilig, sein Schöpfer dem Gott gleich.

Eines der bekanntesten Gedichte Hölderlins ist ›Hyperions Schicksalslied‹ aus dem zweiten Band des Romans ›Hyperion‹. Allein schon durch Klang und Rhythmus der Verse ist die Welt der Götter von der der Menschen deutlich getrennt: Dem ruhigen gleichmäßigen Fluß der ersten beiden Strophen steht eine eher stolpernde dritte entgegen, die das blinde Geworfen-Sein als menschliches Schicksal festschreibt; dabei bleibt in allen drei Strophen das Grundelement des Verses, der Chorjambus (ein griechisches Metrum der Form | x́ x x x́ |) erhalten.

Hyperions Schicksalslied

Ihr wandelt droben im Licht
  Auf weichem Boden, selige Genien!
    Glänzende Götterlüfte
      Rühren euch leicht,
        Wie die Finger der Künstlerin
          Heilige Saiten.

Schicksallos, wie der schlafende
  Säugling, atmen die Himmlischen;
    Keusch bewahrt
      In bescheidener Knospe,
        Blühet ewig
          Ihnen der Geist,
            Und die seligen Augen
              Blicken in stiller
                Ewiger Klarheit.

Doch uns ist gegeben,
  Auf keiner Stätte zu ruhn,
    Es schwinden, es fallen
      Die leidenden Menschen
        Blindlings von einer
          Stunde zur andern,
            Wie Wasser von Klippe
              Zu Klippe geworfen,
                Jahr lang ins Ungewisse hinab.

Objektiv, distanziert, an Goethes Hymne ›Das Göttliche‹ erinnernd, stellt Hölderlin das selige, jeder Zeit, jedem Schicksal enthobene Dasein der Götter fest; ihre Stille, Klarheit und Ruhe teilt der Rhythmus als eherne unumstößliche Wahrheit mit. Das schöne, ewig junge Leben der Himmlischen drückt der Dichter in Natur-Metaphern (Knospe, blühen) aus, verweist damit auf die ursprünglich lebendige Einheit der Welt, die der wissen wollende Mensch anmaßend gestört hat.

Mit dem »Doch« setzt die scharfe Abgrenzung der Menschen von den Göttern ein. Unruhe kennzeichnet die Sterblichen; ihr blindes Ausgesetzt-Sein an einen höheren Willen drückt sich im Passiv aus (»uns ist gegeben«), verstärkt noch durch die mit unpersönlichem Fürwort beginnenden Sätze: »Es schwinden, es fallen ...« Erst in der allerletzten Zeile schwingt der erbarmungslose Rhythmus des menschlichen Schicksals langsam aus. Trost liegt nicht darin – wie etwa in Goethes Symbol des sich schließenden Rings, mit dem der Mensch teilhat an der göttlichen Ewigkeit; auch die noch an Schiller angelehnte Haltung von Hölderlins früherer Hymne ›Das Schicksal‹, die die Not als lustvolle Herausforderung begreift, die den Menschen zu wahrer Leistung reizen soll, ist hier nicht zu spüren.

An seiner Stelle im Roman hat das Lied Hyperions Leiden an dem Bestimmt-Werden, an dem Ungewissen seines Daseins zum Ausdruck zu bringen. Noch »unverständig, in glücklicher Jugend« hatte er das Lied von seinem Erzieher Adamas gelernt. Auch als er es sich wieder vorspielt – er hat gerade endgültig von seinem Freund Alabanda Abschied genommen –, hat er noch nicht verstanden, daß das ruhelose Dasein, das ihn wie Wasser von Klippe zu Klippe wirft, geläutert werden muß, daß er sich aus dem »gröbern Stoff« der irdischen Wünsche emporwinden muß in die Freiheit des Geistes, die den Verlust einzelner Freuden im Bewußtsein eines höheren Glücks ruhig ertragen läßt. Diotima unterweist Hyperion, lehrt ihn, den »Traum von Menschendingen« ganz auszuträumen.

Obwohl Hölderlin in Bad Homburg eine relativ stabile Zeit hatte, waren doch die Anzeichen seiner Krankheit, die der behandelnde Arzt als »Hypochondrie« einstufte, nicht zu übersehen. Auch Hölderlin selbst war sich seiner Gefährdung durchaus bewußt; seine pietistische Erziehung hatte ihn ständige und sehr genaue Selbstbeobachtung gelehrt, der er sich gewissenhaft bis zu seiner Umnachtung unterzog. Vor allem seine Briefe geben darüber Auskunft:

Liebster Neuffer!

... ich fürchte, das warme Leben in mir zu erkälten an der eiskalten
Geschichte des Tags, und diese Furcht kommt daher, weil ich alles, was von
Jugend auf Zerstörendes mich traf, empfindlicher als andre aufnahm, und
diese Empfindlichkeit scheint darin ihren Grund zu haben, daß ich im
Verhältnis mit den Erfahrungen, die ich machen mußte, nicht fest und
unzerstörbar genug organisiert war. Das sehe ich. Kann es mir helfen, daß ich
es sehe? Ich glaube, so viel. Weil ich zerstörbarer bin als mancher andre, so
muß ich um so mehr den Dingen, die auf mich zerstörend wirken, einen
Vorteil abzugewinnen suchen, ich muß sie nicht an sich, ich muß sie nur
insofern nehmen, als sie meinem wahrsten Leben dienlich sind. Ich muß sie,
wo ich sie finde, schon zum voraus als unentbehrlichen Stoff nehmen, ohne
den mein Innigstes sich niemals völlig darstellen wird. Ich muß sie in mich
aufnehmen, um sie gelegenheitlich (als Künstler, wenn ich einmal Künstler
sein will und sein soll) als Schatten zu meinem Lichte aufzustellen, um sie als
untergeordnete Töne wiederzugeben, unter denen der Ton meiner Seele um
so lebendiger hervorspringt. ... so will ich mir immer sagen, wenn mir
Gemeines in der Welt aufstößt: Du brauchst es ja so notwendig wie der
Töpfer den Leimen [Lehm], und darum nehm es immer auf und stoß es nicht
von dir und scheue nicht dran. ...

Liebste Mutter!

... Nehmen Sie es nur nicht für Ungeduld und Weichlichkeit, die meinen
Jahren und meinem Geschlecht so übel ansteht – wenn ich klagte, von trostlosen Stunden sprach. Es war weniger mein eigenes Leid, was mich den Trost
oft nicht in jeder finden ließ, als die Trauer, die mich manchmal überfallen
mußte in meiner gänzlichen Einsamkeit, wenn ich unsere jetzige Welt mir
dachte und an die Seltnen, Guten in ihr, wie sie leiden, eben darum, weil sie
besser und trefflicher sind. Und dies *muß* ich wohl zuweilen fühlen, denn
dies treibt mich eben zu meiner reinsten Tätigkeit. Es ist wunderbar, daß der
Mensch nichts weiterbringt, wenn er alles gleichgültig ansieht, und doch auch
nichts wirkt und fördert, wenn er sich verkümmert, daß er also, um zu leben
und tätig zu sein, beedes in seiner Brust vereinigen muß, die Trauer und die
Hoffnung, Heiterkeit und Leid. Und dies ist, wie ich glaube, auch der Sinn
des Christen ...

Mochte Hölderlin die Dissonanzen seiner Zeit und seiner eigenen
Existenz als gottgewollt hinstellen, selbst sein Leiden noch dialektisch erklären, er krankte doch daran. Er zählte sich zu den Berufe-
nen, Auserwählten, wollte sich von der Masse abheben und gegen
den Materialismus seiner säkularisierten Zeit ein »frommes« Leben
führen und konnte seine hochgespannten Erwartungen im täglichen

Leben nicht durchhalten. Er litt auch an seinem Anders-Sein. Die verheerenden Abstürze aus stolzer Hoffnung in schwarze Einsamkeit und Heimatlosigkeit vermitteln auch seine Gedichte, selbst wenn nicht immer das lyrische Ich mit der Person Hölderlins gleichgesetzt werden darf.

Wie schmerzlich Hölderlin an seiner ungenügsamen, zerstörbaren Natur litt, wie sehr er um Halt und Hoffnung rang, wird in dem Gedicht ›Abendphantasie‹ vom Sommer 1799 deutlich. Nicht nur um die ästhetische Wirkung zu steigern, um des lebendig-wahren Ausdrucks willen, bringt er seine Existenz in solch dissonanten Tönen ein; so tief berührt wohl nur die eigene qualvolle Erfahrung – von der sich Hölderlin, wenn überhaupt, nur in seiner Dichtung lösen konnte.

Abendphantasie

Vor seiner Hütte ruhig im Schatten sitzt
    Der Pflüger, dem Genügsamen raucht sein Herd.
        Gastfreundlich tönt dem Wanderer im
            Friedlichen Dorfe die Abendglocke.

Wohl kehren itzt die Schiffer zum Hafen auch,
    In fernen Städten, fröhlich verrauscht des Markts
        Geschäft'ger Lärm; in stiller Laube
            Glänzt das gesellige Mahl den Freunden.

Wohin denn ich? Es leben die Sterblichen
    Von Lohn und Arbeit; wechselnd in Müh und Ruh
        Ist alles freudig; warum schläft denn
            Nimmer nur mir in der Brust der Stachel?

Am Abendhimmel blühet ein Frühling auf;
    Unzählig blühn die Rosen und ruhig scheint
        Die goldne Welt; o dorthin nimmt mich,
            Purpurne Wolken! und möge droben

In Licht und Luft zerrinnen mir Lieb und Leid! –
    Doch, wie verscheucht von töriger Bitte, flieht
        Der Zauber; dunkel wird's und einsam
            Unter dem Himmel, wie immer, bin ich –

Komm du nun, sanfter Schlummer! zu viel begehrt
    Das Herz; doch endlich, Jugend! verglühst du ja,
        Du ruhelose, träumerische!
            Friedlich und heiter ist dann das Alter.

In archetypischen Bildern wird der Frieden eines genügsamen, erfüllten Daseins geschildert, das in der Ruhe des Abends beschaulich ausklingt. Mit wenigen Strichen ist diese in sich harmonische Welt skizziert: Die bäuerliche Hütte, das Dorf, das den Wanderer (d. h. den Dichter) gastfreundlich aufnimmt, die Städte mit ihren bunten Märkten gehören in diese Idylle, die ruhiges Allein-Sein ebenso umschließt wie Geschäftigkeit und, als »glänzenden« Höhepunkt des Feierabends, »das gesellige Mahl [mit] den Freunden«. Das einige Leben der Menschen signalisieren Worte wie »Schatten«, bei Hölderlin immer auf die Verbindung von Sonne und Erde verweisend, oder die »Schiffer«, die ebenfalls verbinden zwischen den Menschen in entlegenen Städten und Küsten.

Mit einer abrupten Gegenbewegung gegen den friedeströmenden Duktus der ersten beiden Strophen setzt in der dritten die Frage ein »Wohin denn ich?«; sie wird noch einmal kontrapunktiert von der in ruhigem distanzierten Ton vorgebrachten Einsicht in den natürlichen Rhythmus des Menschenlebens, das sich im ständigen Wechsel von »Müh und Ruh« erfüllt, um in einer zweiten, heftigeren Sequenz das Anderssein des Dichters zu artikulieren: »warum schläft denn / Nimmer nur mir in der Brust der Stachel?« Mit der verstärkten Verneinung »Nimmer nur mir« und dem inversiven Satzbau ist der tiefe Schmerz, nicht teilhaben zu dürfen an solchem »normalen« Leben, eindringlich wiedergegeben. Der Stachel, der den ungenügsamen Dichter nicht ruhen läßt, sondern ihn ständig treibt, nach höherem, schönerem Dasein zu suchen, das er den Menschen künden will, ist durch die Schlußstellung besonders hervorgehoben.

Auch die ›Abendphantasie‹ ist eine Auseinandersetzung Hölderlins mit dem Dichterberuf, eines der immer wiederkehrenden Themen seiner Werke. Um die Menschen aufzuschließen für ein schöneres Leben, muß der Dichter die Erinnerung an das Goldene Zeitalter wachhalten, muß er das verlorengegangene Ideal eines harmonisch ausgeglichenen Lebens, wie in den ersten Strophen vorgeführt, verheißungsvoll darstellen. Doch ist dieses Vergangene auch in die Gegenwart und Zukunft zu vermitteln. Der Idylle setzt Hölderlin die unschöne Realität entgegen: das Bewußtsein von Isolierung, von Disharmonie und Zweifel, das den modernen Menschen kennzeichnet, sich bei dem Dichter nur schärfer artikuliert. Obwohl in der dritten Strophe – gewissermaßen eingerahmt von den verzweifelten Fragen des lyrischen Ichs – das Gesetz eines erfüllten menschlichen Daseins, einer objektiven Wahrheit gleich, formuliert ist, empfindet der um Zukünftiges besorgte Dichter die Freude eines solchen Lebens als ungenügend. Im Vergleich mit den ersten beiden Strophen, die voller schmückender Beiwörter in einer empfindungsreichen, alle Sinne stimulierenden Sprache gehalten waren, klingt die Feststellung in der dritten Strophe nüchtern und prosaisch.

Nach der Mitte des Gedichts, mit der vierten Strophe, wechselt der Blick in eine ganz andere Sphäre. Hatten die ersten Strophen eine konkrete Welt in sinnlich gesättigten Bildern entworfen, so weisen die folgenden Verse in die geistig-idealische Welt des Göttlichen. In metaphorischer Verkürzung: dem blühenden Frühling, den Rosen, dem goldenen Schein, wird das Ideal göttlicher Schönheit umschrieben; immer deutet die Licht- und Naturmetaphorik bei Hölderlin auf die Ebene des Göttlichen.

Um das Ewig-Schöne ganz in sich aufnehmen zu können, muß der Dichter bereit sein, sich hingebend in die göttliche Allnatur zu verströmen, gewissermaßen sein Ich aufzugeben. Der Verschmelzung mit dem All geben die Klammerstellung der beiden Doppelformeln und der vierfache Stabreim sinnfällige Gestalt: »In Licht und Luft zerrinnen mir Lieb und Leid!«

Wieder wechselt in der fünften Strophe, eingeleitet durch das »Doch«, die Stimmung abrupt: Dem Augenblick höchster Vereinigungssehnsucht folgt die Ernüchterung, der Dichter findet sich zurückgestoßen auf den ihm zukommenden Platz »unter dem Himmel«, in die dunkle götterlose Nacht der Gegenwart. Aber das Allein-Sein hat eine neue Qualität bekommen: zwischen den beiden Gedankenstrichen liegt die Erkenntnis, daß das glühende Herz die Alleinheit nur für einen kurzen Augenblick herstellen kann (danach stürzt der »Törichte« wieder in die kalte Realität). Um eine dauerhaftere Einheit mit dem Göttlichen zu finden, muß der Dichter eine geistige Position suchen, die das Gegensätzliche, d.h. das Göttliche droben und das Menschliche »unter dem Himmel«, grundsätzlich zusammenschließt. Erst aus dem Bewußtsein, daß das Streben nach dem Ganzen und die schmerzlich erfahrene Vereinzelung Schicksal des Menschen sind, daß die absolute Einheit sich den Menschen nur in diesem Wechsel vermitteln läßt, kann das ruhelose dichterische Ich zuletzt eine positive Perspektive für sich und die Welt gewinnen: »Friedlich und heiter ist dann das Alter.« Die Ruhe des täglichen Feierabends ist das nicht, sondern eine innere Kraft, die, auf die Ganzheit des Lebens bezogen, den Dichter Frieden finden läßt.

Die ›Abendphantasie‹ ist eines jener Gedichte, die sehr genau dem Konzept entsprechen, das Hölderlin in seinem Fragment ›Vom Wechsel der Töne‹ entwirft. Den »naiven« Ton der Eingangsidylle unterbricht der »heroische« Ton der leidenschaftlich-aufbegehrenden Fragen; im »idealischen« Ton, der der Phantasie, den Träumen vorbehalten ist, wird darauf die strahlende Götterwelt imaginiert; schließlich kehrt die Ode in ihren »naiven« Anfangston zurück, nun aber aus einer Perspektive bereichernder Erfahrung, die Wirklichkeit und Ideal vereint, die die Einheit in der Trennung von menschlicher und göttlicher Sphäre gefunden hat.

Etwas künstlich, aufgesetzt wirkt indes die neugefundene Harmonie, als wenn Hölderlin sich selbst an solchen Hoffnungspfeilern aufrichten mußte; das Leiden an dem Zuviel (an Selbstverleugnung, an zerronnenen Hoffnungen), seine Resignation wirken doch überzeugender als der vernünftig-zuversichtliche Ton am Schluß. – Die 36 Jahre, die Hölderlin schließlich in der Abgeschiedenheit des Tübinger Turms verbrachte, waren in der Tat ohne Glut, ein sanfter Schlummer, zwar nicht die abgeklärte Heiterkeit aus der ›Abendphantasie‹, aber doch friedlicher als seine Jugend.

2.4 Die späten Oden und Hymnen, 1800–1802

In den Jahren 1799/1800 begann Hölderlin Pindars ›Olympische Hymnen‹ zu übersetzen, allerdings nicht, um sie zu veröffentlichen, sondern als Ergebnis der intensiven Beschäftigung mit dem Werk dieses Dichters, die seinen eigenen Stil erheblich beeinflußte. Die freien (aber nicht regellosen) Rhythmen übernahm er von Pindar, sowie dessen »harte Fügungen«, d. h. die wie Bruchstücke ohne Bindeglieder aneinandergereihten Wortgruppen. Hölderlins erste Hymne in Pindarischem Stil, ›Wie wenn am Feiertage . . .‹, erinnert in ihrem triadischen Aufbau an den griechischen Dichter, wenn sie auch dessen metrische Schemata nicht genau übernimmt. In Pindars Chorlyrik folgt auf zwei metrisch gleiche Strophen, gewissermaßen als Antwort, eine abweichende dritte. Hölderlin faßt drei metrisch unterschiedliche Strophen zu einer Gruppe zusammen und teilt den ganzen Hymnus in solche Triaden, wodurch sich besondere metrisch-rhythmische Bezüge ergeben.

Der Hymnus behandelt das für Hölderlin zentrale Thema des dichterischen Auftrags: die Versöhnung zwischen Göttern und Menschen einzuleiten. Eine Festzeit, ein Feiertag nach der götterlosen Nacht wäre eine solche Aussöhnung – das klingt in der Anfangszeile an.

Wie wenn am Feiertage . . .

Wie wenn am Feiertage, das Feld zu sehn,
Ein Landmann geht, des Morgens, wenn
Aus heißer Nacht die kühlenden Blitze fielen
Die ganze Zeit und fern noch tönet der Donner,
In sein Gestade wieder tritt der Strom,
Und frisch der Boden grünt
Und von des Himmels erfreuendem Regen
Der Weinstock trauft und glänzend
In stiller Sonne stehn die Bäume des Haines:

So stehn sie unter günstiger Witterung,
Sie, die kein Meister allein, die wunderbar
Allgegenwärtig erzieht in leichtem Umfangen
Die mächtige, die göttlichschöne Natur.
Drum wenn zu schlafen sie scheint zu Zeiten des Jahrs
Am Himmel oder unter den Pflanzen oder den Völkern,
So trauert der Dichter Angesicht auch,
Sie scheinen allein zu sein, doch ahnen sie immer.
Denn ahnend ruhet sie selbst auch.

Jetzt aber tagt's! Ich harrt und sah es kommen,
Und was ich sah, das Heilige sei mein Wort.
Denn sie, sie selbst, die älter denn die Zeiten
Und über die Götter des Abends und Orients ist,
Die Natur ist jetzt mit Waffenklang erwacht,
Und hoch vom Äther bis zum Abgrund nieder
Nach festem Gesetze, wie einst, aus heiligem Chaos gezeugt,
Fühlt neu die Begeisterung sich,
Die Allerschaffende, wieder.

Und wie im Aug ein Feuer dem Manne glänzt,
Wenn Hohes er entwarf, so ist
Von neuem an den Zeichen, den Taten der Welt jetzt
Ein Feuer angezündet in Seelen der Dichter.
Und was zuvor geschah, doch kaum gefühlt,
Ist offenbar erst jetzt,
Und die uns lächelnd den Acker gebauet,
In Knechtsgestalt, sie sind erkannt,
Die Allebendigen, die Kräfte der Götter.

Erfrägst du sie? im Liede wehet ihr Geist,
Wenn es der Sonne des Tags und warmer Erd
Entwächst, und Wettern, die in der Luft, und andern,
Die vorbereiteter in Tiefen der Zeit,
Und deutungsvoller, und vernehmlicher uns
Hinwandeln zwischen Himmel und Erd und unter den Völkern.
Des gemeinsamen Geistes Gedanken sind,
Still endend, in der Seele des Dichters,

Daß schnellbetroffen sie, Unendlichem
Bekannt seit langer Zeit, von Erinnerung
Erbebt, und ihr, von heil'gem Strahl entzündet,
Die Frucht in Liebe geboren, der Götter und Menschen Werk,
Der Gesang, damit er beiden zeuge, glückt.
So fiel, wie Dichter sagen, da sie sichtbar
Den Gott zu sehen begehrte, sein Blitz auf Semeles Haus
Und die Göttlichgetroffne gebar
Die Frucht des Gewitters, den heiligen Bacchus.

Und daher trinken himmlisches Feuer jetzt
Die Erdensöhne ohne Gefahr.
Doch uns gebührt es, unter Gottes Gewittern,
Ihr Dichter! mit entblößtem Haupte zu stehen,
Des Vaters Strahl, ihn selbst, mit eigner Hand
Zu fassen und dem Volk ins Lied
Gehüllt die himmlische Gabe zu reichen.
Denn sind nur reinen Herzens,
Wie Kinder, wir, sind schuldlos unsere Hände,

Des Vaters Strahl, der reine, versengt es nicht
Und tieferschüttert, die Leiden des Stärkeren
Mitleidend, bleibt in den hochherstürzenden Stürmen
Des Gottes, wenn er nahet, das Herz doch fest.
Doch weh mir! wenn von ....
....
Weh mir! ....
....

Und sag ich gleich, ...
....
Ich sei genaht, die Himmlischen zu schauen,
Sie selbst, sie werfen mich tief unter die Lebenden,
Den falschen Priester, ins Dunkel, daß ich
Das warnende Lied den Gelehrigen singe.
Dort ....
....

Das Gedicht setzt mit einem großen Satzbogen ein, der die ganze
erste Strophe umspannt, in der in verschiedenen Bildern die nach
gewaltigen Unwettern wieder beruhigte, zugleich aber belebte Landschaft gezeichnet wird. Alles in dieser Strophe deutet auf Verbinden-
des: »des Morgens« ist die Schnittstelle zwischen Tag und Nacht;
Licht und Dunkel, Hitze und Kühle verbinden sich im Bild der »aus
heißer Nacht« fallenden »kühlenden Blitze«; das Land ist noch ganz
erfüllt von dem abziehenden Gewitter, erstrahlt gleichzeitig schon im
Segen des erfrischenden Unwetters. Besonders herausgehoben in der
amönen Landschaft ist der Weinstock, Gewächs und Attribut des
Gottes Bacchus.

Die große Wenn-Periode der ersten Strophe hat die Analogie zu
den Dichtern (»sie«) vorbereitet, die unter dem gleichen Gesetz stehen wie Strom, Weinstock und Bäume: ausgesetzt sind sie den Wettern, die die Natur in ihrer allgegenwärtigen Kraft verfügt. Daß aber
das Gesetz, mit dem sie »erzieht«, das der Liebe ist, machte schon die
günstige Wirkung des scheinbar schädlichen Unwetters in der ersten
Strophe deutlich.

Als wollte Hölderlin den angespannten dichterisch-religiösen Prozeß vom Ahnen zum Offenbarwerden des göttlichen Geistes im Gedicht selbst nachvollziehen, nennt er die anfangs nur mit »sie« bezeichneten Dichter erst gegen Ende der Strophe. Ihre tiefe Übereinstimmung mit der Natur drückt sich im gemeinsamen Ruhen aus, das unter der scheinbaren Stille planvoll ein Neues vorbereitet. Nur dem raschen oberflächlichen Auge scheint die Natur zu schlafen in der Nacht, im Winter, scheinen die Dichter verstummt (in der götterlosen finsteren Periode der Menschheitsgeschichte, die aber notwendig einem neuen »Göttertag« vorausgehen muß).

»Jetzt aber tagt's!« – Freudig belebt kann der Dichter nach dem stillen Ausharren die nahe Ankunft der Götter verkünden. Die Zeichen sind jetzt sichtbar; die Natur, die Schöpferin und Herrscherin der Welt, ist machtvoll erwacht, hebt wieder an, »nach festem Gesetz«, aus Chaos und Zwist eine Welt der Schönheit und Liebe zu erschaffen. Waffenklang kündet von Kampf und Veränderungswillen; die gleiche göttliche Begeisterung, die den Helden zur großen Tat führt, entzündet auch den Dichter, der in den Ereignissen der Geschichte das göttliche Wirken erkennt und daraus neue schöpferische Kraft zieht. Mit den »Taten der Welt« ist auf die Französische Revolution (und die folgenden Koalitionskriege) angespielt, deren Ideen ja tatsächlich inspirierend auch auf die deutsche Dichtung gewirkt hatten.

Die Französische Revolution wertete Hölderlin trotz des jakobinischen Terrors bis zuletzt positiv. Revolution heißt wörtlich Umwälzung; das in einem solchen Prozeß entstehende Chaos, das auch Unrecht, Gewalttätigkeit einschließt, sah er als Übergang an, als notwendig, um – nach dem »festen Gesetz« der Natur, nicht nach Menschenmaß – schließlich zu dem ersehnten idealen Weltzustand zu führen. In seinem theoretischen Fragment ›Das Werden im Vergehen‹ hat Hölderlin diese Gedanken ausgeführt: »*Dieser Untergang oder Übergang des Vaterlandes* ... fühlt sich in den Gliedern der bestehenden Welt so, daß in ebendem Momente und Grade, worin sich das Bestehende auflöst, auch das Neueintretende, Jugendliche, Mögliche sich fühlt.«

Das »Fühlbar«-Machen ist ein zentraler Begriff in Hölderlins poetischer Theorie und in seiner Dichtung. Es bedeutet immer: sichtbar, bewußt, nachfühlbar zu machen, was sonst unerkannt, unempfunden und also unfruchtbar bliebe. So entwickelte Hölderlin seine dialektisch begründete Vorstellung, daß die göttliche Einheit sich nur in der Trennung fühle; daß Gottes verborgene Liebe zu den Menschen sich in Christi Tod offenbart habe oder – um auf das Gedicht zurückzukommen – erst im Zeichen des gewaltsamen Umsturzes das Ideal, das sonst abstrakt und tot bliebe, lebendig und fühlbar werde. Im Augenblick der Auflösung, zwischen Altem und Neuem, »wird aber überall das Mögliche real und das Wirkliche ideal«, heißt es in ›Das Werden im Vergehen‹. An solcher Stelle zeigt sich, daß Hölderlin den dynamischen Ansatz der Fichteschen Philosophie durchaus beibehalten hat.

Der Dichter hat die Aufgabe, die allebendigen Kräfte der Götter, die oft lange unerkannt in den Tiefen der Zeit wirken, den Menschen erkennbar zu machen. Hölderlin wählt für das verborgene Eingreifen der Götter in die Geschichte ein Bild aus der griechischen Mythologie: »die uns lächelnd den Acker gebauet, / In Knechtsgestalt, sie sind erkannt«; er spielt dabei auf den Gott Apoll an, der dem Hirten Admet, als Knecht verkleidet, dienen mußte, um die Tötung des delphischen Drachen Python zu sühnen.

Im Lied des Dichters – so läßt sich die fünfte Strophe deuten – kommen die schöpferischen Kräfte der Götter, die in den Wettern des Himmels und den historischen Gewittern, den Kriegen, unbewußt wirken, zum Bewußtsein: »Des gemeinsamen Geistes Gedanken sind / Still endend, in der Seele des Dichters«. (Unter dem »gemeinsamen Geist« ist hier der gemeinschaftliche Geist der göttlichen Natur zu verstehen, der jedes Einzelne als gleichwertig bestehen läßt und doch einbindet in ein Ganzes – im Gegensatz zur egoistischen Haltung der Menschen, die allein »ans eigene Treiben« gebunden sind und nur sich selber leben.) Der Dichter, in dem sich die geistigen Kräfte der Natur sammeln, wird damit befähigt, die stumme unfaßbare unendliche Allnatur ins Wort zu fassen und den anderen Menschen zu vermitteln.

Doch so wie das Gewitter himmlische und irdische Sphäre verbindet und – dies machte die erste Strophe fühlbar – segensreich und belebend wirkt, wie die Kriege mit ihrem »heiligen Chaos« der fruchtbare Grund des Neuen sind, so muß auch das Lied »der Sonne des Tags und warmer Erd« entwachsen sein, also vom göttlichen Geist inspiriert und aus dem fühlenden Herzen des Dichters geschaffen sein, um fruchtbar zu werden. Empfänglich muß sein Schöpfer sein für die Eingebung Gottes, vertraut mit dem ewigen Geist der Natur und ergriffen von der »erinnernden Besinnung« auf die ursprüngliche schöne Gemeinschaft der Menschen mit den Göttern – erst dann kann sein Gesang als Werk von Göttern und Menschen gelingen.

Die Erschütterung des Dichters im Augenblick des Getroffen-Seins vom göttlichen Blitz gibt der gedrängte Satzbau der sechsten Strophe wieder. Die unerhörte Berührung kann nicht in prosaisch-nüchterner Sprache vermittelt werden, sondern nur in enthusiastischer Sprechweise, die das Erbeben der Seele nachvollziehbar macht. Einzelne Wortbündel stehen unvermittelt nebeneinander, ihre »harte Fügung« staut den Rhythmus: »Daß schnellbetroffen sie [die Seele des Dichters], Unendlichem / Bekannt seit langer Zeit, von Erinnerung / Erbebt, und ihr, von heil'gem Strahl entzündet, / Die Frucht in Liebe geboren« usw. usw. Der logische Zusammenhang erschließt sich nur schwer, ist eher dunkel und geheimnisvoll, wie es die Literaturtheoretiker Bodmer und Breitinger zu Anfang des 18. Jahrhunderts gewünscht hatten, und wie es Klopstock vor allem in seinem ›Messias‹ vorgeführt hatte (vgl. Bd. II). An Klopstock erinnern auch die absoluten Komparative der fünften Strophe »vorbereiteter«, »deutungsvoller« und Wortbündelungen wie »Göttlichgetroffene«, »hochherstürzend« – alles Stilmittel, um erhabene Gefühle dem Leser zu vermitteln, ihn an der dichterischen Begeisterung teilhaben zu lassen.

Die Analogie zwischen dem Wein und dem Gesang des Dichters ist verhüllt schon hergestellt worden. Jetzt, in dem Mythos der Semele, die, befruchtet vom göttlichen Blitz, Bacchus gebar, den Gott des Weins und der begeisterten Dichtung, wird der gemeinsame göttliche Ursprung offenkundig. Die Dichter schufen den Mythos, halten die Erinnerung an das Geschehene lebendig, daß es auch über den Wechsel der Zeiten hinweg den gegenwärtigen Menschen zum Erschauern bringe. (Semele, die Tochter des Thebanerkönigs Kadmos, wünschte einmal, ihren Geliebten, Zeus, in wahrer Gestalt zu sehen; für eine Sterbliche ist dieser Wunsch ein Frevel, und so verbrannte sie der Blitz des »Donnerers«.) Der Mythos war für Hölderlin nicht tot, sondern lebendiges Zeugnis der Verbindung von Menschen und Göttern, die auch in götterlosen Zeiten dem Empfänglichen nie abriß.

Hölderlin übergeht hier zunächst ganz Semeles Schuld und Bestrafung, spricht nur zuversichtlich vom Lohn ihrer »Opferung« für die Nachkommen: die Menschen können jetzt das Göttliche empfangen, ohne daran zu verbrennen. Doch ist dazu die besondere Mittlerfunktion der Dichter notwendig. Diese müssen sich aber ungeschützt, sozusagen mit Haut und Haar, dem göttlichen Blitz ausliefern, ganz offen sein für die Botschaft, die sie dann schonend ins Lied gehüllt (denn das Absolute kann ein Sterblicher nicht ertragen) den Mitmenschen weiterreichen. Rein wie Kinder müssen die Dichter sein, also noch im kosmisch-göttlichen Zusammenhang leben und nicht frevelhaft auf sich selbst bezogen. Um die Erschütterung durch die Berührung mit Gott durchzustehen, um wirklich fähig zu sein, die »Leiden des Lebens« mitzuleiden (d.h. das allgemeine Schicksal der Menschheit), müssen sie vollkommen in sich ruhen und innerlich frei sein von Widersprüchen, Zweifeln, Nöten, sonst können sie ihr priesterliches Amt nicht ausüben.

An dieser Stelle der Hymne gerät Hölderlin ins Stocken, bricht schließlich ab – mußte vielleicht abbrechen, weil er seine Berechtigung in Frage stellte, die Götter überhaupt anrufen zu dürfen. Begehrte er nur um der Mitmenschen Heil die himmlische Gabe oder auch, um sich im eigenen Leid zu trösten? Doch hier begibt man sich in den Bereich der Spekulation, auch wenn der erhaltene Prosaentwurf einen gewissen Aufschluß über den Sinn der fehlenden Zeilen geben kann. Da heißt es:

Denn sind wir reinen Herzens nur, den Kindern gleich sind schuldlos oder gereiniget von Freveln unsere Hände, dann tödtet dann verzehret nicht das heilige und tieferschüttert bleibt das innere Herz doch fest, mitleidend die Leiden des Lebens, den göttlichen Zorn der Natur, u. ihre Wonnen, die der Gedanke nicht kennt. Aber wenn von selbstgeschlagener Wunde das Herz mir blutet, und tiefverloren der Frieden ist, u. freibescheidenes Genügen, und die Unruh, und der Mangel mich treibt zum Überflusse des Göttertisches, wenn rings um mich ...

Dem absoluten Anspruch, den Hölderlin an den Dichterberuf stellte, konnte nur gerecht werden, wer alles Selbstische überwunden hatte, mit dem eigenen Schicksal in Einklang war; sonst war er nicht das reine Gefäß, in dem Gottes Willen sich künden konnte. Solange er von einem anderen Pfeil als dem göttlichen Blitz verwundet ist, macht er sich als »falscher Priester« schuldig. Hölderlin hatte sich, als er die Hymne schrieb, von seinem Leid, das z. B. die gewaltsame Trennung von Susette bedeutete, noch nicht geläutert, noch war er verwundet vom Schmerz des Abschieds und suchte für sich nach Ruhe und innerem Frieden bei den Göttern. Doch neben diesem persönlichen Aspekt ist es sein prinzipiell überhöhter und nicht erfüllbarer Anspruch, zwischen Göttlichem und Menschlichem zu vermitteln, der den vernichtenden Zweifel auslöst.

Abschließend soll noch kurz auf die zu Beginn angedeutete »Strophenresponsion« hingewiesen werden, die Hölderlin von Pindar übernommen hatte. Obwohl die dritte Triade unfertig blieb, lassen sich doch die drei Stufen im Aufbau des Gedichts deutlich erkennen. In der ersten Triade entwirft Hölderlin das Thema des Hymnus: An der Natur als welt- und zeitenumspannender Kraft hat auch der Dichter teil, dessen Aufgabe es ist, die verborgenen heiligen Zeichen des göttlichen Geistes in der Pflanzenwelt, im kosmischen Bereich und in der Geschichte zu deuten und zu künden (»das Heilige sei mein Wort«). In der zweiten Triade wird die Funktion des Dichters für die Offenbarung und die Erkenntnis des Göttlichen näher ausgeführt; das letzte Drittel des Hymnus gilt dann ganz dem Amt des Dichterpriesters, den Gefahren, die damit verbunden sind, den Möglichkeiten, zu bestehen oder zu versagen.

Innerhalb der Triaden korrespondieren wiederum die Strophen 1 und 4 (und 7), 2 und 5 (und 8), 3 und 6 (und 9) miteinander. Schon die Wiederaufnahme des Vergleichs aus der Eingangszeile in der 4. Strophe läßt auf die enge Zusammengehörigkeit der beiden Strophen schließen, die das Motiv des belebenden göttlichen Blitzes in der elementaren Natur, bzw. in der Geschichte herausstellen, wobei von den historischen Gewittern besondere Erkenntnis- und Begeisterungskraft auf den Dichter ausstrahlt. Auch in der 7. Strophe steht des »Vaters Strahl«, der den Dichter entzündet, im Mittelpunkt. Die Strophen 2 und 5 fassen beide die verschiedenen Wirkungsbereiche der Allnatur ins Bild; Strophe 3 und 6 geben in gestauter, erregter Sprache die Begegnung des Menschen mit dem Göttlichen wieder. Das Fragment der Strophe 9 spricht ebenfalls von dieser Begegnung, die allerdings vernichtend ausgeht: Der als Mittler versagende Dichter wird ins Dunkel der götterfernen Gegenwart zurückgestoßen. Der Hymnus, der in den vielen Zeichen des göttlichen Lichts den Hoffnungen auf Versöhnung zwischen Göttern und Menschen Ausdruck gab, endet in Zweifel und Selbstanklage.

Wohl das berühmteste Gedicht Hölderlins ist ›Hälfte des Lebens‹, eine Ausnahme in seinem Gesamtwerk, da es weder Hymnen- noch Oden-Gestalt hat. Es erschließt sich als Ausdruck eines allgemeinen Lebensgefühls ohne besondere Hilfen und spricht in seiner klaren Bildlichkeit unmittelbar an. (Obwohl Hölderlin dem Gedicht erst später seine endgültige Gestalt gab, soll es an dieser Stelle besprochen werden, da der Entwurf neben die Zeile »Weh mir , . . .« des vorigen Hymnus geschrieben wurde und auch motivisch daran anknüpft.)

Hälfte des Lebens

Mit gelben Birnen hänget
Und voll mit wilden Rosen
Das Land in den See,
Ihr holden Schwäne,
Und trunken von Küssen
Tunkt ihr das Haupt
Ins heilignüchterne Wasser.

Weh mir, wo nehm ich, wenn
Es Winter ist, die Blumen, und wo
Den Sonnenschein,
Und Schatten der Erde?
Die Mauern stehn
Sprachlos und kalt, im Winde
Klirren die Fahnen.

Das Gedicht liest sich, als sei in den beiden Hälften des Lebens der Gegensatz von Jugend und Alter im jahreszeitlichen Wechsel dargestellt, und die Verse entfalten bereits auf dieser Ebene ihre Aussagekraft. Für Hölderlin, der das Gedicht tatsächlich etwa in der Mitte seines Lebens schrieb, ging es indes um die Unterscheidung zwischen einem dem Dichten feindlichen »winterlichen Klima« und einem günstigen, zu dem notwendig eine gewisse innere Ausgeglichenheit gehörte, eine positive Kraft, die die schöpferische Begeisterung entzünden konnte. In seiner Sensibilität, seinem zu Trauer und Ernst tendierenden Wesen, mußte sich Hölderlin immer wieder zu Heiterkeit und Hoffnung auf eine bessere Welt ermuntern, ohne die er nicht wirken konnte. Die Gefahr, »sich zu verkümmern«, zu verzweifeln angesichts der politischen Stagnation, der gedankenlosen Trägheit seiner Zeit, war immer gegeben, nach dem ewigen Scheitern seiner Lebenspläne und schließlich dem Tod seiner Liebe Susette Gontard (im Juni 1802) besonders groß. Der antithetische Aufbau von ›Hälfte des Lebens‹ spiegelt also Hölderlins dichterische Existenz, seine Hoffnungen und sein Gelingen wie sein leidvolles Scheitern, beides lag in seiner besonderen Empfindlichkeit begründet.

Die erste Strophe entwirft die ideale poetische Situation: das Einvernehmen mit dem göttlich-schönen Leben, in dem alles Getrennte, Entgegengesetzte liebevoll verbunden ist (das Land hängt in den See, die *trunkenen* Schwäne tauchen das Haupt in das *heilignüchterne* Wasser); die zweite Strophe spricht dagegen das kalt-dissonante Lebensgefühl aus, das keine Kommunikation zwischen Himmel und Erde, zwischen Ich und Welt kennt.

Dem gedanklichen Gegensatz der beiden Strophen entspricht die Form: Während die erste mit zwei einfachen, durch »und« verbundenen Aussagesätzen und einem Anruf in der Mitte ruhig und harmonisch schwingt, wirkt der Rhythmus der zweiten disharmonisch, gestört, da Hölderlin gewissermaßen gegen den Vers gedichtet, d.h. die sinntragenden Wortgruppen des zerhackt wirkenden Satzes der Verse 8–11 gegen die metrischen Einheiten gereiht hat. Die erste Strophe gewinnt ihren weichen rhythmischen Fluß durch die fast ausnahmslos mit Auftakt beginnenden Verse, deren Mehrzahl auch mit weiblicher Kadenz ausklingt. Obwohl die trochäische Struktur der Verse mit den eingestreuten Chorjamben sich auch in der zweiten Strophe findet, ist dort der Rhythmus sehr viel härter, da die männlich einsilbigen Kadenzen überwiegen, und eine scharfe Zäsur die Verse 12 und 13, die wichtigsten Sinnblöcke der Strophe, trennt: »Die Mauern stehn | Sprachlos und kalt.«

Die innige Verbundenheit mit der Natur läßt das Ich des Dichters in der Sommer-Strophe zurücktreten, in der zärtlichen Anrede »Ihr holden Schwäne« sein Hold-Sein, sein Offen-Sein allem Lebendigen gegenüber bekundend. Das »schönausgleichende Gesetz der Liebe« (›Friedensfeier‹) hat die Harmonie geschaffen: in dem zentralen Bild der sich küssenden Schwäne findet es sinnfälligen Ausdruck.

In der Winter-Strophe dagegen artikuliert sich das Subjekt und beklagt zugleich seine Isolation. Die Einheit mit der Natur ist verloren; Sonnenschein und Schatten fehlen, die zusammen die Harmonie der Kontraste bilden (und daher immer auf eine ausgeglichene »idyllische« Atmosphäre deuten). Mauern und Wetterfahnen verweisen in die Stadt, in die Zivilisation. Mauern trennen, sind totes, abweisendes Gegenüber. Der Egoismus, das frevelhafte Sich-Selbst-Leben des modernen Menschen werden damit symbolisiert.

Im Bild-Zentrum der zweiten Strophe stehen die »sprachlosen Mauern«, die den Zustand völligen Verstummens des lyrischen Ichs anzeigen. In einer Atmosphäre eisiger Isoliertheit, in der es kein Du, keine Hoffnung gibt und dissonant die »Fahnen klirren«, kann es keinen schöpferischen Impuls geben. Ohne das inspirierende göttliche Element der Liebe wird der Dichter »fruchtlos«, findet er keine »Blumen« mehr, schon in der antiken Dichtung Metapher für die lyrische Poesie. Mit den gleichen Worten »Weh mir«, mit denen Hölderlin in der Hymne ›Wie wenn am Feiertage . . .‹ verstummte, seine Befähigung als Dichter in Zweifel stellte, leitet er hier die Winter-Strophe ein, die die Sprachlosigkeit, also das Ende des dichterischen Wirkens ausdrückt.

Die singenden Schwäne sind seit der Antike Metapher für den Dichter, in Hölderlins Zeit ein bekannter Topos, ebenso wie das Oxymoron von der »nüchternen Trunkenheit«, das aus der griechischen Poetik stammt. Begeisterung als zündender Funke mußte den Dichter beseelen; sie durfte jedoch nicht überborden, sondern mußte durch den besonnenen Geist zu Maß und Mitte finden. Nur in beider Verbindung konnte poetisch Vollendetes gelingen, hatte Pseudo-Longinus (ca. 40 n. Chr.) gelehrt. Da nach Hölderlins Auffassung die göttliche Kraft der Liebe den Dichter leiten mußte, und das Wasser das schöpferische Element schlechthin darstellte, läßt er die Schwäne »trunken von Küssen . . . ins heilignüchterne Wasser« tauchen.

Das Bild der Schwäne gebrauchte Hölderlin auch in der um 1800 entstandenen Elegie ›Menons Klagen um Diotima‹:

Aber wir, zufrieden gesellt, wie die liebenden Schwäne,
　　Wenn sie ruhen am See, oder, auf Wellen gewiegt,
Niedersehn in die Wasser, wo silberne Wolken sich spiegeln,
　　Und ätherisches Blau unter den Schiffenden wallt,
So auf Erden wandelten wir. Und drohte der Nord auch,
　　Er, der Liebenden Feind, klagenbereitend, und fiel
Von den Ästen das Laub, und flog im Winde der Regen,
　　Ruhig lächelten wir, fühlten den eigenen Gott . . .

Die Schwäne symbolisieren hier das liebende Paar, das sich nicht abschließt von der Welt, sondern eingebunden bleibt in die göttliche Alleinigkeit (die das Bild der im Wasser sich spiegelnden Wolken wiedergibt). Selbst der den Liebenden feindliche Nordwind konnte den Glücklichen ihren »eigenen Gott« nicht vertreiben, der sie über alle Unbilden der äußeren Welt lächeln ließ. Das Lächeln ist, nicht nur bei Hölderlin, ein Attribut der seligen Götter. Der liebende Geist macht also erhaben über die Armut der Welt, macht das Leben reich, alleinig. Das war Hölderlins Religion, sein Glaubensbekenntnis, das er in seinen Briefen und Dichtungen niederlegte, und bittere Schuldgefühle litt er, wenn er die Kraft zu lieben und zu glauben immer wieder verlor. ›Hälfte des Lebens‹ ist eine jener lyrischen Äußerungen Hölderlins, die seine Verhärtung, seine fehlende Zuversicht zum Ausdruck bringen. Unversöhnt stehen Ideal und Wirklichkeit gegeneinander.

›Die letzte Stunde‹ erwog Hölderlin auch als Titel für das Gedicht. Das in der zweiten Strophe artikulierte Lebensgefühl stimmt überein mit seinen in Briefen gebrauchten Wendungen vom Tot-Sein unter Lebenden, von Eiseskälte und Einsamkeit, Fühllosigkeit und Leere; es bedeutete immer ein Erstarren in Kränkungen und Leid, anstatt zu dulden und zu danken, wie es ihm christliche Pflicht schien. Denn die Freude allein wies nach Hölderlins Verständnis den Weg zu den Menschen und zu Gott. »Aber so einsam fehlt jegliches Göttliche mir. / Dies ist's, dies mein Gebrechen« – hieß es in der großen Elegie ›Menons Klagen um Diotima‹, einem der ergreifendsten Zeugnisse, wie Hölderlin an der aussichtslosen Liebe zu Susette Gontard litt und dieses Leiden zu bewältigen suchte. (Wenn hier verzichtet werden muß, alle 130 Verse der Elegie abzudrucken, wollen wir doch auf die besondere Schönheit dieses Werks eigens hinweisen.) Einsam ist »Menon« (griech. der Ausharrende) ohne seine Geliebte: »auch mich hab ich verloren mit ihr«; einsam ist er, weil er mit dem Schicksal hadert. Um die beugende Last des Schmerzes zu ertragen, rettet sich Menon in die Erinnerung der schönen Gemeinsamkeit; immer wieder beschwört er Diotimas Erscheinung herauf, damit er auf der Suche nach Halt und Hoffnung in ihr Kraft finde.

. . .
Ja! noch ist sie es ganz! noch schwebt vom Haupte zur Sohle,
   Stillherwandelnd, wie sonst, mir die Athenerin vor.
Und wie, freundlicher Geist! von heitersinnender Stirne
   Segnend und sicher dein Strahl unter die Sterblichen fällt,
So bezeugest du mir's, und sagst mir's, daß ich es andern
   Wiedersage, denn auch andere glauben es nicht,
Daß unsterblicher doch, denn Sorg und Zürnen, die Freude
   Und ein goldener Tag täglich am Ende noch ist.

(Str. 8, 7–14)

Wie eine Erlösung klingen dann die ersten Verse der folgenden Strophe: »So will ich, ihr Himmlischen! denn auch danken, und endlich / Atmet aus leichter Brust wieder des Sängers Gebet.«

Im Frühsommer 1800 gab Hölderlin seiner Ode ›Heidelberg‹, die er wohl schon 1798 entworfen hat, ihre endgültige Gestalt. Einigemal hatte er die Stadt besucht; besonders eindrücklich war ihm wohl die Wiederbegegnung nach der Flucht aus Jena im Juni 1795: als ein »vertriebener Wandrer, / Der vor Menschen und Büchern floh«, wie er sich in den Versen 11–12 des Entwurfs nannte, hatte ihn der Zauber der Stadt auf der Brücke festgehalten (gemeint ist die 1786 neu erbaute Karl-Theodor-Brücke über den Neckar). In antike (asklepiadeische) Odenstrophen faßte Hölderlin seine Liebeserklärung an die wohl romantischste Stadt Deutschlands.

Heidelberg

Lange lieb ich dich schon, möchte dich, mir zur Lust,
    Mutter nennen, und dir schenken ein kunstlos Lied,
        Du, der Vaterlandsstädte
            Ländlichschönste, so viel ich sah.

Wie der Vogel des Walds über die Gipfel fliegt,
    Schwingt sich über den Strom, wo er vorbei dir glänzt,
        Leicht und kräftig die Brücke,
            Die von Wagen und Menschen tönt.

Wie von Göttern gesandt, fesselt' ein Zauber einst
    Auf die Brücke mich an, da ich vorüberging,
        Und herein in die Berge
            Mir die reizende Ferne schien,

Und der Jüngling, der Strom, fort in die Ebne zog,
    Traurigfroh, wie das Herz, wenn es, sich selbst zu schön,
        Liebend unterzugehen,
            In die Fluten der Zeit sich wirft.

Quellen hattest du ihm, hattest dem Flüchtigen
    Kühle Schatten geschenkt, und die Gestade sahn
        All ihm nach, und es bebte
            Aus den Wellen ihr lieblich Bild.

Aber schwer in das Tal hing die gigantische,
    Schicksalskundige Burg nieder bis auf den Grund,
        Von den Wettern zerrissen;
            Doch die ewige Sonne goß

Ihr verjüngendes Licht über das alternde
    Riesenbild, und umher grünte lebendiger
        Efeu; freundliche Wälder
            Rauschten über die Burg herab.

Sträuche blühten herab, bis wo im heitern Tal
        An den Hügel gelehnt, oder dem Ufer hold,
            Deine fröhlichen Gassen
            Unter duftenden Gärten ruhn.

Ein »kunstlos Lied« will er der geliebten Stadt widmen, gibt der Dichter vor; das ist natürlich ein Bescheidenheitstopos, soll aber wohl eher heißen, daß er das beglückende Erlebnis der lieblich in die Natur eingebetteten Stadt *rein* wiedergeben und es keiner kunstvollen dialektischen Reflexion aussetzen will. Ein Versuch, sich die Stadt als Heimat anzueignen, ist das Gedicht – das steckt hinter dem Wunsch, sie »Mutter [zu] nennen«.

Gleichnishaft gibt die Stadt Heidelberg vollkommene Harmonie und Alleinigkeit wieder; der Augenblick ist dem Dichter daher »wie von Göttern gesandt«, als er, auf der Brücke stehend, die Gleichzeitigkeit von Ferne und Nähe erfährt: Die weite Ferne »scheint herein« in die Berge, die ihr Begrenzendes verlieren. In Hölderlins Vorstellung waren das göttliche Momente, wenn die Einheit des »Harmonisch-Entgegengesetzten« erlebt werden konnte, das Trennende überwunden schien, ohne die Unterschiedenheit aufzuheben; wie ein »Zauber« fesselte ihn dieses höchste Gefühl.

In naivem Ton, als ungebrochene schöne Wirklichkeit, stellt Hölderlin die Stadt Heidelberg in ihrer idyllischen Lage dar; er ist selbst Teil der harmonischen Sphäre, die er im Liede aufbaut. Stadt und Natur (die schon im 18. Jahrhundert einen traditionellen Gegensatz bildeten) sind zusammengewachsen; alles Einzelne wird im Zusammenhang erfahren und bleibt doch als schöne Mannigfaltigkeit bestehen, wie es nach Hölderlins Vorstellung im Ursprung gewesen war. Der Strom gibt der Stadt seinen Glanz, sie schenkt dem Flüchtigen Quellen und kühle Schatten; die Ufer sehen ihm nach, der Strom gibt bebend ihr Bild zurück; die Burg hängt in das Tal, sie wird von Efeu und Wäldern umgrünt; Sträucher blühen herab ins Tal; Gassen und Gärten der Stadt lehnen sich an die Hügel. Das Gefühl der Bewegung zu intensivieren, hat Hölderlin den Verben ungewöhnliche richtungweisende Präpositionen beigegeben (fesselt *an*, hing *nieder*, blühte *herab* ...), wie es Klopstock in seinem ›Messias‹ etwa in so ungewöhnlicher Weise vorgeführt hatte (vgl. Bd. II).

Die Brücke hat einen besonderen Stellenwert bei Hölderlin, verbindet sie doch Getrenntes, ohne die Trennung aufzuheben. Die Brücke in der Ode wird als »leicht und kräftig« zugleich beschrieben, besitzt also im besonderen die Harmonie der Kontraste. Immer wieder rückt Hölderlin, um diese umfassende Harmonie zu veranschaulichen, die vier Elemente ins Bild: Licht (»glänzt«) und Luft (»fliegt«), Wasser (»Strom«) und Erde (»Wald«) sind im Vergleich der zweiten

Strophe versammelt; so kommt es, daß die Brücke »tönt« – ein Ausdruck höchster Vollendung bei Hölderlin. Auch der Fluß ist dem Dichter Symbol des Ausgleichs, er vereint in sich, um mit Goethe zu sprechen, »Dauer im Wechsel«. Der Neckar bleibt Heidelberg »glänzender« Anblick und fließt doch stets an der Stadt vorbei, von ihr fort.

Für die völlige Übereinstimmung von Ich (des Dichters) und Natur, ihr gemeinsames Bestreben nach der Alleinheit, findet die vierte Strophe ein großes Bild: Den »Jüngling« Neckar zieht es fort, dem Vater Ozean entgegen. Nach der griechischen Mythologie hat Okeanos mit der Titanin Thetis die Ströme und Bäche der Welt gezeugt. In Hölderlins Bild von den »Fluten der Zeit«, in die der Neckar sich wirft, klingt die Vorstellung des unendlichen Okeanos an, der den Erdkreis umströmt. – Sich aufzulösen im unendlichen Meer, ist das Bestreben des Stroms; das Herz des Dichters fühlt den gleichen Drang, in der Alleinheit der Natur, die vor aller Zeit war, liebend unterzugehen. Mit dem Paradoxon »traurigfroh« – noch ein Symbol des geeinten Gegensatzes – wird die Gleichzeitigkeit verschiedener, widerstrebender Zustände umschrieben: Denn die Sehnsucht nach Vereinigung mit dem Unendlichen bedeutet nicht nur höchste Freude, sondern auch die Trauer über das Getrennt-Sein. Schön ist das Herz immer, wenn es liebt; solange es nicht endgültig bei Gott ist, muß es die Spannung des Traurigfrohen aushalten, die allem Geschaffenen auferlegt ist, ja das Verhältnis zwischen Schöpfer und Geschöpf bestimmt. Die Trennung macht die göttliche Liebe, die sich rein nicht erkennen läßt, bewußt; erst in der Sehnsucht des Menschen wird sie offenbar, denn die Götter selbst sind »fühllos« (vgl. ›Der Rhein‹, Str. 8). Das Übermaß des Zu-Schönen, die Sehnsucht nach Entgrenzung in die göttliche Sphäre wird im stauenden, stockenden Rhythmus der vierten Strophe nachvollzogen.

In der fünften Strophe setzt der Dichter dem begeisterten Streben nach dem Unendlichen das ruhige Verweilen entgegen. Im Gefühl des Verströmens erinnert er an die gewesene und immer anhaltende Verbindung von Stadt bzw. Landschaft und Strom: Die ruhenden Gestade spiegeln sich im Wasser, d. h. trotz seiner Bewegtheit hat der flüchtige Strom, indem er immer ihr Bild zurückwirft, an ihrer Ruhe und Zeitlosigkeit teil.

Auch die Burg (das Heidelberger Schloß), die zunächst als »schwer« und bedrohend, als Zeichen des unwiederbringlich Vergangenen, das Bild idyllischer Einheit und Zeitlosigkeit zu stören schien, wird durch die ewig neues Leben wirkende Natur in Gegenwart und Zukunft miteinbezogen. Doch nicht nur die zeitliche, auch die räumliche Ausgrenzung der Burg ist am Schluß überwunden; stufenweise wächst in den Bildern der letzten beiden Strophen die Natur über die Burg herunter zur Stadt, bis schließlich alles Trennende aufgehoben ist. Ganz sinnlich wird dieses Sich-zum-Ganzen-Fügen wahrgenommen: im Sonnenlicht, im Rauschen der Wälder und Blühen der Sträucher, zuletzt im Duft der ruhenden Gärten, die das Bild der allumfassenden Idylle ein letztes Mal steigern und schließen.

Das folgende Gedicht ›Natur und Kunst oder Saturn und Jupiter‹ (1801) gibt komprimiert Hölderlins ganz eigene, vom klassischen Idealismus abweichende Kunstauffassung wieder. Da Goethe ebenfalls den Gegensatz von Natur und Kunst behandelt hat (in dem Sonett ›Natur und Kunst, sie scheinen sich zu fliehen‹; s. Bd. III, S. 44 f.), lassen sich im Vergleich nicht nur die unterschiedlichen poetischen Anliegen ablesen, es wird auch etwas von der je eigenen Dichterpersönlichkeit erkennbar. Was Goethe scheinbar mühelos gelang, nämlich Natur und Kunst harmonisch zu vereinen, ihre gegensätzlichen Forderungen im Sonett selbst symbolisch zu erfüllen, wirkt bei Hölderlin schwer und tief durchdacht, mythologisch begründet und verschlüsselt.

Natur und Kunst oder Saturn und Jupiter

Du waltest hoch am Tag und es blühet dein
   Gesetz, du hältst die Waage, Saturnus' Sohn!
     Und teilst die Los' und ruhest froh im
       Ruhm der unsterblichen Herrscherkünste.

Doch in den Abgrund, sagen die Sänger sich,
   Habst du den heil'gen Vater, den eignen, einst
     Verwiesen und es jammre drunten,
       Da, wo die Wilden vor dir mit Recht sind,

Schuldlos der Gott der goldenen Zeit schon längst:
   Einst mühelos, und größer, wie du, wenn schon
     Er kein Gebot aussprach und ihn der
       Sterblichen keiner mit Namen nannte.

Herab denn! oder schäme des Danks dich nicht!
   Und willst du bleiben, diene dem Älteren,
     Und gönn es ihm, daß ihn vor allen,
       Göttern und Menschen, der Sänger nenne!

Denn, wie aus dem Gewölke dein Blitz, so kömmt
   Von ihm, was dein ist, siehe! so zeugt von ihm,
     Was du gebeutst, und aus Saturnus'
       Frieden ist jegliche Macht erwachsen.

Und hab ich erst am Herzen Lebendiges
   Gefühlt und dämmert, was du gestaltetest,
     Und war in ihrer Wiege mir in
       Wonne die wechselnde Zeit entschlummert:

> Dann kenn ich dich, Kronion! dann hör ich dich,
>   Den weisen Meister, welcher, wie wir, ein Sohn
>   Der Zeit, Gesetze gibt und, was die
>   Heilige Dämmerung birgt, verkündet.

Nach der griechischen Mythologie entthronte Jupiter seinen Vater Saturn, den Gott des Goldenen Zeitalters. Schon im Verlauf der Antike wurde Jupiter mit dem griechischen Gott Zeus gleichgesetzt und Saturn mit dessen Vater Kronos, dem Herrscher der Titanen. Die griechische Sage erzählt, daß Zeus die Titanen mit seinem Vater in den Abgrund des Tartarus verbannt habe. Hölderlin spielt in seiner Ode auf die griechisch-römische Mythologie an; als Gott des Ehernen Zeitalters steht Jupiter hier für Herrschaft, Gesetz, Ordnung, Saturn aber für den herrschaftslosen paradiesischen Zustand, in dem alle Menschen gleich galten, in dem es nur Frieden gab. Wie der Titel der Ode schon sagt, übertrug Hölderlin auf den Wechsel der mythischen Zeitalter bzw. der göttlichen Herrschaft seine Reflexionen über Natur und Kunst, die er in wechselseitige Beziehung setzte.

Zu Hölderlins Dichtungsverständnis gehörte, daß er den Mythos lebendig halten wollte, das heißt, daß er sich nicht starr an die Überlieferung hielt, sondern sich das Recht nahm, den antiken Göttersagen neuen Sinn zu unterlegen. So trägt er in der vorliegenden Ode die dialektische Methode, die die Philosophie seiner Zeit bestimmte, in die antiken Sagen hinein, so daß die Ablösung des Goldenen durch das Eherne Zeitalter eine ungewohnte Dynamik erhält. Wie im Verlauf der Interpretation deutlich wird, versteht Hölderlin das Goldene Zeitalter nicht als eine abgeschlossene geschichtliche Periode, sondern als den immer lebendigen Grund, aus dem ein neuer politisch-gesellschaftlicher Idealzustand erwächst. Die Bewegung nach vorne, ins Offene, ist typisch für Hölderlins philosophisches Denken.

Die Goldene Zeit unter Saturns Herrschaft war durch das Prinzip der Gleichheit geprägt, ein unterscheidendes trennendes Denken gab es noch nicht, also waren auch keine Ordnungen und Gebote nötig; liebendes Miteinander bestimmte selbstverständlich das Zusammenleben; der Sprache als Mittel der Verständigung bedurfte es nicht. Die unbewußte Einheit des Menschen mit sich und seiner Welt stellte das Goldene Zeitalter dar, deshalb kann Saturn bei Hölderlin die in sich ruhende, alles Leben zu einer harmonischen Einheit verbindende »Natur« verkörpern; in dem daraus folgenden Ehernen Zeitalter unter Jupiter, mit dem die Geschichtlichkeit, das Bewußt-Werden des Menschen begann, herrscht dagegen das Prinzip des Begrenzens, Unterscheidens und Zergliederns vor, weshalb Jupiter dem Verstand, der Ordnung, den Regeln und damit insgesamt der »Kunst« gleichgesetzt werden kann.

Zunächst scheint Hölderlin ganz in der Bildlichkeit des antiken Mythos zu bleiben. Als ruhmvoller Herrscher auf der Höhe seiner Macht wird Jupiter in der ersten Strophe gepriesen, als Herr über Recht und Unrecht, Glück und Unglück der Menschen. Aber indem er ihn nicht mit Namen nennt, sondern nur als »Saturnus' Sohn« bezeichnet, weist ihm der Dichter Schranken, unterstreicht seine Abkunft von einem Älteren, dem Saturn.

Deutlicher ist die »Einmischung« des Dichters in der zweiten und dritten Strophe, wenn er auf die Entthronung des »heil'gen Vaters« Saturn durch seinen Sohn anspielt, der ihn mit den Titanen (»die Wilden«) in den Abgrund verwiesen hat. In der Wertung, daß Jupiter »mit Recht« die Titanen verbannt habe (die sich, der Sage nach, widergesetzlich, wild kämpferisch gegen ihn aufführten), Saturn aber »schuldlos« mitbestraft habe, interpretiert Hölderlin die Überlieferung, bereitet damit die Analogie zu seinen Vorstellungen von Natur und Kunst vor.

Die Natur steht für Hölderlin über der Kunst; sie war immer schon da, ist die ewig schöpferische Kraft, aus der die Kunst erst hervorging. Hölderlin schien die Natur verraten, genauer gesagt: das in ihr wirkende Prinzip schöner All-Einigkeit, wenn die Philosophie etwa die absolute Freiheit des Geistes proklamierte und sich damit die Herrschaft über die Natur anmaßte, wie es vor allem Fichte tat, oder wenn die Kunst sich nicht frei entfalten konnte, sondern dem vorherrschenden Geschmack von Kunstrichtern (Verlegern, Redakteuren oder auch Zensoren) unterworfen war, oder auf irgend anderem Gebiet die natürliche Vielfalt des Lebens beschnitten wurde. Seit der Flucht aus Jena war für Hölderlin Natur zur Lehrmeisterin geworden, an der sich alles menschliche Wirken zu orientieren hatte.

Von hier aus wird Hölderlins Eingreifen in den Mythos verständlich: Da Jupiter als unumschränkter Herrscher auftritt, seine Bindung an Saturn und dessen unausgesprochene »Gesetze« verleugnet, begeht er Unrecht, und seines Bleibens im Zenit der Macht kann nicht lange sein, d.h. die geistige Überlegenheit des modernen Menschen ist nicht von Dauer. »Herab denn!« weist der Dichter ihn zurecht, bietet ihm aber sogleich mit versöhnender Geste die friedliche Alternative an. Wenn er nämlich seine »absolutistische« Selbstanmaßung aufgebe und den Grund seines Wesens erkenne, nämlich Saturns »republikanisches« Prinzip der Gleichheit, wenn er sich diese Gesinnung zu eigen mache, könne er zum wahren »Herrscherkünstler« werden, von dem zu lernen wäre. Nicht im völligen Verzicht auf Herrschaft sah Hölderlin das Heil der Welt, sondern in »vermittelnder« Form, im Geiste der Natur, sollten Staat oder Dichter und Denker ruhig Gesetze geben zum Wohle des Volks, das zu einem freieren Leben geführt werden sollte. Da in der politischen Realität solche radikalen Veränderungen noch nicht möglich waren, mußte die Kunst das republikanische Prinzip der neuen Gesellschaftsordnung vorbilden. Hier wird deutlich, wie eminent politisch Hölderlins Dichten war.

Nur im Sinne der Natur, auf der Grundlage des friedlichen Nebeneinander und lebendigen Austauschs von Verschiedenem, ließ sich, nach Hölderlin, eine bessere Welt bauen. Einer der Schlüsselsätze des Dichters ist das Epigramm, das er ›Wurzel alles Übels‹ nannte:

> Einig zu sein, ist göttlich und gut; woher ist die Sucht denn
> Unter den Menschen, daß nur einer und eines nur sei?

Seine ganze Sehnsucht nach gemeinschaftlichem Sinn, nach Toleranz gibt Hölderlin in diesem kurzen Zweizeiler wieder, der ebenso gegen die Einseitigkeit des Verstands auf Kosten des Gefühls wie gegen starre Dogmatik im Glauben, in der Kunst usw. wie gegen das absolutistische Prinzip in der Politik gerichtet war. Auch das obige Gedicht enthält die Mahnung, das Gegensätzliche, Andere nicht zu verleugnen sondern aufzunehmen, damit die Spannung fruchtbar werde.

Jupiter ist der Tag zugeordnet, die Helle des Geistes, der klar unterscheidet und erkennt, Saturn die »heilige Dämmerung«, die alles Einzelne, klar Konturierte, im unendlichen Ganzen aufhebt. Die Kunst als »Diener« der Natur hat den Geist der Versöhnung und der Liebe, den in »heiliger Dämmerung« verborgenen Frieden Saturns zu künden – dann ist sie wahrhaft groß und meisterhaft zu nennen. Mit dem Geist der Liebe trennt die Kunst nicht mehr, sondern kann sie Natur und den von ihr entfernten Menschen versöhnen. Die stumme Natur und die ihr Sprache verleihende Kunst ergänzen sich also, bedingen einander zur Vollendung.

Den göttlichen Schwebezustand, wenn »Gegenstrebiges« zusammenfindet, setzt der Dichter in der sechsten Strophe unmittelbar in Sprache um: Das warm empfindende Herz, das das lebendige Wesen der Natur ganz in sich aufnahm, und die ordnende, erkennende Kraft des Geistes durchdringen sich; Bewußtsein der Zeit und Schlaf des Bewußtseins, der in selige Zeitlosigkeit wiegt, existieren gleichzeitig, machen das künftige Paradies einer Versöhnung von Gefühl der Einheit und Erkenntnis der Einheit faßbar. Der Dichter, dem solches »Totalbewußtsein« gelingt, wird lebendige Kunst vermitteln, die die Menschen verändert – so hoffte der Idealist Hölderlin.

Dreimal ist in dieser Strophe die Konjunktion »und« gebraucht, um zu verbinden und die gesteigerte Empfindung auszudrücken. Vor allem aber schließt Hölderlin die drei Zeitebenen in dem einen Satz dieser Strophe zusammen: »hab ich erst« verweist auf die Zukunft,

»dämmert« auf die Gegenwart und »war entschlummert« bezieht die Vergangenheit mit ein; die in die Zukunft weisende Vereinigung von Gegenwart und Vergangenheit durch die Kunst gewinnt dadurch ihre überzeitlich ewige Gültigkeit.

In preisendem Ton wie zu Beginn endigt das Gedicht, nachdem es dialektisch erörternd Dissonanzen einbezogen und damit die ursprünglich unreflektierte Empfindung auf eine höhere Stufe gestimmt hat.

2.5 Vaterländische Gesänge

Das geistige Klima in Deutschland um 1800 war alles andere als tolerant; die »Olympier« herrschten streng in Weimar, verurteilten unbarmherzig alles Fremde, Andersartige. Wandern mußte Hölderlin, um eine geistig-seelische Heimat zu finden. In der Ode ›Der Main‹ spricht er vom »heimatlosen Sänger«: ». . . denn wandern muß / Von Fremden er zu Fremden, und die / Erde, die freie, sie muß ja, leider! // Statt *Vaterlands* ihm dienen, solang er lebt . . .«

Nach kurzem Aufenthalt als Hauslehrer in Hauptwil in der Schweiz (im Frühjahr 1801), wo er die Freiheit der Alpenwelt als »erhebend und befriedigend« erlebte, kehrte Hölderlin zu seinen Verwandten nach Nürtingen zurück, brach aber Ende des Jahres 1801 nach Bordeaux auf, um wiederum als Hauslehrer seinen Unterhalt zu verdienen. »Ich fühl es, mir ist's besser, draußen zu sein« (an den Stiefbruder Karl Gok am 4. 12. 1801). Doch die drohende Gefahr, die völlige Zerrüttung seiner selbst, konnte er nur aufschieben, nicht mehr aufhalten, ob er nun blieb oder wanderte.

Noch aus Nürtingen schrieb Hölderlin an den treuen Freund Böhlendorff einen seiner später berühmtesten Briefe, in dem er seine Kunstauffassung klarer darlegt als in seinen verschiedenen theoretischen Versuchen. (Böhlendorff hatte ihm sein neuestes Drama ›Fernando‹ zur Begutachtung geschickt.)

. . . Mein Lieber! Du hast an Präzision und tüchtiger Gelenksamkeit so sehr gewonnen und nichts an Wärme verloren, im Gegenteil, wie eine gute Klinge hat sich die Elastizität Deines Geistes in der beugenden Schule nur um so kräftiger erwiesen. Dies ist's, wozu ich Dir vorzüglich Glück wünsche. Wir lernen nichts schwerer als das Nationelle frei gebrauchen. Und wie ich glaube, ist gerade die Klarheit der Darstellung uns ursprünglich so natürlich wie den Griechen das Feuer vom Himmel. Eben deswegen werden diese eher in schöner Leidenschaft, die Du Dir auch erhalten hast, als in jener homerischen Geistesgegenwart und Darstellungsgabe zu *übertreffen* sein.

Es klingt paradox. Aber ich behaupte es noch einmal und stelle es Deiner Prüfung und Deinem Gebrauche frei: Das eigentliche Nationelle wird im Fortschritt der Bildung immer der geringere Vorzug werden. Deswegen sind die Griechen des heiligen Pathos weniger Meister, weil es ihnen angeboren war, hingegen sind sie vorzüglich in Darstellungsgabe, von Homer an, weil dieser außerordentliche Mensch seelenvoll genug war, um die abendländische *junonische Nüchternheit* für sein Apollonsreich zu erbeuten und so wahrhaft das Fremde sich anzueignen.

Bei uns ist's umgekehrt. Deswegen ist's auch so gefährlich, sich die Kunstregeln einzig und allein von griechischer Vortrefflichkeit zu abstrahieren. Ich habe lange daran laboriert und weiß nun, daß außer dem, was bei den Griechen und uns das Höchste sein muß, nämlich dem lebendigen Verhältnis und Geschick, wir nicht wohl etwas *gleich* mit ihnen haben dürfen.

Aber das Eigene muß so gut gelernt sein wie das Fremde. Deswegen sind uns die Griechen unentbehrlich. Nur werden wir ihnen gerade in unserm Eigenen, Nationellen nicht nachkommen, weil, wie gesagt, der *freie* Gebrauch des *Eigenen* das schwerste ist . . .

(an Casimir Ulrich Böhlendorff am 4.12.1801)

Mit diesem Brief setzt sich Hölderlin deutlich gegen die Klassik ab. Edle Einfalt, Ruhe und Klarheit, die Joachim Winckelmann als erster den Griechen rühmend nachgesagt hatte (vgl. Bd. II), und der die Klassiker in Weimar nachzueifern suchten, sind nach Hölderlin nicht das ursprünglich »Nationelle« der Griechen, also ihre Natur, sondern erst erworben. Der Deutsche, wollte er ebenso meisterlich sein oder gar die Griechen übertreffen, durfte nicht das Vorgebildete einfach nachahmen, sondern mußte gerade das von den Griechen eher verleugnete »Feuer vom Himmel« in sich aufnehmen, um es mit seiner angeborenen »junonischen Nüchternheit« zu vereinen. Der Vorbildhaftigkeit der griechischen Kunst erteilt Hölderlin damit eine entschiedene Absage. Nicht nur die ursprüngliche Natur von Griechen und Deutschen unterschied sich seiner Meinung nach grundsätzlich, auch der Kunst- und Bildungstrieb beider Kulturnationen mußte in verschiedene Richtungen gehen.

Mit seinen Sophokles-Übersetzungen, vor allem mit seinen freirhythmischen Hymnen im Stile Pindars näherte sich Hölderlin immer mehr dem »heiligen Pathos« der Griechen; er nahm das Fremde am innigsten in sich auf, insofern war er der »griechischste« Dichter jener so stark auf die klassische Antike bezogenen Kunstperiode. Die strenge Gesetzmäßigkeit in Aufbau und Metrik seiner Strophen bändigte seine flammende Begeisterung zu »schöner Leidenschaft«.

Südlicher als Bordeaux ist Hölderlin nie gekommen; seine seit früher Jugend genährte Sehnsucht nach den Küsten und Inseln Griechenlands blieb unerfüllter Traum, ausgelebt nur in der Poesie. Aber eine Ahnung des leichteren höheren Lebensgefühls, das er mit der

griechischen Antike immer verband, vermittelte ihm Südfrankreich
dennoch.

Das gewaltige Element, das Feuer des Himmels, und die Stille der Menschen,
ihr Leben in der Natur und ihre Eingeschränktheit und Zufriedenheit, hat
mich beständig ergriffen, und wie man Helden nachspricht, kann ich wohl
sagen, daß mich Apollo geschlagen.
(an Casimir Ulrich Böhlendorff, wohl im November 1802)

Mit dem »Helden« spielt Hölderlin vermutlich auf Achill an, den bei
der Eroberung Trojas Apolls Pfeil tödlich in die verwundbare Ferse
traf. Wenn sich der Dichter hier mit Achill vergleicht, artikuliert er
sein wachsendes Gefühl des Bedroht-Seins, der tödlichen Verwund-
barkeit durch das Feuer Apolls. Die Dichtergabe, die er begehrte, und
die ihn nie hatte zur Ruhe kommen lassen in seinem Verlangen nach
Wahrheit, nach dem Absoluten, schien ihn nun zu verbrennen.

Nach wenigen Monaten verließ Hölderlin ganz plötzlich auch seine Stellung in Bordeaux; verstört und äußerlich vernachlässigt kehrte
er im Juni 1802 nach Nürtingen zurück. Dort erfuhr er durch Sinclair
vom Tode Susette Gontards (am 22. 6. 1802) – die Nachricht traf ihn
so sehr, daß er in den folgenden Monaten ärztliche Hilfe benötigte.

Trotz seines zerrütteten Gemüts war Hölderlin immer noch zu
bedeutenden lyrischen Leistungen fähig. Er vollendete z.B. die große
Hymne ›Patmos‹, die er im Januar 1803 dem Landgrafen Friedrich V.
von Hessen-Homburg widmete. Von Klopstock hatte der Landgraf
sich ein großes religiöses Gedicht gewünscht, das ein Gegengewicht
wider die aufklärerische Bibelexegese der Gegenwart sein sollte, doch
Klopstock hatte abgelehnt. Durch Sinclairs Vermittlung übernahm
Hölderlin wohl den Auftrag, der ihn ehrte und ermutigte. Das »Streben nach Klopstocksgröße«, das er in dem ersten zitierten Gedicht
›Mein Vorsatz‹ für sein Dichten in Anspruch nahm, hatte sich damit
in gewisser Weise erfüllt.

Für einen Almanach des Verlegers Friedrich Wilmans in Frankfurt,
der seine Sophokles-Übersetzungen druckte, stellte Hölderlin Ende
1803 die sogenannten ›Nachtgesänge‹ fertig, Umarbeitungen früherer
Oden und Bruchstücke, darunter auch ›Hälfte des Lebens‹. Mit
»Nacht« als geschichtsphilosophischer Metapher bezeichnete Hölderlin seine gottferne Gegenwart. In solcher »Finsternis« galt es, die
Erinnerung an hellere Zeiten wachzuhalten als »Gedächtnis / leben-
der Tage« (›Die Dioskuren‹ 7f.), sie als Verheißung zu deuten einer
kommenden neuen Einheit von Menschen und Göttern.

In Hölderlins Spätwerk erscheint jedoch die Zuversicht des Dich-
ter-Propheten gebrochen; immer häufiger äußert sich auch das Bedürfnis nach festem Halt – aus Sorge, die ersehnte Nähe des Göttlichen nicht ertragen zu können. In der großen Elegie ›Brot und Wein‹

spricht Hölderlin von der Schonung durch die Abwesenheit der Himmlischen:

> Denn nicht immer vermag ein schwaches Gefäß sie zu fassen,
> Nur zuzeiten erträgt göttliche Fülle der Mensch.
>
> (7. Strophe)

In der Elegie ›Heimkunft‹ trägt der Sänger Sorge, wie er und ob er dem »Hohen« danken solle:

> . . . Unschickliches liebet ein Gott nicht,
> Ihn zu fassen, ist fast unsere Freude zu klein.
> Schweigen müssen wir oft . . .
>
> (6. Strophe)

Und in dem berühmten Anfang der ›Patmos‹-Hymne heißt es:

> Nah ist
> Und schwer zu fassen der Gott.
> Wo aber Gefahr ist, wächst
> Das Rettende auch . . .

Einen Halt glaubte Hölderlin zu finden, indem er sich der konkreten Gegenwart und Zukunft seines Vaterlands zuwandte. Unter Vaterland verstand er einmal den politisch-gesellschaftlichen Raum, auch die heimatliche Natur, dann aber vor allem die nationale Eigenheit, die er nun im »deutschen Gesang« zum Ausdruck bringen wollte. Dieses »Nationelle«, von dem auch im obigen Brief an Böhlendorff die Rede war, sah er als die ursprüngliche, natürliche Dichtart an, die von allen späteren Einflüssen, allem Gelernten, Angenommenen zu lösen war, um sie dann, sozusagen rein, mit dem Fremden zu verbinden. Unter dem »freien Gebrauch des Eigenen« verstand er also nicht die Perfektionierung der »Klarheit der Darstellung«, sondern dieses Eigene in ein lebendiges Verhältnis mit dem Fremden zu bringen. Das erst machte, in Hölderlins Augen, die fortschrittliche vaterländische Dichtung aus.

In den späten Hymnen versuchte Hölderlin »den freien Gebrauch des Eigenen«, den er in diesem Brief als das Schwerste bezeichnet; damit begann er sich zu emanzipieren von klassischen Traditionen, die ihm durch die intensive Beschäftigung mit dem Altertum fast aufgezwungen schienen (vgl. oben zur Theorie). Diese Hymnen, die Hölderlin sozusagen im Gleichgewicht von Pathos und Nüchternheit gestaltete, sind in der Tat »wenig konventionell«, wie er es entschuldigend einmal dem Leser ankündigte. Assoziativ sind einzelne Wortgruppen aneinandergereiht, dunkel ist ihr Sinn, ungewohnt die Syntax, die sich allmählich immer mehr auflöst; die »harte Fügung« der Pindarischen Chorlyrik, auf die bereits bei der Hymne ›Wie wenn am Feiertage . . .‹ hingewiesen wurde, kennzeichnet Hölderlins Spätwerk, das in unserem Jahrhundert als »sein eigentliches Vermächtnis« angesehen wurde. Es würde den Rahmen dieser Arbeit sprengen, wollten wir hier auf diese oft sehr langen und äußerst komplizierten Hymnen näher eingehen.

Zur »vaterländischen Umkehr« gehörte, daß Hölderlin nicht mehr die Götterbilder der Antike anruft, um in ihnen das vergangene Schöne festzuhalten, sondern den heimatlichen Himmel, das Land, die Wasser als Symbole der Gegenwart, aus der in die Antike zu fliehen, er sich nicht mehr gestattet. Denn die unmittelbare Vergegenwärtigung des Göttlichen bringt ihn in Gefahr, seine Identität, seine Zeit, seinen Standort zu verlieren und stehen zu bleiben im Vergangenen. Im Bewußtsein, an der Schwelle einer neuen Epoche zu leben und den sehnenden Mitmenschen die Zeichen des nahenden Gewitters (in dem sich das Göttliche offenbart) in der Gegenwart deuten zu müssen, wächst ihm die Kraft zu, die Spannung des Übergangs zu ertragen.

Germanien

Nicht sie, die Seligen, die erschienen sind,
Die Götterbilder in dem alten Lande,
Sie darf ich ja nicht rufen mehr, wenn aber,
Ihr heimatlichen Wasser! jetzt mit euch
Des Herzens Liebe klagt, was will es anders,
Das heiligtrauernde? Denn voll Erwartung liegt
Das Land und als in heißen Tagen
Herabgesenkt, umschattet heut,
Ihr Sehnenden! uns ahnungsvoll ein Himmel.
Voll ist er von Verheißungen und scheint
Mir drohend auch, doch will ich bei ihm bleiben,
Und rückwärts soll die Seele mir nicht fliehn
Zu euch, Vergangene! die zu lieb mir sind.
Denn euer schönes Angesicht zu sehn,
Als wär's, wie sonst, ich fürcht es, tödlich ist's,
Und kaum erlaubt, Gestorbene zu wecken.

(1. Strophe)

Nach Zeichen des Kommenden will der Dichter nun schauen, die Vergangenes und Zukünftiges verbinden können. In einer bescheideneren, demütigeren Weise will er das so lange verhüllte Göttliche nennen, nicht mehr zu innig und eigenmächtig wie früher es herbeisehnen. Erst als er sich in der dem Göttlichen gebührenden Zurückhaltung an sein Germanien und die in ihrer Erde waltenden Naturkräfte wendet, gelingt ihm der Brückenschlag aus der Vergangenheit in die Zukunft.

> O nenne, Tochter du der heiligen Erd,
> Einmal die Mutter. Es rauschen die Wasser am Fels
> Und Wetter im Wald und bei dem Namen derselben
> Tönt auf aus alter Zeit Vergangengöttliches wieder.
> Wie anders ist's! und rechthin glänzt und spricht
> Zukünftiges auch erfreulich aus den Fernen . . .

> (letzte Strophe)

»Wie anders ist's!« – Wenn die eigene Gegenwart nicht mehr ignoriert und das geheimnisvolle Göttliche nur genannt wird, d.h. die Balance zwischen Sagen und Verhüllen gehalten, ist eine lebendige Beziehung vom ursprünglich Schönen zum zukünftig Schönen möglich, dann »tönt . . . Vergangengöttliches« herüber in die kommende Zeit als Versprechen einer neuen Harmonie. Die Götterbilder, die der Dichter vordem anrief, haben auch etwas Starres; der Ton, den er jetzt wahrnimmt aus der Vergangenheit, ist wunderbar beweglich und ohne Ende. Nicht unähnlich hatte Goethe seine Distanzierung von der klassischen Antike formuliert in seinem ›Divan‹-Gedicht ›Lied und Gebilde‹ (s. Bd. III, S. 96 f.).

Den Retter und Erlöser im Sinne der christlich-abendländischen Tradition bezieht Hölderlin nun in sein Verheißungsmodell, seine Zukunftsentwürfe mit ein. Er stellt Christus, sozusagen abschließend, in die Reihe der antiken Göttergestalten und Heroen: Mit ihm haben sich die Götter ein letztes Mal unter den Menschen gezeigt, mit seinem Tod ist der »Göttertag« erloschen, die Nacht der Gegenwart angebrochen. Hölderlin versuchte, in seinem Bedürfnis nach Vermittlung, eine Brücke zu schlagen aus der fernsten Vergangenheit in die Gegenwart, indem er Christus als den »Bruder« von Herkules und Dionysos bezeichnet (›Der Einzige‹). Damit vereint er Morgen- und Abendland: den Orient als Ursprung der Menschheit in Gestalt des am Indus geborenen Bacchus, mit der griechischer Antike, für die der berühmteste griechische Held, der Halbgott Herkules, steht, mit der Gegenwart, deren Heilserwartungen von dem menschgewordenen Gottessohn geprägt sind. Wie sehr Hölderlin sich von orthodoxen christlichen Vorstellungen entfernt hatte, zeigt diese kühne Gedankenfigur.

Kraft seines verschiedene Zeiten und Welten umspannenden Bewußtseins kann der Dichter einen neuen Mythos stiften. Die Erinnerung an den alten muß er wachhalten, um ihn in die Zukunft zu vermitteln: in die Vision einer alle Zeit überdauernden Versöhnung. »Was bleibet aber, stiften die Dichter«, heißt es in ›Andenken‹, einem von Hölderlins letzten großen Gedichten. Danach gibt es nur noch

hymnische Entwürfe, einzelne dunkle, fremdartige Stücke von glühender Bildlichkeit, die sich kaum mehr entschlüsseln lassen, bis es
zum endgültigen Ausbruch der Geisteskrankheit kommt.

2.6 Späteste Gedichte

Die letzten Jahre, von 1804 bis 1806, lebte Hölderlin bei seinem
Freund Isaak von Sinclair in Bad Homburg, der ihn, wie schon in den
Jahren 1798/99, in republikanische Zirkel brachte, ihn betreute und
ihm sogar eine Stellung als Bibliothekar beim Landgrafen von Hessen
verschaffte (die Sinclair jedoch aus eigenen Mitteln bezahlte). Als der
Freund des Hochverrats angeklagt wurde, und Hölderlin selbst in
diesen Prozeß verwickelt werden sollte, eskalierte die geistig-seelische Verstörung. Im Herbst 1806 mußte Hölderlin in eine Nervenklinik eingeliefert werden und kam schließlich, als unheilbar einge-
stuft, zu dem Tübinger Schreinermeister Zimmer in Pflege, wo er
entgegen allen ärztlichen Prognosen noch 36 Jahre in ruhiger Abgeschiedenheit lebte.

Es gibt eine These, daß Hölderlin den Wahnsinn simuliert habe,
weil er das »normale« Leben nicht mehr ertragen habe, daß er sozusagen in die innere Emigration gegangen sei. Solche Verstellung über
Jahrzehnte hinweg erscheint eher unglaubhaft; sicher aber ist, daß
Hölderlin ermattet war und sich nach »einfältigen und stillen Tagen«
sehnte. In seinem Tübinger Asyl verbrachte er die meiste Zeit im
Freien, hielt Zwiesprache mit der Natur, mit Diotima, mit Gott –
von den unerträglichen Spannungen schien er erlöst. Sein Umgang
mit Menschen war aufs Äußerste beschränkt, bestand im Grunde von
seiner Seite aus nur noch in übertriebenen Höflichkeitsgesten und
-floskeln, als ob er sich sozusagen aus der menschlichen Gemeinschaft herauskomplimentieren wollte. Auch in seinen Briefen, vor
allem an die Mutter, die »verehrungswürdigste«, verbarg er seine Person. Als »ergebenster und gehorsamster Sohn« erkundigte er sich
nach ihrem Wohlbefinden, brachte seine Dankbarkeit und Verehrung
pflichtschuldigst zum Ausdruck ... Er schrieb nur, was sie immer
hören wollte, was sie hören durfte.

Auch während seiner Krankheit verfaßte Hölderlin noch Gedichte, zum Teil schrieb er sie aus dem Stegreif nieder, wenn Besucher
ihn darum baten. Erstarrt in Formeln wirken manche dieser letzten
Gedichte, ängstlich begrenzt auf statische Bilder der Natur, die Aussicht aus seinem Fenster. Persönliche Gefühle sind ausgeklammert,
sie hätten die mühsam gehaltene Ruhe gefährdet. Eine ganze Reihe

von Jahreszeitengedichten sind erhalten, mit ganz eigenartiger Licht-
metaphorik.

Der Herbst

Das Glänzen der Natur ist höheres Erscheinen,
Wo sich der Tag mit vielen Freuden endet,
Es ist das Jahr, das sich mit Pracht vollendet,
Wo Früchte sich mit frohem Glanz vereinen.

Das Erdenrund ist so geschmückt, und selten lärmet
Der Schall durchs offne Feld, die Sonne wärmet
Den Tag des Herbstes mild, die Felder stehen
Als eine Aussicht weit, die Lüfte wehen

Die Zweig und Äste durch mit frohem Rauschen,
Wenn schon mit Leere sich die Felder dann vertauschen,
Der ganze Sinn des hellen Bildes lebet
Als wie ein Bild, das goldne Pracht umschwebet.

d. 15ten Nov. 1759.

Viele seiner spätesten Gedichte hat Hölderlin mit fiktivem Datum
versehen und mit »Scardanelli« unterzeichnet – beides Versuche, die
Zeit und seine Identität aufzuheben.

In die statisch erfaßte Landschaft, die nicht tot wirkt, sondern
mit allen Sinnesorganen als lebendiges Ganzes gefühlt ist, kommt Bewegung durch die sanft wehenden Lüfte; ihr »frohes Rauschen« kün-
digt Veränderung an, die als positiv erlebt wird; so schließt auch
das leere Winterfeld das Versprechen künftiger goldener Tage in
sich.

Kompliziertere antike Versmaße hat Hölderlin in den letzten
Gedichten nicht mehr verwendet, sondern meist fünf- oder sechs-
hebige Jamben. Auch der einfache Reim gab dem Dichter eine äußere
Stütze und Sicherheit. Immer wieder finden sich Verse von makel-
loser Schönheit, dann scheint die sprachliche Kraft wieder zu erlah-
men, und ein ganz schablonenhaftes Bild wird angereiht. Die sinnlich
erfahrene Wirklichkeit ist (auch in anderen Gedichten über den
Wechsel der Jahreszeiten) Zeichen eines höheren, eines geistigen Daseins, verdichtet sich, wie es die letzten beiden Verse oben aussprechen, zu einem Sinn-Bild der Vollendung.

Von der »Vollendungsruhe« der stilleren herbstlichen Jahreszeit
spricht Hölderlin auch in seinem ›Hyperion‹-Roman: Nachdem er
die tiefsten Leiden durchschritten hat, kann Hyperion die »Wonne
der Zeitigung« [Reifung] froh erleben, in der Gewißheit teilzuhaben
an der ewig sich erneuernden Natur.

Es war in den schönen Tagen des Herbsts, da ich von meiner Wunde halbgenesen zum ersten Male wieder ans Fenster trat. Ich kam mit stilleren Sinnen wieder ins Leben und meine Seele war aufmerksamer geworden. Mit seinem leisesten Zauber wehte der Himmel mich an, und mild, wie ein Blütenregen, flossen die heitern Sonnenstrahlen herab. Es war ein großer, stiller, zärtlicher Geist in dieser Jahrszeit, und die Vollendungsruhe, die Wonne der Zeitigung in den säuselnden Zweigen umfing mich, wie die erneuerte Jugend, so die Alten in ihrem Elysium hofften.

(Hyperion II. Buch 3. Brief)

In seinem letzten erhaltenen Gedicht, das er kurz vor seinem Tod schrieb, wird wieder das Motiv der sich weitenden Aussicht aufgenommen, die den Blick für die Wahrheit hinter dem Gegenständlichen freigibt. Der Glanz der herbstlich vollendeten Natur breitet sich in zeitliche und räumliche Fernen aus, erfaßt auch den sein Lebensende Ahnenden; im Bewußtsein, zu dem vollkommenen Ganzen zu gehören, das die Natur als Wechsel der Zeiten und ewige Beständigkeit zugleich darstellt, kann der Dichter mit einem Bild der Hoffnung, dem blütenumkränzten Frühlingsbaum, schließen.

Die Aussicht

Wenn in die Ferne geht der Menschen wohnend Leben,
Wo in die Ferne sich erglänzt die Zeit der Reben,
Ist auch dabei des Sommers leer Gefilde,
Der Wald erscheint mit seinem dunklen Bilde.
Daß die Natur ergänzt das Bild der Zeiten,
Daß die verweilt, sie schnell vorübergleiten,
Ist aus Vollkommenheit, des Himmels Höhe glänzet
Den Menschen dann, wie Bäume Blüt umkränzet.

Mit Untertänigkeit
Scardanelli.

d. 24. Mai 1748

Hyperion oder Der Eremit in Griechenland. Roman

Mit seinem Roman ›Hyperion‹, der in zwei Bänden 1797–99 bei Cotta erschien, verwirklichte Hölderlin kunsttheoretische Ideen der neunziger Jahre, wie sie Schiller gerade in seiner Arbeit ›Über die ästhetische Erziehung des Menschen‹ und Friedrich Schlegel in seinen Gedanken von der »progressiven Universalpoesie« entwickelt hatten. Hölderlins Roman ist ein Experiment: er setzt den »transzendentalen Idealismus«, wonach die Begrenztheit des Realen durch die Unendlichkeit des Idealen aufgehoben werden soll, in Dichtung um. Der Name Hyper-ion, von griech. »der Darübersteigende«, verweist schon auf die Bestimmung des Helden, über die wirkliche Welt zur wahren hinauszugelangen. In Form der vernünftigen Auseinandersetzung, der Reflexion über seine Vergangenheit, gelingt es ihm allmählich, sein zerrissenes Dasein, das so viel Leiden und Einsamkeit enthält, als notwendige Vorstufe zu einer höheren Existenz der Ruhe und der Freude zu begreifen.

Die Theorien des deutschen Idealismus verstanden die Menschheitsentwicklung als ein Fortschreiten in Gegensätzen: Das frühere unbewußte Einssein mit der Natur sei verloren gegangen; die gegenwärtige Phase der Vereinzelung und einseitigen Verstandesorientierung des Menschen sei nur ein Übergang, der durch kulturellen Fortschritt schließlich zu einer neuen Ganzheit auf höchster Stufe des Bewußtseins führe. Hierzu könnten Philosophie und Kunst wesentliche Beiträge leisten.

In der Vorrede zu seinem ersten Entwurf ›Fragment von Hyperion‹, den Schiller 1794 in seiner Zeitschrift ›Neue Thalia‹ abdruckte, stellt Hölderlin das Konzept seines Romans dar:

Es gibt zwei Ideale unseres Daseins: einen Zustand der höchsten Einfalt, wo unsre Bedürfnisse mit sich selbst, und mit unsern Kräften, und mit allem, womit wir in Verbindung stehen, *durch die bloße Organisation der Natur*, ohne unser Zutun, gegenseitig zusammenstimmen, und einen Zustand der höchsten Bildung, wo dasselbe stattfinden würde bei unendlich vervielfältigten und verstärkten Bedürfnissen und Kräften, *durch die Organisation, die wir uns selbst zu geben imstande sind.* Die exzentrische Bahn, die der Mensch, im allgemeinen und einzelnen, von einem Punkte (der mehr oder weniger reinen Einfalt) zum andern (der mehr oder weniger vollendeten Bildung) durchläuft, scheint sich, *nach ihren wesentlichen Richtungen*, immer gleich zu sein.

Einige von diesen sollten, nebst ihrer Zurechtweisung, in den Briefen, wovon die folgenden ein Bruchstück sind, dargestellt werden.

Damit formuliert Hölderlin den dialektischen Ansatz der zeitgenössischen geschichtsphilosophischen Spekulation: Zwischen Arkadien, dem einstigen Zustand der »reinen Einfalt«, und dem Elysium einer wiederzufindenden Harmonie durch bewußte Bildung, ist der gegenwärtige Mensch hin- und hergerissen auf seiner »exzentrischen Bahn«; erst durch »Zurechtweisung«, d. h. durch korrigierende Erfahrungen von außen und deren geistige Verarbeitung, wird er einmal seine Mitte erreichen, die ersehnte Einheit von Ich und Welt.

Hölderlins Roman spielt auf drei Zeitebenen, die nicht immer leicht voneinander zu unterscheiden sind. In Briefen an seinen deutschen Freund Bellarmin erinnert sich der Grieche Hyperion, der den Freiheitskampf seines Volks gegen die Türken 1770 miterlebt hat, zurückliegender Ereignisse aus seiner Kindheit und Jugend, auch der schmerzlichen Abschiede von geliebten Menschen und hohen Entwürfen. Zum Zeitpunkt des Schreibens hat er schon einen gewissen Abstand gewonnen, der aber vom Beginn bis zum Ende, durch den Prozeß des Schreibens und Reflektierens, immer größer wird. Die dritte Zeitebene stellt das antike Griechenland als Idealzustand der Einheit zwischen Mensch und Natur dar, den Hyperion immer wieder sehnsüchtig heraufbeschwört und vergleichend der »entwürdigten« griechischen Gegenwart gegenüberstellt. Elegische Klage über die Orientierungslosigkeit des Menschen in einer Gott und Natur entfremdeten Wirklichkeit wechselt in diesen Briefen mit der Hoffnung auf eine neue Idealität, eine durch »Organisation« selbst errungene schönere Existenz.

Hölderlin hat seinen Helden in der Vorrede zur endgültigen Fassung (die unserer Darstellung zugrunde liegt) selbst als »elegischen Charakter« bezeichnet. Er bezieht sich dabei wohl auf Schillers Definition aus der Abhandlung ›Über naive und sentimentalische Dichtung‹, wonach der sentimentalische Dichter, von dem Gegensatz zwischen Wirklichkeit und Ideal ausgehend, sich hauptsächlich mit den vergangenen und zukünftigen Idealzuständen befaßt, – mit Wehmut (elegisch) sie darstellt, wenn die Trauer über die verlorene Vollkommenheit überwiegt, oder mit Freude (als Idylle), wenn er den vollendeten Zustand als scheinbar gegenwärtig beschreibt. Leitet nicht das Ideal der versöhnten Gegensätze den Dichter, sondern faßt er die kalte, dissonante Wirklichkeit ins Auge, so wird er in Form der Satire »mit glühendem Unwillen« die Unzulänglichkeiten der Gegenwart anprangern. In diesem Sinn ist die berühmte »Deutschlandschelte« am Schluß des Romans zu verstehen, in der Hölderlin seiner Enttäuschung über die Gleichgültigkeit, das nüchterne Zweckdenken, die Empfindungslosigkeit seiner Zeitgenossen Luft macht. Vor allem in der Passage über das Verhältnis der Deutschen zu ihren Künstlern, die wie Fremdlinge in ihrer Heimat unter lauter Krämerseelen leben müssen, scheint sich der Dichter einiges von der Seele zu schreiben (die Seitenzahlen am Ende der Zitate beziehen sich auf die Taschenbuchausgabe des Insel Verlags):

HYPERION AN BELLARMIN

So kam ich unter die Deutschen. Ich foderte nicht viel und war gefaßt, noch weniger zu finden. Demütig kam ich, wie der heimatlose blinde Oedipus zum Tore von Athen, wo ihn der Götterhain empfing; und schöne Seelen ihm begegneten –
Wie anders ging es mir!
Barbaren von alters her, durch Fleiß und Wissenschaft und selbst durch Religion barbarischer geworden, tiefunfähig jedes göttlichen Gefühls, verdorben bis ins Mark zum Glück der heiligen Grazien, in jedem Grad der Übertreibung und der Ärmlichkeit beleidigend für jede gutgeartete Seele, dumpf und harmonielos, wie die Scherben eines weggeworfenen Gefäßes – das, mein Bellarmin! waren meine Tröster.
Es ist ein hartes Wort und dennoch sag ichs, weil es Wahrheit ist: ich kann kein Volk mir denken, das zerrißner wäre, wie die Deutschen. Handwerker siehst du, aber keine Menschen, Denker, aber keine Menschen, Priester, aber keine Menschen, Herrn und Knechte, Jungen und gesetzte Leute, aber keine Menschen – ist das nicht, wie ein Schlachtfeld, wo Hände und Arme und alle Glieder zerstückelt untereinander liegen, indessen das vergoßne Lebensblut im Sande zerrinnt?
Ein jeder treibt das Seine, wirst du sagen, und ich sag es auch. Nur muß er es mit ganzer Seele treiben, muß nicht jede Kraft in sich ersticken, wenn sie nicht gerade sich zu seinem Titel paßt, muß nicht mit dieser kargen Angst, buchstäblich heuchlerisch das, was er heißt, nur sein, mit Ernst, mit Liebe muß er das sein, was er ist, so lebt ein Geist in seinem Tun, und ist er in ein Fach gedrückt, wo gar der Geist nicht leben darf, so stoß ers mit Verachtung weg und lerne pflügen! Deine Deutschen aber bleiben gerne beim Notwendigsten, und darum ist bei ihnen auch so viele Stümperarbeit und so wenig Freies, Echterfreuliches.
. . .
Ich sage dir: es ist nichts Heiliges, was nicht entheiligt, nicht zum ärmlichen Behelf herabgewürdigt ist bei diesem Volk, und was selbst unter Wilden göttlichrein sich meist erhält, das treiben diese allberechnenden Barbaren, wie man so ein Handwerk treibt, und können es nicht anders, denn wo einmal ein menschlich Wesen abgerichtet ist, da dient es seinem Zweck, da sucht es seinen Nutzen, es schwärmt nicht mehr, bewahre Gott! es bleibt gesetzt, und wenn es feiert und wenn es liebt und wenn es betet und selber, wenn des Frühlings holdes Fest, wenn die Versöhnungszeit der Welt die Sorgen alle löst, und Unschuld zaubert in ein schuldig Herz, wenn von der Sonne warmem Strahle berauscht, der Sklave seine Ketten froh vergißt und von der gottbeseelten Luft besänftigt, die Menschenfeinde friedlich, wie die

Kinder, sind – wenn selbst die Raupe sich beflügelt und die Biene schwärmt, so bleibt der Deutsche doch in seinem Fach und kümmert sich nicht viel ums Wetter!

. . .

Es ist auch herzzerreißend, wenn man eure Dichter, eure Künstler sieht, und alle, die den Genius noch achten, die das Schöne lieben und es pflegen. Die Guten! Sie leben in der Welt, wie Fremdlinge im eigenen Hause, sie sind so recht, wie der Dulder Ulyß, da er in Bettlergestalt an seiner Türe saß, indes die unverschämten Freier im Saale lärmten und fragten, wer hat uns den Landläufer gebracht? Voll Lieb und Geist und Hoffnung wachsen seine Musenjünglinge dem deutschen Volk heran; du siehst sie sieben Jahre später, und sie wandeln, wie die Schatten, still und kalt, sind, wie ein Boden, den der Feind mit Salz besäete, daß er nimmer einen Grashalm treibt; und wenn sie sprechen, wehe dem! der sie versteht, der in der stürmenden Titanenkraft, wie in ihren Proteuskünsten den Verzweiflungskampf nur sieht, den ihr gestörter schöner Geist mit den Barbaren kämpft, mit denen er zu tun hat.

. . .

. . . O Bellarmin! wo ein Volk das Schöne liebt, wo es den Genius in seinen Künstlern ehrt, da weht, wie Lebensluft, ein allgemeiner Geist, da öffnet sich der scheue Sinn, der Eigendünkel schmilzt, und fromm und groß sind alle Herzen und Helden gebiert die Begeisterung. Die Heimat aller Menschen ist bei solchem Volk und gerne mag der Fremde sich verweilen. Wo aber so beleidigt wird die göttliche Natur und ihre Künstler, ach! da ist des Lebens beste Lust hinweg, und jeder andre Stern ist besser, denn die Erde. Wüster immer, öder werden da die Menschen, die doch alle schöngeboren sind.

(S. 189-193)

Solch glühenden Eifer kann nur einer zeigen, der mit ganzer Seele an seinem Vaterland hängt, liebend und verzweifelt, daß diese Liebe so wenig gewürdigt wird. In seinen Hymnen an den Rhein, an ›Heidelberg‹, an ›Germanien‹ usw. hat Hölderlin seiner tiefen Bindung an Deutschland Ausdruck gegeben, das verlassen zu müssen, ihn »bittre Tränen gekostet« habe: »Denn was hab ich Liebers auf der Welt? Aber sie können mich nicht brauchen. Deutsch will und muß ich übrigens bleiben, und wenn mich die Herzens- und Nahrungsnot nach Otaheiti triebe . . .«, schrieb er an den Freund Casimir Ulrich Böhlendorff am 4. 12. 1801, unmittelbar vor seinem Aufbruch nach Bordeaux (vgl. oben S. 83 ff.). Daß überhaupt die obige Scheltrede nicht gleichgesetzt werden darf mit Hölderlins Einstellung zu seinem Vaterland, zeigen seine Briefe, in denen er sehr widersprüchliche Äußerungen machte, wie es gerade seinem Seelenzustand entsprach. Zum Beispiel läßt er sich in einem Brief an Johann Gottfried Ebel (vom 10. 1. 1797) enthusiastisch über das deutsche Volk aus, das im Prozeß der geistig-seelischen, aber auch politisch-moralischen Erneuerung der Menschen eine entscheidende Rolle spielen könnte.

Obwohl Hölderlin seinen Roman nach Griechenland verlegt hat, spiegelt ›Hyperion‹ das Bewußtsein der engagierten jüngeren Generation in Deutschland, die, von den Idealen der Französischen Revolution getragen, sich mit ihren blutigen Realitäten auseinandersetzen mußte. Indem er den griechischen Schauplatz wählte, auf dem sich aus den Befreiungskriegen gegen die Türken der neue griechische Staat konstituierte, konnte Hölderlin seine Ideen von politischer und gesellschaftlicher Freiheit offener formulieren.

Auch seine Auseinandersetzung mit Schiller und, vor allem, der Philosophie Fichtes ist in den Roman eingegangen, den er während seiner Hofmeisterzeit im Hause v. Kalb in Waltershausen begonnen hatte. Fichtes Theorien hatten Hölderlin so fasziniert und gleichzeitig sich selbst entfremdet, daß er Jena fluchtartig verließ. In Frankfurt, seiner nächsten Lebensstation, entwickelte er seine eigene, eher auf Spinoza und Platon zurückgreifende Philosophie, so daß er die Konzeption des Romans neu entwarf. Als weiteres entscheidendes Erlebnis beeinflußte Hölderlins Begegnung mit Susette Gontard, der Frau seines Frankfurter Brotherrn, die Neubearbeitung.

Zu Beginn des Briefromans ist Hyperion von seiner Reise nach Deutschland zurückgekehrt, das ihm noch unwirtlicher und barbarischer erschien als sein eigenes griechisches Vaterland. Verzweifelt bis zum äußersten, beginnt Hyperion seine Briefe an den deutschen Freund Bellarmin; allein in der Schönheit der Natur glaubt er, Trost zu finden.

HYPERION AN BELLARMIN

Ich habe nichts, wovon ich sagen möchte, es sei mein eigen.

Fern und tot sind meine Geliebten, und ich vernehme durch keine Stimme von ihnen nichts mehr.

Mein Geschäft auf Erden ist aus. Ich bin voll Willens an die Arbeit gegangen, habe geblutet darüber, und die Welt um keinen Pfenning reicher gemacht.

Ruhmlos und einsam kehr ich zurück und wandre durch mein Vaterland, das, wie ein Totengarten, weit umher liegt, und mich erwartet vielleicht das Messer des Jägers, der uns Griechen, wie das Wild des Waldes, sich zur Lust hält.

Aber du scheinst noch, Sonne des Himmels! Du grünst noch, heilige Erde! Noch rauschen die Ströme ins Meer, und schattige Bäume säuseln im Mittag. Der Wonnegesang des Frühlings singt meine sterblichen Gedanken in Schlaf. Die Fülle der allebendigen Welt ernährt und sättiget mit Trunkenheit mein darbend Wesen.

O selige Natur! Ich weiß nicht, wie mir geschiehet, wenn ich mein Auge erhebe vor deiner Schöne, aber alle Lust des Himmels ist in den Tränen, die ich weine vor dir, der Geliebte vor der Geliebten.

Mein ganzes Wesen verstummt und lauscht, wenn die zarte Welle der Luft mir um die Brust spielt. Verloren ins weite Blau, blick ich oft hinauf an den Aether und hinein ins heilige Meer, und mir ist, als öffnet' ein verwandter

Geist mir die Arme, als löste der Schmerz der Einsamkeit sich auf ins Leben der Gottheit.

Eines zu sein mit Allem, das ist Leben der Gottheit, das ist der Himmel des Menschen.

Eines zu sein mit Allem, was lebt, in seliger Selbstvergessenheit wiederzukehren ins All der Natur, das ist der Gipfel der Gedanken und Freuden, das ist die heilige Bergeshöhe, der Ort der ewigen Ruhe, wo der Mittag seine Schwüle und der Donner seine Stimme verliert und das kochende Meer der Woge des Kornfelds gleicht.

Eines zu sein mit Allem, was lebt! Mit diesem Worte legt die Tugend den zürnenden Harnisch, der Geist des Menschen den Zepter weg, und alle Gedanken schwinden vor dem Bilde der ewigeinigen Welt, wie die Regeln des ringenden Künstlers vor seiner Urania, und das eherne Schicksal entsagt der Herrschaft, und aus dem Bunde der Wesen schwindet der Tod, und Unzertrennlichkeit und ewige Jugend beseliget, verschönert die Welt.

Auf dieser Höhe steh ich oft, mein Bellarmin! Aber ein Moment des Besinnens wirft mich herab. Ich denke nach und finde mich, wie ich zuvor war, allein, mit allen Schmerzen der Sterblichkeit, und meines Herzens Asyl, die ewigeinige Welt, ist hin; die Natur verschließt die Arme, und ich stehe, wie ein Fremdling, vor ihr, und verstehe sie nicht.

Ach! wär ich nie in eure Schulen gegangen. Die Wissenschaft, der ich in den Schacht hinunter folgte, von der ich, jugendlich töricht, die Bestätigung meiner reinen Freude erwartete, die hat mir alles verdorben.

Ich bin bei euch so recht vernünftig geworden, habe gründlich mich unterscheiden gelernt von dem, was mich umgibt, bin nun vereinzelt in der schönen Welt, bin so ausgeworfen aus dem Garten der Natur, wo ich wuchs und blühte, und vertrockne an der Mittagssonne.

O ein Gott ist der Mensch, wenn er träumt, ein Bettler, wenn er nachdenkt, und wenn die Begeisterung hin ist, steht er da, wie ein mißratener Sohn, den der Vater aus dem Hause stieß, und betrachtet die ärmlichen Pfennige, die ihm das Mitleid auf den Weg gab.

(S. 12–14)

›Hyperion‹ ist keine einfache Lektüre, keine unterhaltende, der Roman erfordert im Gegenteil ein sehr aufmerksames Lesen und Mitdenken. Der hohe idealische Ton bzw. seine Brechung ins Elegische kann nicht ohne eine gewisse Einstimmung in die Ideenwelt des Autors mitgehalten werden. Formal knüpft ›Hyperion‹ an die Briefromane Richardsons, an Rousseaus ›Nouvelle Héloise‹ oder Goethes ›Werther‹ an. Während dort aber auf die spontane Äußerung und Unmittelbarkeit vor allem der Empfindungen Wert gelegt wurde, um innige Anteilnahme, ja Identifikation mit dem Helden zu erreichen, verzichtete Hölderlin bewußt auf die lebendig-frische Wiedergabe des Geschehens. Hyperion schreibt seine Briefe aus großem zeitlichen Abstand, d.h. er gibt seine Erinnerungen gefiltert wieder, korrigiert durch das reifere Bewußtsein des älter Gewordenen, der seine Erlebnisse stets auf das eigentliche Ziel hin reflektiert: zu dauerhaftem inneren Frieden zu finden. Diesen Prozeß dem Leser bewußt und ihn dadurch für das ideale Schöne empfänglich zu machen, ist das eigentliche Anliegen des Schreibens – das macht den Roman, trotz aller scheinbaren Leichtigkeit der Sprache, so gewichtig.

Hölderlins ›Hyperion‹ gilt als einer der lyrischsten Romane der deutschen Literatur, vollendete Harmonie in Klang und Rhythmus ist seine Sprache, weit entfernt vom prosaisch-nüchternen Alltagsdeutsch; den Auftrag des Idealismus zur ästhetischen Erziehung, die nur durch eine Revolutionierung der Dichtkunst zu erreichen sei, will Hölderlin verwirklichen. Die Schönheit der Sprache ist bereits Mittel zum Zweck. Durch Inversionen (». . . und ich vernehme durch keine Stimme von ihnen nichts mehr«), Parallelismen (»Aber du scheinst noch . . .! Du grünst noch . . .«), ungewöhnliche oder neugebildete Wörter (»ewigeinige Welt«) usf. hebt Hölderlin den Roman in erhabenere Sphären.

Zu Beginn des Romans ist Hyperion noch auf der untersten Stufe seiner Bewußt-Werdung, ein »Kind des Augenblicks«, das seinen Gefühlen und Impulsen unmittelbar unterworfen ist. Um den »Schmerz der Einsamkeit« nach dem Verlust seiner Lieben zu überwinden, will er sich in ekstatischer Begeisterung in die Allnatur verströmen. »Eins zu sein mit Allem« – gleich dreimal wiederholt der Erzählende diese pantheistische Formel, um seinem jugendlichen Sehnen nach Geborgenheit, nach Aufhebung der Trennung von der Natur, fühlbaren Ausdruck zu verleihen. Auch im ›Werther‹ war diese Verschmelzungssehnsucht aus einem unendlichen Gefühl heraus thematisiert und ähnlich formuliert; auch Werther empfand sich nach solchen rauschhaften Augenblicken nur um so schmerzlicher auf sich zurückgeworfen. Im Gegensatz zum Sturm und Drang will sich Hölderlin aber nicht darin genügen, die Freuden und Leiden eines ganz aus seinen Empfindungen lebenden Menschen darzustellen, sondern eine positive Lösung anbieten. Er läßt den Helden erkennen und aussprechen, was ihn der Natur entfremdet hat, und zeigt im Verlauf des Romans, wie der moderne Mensch wieder zu einer Einheit mit ihr gelangen kann.

Das Besinnen, das vernünftige Unterscheiden, das ihn die Wissenschaft lehrte, habe ihn von der Allnatur getrennt, begreift Hyperion und korrigiert gleich seine »jugendlich törichte« Vorstellung, die ihn in der Wissenschaft die »Bestätigung seiner reinen Freude« suchen ließ. Beinahe trotzend wirft er der Wissenschaft ihre Existenz vor, macht sie verantwortlich für seine Abstürze aus seligen Gipfeln ins Nichts; noch glaubt er, durch Ignorieren des Bewußtseins – in »seliger Selbstvergessenheit« – die Einheit mit der Natur wiedererlangen zu können. Aber die Mündigkeit des Menschen, zu der auch die Wissenschaften gehören, läßt sich nicht rückgängig machen. Hyperion findet erst dann sein inneres Gleichgewicht, als er erkannt hat, daß zum Streben nach dem Göttlichen auch das wiederholte Scheitern gehört, daß das schmerzliche Erleben des Getrennt-Seins *und* die Sehnsucht nach Vereinigung das Schicksal des Menschen sind.

Zwischen den extremen Haltungen – der rauschhaften Ekstase und der kalten Vernunft – wird Hyperion zu jenem besonnenen Gefühl finden, wie er es in der hymnischen Anrufung der Natur in seinem letzten Brief beweist. Auf dem Weg dorthin muß es toben und ringen und gären in ihm – nach Hölderlin alles positive Zeichen, daß etwas Neues entstehen will. Hyperions Geliebte Diotima sagt später: »du wärst der denkende Mensch nicht, wärst du nicht der leidende, der gärende Mensch gewesen. Glaube mir, du hättest nie das Gleichgewicht der schönen Menschheit so rein erkannt, hättest du es nicht so sehr verloren gehabt.« (S. 111)

Dankbar, daß Bellarmin ihn darum gebeten, ruft sich Hyperion in den folgenden Briefen seine glückliche Kindheit und Jugend in Erinnerung; wie in einen »erquickenden Schlaf« möchte er sich manchmal in dieses Glück zurückversetzen. Noch ganz in sich ruhend, »noch mit sich selber nicht zerfallen«, nennt Hyperion das Kind schwärmerisch ein »göttlich Wesen«, ja unsterblich, da es vom Tode nichts weiß. Auch die Jugend mit ihren herrlichen Entwürfen und Träumen, dem unbändigen Gefühl der Kraft beschwört Hyperion allzu gern wieder herauf, ist sich aber gleichzeitig bewußt, daß er mit dem Eintauchen in die schöne Vergangenheit sich nur kurz entfliehen kann.

Wie in einem ständigen Wechselbad zwischen Affekten und Vernunft findet sich der Leser dieser Briefe. Hölderlin will ja sowohl den erlebenden Hyperion in seinem hohen Streben nach Ruhm und Größe, in seiner Begeisterungs- und Leidensfähigkeit nachempfindbar machen als auch den über diese Lebensabschnitte reflektierenden Helden in seiner wachsenden Erkenntnis zeigen. Daher überlagern sich die Zeit- und Bewußtseinsebenen. Mitten in der Schilderung begeisterter Entdeckungsfahrten Hyperions mit seinem Lehrer Adamas nach dem Berg Athos, an den Peloponnes, auf die Höhen von Delos, in deren Hainen und Tempeln sie die himmlische Festzeit vergangener heroischer Tage nachfühlten, heißt es plötzlich:

Aber was sprech ich davon? Als hätten wir noch eine Ahnung jener Tage! Ach! es kann ja nicht einmal ein schöner Traum gedeihen unter dem Fluche, der über uns lastet. Wie ein heulender Nordwind, fährt die Gegenwart über die Blüten unsers Geistes und versengt sie im Entstehen.

Und dann geht es, weder durch einen Absatz oder durch eine Pause markiert, in der vorherigen schwelgenden Erinnerung weiter:

Und doch war es ein goldner Tag, der auf dem Cynthus mich umfing! Es dämmerte noch, da wir schon oben waren. Jetzt kam er herauf in seiner ewigen Jugend, der alte Sonnengott, zufrieden und mühelos, wie immer, flog der unsterbliche Titan mit seinen tausend eignen Freuden herauf, und lächelt' herab auf sein verödet Land, auf seine Tempel, seine Säulen, die das Schicksal vor ihn hingeworfen hatte, wie die dürren Rosenblätter, die im Vorübergehen ein Kind gedankenlos vom Strauche riß, und auf die Erde säete.

Sei, wie dieser! rief mir Adamas zu, ergriff mich bei der Hand und hielt sie dem Gott entgegen, und mir war, als trügen uns die Morgenwinde mit sich fort, und brächten uns ins Geleite des heiligen Wesens, das nun hinaufstieg auf den Gipfel des Himmels, freundlich und groß, und wunderbar mit seiner Kraft und seinem Geist die Welt und uns erfüllte.

Noch trauert und frohlockt mein Innerstes über jedes Wort, das mir damals Adamas sagte, und ich begreife meine Bedürftigkeit nicht, wenn oft mir wird, wie damals ihm sein mußte. Was ist Verlust, wenn so der Mensch in seiner eignen Welt sich findet? In uns ist alles. Was kümmerts dann den Menschen, wenn ein Haar von seinem Haupte fällt? Was ringt er so nach Knechtschaft, da er ein Gott sein könnte! Du wirst einsam sein, mein Liebling! sagte mir damals Adamas auch, du wirst sein wie der Kranich, den seine Brüder zurückließen in rauher Jahrszeit, indes sie den Frühling suchen im fernen Lande.

(S. 21 f.)

Im letzten Absatz der zitierten Passage mischen sich wieder rein erzählende Momente und Kommentierung des reifer gewordenen Hyperion, der den Verlust des geliebten Freundes Adamas schon zu ertragen gelernt hat, in der Erinnerung an ihn gleichzeitig »trauern und frohlocken« kann und seine Bedürftigkeit nicht mehr begreift, da doch der Mensch seine Welt in sich suchen und finden kann.

Zum Abschied hat Adamas Hyperion nachgerade rituell in das Erwachsenenleben eingeführt, ihm seine Bestimmung gewiesen, wie der Sonnengott, dessen Beinamen er trägt, die Menschen zu erwärmen, Freude in das verödete Land zu bringen – das heißt, wie später deutlich wird, als Erzieher segensreich zu wirken. Auch die mit diesem Amt verbundene Einsamkeit hat er prophetisch seinem Schüler vorausgesagt.

Nach der Trennung von seinem Lehrer verläßt Hyperion seine Heimatstadt, er geht nach Smyrna, um all jene Kenntnisse zu erwerben, wie sie ein Polites, der Bürger eines der antiken griechischen Stadtstaaten, beherrschen mußte: Kriegs- und Seewesen, Verfassungsrecht, Sitten und Gebräuche, auch die Sprachen zivilisierter Völker. Aber die bürgerliche Welt ist Hyperion bald verleidet, findet er doch nur hohles Spießertum und keinen unter den Bürgern, der seine Begeisterung, seine großen Ideen einer neuen Welt teilen könnte. Zwischen hochfliegenden Hoffnungen und Verfinsterung über »die Unheilbarkeit des Jahrhunderts« hin- und hergeworfen, trifft Hyperion auf Alabanda, mit dem er sich herzlich anfreundet:

... Wir begegneten einander, wie zwei Bäche, die vom Berge rollen, und die Last von Erde und Stein und faulem Holz und das ganze träge Chaos, das sie aufhält, von sich schleudern, um den Weg sich zu einander zu bahnen, und durchzubrechen bis dahin, wo sie nun ergreifend und ergriffen mit gleicher Kraft, vereint in Einen majestätischen Strom, die Wanderung ins weite Meer beginnen.
Er, vom Schicksal und der Barbarei der Menschen heraus, vom eignen Hause unter Fremden hin und her gejagt, von früher Jugend an erbittert und verwildert, und doch auch das innere Herz voll Liebe, voll Verlangens, aus der rauhen Hülse durchzudringen in ein freundlich Element; ich, von allem schon so innigst abgeschieden, so mit ganzer Seele fremd und einsam unter den Menschen, so lächerlich begleitet von dem Schellenklange der Welt in meines Herzens liebsten Melodien; ich, die Antipathie aller Blinden und Lahmen, und doch mir selbst zu blind und lahm, doch mir selbst so herzlich überlästig in allem, was von ferne verwandt war mit den Klugen und Vernünftlern, den Barbaren und den Witzlingen – und so voll Hoffnung, so voll einziger Erwartung eines schönern Lebens –

(S. 35)

In der Figur des tatendurstigen Alabanda hat Hölderlin den starken Eindruck, den der Philosoph Fichte auf ihn ausgeübt hatte, verarbeitet. Schon in der oben geschilderten Begegnung der beiden Jünglinge wird die kraftvolle Dynamik, die Fichtes Philosophie für die damalige intellektuelle Jugend ausstrahlte, ein Stück veranschaulicht. Auch die aggressive Komponente seiner Lehren nimmt das Bild der rollenden Bäche auf, die »die Last von Erde und Stein und faulem Holz und das ganze träge Chaos ... von sich schleudern«. Als drückende Last empfanden viele der glühenden Anhänger Fichtes die Situation in Deutschland: die Zersplitterung in Einzelstaaten, die eine Bündelung der demokratischen oder gar revolutionären Kräfte unmöglich machte; die allmächtige Obrigkeit im aufgeklärten Absolutismus, die den Bürger beinahe totalitär gängelte. Da mußte Fichtes philosophische Anfeuerung zur Tat revolutionierend wirken: »Handeln, handeln – das ist es, wozu wir da sind«, war eine Quintessenz seiner frühen Lehren, was seine Anhänger, immer noch im Bann der Französischen Revolution, als befreienden Impuls aufnahmen.
Hölderlin fühlte sich von Fichtes kühnen Spekulationen durchaus angezogen, aber auch beengt. Er tat sich schwer mit der strengen philosophischen Disziplin, die seinem eher schwärmerischen, offenen, vermittelnden Wesen entgegenstand. Man kann sich vorstellen, daß er Fichtes Argumentationsschärfe, auch seiner suggestiven Rednergabe nicht gewachsen war; jedenfalls mag man den folgenden

Absatz aus dem ›Hyperion‹ durchaus auch auf Hölderlins Beziehung zu Fichte übertragen:

> Du kannst niemand überzeugen, sagt ich jetzt mit inniger Liebe, du überredest, du bestichst die Menschen, ehe du anfängst; man kann nicht zweifeln, wenn du sprichst, und wer nicht zweifelt, wird nicht überzeugt.
>
> (S. 40)

Als »rauh und anstößig und unverträglich« bezeichnet sich Alabanda selbst, »von früher Jugend an erbittert und verwildert« schildert Hyperion den Freund: Das waren durchaus Züge, die auf den als etwas proletarisch verschrieenen Fichte paßten; aber auch der Kämpfer für die Menschheit war eins der Attribute des Jenaer Philosophen.

In Alabanda findet Hyperion den Freund, der seine hohen Ideale von Freiheit, stolzer Menschenwürde teilt, der in der Verachtung seines »knechtisch« gewordenen Volks noch radikaler und in seiner heroischen Begeisterung noch feuriger ist; zusammen entwerfen sie in kühnen Träumen die Befreiung des Vaterlands, um den edlen Geist der Antike wieder zu erwecken. Die beiden ergänzen und steigern sich zu einer gefährlichen Höhe des Gefühls, die sie berauscht, von der aber bereits ein einziges falsches Wort den Gefährten in die Tiefe stürzen kann.

In ihrer Begeisterung, das Vaterland zu retten, stimmen der Schwärmer Hyperion und der kämpferische Alabanda durchaus überein, aber in den Vorstellungen, wie dies zu realisieren sei, auch zu welchen Zielen eine politische Aktion führen sollte, zeigen sich bereits wichtige Gegensätze.

> [Alabanda] . . . Was? vom Wurme soll der Gott abhängen? Der Gott in uns, dem die Unendlichkeit zur Bahn sich öffnet, soll stehn und harren, bis der Wurm ihm aus dem Wege geht? Nein! nein! Man frägt nicht, ob ihr wollt! Ihr wollt ja nie, ihr Knechte und Barbaren! Euch will man auch nicht bessern, denn es ist umsonst! man will nur dafür sorgen, daß ihr dem Siegeslauf der Menschheit aus dem Wege geht. O! zünde mir einer die Fackel an, daß ich das Unkraut von der Heide brenne! die Mine bereite mir einer, daß ich die trägen Klötze aus der Erde sprenge!
>
> [Worauf Hyperion einwirft:] Wo möglich, lehnt man sanft sie auf die Seite.
>
> (S. 38)

Das könnte wiederum eine Antwort Hölderlins gewesen sein, der eigentlich unfähig war zur aggressiven Tat. Gleichzeitig fühlte er sich, wie seine Briefe zeigen, von solch männlich-kühner Tatkraft angezogen und litt unter seiner »wächsernen Weichheit«, die er als das Resultat seiner von Mutter und Großmutter dominierten Erziehung ansah und gegen die er sich beispielsweise immer wieder besondere körperliche Strapazen auf seinen Reisen abverlangte. Sein

Leiden am eigenen Unvermögen, so scheint es, hat Hölderlin an anderer Stelle Hyperion aussprechen lassen:

Oh Gott! und daß ich selbst nichts bin, und der gemeinste Handarbeiter sagen kann, er habe mehr getan, denn ich! daß sie sich trösten dürfen, die Geistesarmen, und lächeln und Träumer mich schelten, weil meine Taten mir nicht reiften ...

(S. 187)

Hyperion läßt sich zunächst hinreißen von Alabandas kühnem Geist, seinem kämpferischen Willen; aber die seligste Übereinstimmung hält nicht lange. Hyperion, »so federleicht« er sich gegen den Machtmenschen Alabanda fühlt, beginnt sich zu widersetzen.

... Du räumst dem Staate denn doch zu viel Gewalt ein. Er darf nicht fordern, was er nicht erzwingen kann. Was aber die Liebe gibt und der Geist, das läßt sich nicht erzwingen. Das laß er unangetastet, oder man nehme sein Gesetz und schlag es an den Pranger! Beim Himmel! der weiß nicht, was er sündigt, der den Staat zur Sittenschule machen will. Immerhin hat das den Staat zur Hölle gemacht, daß ihn der Mensch zu seinem Himmel machen wollte.

Die rauhe Hülse um den Kern des Lebens und nichts weiter ist der Staat. Er ist die Mauer um den Garten menschlicher Früchte und Blumen.

Aber was hilft die Mauer um den Garten, wo der Boden dürre liegt? Da hilft der Regen vom Himmel allein. O Regen vom Himmel! o Begeisterung! Du wirst den Frühling der Völker uns wiederbringen. Dich kann der Staat nicht hergebieten. Aber er störe dich nicht, so wirst du kommen, kommen wirst du, mit deinen allmächtigen Wonnen, in goldne Wolken wirst du uns hüllen und empor uns tragen über die Sterblichkeit, und wir werden staunen und fragen, ob wir es noch seien, wir, die Dürftigen, die wir die Sterne fragten, ob dort uns ein Frühling blühe – frägst du mich, wann dies sein wird? Dann, wann die Lieblingin der Zeit, die jüngste, schönste Tochter der Zeit, die neue Kirche, hervorgehn wird aus diesen befleckten veralteten Formen, wann das erwachte Gefühl des Göttlichen dem Menschen seine Gottheit, und seiner Brust die schöne Jugend wiederbringen wird, wann – ich kann sie nicht verkünden, denn ich ahne sie kaum, aber sie kömmt gewiß, gewiß. Der Tod ist ein Bote des Lebens, und daß wir jetzt schlafen in unsern Krankenhäusern, dies zeugt vom nahen gesunden Erwachen. Dann, dann erst sind wir, dann ist das Element der Geister gefunden!

(S. 41f.)

Hyperion, der hier Hölderlins Meinung vertritt, ist für eine von innen erneuerte Gesellschaft, die kaum fester Gesetze bedarf, weil sie, von neuem Geist getragen, sich nur in einem Raum der Freiheit entwickeln könne.

Die Idee einer »neuen Kirche«, die Hyperion seherisch-sicher verkündet mit Lessings Worten: »sie kömmt gewiß, gewiß« (›Erziehung des Menschengeschlechts‹), hatte Hölderlin zusammen mit Hegel und Schelling, seinen Freunden aus der Tübinger Stiftszeit, in dem Fragment ›Das älteste Systemprogramm des deutschen Idealismus‹ (1797) entworfen. Damit war auf die alles verbindende, alles vermögende ästhetische Kraft, auf den lebendigen Glauben an das Schöne verwiesen, der das Menschengeschlecht erneuern sollte zu seiner göttlichen Würde, und nicht an eine neue Kirchenreligion gedacht.

Die drei Tübinger Stiftsstudenten hatten sich Anfang der neunziger Jahre zu einem Freundschaftsbund zusammengeschlossen, dessen Losungen »Hen kai pan« (Eins und Alles), »Reich Gottes« oder auch »unsichtbare Kirche« lauteten. Ein neues Morgenrot der Menschheit kündigte sich ihnen – wie nahezu der gesamten Elite der deutschen Bildungsschicht – mit der Französischen Revolution an, die ihnen nur Zeichen eines allgemeinen Aufbruchs schien. Mit den zerschlagenen Hoffnungen nach den Septembermorden von 1792 nahm die »poetische Beschwörung dieser Hoffnungen« nur immer glühendere Farben an.

Die Gemeinschaft Gleichgesinnter, aus der die »neue Kirche« hervorgehen würde, mußte sich frei zusammenfinden, der Staat sollte nur die schützende »Mauer um den Garten menschlicher Früchte und Blumen« sein, hieß es oben im ›Hyperion‹. Weniger poetisch steht es in dem ›Systemprogramm‹:

Die Idee der Menschheit voran – will ich zeigen, daß es keine Idee vom *Staat* gibt, weil der Staat etwas *Mechanisches* ist, sowenig als es eine Idee von einer *Maschine* gibt. Nur was Gegenstand der *Freiheit* ist, heißt *Idee*. Wir müssen also auch über den Staat hinaus! – Denn jeder Staat muß freie Menschen als mechanisches Räderwerk behandeln; und das soll er nicht; also soll er *aufhören*.

. . .

Dann herrscht ewige Einheit unter uns. Nimmer der verachtende Blick, nimmer das blinde Zittern des Volks vor seinen Weisen und Priestern. Dann erst erwartet uns *gleiche* Ausbildung *aller* Kräfte, des einzelnen sowohl als aller Individuen. Keine Kraft wird mehr unterdrückt werden, dann herrscht allgemeine Freiheit und Gleichheit der Geister!

Im ›Hyperion‹ knüpft Hölderlin an diese Gedanken an. Wenn keine Staatsgewalt den beflügelnden Genius der Begeisterung aufhielte, würde der »Frühling der Völker« wiederkehren, der den Menschen die ewige Einheit bringt. Die Deformationen der Gegenwart, zu denen auch die unter Robespierre »verratene« Französische Revolution zählte, waren nur Vorboten der neuen schöneren Zeit, zeugten nur »vom nahen gesunden Erwachen« – so weit gingen die kühnen Spekulationen des deutschen Idealismus.

In seiner selbstherrlichen, ja gewaltsamen Art ist Alabanda im Begriffe, das Schöne aus dem Auge zu verlieren und die Liebe zur Menschheit zu verleugnen, die doch der eigentliche Antrieb ist, die

Welt zu verändern. Das zeigt der »Bund der Nemesis«, eine Gruppe wilder Männer, die Alabanda Hyperion als seine Freunde vorstellt. Ein paar wenige Bemerkungen dieser Gesellen genügen Hyperion, sich von ihnen abzuwenden; lieber will er sein ruhiges unschuldiges »Bienen«-Dasein fortführen als mit solchen gemeinsame Sache machen.

Ihr denkt auch so? fragt ich.
Frage, was wir tun! war die Antwort.
Und wenn ich fragte?
    So würden wir dir sagen, daß wir da sind, aufzuräumen auf Erden, daß wir die Steine vom Acker lesen, und die harten Erdenklöße mit dem Karst zerschlagen, und Furchen graben mit dem Pflug, und das Unkraut an der Wurzel fassen, an der Wurzel es durchschneiden, samt der Wurzel es ausreißen, daß es verdorre im Sonnenbrande.
    Nicht, daß wir ernten möchten, fiel ein andrer ein; uns kömmt der Lohn zu spät; uns reift die Ernte nicht mehr.
    ... Wir sind emporgewachsen über die Mitte des Lebens, wo es grünt und warm ist. Aber es ist nicht das Schlimmste, was die Jugend überlebt. Aus heißem Metalle wird das kalte Schwert geschmiedet. Auch sagt man, auf verbrannten abgestorbenen Vulkanen gedeihe kein schlechter Most.

(S. 44f.)

Wenn die Tat sich losreißt von ihrem Ziel und zum Selbstzweck wird, wenn nur noch um des Handelns willen gerodet, gekämpft und getötet wird, hat sich die von Fichte ausgegebene Losung zur Chimäre verkehrt. Die schmerzlich erfahrene Pervertierung der hohen Ideale von Freiheit, Gleichheit und Brüderlichkeit während der jakobinischen Schreckensherrschaft hat Hölderlin in dem »Bund der Nemesis« dargestellt. Hyperion ist entsetzt, daß sich Alabanda mit solchen Betrügern zusammentat; als ihn der Freund auch noch als »Schwärmer« verspottet, trennt er sich von ihm.
    Wieder hat Hyperion einen für ihn wichtigen Menschen verloren. Zeiten der »langen kranken Trauer« folgen auf den Himmelsflug »unendlicher Hoffnungen«. Die Flamme der Begeisterung ist ihm erloschen, wie abgestorben lebt er vor sich hin, sein Glaube an eine Verschönerung der Welt ist tot. Hyperion läßt das Leid über sich ergehen. Das ist der Preis des empfindsamen schwärmenden »stolzen Sonderlings«: daß er vom Gipfel der Ekstase in den Abgrund des Nichts stürzt – das ist seine »exzentrische Bahn«. Erst mit der Zeit lernt er, sich vom jähen Wechsel der Gefühle frei zu machen und ruhig zu werden durch den Geist des Erkennens. Später kann er das tiefe Sinken ins Leid als notwendige Ergänzung zur Freude wie den Tod als zugehörig zum Leben begreifen und damit ein Stück weiter zu seiner Mitte finden. »Neide die Leidensfreien nicht, die Götzen von Holz, denen nichts mangelt, weil ihre Seele so arm ist, die nichts

fragen nach Regen und Sonnenschein, weil sie nichts haben, was der Pflege bedürfte« – so kann er später schreiben.

Lange lähmt der Abschiedsschmerz Hyperion, und nur zögernd, mit dem aufkommenden Frühling, erwacht er wieder aus seiner Erstarrtheit. Die Trennung von Alabanda scheint endgültig, denn auf seine Briefe erhält Hyperion keine Antwort. Auf der Insel Salamis findet er endlich neue Hoffnung auf ein sinnerfülltes Dasein. Wieder offen für alles Schöne, kann sich Hyperion nun hineinziehen lassen in ätherblaue Seligkeit, Landschaft und Leben verwandeln sich in Poesie.

Da es innerhalb des deutschen Idealismus kaum je eine anschauliche Darstellung des ersehnten Elysiums, des neu zu gewinnenden Idealzustands der Menschen, gibt und es in der Regel bei abstrakt-philosophischen Ideen bleibt, soll der folgende lange Brief ungekürzt wiedergegeben werden:

HYPERION AN BELLARMIN

Mir ist lange nicht gewesen, wie jetzt.

Wie Jupiters Adler dem Gesange der Musen, lausch ich dem wunderbaren unendlichen Wohllaut in mir. Unangefochten an Sinn und Seele, stark und fröhlich, mit lächelndem Ernste, spiel ich im Geiste mit dem Schicksal und den drei Schwestern, den heiligen Parzen. Voll göttlicher Jugend frohlockt mein ganzes Wesen über sich selbst, über Alles. Wie der Sternenhimmel, bin ich still und bewegt.

Ich habe lange gewartet auf solche Festzeit, um dir einmal wieder zu schreiben. Nun bin ich stark genug; nun laß mich dir erzählen.

Mitten in meinen finstern Tagen lud ein Bekannter von Kalaurea herüber mich ein. Ich sollt in seine Gebirge kommen, schrieb er mir; man lebe hier freier als sonstwo, und auch da blüheten, mitten unter den Fichtenwäldern und reißenden Wassern, Limonienhaine und Palmen und liebliche Kräuter und Myrten und die heilige Rebe. Einen Garten hab er hoch am Gebirge gebaut und ein Haus; dem beschatteten dichte Bäume den Rücken, und kühlende Lüfte umspielten es leise in den brennenden Sommertagen; wie ein Vogel vom Gipfel der Ceder, blickte man in die Tiefen hinab, zu den Dörfern und grünen Hügeln, und zufriedenen Herden der Insel, die alle, wie Kinder, umherlägen um den herrlichen Berg und sich nährten von seinen schäumenden Bächen.

Das weckte mich denn doch ein wenig. Es war ein heiterer blauer Apriltag, an dem ich hinüberschiffte. Das Meer war ungewöhnlich schön und rein, und leicht die Luft, wie in höheren Regionen. Man ließ im schwebenden Schiffe die Erde hinter sich liegen, wie eine köstliche Speise, wenn der heilige Wein gereicht wird.

Dem Einflusse des Meers und der Luft widerstrebt der finstere Sinn umsonst. Ich gab mich hin, fragte nichts nach mir und andern, suchte nichts, sann auf nichts, ließ vom Boote mich halb in Schlummer wiegen, und bildete mir ein, ich liege in Charons Nachen. O es ist süß, so aus der Schale der Vergessenheit zu trinken.

Mein fröhlicher Schiffer hätte gerne mit mir gesprochen, aber ich war sehr einsilbig.

Er deutete mit dem Finger und wies mir rechts und links das blaue Eiland, aber ich sah nicht lange hin, und war im nächsten Augenblicke wieder in meinen eignen lieben Träumen.

Endlich, da er mir die stillen Gipfel in der Ferne wies und sagte, daß wir bald in Kalaurea wären, merkt ich mehr auf, und mein ganzes Wesen öffnete sich der wunderbaren Gewalt, die auf Einmal süß und still und unerklärlich mit mir spielte. Mit großem Auge, staunend und freudig sah ich hinaus in die Geheimnisse der Ferne, leicht zitterte mein Herz, und die Hand entwischte mir und faßte freundlichhastig meinen Schiffer an – so? rief ich, das ist Kalaurea? Und wie er mich drum ansah, wußt ich selbst nicht, was ich aus mir machen sollte. Ich grüßte meinen Freund mit wunderbarer Zärtlichkeit. Voll süßer Unruhe war all mein Wesen.

Den Nachmittag wollt ich gleich einen Teil der Insel durchstreifen. Die Wälder und geheimen Tale reizten mich unbeschreiblich, und der freundliche Tag lockte alles hinaus.

Es war so sichtbar, wie alles Lebendige mehr, denn tägliche Speise, begehrt, wie auch der Vogel sein Fest hat und das Tier.

Es war entzückend anzusehn! Wie, wenn die Mutter schmeichelnd frägt, wo um sie her ihr Liebstes sei, und alle Kinder in den Schoß ihr stürzen, und das Kleinste noch die Arme aus der Wiege streckt, so flog und sprang und strebte jedes Leben in die göttliche Luft hinaus, und Käfer und Schwalben und Tauben und Störche tummelten sich in frohlockender Verwirrung unter einander in den Tiefen und Höhn, und was die Erde festhielt, dem ward zum Fluge der Schritt, über die Gräben brauste das Roß und über die Zäune das Reh, und aus dem Meergrund kamen die Fische herauf und hüpften über die Fläche. Allen drang die mütterliche Luft ans Herz, und hob sie und zog sie zu sich.

Und die Menschen gingen aus ihren Türen heraus, und fühlten wunderbar das geistige Wehen, wie es leise die zarten Haare über der Stirne bewegte, wie es den Lichtstrahl kühlte, und lösten freundlich ihre Gewänder, um es aufzunehmen an ihre Brust, atmeten süßer, berührten zärtlicher das leichte klare schmeichelnde Meer, in dem sie lebten und webten.

O Schwester des Geistes, der feurigmächtig in uns waltet und lebt, heilige Luft! wie schön ists, daß du, wohin ich wandre, mich geleitest, Allgegenwärtige, Unsterbliche!

Mit den Kindern spielte das hohe Element am schönsten. Das summte friedlich vor sich hin, dem schlüpft' ein taktlos Liedchen aus den Lippen, dem ein Frohlocken aus offner Kehle; das streckte sich, das sprang in die Höhe; ein andres schlenderte vertieft umher.

Und all dies war die Sprache Eines Wohlseins, alles Eine Antwort auf die Liebkosungen der entzückenden Lüfte. Ich war voll unbeschreiblichen Sehnens und Friedens. Eine fremde Macht beherrschte mich. Freundlicher Geist, sagt ich bei mir selber, wohin rufest du mich? nach Elysium oder wohin?

Ich ging in einem Walde, am rieselnden Wasser hinauf, wo es über Felsen heruntertröpfelte, wo es harmlos über die Kieseln glitt, und mählich verengte sich und ward zum Bogengange das Tal, und einsam spielte das Mittagslicht im schweigenden Dunkel –

Hier – ich möchte sprechen können, mein Bellarmin! möchte gerne mit Ruhe dir schreiben!

Sprechen? o ich bin ein Laie in der Freude, ich will sprechen!

Wohnt doch die Stille im Lande der Seligen, und über den Sternen vergißt das Herz seine Not und seine Sprache.

Ich hab es heilig bewahrt! wie ein Palladium, hab ich es in mir getragen, das Göttliche, das mir erschien! und wenn hinfort mich das Schicksal ergreift und von einem Abgrund in den andern mich wirft, und alle Kräfte ertränkt in mir und alle Gedanken, so soll dies Einzige doch mich selber überleben in mir, und leuchten in mir und herrschen, in ewiger, unzerstörbarer Klarheit! –

So lagst du hingegossen, süßes Leben, so blicktest du auf, erhubst dich, standst nun da, in schlanker Fülle, göttlich ruhig, und das himmlische Gesicht noch voll des heitern Entzückens, worin ich dich störte!

O wer in die Stille dieses Auges gesehn, wem diese süßen Lippen sich aufgeschlossen, wovon mag der noch sprechen?

Friede der Schönheit! göttlicher Friede! wer einmal an dir das tobende Leben und den zweifelnden Geist besänftigt, wie kann dem anderes helfen?

Ich kann nicht sprechen von ihr, aber es gibt ja Stunden, wo das Beste und Schönste, wie in Wolken, erscheint, und der Himmel der Vollendung vor der ahnenden Liebe sich öffnet, da, Bellarmin! da denke ihres Wesens, da beuge die Knie mit mir, und denke meiner Seligkeit! aber vergiß nicht, daß ich hatte, was du ahnest, daß ich mit diesen Augen sah, was nur, wie in Wolken, dir erscheint.

Daß die Menschen manchmal sagen möchten: sie freuten sich! O glaubt, ihr habt von Freude noch nichts geahnet! Euch ist der Schatten ihres Schattens noch nicht erschienen! O geht, und sprecht vom blauen Aether nicht, ihr Blinden!

Daß man werden kann, wie die Kinder, daß noch die goldne Zeit der Unschuld wiederkehrt, die Zeit des Friedens und der Freiheit, daß doch Eine Freude ist, Eine Ruhestätte auf Erden!

Ist der Mensch nicht veraltert, verwelkt, ist er nicht, wie ein abgefallen Blatt, das seinen Stamm nicht wieder findet und nun umhergescheucht wird von den Winden, bis es der Sand begräbt?

Und dennoch kehrt sein Frühling wieder!

Weint nicht, wenn das Trefflichste verblüht! bald wird es sich verjüngen! Trauert nicht, wenn eures Herzens Melodie verstummt! bald findet eine Hand sich wieder, es zu stimmen!

Wie war denn ich? war ich nicht wie ein zerrissen Saitenspiel? Ein wenig tön ich noch, aber es waren Todestöne. Ich hatte mir ein düster Schwanenlied gesungen! Einen Sterbekranz hätt ich gern mir gewunden, aber ich hatte nur Winterblumen.

Und wo war sie denn nun, die Totenstille, die Nacht und Öde meines Lebens? die ganze dürftige Sterblichkeit?

Freilich ist das Leben arm und einsam. Wir wohnen hier unten, wie der Diamant im Schacht. Wir fragen umsonst, wie wir herabgekommen, um wieder den Weg hinauf zu finden.

Wir sind, wie Feuer, das im dürren Aste oder im Kiesel schläft; und ringen und suchen in jedem Moment das Ende der engen Gefangenschaft. Aber sie kommen, sie wägen Aeonen des Kampfes auf, die Augenblicke der Befreiung, wo das Göttliche den Kerker sprengt, wo die Flamme vom Holze sich löst und siegend emporwallt über der Asche, ha! wo uns ist, als kehrte der entfesselte Geist, vergessen der Leiden, der Knechtsgestalt, im Triumphe zurück in die Hallen der Sonne.

(S. 62–67)

Was Hölderlin hier umschreibt, ist das erträumte neue Menschheitsparadies. Daß er es als »real«, als von Hyperion erlebte Wirklichkeit wiedergibt, soll seiner Überzeugung Ausdruck verleihen, daß die Allharmonie im Jetzt und Hier möglich sei und nicht erst in einer unendlich fernen Zukunft, wie es Schillers Entwurf vorsah. »An das Göttliche glauben die allein, die es selber sind«, schrieb Hölderlin in seinem kleinen Gedicht ›Menschenbeifall‹. Sein ganzer ›Hyperion‹-Roman will diese Botschaft künden, insofern ist er auch ein religiöses Buch. Eine lebendige, begeisternde Religion wollte Hölderlin wieder haben, einen Glauben, den es täglich neu zu leben galt, der sich freilich von der allgemein praktizierten Frömmigkeit unterschied. Von seiner Kritik an dem toten Buchstabenglauben der Amtskirchen zeugen manche Briefe (»... Aber die Schriftgelehrten und Pharisäer unserer Zeit, die aus der heiligen lieben Bibel ein kaltes, geist- und herztötendes Geschwätz machen, die mag ich freilich nicht zu Zeugen meines innigen, lebendigen Glaubens haben«, schrieb er im Januar 1799 an seine Mutter.)

Die Sprache, in der Hölderlin sein »Glaubensbekenntnis« niederlegte, ist lebendig, bildhaft, ist zuweilen lyrischer Gesang. Auf das »Empfindungs- und Begehrungsvermögen« (›Salomon und Hesiod‹) wollte er wirken wie die Alten, daher mußte die Sprache schön und erhaben sein, daher versinnlichte, ja personifizierte er abstrakte Begriffe, schuf damit jene »Total-Vorstellung«, die allein das Empfindungs- und Begehrungsvermögen reizt, das mag heißen: die Wünsche des Lesers stimuliert, sich eine ebenso schöne Welt, wie sie der Dichter entwirft, zu schaffen.

Der gleiche Aufsatz über ›Salomon und Hesiod‹ gibt außerdem Aufschluß über die Bedeutung des Rhythmus, der auch Hölderlins Prosa dominiert, wie der ›Hyperion‹ zeigt. Da heißt es, daß die »Kürze des Ausdrucks mit dem Rhythmus in Streit« komme, denn »das Ohr will auch Harmonie der Sätze, es will Rhythmus, und dieser kann offenbar nicht in einem dreisilbigen isolierten Satze stattfinden, der Dichter muß ihm also einen in Rücksicht auf Nachdrücklichkeit und Wohlklang parallelen Satz anreihen«. Damit ist auf eine spezifische Eigenart des Hölderlinschen Stils hingedeutet: Er reiht mit Vorliebe parallele Sätze aneinander, so daß eine gesteigerte Intensität des Ausdruck erreicht wird. Auch innerhalb eines Satzes stehen die einzelnen Satzelemente nebeneinander; Hölderlin meidet ausdrücklich hypotaktische Konstruktionen, als wollte er seine republikanische Gesinnung, die keine Über- und Unterordnung litt, noch in seine Schreibart hineintragen.

Die ersten vier Sätze des oben zitierten Briefs folgen alle diesem parataktischen Prinzip, wie der Fachausdruck heißt. Ruhe wird dadurch vermittelt, eine sich sammelnde und steigernde Empfindung, keine Ekstase wie in dem Eingangsbrief. Die Vergleiche »Wie Jupiters Adler ...«, »wie der Sternenhimmel ...«, machen Hyperions Stimmung vorstellbar. Daß er mit den Parzen, den Schicksalsgöttinnen, »spielt«, heißt: er vergaß aller Leiden, stimmt, vollkommen ausgesöhnt und zufrieden, mit seinem jetzigen Lebensaugenblick überein.

Mit welchen Mitteln Hölderlin die Stimmung göttlichen Friedens allmählich aufbaut, wie bewußt er auf die emotionale Beteiligung des Lesers zielt, sei im folgenden wenigstens angedeutet: Schon das Paradox »wie der Sternenhimmel, bin ich *still und bewegt*« verweist auf das göttliche Prinzip, die Gegensätze auszugleichen; es wird im nächsten Abschnitt ganz systematisch fortgesetzt. Aus »finstern Tagen« wird Hyperion herausgeführt in die Idylle Kalaureas. Fichtenwälder, die wir uns nordisch-dunkel vorstellen, und reißende Wasser lassen doch auch lieblichen Limonenhainen, Palmen und Weingärten Raum; Schatten und kühlende Lüfte gleichen den brennenden Sommertag aus; vom Gipfel der Zeder blickt man in die Tiefe der Täler. Als Höhepunkt schließlich der harmonisch ausgeglichenen Landschaft wird die Gemeinschaft von Mensch, Tier und Natur imaginiert im Bild der um den Berg sich lagernden Dörfer, Hügel und Herden.

Die Aura eines überirdischen Friedens, den Hyperion auf der Insel Kalaurea antrifft, wird auf der Überfahrt schon vorbereitet: Wie in höhere Regionen fühlt er sich versetzt, so sehr verzaubern ihn Luft, Meer und Licht, während er die Erde, die Wirklichkeit, hinter sich zurückläßt. Hyperions Entrückung ähnelt jener Fahrt, die nach den Vorstellungen der griechischen Mythologie die Seelen der Verstorbenen im Nachen des Fährmanns Charon über die Lethe, den Fluß des Vergessens, nehmen. Wie die Seelen in Platons Vorelysium hat sich Hyperions Geist, halb dämmernd, halb schlummernd, für die wunderbare Verwandlung geöffnet.

Was Hyperion dann auf Kalaurea erlebt, ist Anschauung gewordenes Ideal: eine in Liebe zärtlich geeinte Schöpfung. Nichts ist starr, alles ist hier fließend, bewegt sich aufeinander zu. »Was die Erde festhielt«, fliegt und hüpft und springt und streckt sich. Die »heilige Luft« hebt Hölderlin besonders hervor, nennt sie die »mütterliche«, weil sie alles liebend umfängt, nennt sie »Schwester des Geistes«, denn unendlich, in ewiger Bewegung ist auch des Menschen Geist, der zu den Sternen hinaufstrebt. Der Äther war das bevorzugte Element Hölderlins (»Vater Äther« ruft er ihn in seinen Gedichten an), konnte darin doch seine Sehnsucht nach unendlicher Freiheit, nach leichterem höheren Leben, nach einer zarten – nicht fesselnden – Geborgenheit Raum finden.

Als Hyperion von »ihr« dann erzählen will, gerät er ins Stocken. »Hier – ich möchte sprechen können . . .« Das Göttlich-Vollendete, das Hyperion in dem Mädchen Diotima begegnet, überwältigt den Erzählenden noch in der Erinnerung. »O ich bin ein Laie in der Freude«, bekennt er Bellarmin. Da der Zustand der Alleinigkeit kaum je erreicht wird vom Menschen, ist er ungeübt, findet er so schwer Worte dafür. Auch gehört es nach Hölderlin zur Dialektik des Sprechens, daß die Herzensnot sich aussprechen muß, die selige Übereinstimmung im Stillen sich ausdrückt.

Aber die Freude, ein Zentralbegriff für Hölderlin, als Funken, der die Flamme des Göttlichen auch in den anderen Menschen entzünden soll, *will* Hyperion artikulieren. Er meint damit eine andere als im üblichen Sprachgebrauch, deshalb sagt er: »Daß die Menschen manchmal sagen möchten: sie freueten sich! O glaubt, ihr habt von Freude noch nichts geahnet! Euch ist der Schatten ihres Schattens noch nicht erschienen! O geht, und sprecht vom blauen Aether nicht, ihr Blinden!« Im Begriff der Freude ist für Hölderlin aller Frieden, alle Ruhe gesammelt, alle Bedrängnis und Zerrissenheit der Seele aufgehoben, die ersehnte Übereinstimmung mit dem Göttlichen und der Welt erreicht.

Ganz direkt spricht Hyperion den Leser am Ende dieser Passage an, redet ihm seine Tränen aus, stellt sich mit seiner tödlichen Verzweiflung auf eine Stufe mit ihm, um dann zuletzt im brüderlichen »Wir« aus dem Schlaf zu rütteln, die Flamme der Begeisterung und Liebe zu entzünden: »ha! wo uns ist, als kehrte der entfesselte Geist, vergessen der Leiden, der Knechtsgestalt, im Triumphe zurück in die Hallen der Sonne.« Der Erzieher der Menschen, der Künder eines neuen Glaubens, als den sich Hyperion – am Ende seiner »Erlebenszeit«, also zu Beginn seines Schreibens – begriffen hat, ist hier bereits tätig.

Die Schönheit als Inbegriff des sittlich vollkommenen Menschen, die Schiller nur als schönen Schein in der Gegenwart zuließ, wird bei Hölderlin zum gegenwärtigen, ganz konkreten Erlebnis. Die Begegnung mit Susette Gontard hatte ihn überzeugt, daß das Vollkommene existiere, daß das ersehnte Ideal einer lebendigen Einheit von Körper- und Geisteswelt, Irdischem und Göttlichem als Schönheit erfahrbar sei; Schönheit wurde zum Schlüsselbegriff für Hölderlins Vereinigungsphilosophie, mit der er sich vom Idealismus Kants und Schillers abgrenzte. In der Figur der Diotima hat Hölderlin der Geliebten ein Denkmal gesetzt. »Wem sonst als Dir« schrieb er in das

Widmungsexemplar des zweiten Bandes für Susette Gontard. In dem Roman läßt er Hyperion die alles verändernde Begegnung schildern:

Ich hab es Einmal gesehn, das Einzige, das meine Seele suchte, und die Vollendung, die wir über die Sterne hinauf entfernen, die wir hinausschieben bis ans Ende der Zeit, die hab ich gegenwärtig gefühlt. Es war da, das Höchste, in diesem Kreise der Menschennatur und der Dinge war es da!

Ich frage nicht mehr, wo es sei; es war in der Welt, es kann wiederkehren in ihr, es ist jetzt nur verborgner in ihr. Ich frage nicht mehr, was es sei; ich hab es gesehn, ich habe es kennen gelernt.

O ihr, die ihr das Höchste und Beste sucht, in der Tiefe des Wissens, im Getümmel des Handelns, im Dunkel der Vergangenheit, im Labyrinthe der Zukunft, in den Gräbern oder über den Sternen! wißt ihr seinen Namen? den Namen des, das Eins ist und Alles?

Sein Name ist Schönheit.

(S. 67 f.)

Den Namen »Diotima« entlehnte Hölderlin aus Platons ›Gastmahl‹, wo sie als Lehrerin des Sokrates zitiert wird, die ihm das Wesen des Eros als »Liebe und Trieb zum Schönen« beschreibt, als Suche nach dem Göttlichen, Wahren und Ewigen; Eros sei »das Liebende« und stehe in der Mitte zwischen Weisheit und Torheit, Armut und Reichtum, Schönheit und Häßlichkeit, vereine beides in sich. Wenn Hölderlin nun für Hyperions Geliebte den Namen Diotima wählt, so beruft er sich damit auf die platonische Tradition und weist darauf hin, daß die Vereinigung der Gegensätze in ihr Gestalt geworden sei.

Daß Hölderlin sich ein solches Idealbild schon entworfen hatte, bevor er Susette kennenlernte, zeigt die Figur der Melite der früheren ›Hyperion‹-Fassungen, die vor seiner Frankfurter Zeit entstanden waren. Die Vorstellung der ganz in sich ruhenden, aus der Sicherheit ihrer Natur handelnden Frau, die den unruhig suchenden Mann heilen, ihn zu seiner Mitte führen kann, ist in der damaligen Literatur nicht selten; man denke an die Frauengestalten Kleists oder an Natalie in Goethes ›Wilhelm Meister‹, an Iphigenie usw.

Das unbewußte Einssein mit sich und der Natur wird in Diotima Gestalt, ohne daß sie deshalb unlebendig oder zu ätherisch wirkt. Sprechen, Fühlen und Handeln kommen aus ihrer Mitte. »Ich denke mir die Welt am liebsten, wie ein häuslich Leben, wo jedes, ohne gerade dran zu denken, sich ins andere schickt, und wo man sich einander zum Gefallen und zur Freude lebt, weil es eben so von Herzen kömmt.« Zum »häuslichen Leben« gehört, daß Diotima z.B. auch Gemüse zu bereiten versteht – als Geschöpf der Idylle ist sie Hüterin des Herdfeuers, und die alltäglichen Verrichtungen erhöhen nur ihre Idealität.

Durch die Begegnung mit Diotima findet Hyperion zu einer neuen Bewußtseinsstufe, wird er ruhiger. Nun, da er das Vollkommene lebendig erfahren hat, kann er es sich ewig und unzerstörbar bewahren, kein Zweifel ist mehr möglich.

Ich hatt ihr nichts zu geben, als ein Gemüt voll wilder Widersprüche, voll blutender Erinnerungen, nichts hatt ich ihr zu geben, als meine grenzenlose Liebe mit ihren tausend Sorgen, ihren tausend tobenden Hoffnungen; sie aber stand vor mir in wandelloser Schönheit, mühelos, in lächelnder Vollendung da, und alles Sehnen, alles Träumen der Sterblichkeit, ach! alles, was in goldnen Morgenstunden von höhern Regionen der Genius weissagt, es war alles in dieser Einen stillen Seele erfüllt.

Man sagt sonst, über den Sternen verhalle der Kampf, und künftig erst, verspricht man uns, wenn unsre Hefe gesunken sei, verwandle sich in edeln Freudenwein das gärende Leben, die Herzensruhe der Seligen sucht man sonst auf dieser Erde nirgends mehr. Ich weiß es anders. Ich bin den nähern Weg gekommen. Ich stand vor ihr, und hört und sah den Frieden des Himmels . . .

(S. 75)

Mit Diotima erlebt Hyperion eine Zeit reinen Friedens. Eines Tages setzen sie, zusammen mit Freunden, nach Athen über, das Hyperion noch nicht kennt. Unterwegs entwickelt er seine Vorstellungen der Kultur des antiken Athens: Die Athener hätten ungestört zur vollkommenen natürlichen Menschlichkeit reifen können; in diesem ganzheitlichen Sein, da sie noch mit den Göttern eins waren, hatten sie Anteil an der ewigen Schönheit. Von der Grunderfahrung des »Unendlicheinigen« ausgehend, konnten sie dann ihre Kunst, ihre Religion und Liebe zur Freiheit, schließlich ihre Philosophie entfalten – alles Ausprägungen des einen Prinzips der Schönheit.

Jetzt erst, nachdem Hyperion in Diotima die Schönheit lebendig begegnet ist, kann er solche Gedanken formulieren.

Du hast noch nie so tief aus meiner Seele gesprochen, rief Diotima.
Ich hab es von dir, erwidert ich.

(S. 100)

Während sie auf den Lykabettos, den Höhenrücken Attikas steigen, imaginiert sich Hyperion begeistert »das schöne Phantom des alten Athens«, als gäbe es keine Zeit, keine Vergangenheit. Um so vernichtender trifft ihn der wahre Anblick der Stadt mit ihren vielen antiken Trümmern.

Wie ein unermeßlicher Schiffbruch, wenn die Orkane verstummt sind und die Schiffer entflohn, und der Leichnam der zerschmetterten Flotte unkenntlich auf der Sandbank liegt, so lag vor uns Athen, und die verwaisten Säulen standen vor uns, wie die nackten Stämme eines Walds, der am Abend noch grünte, und des Nachts darauf im Feuer aufging.

(S. 107)

Die Begegnung mit dem zerstörten Athen, in dem nur noch Ruinen, tote Überreste der großen Vergangenheit stehen, überwältigt Hyperion, er kann das Leid nicht ertragen. Für einen Augenblick ist er bereit, da ihm eine Brücke zwischen der vergangenen, Geschichte gewordenen Schönheit Athens und der trostlosen Gegenwart nicht möglich scheint, auf die Erneuerung seines Vaterlands im früheren Geist zu verzichten und sich ganz auf sein privates Glück mit Diotima zu beschränken: »Was kümmert mich der Schiffbruch der Welt, ich weiß von nichts als meiner seligen Insel.« Diotima aber ist sich darüber klar, daß Hyperion sich so seiner Aufgabe nicht entziehen darf.

Es gibt eine Zeit der Liebe, sagte Diotima mit freundlichem Ernste, wie es eine Zeit gibt, in der glücklichen Wiege zu leben. Aber das Leben selber treibt uns heraus.

Hyperion! – hier ergriff sie meine Hand mit Feuer, und ihre Stimme erhub mit Größe sich – Hyperion! mich deucht, du bist zu höhern Dingen geboren. Verkenne dich nicht! ... Wäre dein Gemüt und deine Tätigkeit so frühe reif geworden, so wäre dein Geist nicht, was er ist; du wärst der denkende Mensch nicht, wärst du nicht der leidende, der gärende Mensch gewesen. Glaube mir, du hättest nie das Gleichgewicht der schönen Menschheit so rein erkannt, hättest du es nicht so sehr verloren gehabt. Dein Herz hat endlich Frieden gefunden. Ich will es glauben. Ich versteh es. Aber denkst du wirklich, daß du nun am Ende seist? Willst du dich verschließen in den Himmel deiner Liebe, und die Welt, die deiner bedürfte, verdorren und erkalten lassen unter dir? Du mußt, wie der Lichtstrahl, herab, wie der allerfrischende Regen, mußt du nieder ins Land der Sterblichkeit, du mußt erleuchten, wie Apoll, erschüttern, beleben, wie Jupiter, sonst bist du deines Himmels nicht wert ...

(S. 110f.)

Diotima hat längst erkannt, daß Hyperions größere Liebe der Menschheit schlechthin gilt; angesichts des Trümmerfelds von Athen hat sie die Trauer des Jünglings erst ganz verstanden. Damit er sich ganz vollenden kann, muß sie ihn freigeben. Sie weist Hyperion den Weg, an die große Geschichte der Griechen anknüpfend, Neues zu schaffen, die toten vertrockneten Reste vergangener Schönheit wieder zum Leben zu erwecken: Als Erzieher wird er die bedürftigen Menschen zu neuer Größe führen. Diotima spricht nur aus, was Hyperion noch nicht bewußt ist. Mit seiner Kraft der Begeisterung, die er vergeblich zu leugnen versucht hatte, wird er die Menschen entzünden.

Es werde von Grund aus anders! Aus der Wurzel der Menschheit sprosse die neue Welt! Eine neue Gottheit walte über ihnen, eine neue Zukunft kläre vor ihnen sich auf.

In der Werkstatt, in den Häusern, in den Versammlungen, in den Tempeln, überall werd es anders!
Aber ich muß noch ausgehn, zu lernen. Ich bin ein Künstler, aber ich bin nicht geschickt. Ich bilde im Geiste, aber ich weiß noch die Hand nicht zu führen –

(S. 112)

Hyperions Worte geben Hölderlins tiefe Überzeugung wieder, daß nur mit einer völligen Umkehr der Gesinnungen, des Denkens und Handelns, eine bessere Zukunft zu schaffen wäre. Der gesamte Lebensbereich des Menschen mußte sich ändern: sein Verhältnis zur Arbeit (»in der Werkstatt«), zur Familie (»in den Häusern«), zur Politik (»in den Versammlungen«) und zur Religion (»in den Tempeln«) – darin formuliert Hölderlin seine Vorstellung von der radikalen gesellschaftlich-politischen Erneuerung, die sein revolutionärer Geist auch nach den enttäuschten Hoffnungen in Frankreich nicht aufgab.

Hyperions Aufgabe als Lehrer seines Volkes verlangt Opfer. Er darf nicht in seiner süßen Seligkeit mit Diotima versinken. Er muß, um ins Allgemeine zu wirken, alle Bindungen an einzelne Menschen, auch an Diotima, aufgeben. Er muß das »Eins und Alles« in der Geliebten erfahren haben, um seinen Glauben an solche Göttlichkeit ewig in seiner Seele bewahren zu können, aber um auch sein Volk an der ewigen Schönheit teilhaben zu lassen, darf er nicht in seinem Glück verharren. Es entspricht Hölderlins dialektischem Denken, daß Hyperion alles verlieren muß, um alles zu gewinnen.

»Ein Mittler ist derjenige, der Göttliches in sich wahrnimmt und sich selbst vernichtend preisgibt, um dieses Göttliche zu verkündigen, mitzuteilen und darzustellen allen Menschen ...«, sagt Friedrich Schlegel in seinen ›Ideen‹ (1800). Die Heiligung des Dichtergenies, die mit Klopstock begonnen hatte, erfährt im Opfergang für die Menschheit eine höchste Steigerung.

Hölderlins ›Hyperion‹ ist auch ein Entwicklungsroman: nach Kindheit, Jugend und erster Liebe im ersten Band folgt nun, im zweiten, die Bewährung im Mannesalter, d.h. die Verwirklichung der jugendlichen Entwürfe. Hyperion hat von Alabanda einen Brief erhalten, in dem er dringend aufgefordert wird, am Freiheitskrieg der Griechen gegen die Türken teilzunehmen. Diotima, die Allwissende, rät ab: sie ist überzeugt, daß die innere Umgestaltung des Menschen durch das erziehende dichterische Wort sich nur langsam vollziehe. Aber Hyperion, nach der langen Zeit des Schwärmens ungeduldig, verlangt es nun nach »Tatenwonne«: »... höre mich, Joniens Himmel! höre mich, Vaterlandserde, die du dich halbnackt, wie eine Bettlerin, mit den Lappen deiner alten Herrlichkeit umkleidest, ich will es nicht länger dulden!«

Die Zeit der Vorbereitung für den Kampf nützt Hyperion, um die Mitstreiter zu begeistern für seine Ziele eines »Freistaats«, der bis in die alltäglichsten Verrichtungen hinein von Gemeingeist und heiterem Ernst getragen sein soll. »Alles für jeden und jeder für alle! Es ist ein freudiger Geist in den Worten und er ergreift auch immer meine Menschen, wie Göttergebot ...«, schreibt er an Diotima. Anders als sein Schöpfer Hölderlin findet Hyperion Menschen, die seinem Charisma folgen.

Noch einmal entfernt sich Hyperion von seiner eigentlichen Bestimmung, als er im raschen Kampf das hohe Ziel der Menschheitserlösung erreichen will. Doch bald schon sieht er seine kühnen Hoffnungen betrogen. Nach anfänglichen Siegen übermütig geworden, haben seine Leute das Plündern und Blutvergießen unter Unschuldigen angefangen. Bitter wird er später kommentieren: »Aber ich habs auch klug gemacht. Ich habe meine Leute gekannt. In der Tat! es war ein außerordentliches Projekt, durch eine Räuberbande mein Elysium zu pflanzen.«

Das ist Hölderlins resignative Absage an die Französische Revolution und die Hoffnungen, die er mit ihr verbunden hatte. Philosophische Ideen lassen sich nicht durch gewaltsame politische Aktion verwirklichen, die Eigendynamik einer Revolution richtet sich nicht nach ethischen Maßstäben. Während Schiller diesen »Verrat« an der guten Sache der Revolution durch die Jakobiner mit dem Rückzug aus dem politischen Tagesgeschehen in eine ästhetische Welt des schönen Scheins beantwortete, Jean Paul im Grunde auf die Reformfreude zum Guten, d.h. bürgerlich erzogener Fürsten setzte, versuchte Hölderlin, seine republikanischen Träume mit Hilfe des dichterischen Wortes umzusetzen.

Alabanda, der Tatmensch, muß sich nach dem Scheitern des Befreiungskampfes der Zukunft verschließen, er wird sich freiwillig dem »Bund der Nemesis«, dem er abtrünnig geworden war, ausliefern, um dort den Tod zu finden. Hyperion, zutiefst enttäuscht und beschämt über den unwürdigen Ausgang, schreibt Diotima einen Abschiedsbrief und sucht zunächst den Tod in der Schlacht. Alabanda pflegt den Verwundeten und ermutigt ihn zu neuer Hoffnung, daß Diotima ihm vergeben werde, aber es ist zu spät: Diotima hat bereits dem Leben und der Liebe entsagt. Während Hyperion das ›Schicksalslied‹ singt, das ihn in seiner Jugend Adamas gelehrt hatte (es ist im Lyrik-Kapitel besprochen), erreicht ihn der letzte Brief Diotimas, den sie kurz vor ihrem Ende schrieb.

Auch Diotima mußte sich dem geschichtlichen Auftrag Hyperions opfern. Sie fügt sich demütig in ihr Schicksal. Von Hyperion aus ihrer stillen Selbstgenügsamkeit gerissen, kann sie ohne sein Feuer nicht mehr leben. Da sie lange nichts von ihm gehört hat und ihn tot wähnt, will sie auch sterben. Ein langsames willentliches Ableben der körperlichen Schale soll ihr Übergang in die göttliche Allnatur werden. Die schöne Blume »verwelkt«. Bei seiner Rückkehr findet Hyperion nur mehr ihre Briefe vor. Ein letzter großer Abschied – später als »schöner Schmerz« begriffen – gibt ihn seiner endgültigen Bestimmung frei: »Priester der göttlichen Natur zu sein«.

In ihrem langen Abschiedsbrief sagt Diotima gegen Ende: »Ich habe viele Worte gemacht ... Was konnt ich aber bessers in den besten meiner letzten Lebenstage tun? – Auch treibt michs immer, mancherlei zu sagen. Stille war mein Leben; mein Tod ist beredt« (S. 182). Hier zeigt sich, wie sehr auch Diotima durch die Begegnung mit Hyperion verändert wurde. In ihrer naiv unbewußten Einheit mit sich, den anderen Menschen, der Natur ruhte sie zunächst still in sich, und der Gesang war die ihr gemäße Ausdrucksform. Durch Hyperion in ihrem abgeschlossenen Dasein »gestört«, durch sein Feuer in die Sphäre des Strebens nach idealer Vollkommenheit hineingezogen, wird sie zur Sprechenden. Erst die Trennung bringt die Schönheit, in der sie ruhte, zur Entfaltung; angesichts des Todes will sie sie anderen Menschen vermitteln.

Diotima fürchtet sich nicht vor dem Tod, der für sie ein Eingehen in den ewigen Bund der Natur ist, der alle Wesen verknüpft. Die losen Bande dieser Zeit mögen brechen, schreibt sie, aber

im Bunde der Natur ist Treue kein Traum. Wir trennen uns nur, um inniger einig zu sein, göttlicher friedlich mit allem, mit uns. Wir sterben, um zu leben.
. . .
Beständigkeit haben die Sterne gewählt, in stiller Lebensfülle wallen sie stets und kennen das Alter nicht. Wir stellen im Wechsel das Vollendete dar; in wandelnde Melodien teilen wir die großen Akkorde der Freude.
. . .
Trauernder Jüngling! bald, bald wirst du glücklicher sein. Dir ist dein Lorbeer nicht gereift und deine Myrten verblühten, denn Priester sollst du sein der göttlichen Natur, und die dichterischen Tage keimen dir schon.
O könnt ich dich sehn in deiner künftigen Schöne! Lebe wohl.

(S. 183 f.)

Das Vollendete, die absolute Einheit, ist dem Menschen nur im Wechsel von Trennung und Einigkeit darstellbar; beide Erfahrungen sind Phasen in einem ewigen Prozeß. Diotima artikuliert die Notwendigkeit des Getrennt-Seins, das auf ein höheres ewiges Eins-Sein hinführt. Was sie hier als Trost für den Geliebten formuliert, entspricht der Vereinigungsphilosophie Hölderlins und zeichnet den Weg vor, den Hyperion noch zu gehen hat. Für Hyperion, so weiß es Diotima, beginnen nach der Trauer glücklichere Tage. Den Lorbeerkranz, der dem siegreichen Helden gebührt, durfte er nicht erringen, die Myrte, die dem Liebenden blüht, mußte ihm verwelken, damit er sich ganz finden konnte.

Hyperions Lebensgeschichte wurde bisher gewissermaßen linear erzählt, diese Art des Vorgehens aber läßt den eigentlichen Reflexionsstil, das Besondere des Romans, nicht wirklich erkennen; darum sei im folgenden noch einmal nachgezeichnet, wie sich Erleben und reflektierender Rückblick ständig verschränken. In den Briefen, in denen Hyperion über seine verlorene Liebe schreibt, wird seine Trauerarbeit deutlich, wird der Prozeß seiner Vollendung durch die Bewältigung des Schmerzes erkennbar.

O ich wär ein glücklicher, ein trefflicher Mensch geworden mit ihr!
Mit ihr! aber das ist mißlungen, und nun irr ich herum in dem, was vor und in mir ist, und drüber hinaus, und weiß nicht, was ich machen soll aus mir und andern Dingen . . .

(S. 75 f.)

Ich kann nur hie und da ein Wörtchen von ihr sprechen. Ich muß vergessen, was sie ganz ist, wenn ich von ihr sprechen soll. Ich muß mich täuschen, als hätte sie vor alten Zeiten gelebt, als wüßt ich durch Erzählung einiges von ihr, wenn ihr lebendig Bild mich ergreifen soll, daß ich vergehe im Entzükken und im Schmerz, wenn ich den Tod der Freude über sie und den Tod der Trauer um sie nicht sterben soll.

(S. 76)

»Gelassen« glaubte sich Hyperion, als er Bellarmin zuerst von Diotima berichtete; jetzt weiß er diese Distanz verloren, der Schmerz des Abschieds droht ihn gänzlich umzuwerfen. Er muß sein Herz »mit allerlei Phantasien« trösten, will sich in »seligen Erinnerungen einspinnen«, um sich vor der eisigen Realität zu schützen. Dazwischen hat er ruhigere Augenblicke, und Freude und Stolz gewinnen die Oberhand: »War sie nicht mein!«
Ohne hier auf jede Nuance in Hyperions Reifungsprozeß einzugehen, sollen wenigstens an drei Beispielen die entscheidenden Schritte seiner Selbstfindung aufgezeigt werden:

Ich will dir immer mehr von meiner Seligkeit erzählen.
Ich will die Brust an den Freuden der Vergangenheit versuchen, bis sie, wie Stahl, wird, ich will mich üben an ihnen, bis ich unüberwindlich bin.
Ha! fallen sie doch, wie ein Schwertschlag, oft mir auf die Seele, aber ich spiele mit dem Schwerte, bis ich es gewohnt bin, ich halte die Hand ins Feuer, bis ich es ertrage, wie Wasser.

(S. 87)

Nicht das Verdrängen des Schmerzes, um es modern auszudrücken, sondern die bewußte Auseinandersetzung damit wird Hyperion ins Gleichgewicht bringen. »Ich spiele mit dem Schwerte ...« deutet schon eine gewisse Leichtigkeit an, die dieses »Sich-Üben« im Umgang mit dem Unabänderlichen am Ende verspricht.

Innig und unmittelbar hatte Hyperion in seinem letzten Brief an Bellarmin den Tag des Abschieds geschildert, bevor er in den Freiheitskrieg zog. Der darauffolgende Brief ist nun wieder ganz aus der Warte des Reflektierenden verfaßt.

Warum erzähl ich dir und wiederhole mein Leiden und rege die ruhelose Jugend wieder auf in mir? Ists nicht genug, Einmal das Sterbliche durchwandert zu haben? warum bleib ich im Frieden meines Geistes nicht stille?

Darum, mein Bellarmin! weil jeder Atemzug des Lebens unserm Herzen wert bleibt, weil alle Verwandlungen der reinen Natur auch mit zu ihrer Schöne gehören. Unsre Seele, wenn sie die sterblichen Erfahrungen ablegt und allein nur lebt in heiliger Ruhe, ist sie nicht, wie ein unbelaubter Baum? wie ein Haupt ohne Locken? Lieber Bellarmin! ich habe eine Weile geruht; wie ein Kind, hab ich unter den stillen Hügeln von Salamis gelebt, vergessen des Schicksals und des Strebens der Menschen. Seitdem ist manches anders in meinem Auge geworden, und ich habe nun so viel Frieden in mir, um ruhig zu bleiben, bei jedem Blick ins menschliche Leben. O Freund! am Ende söhnet der Geist mit allem uns aus. Du wirsts nicht glauben, wenigstens von mir nicht. Aber ich meine, du solltest sogar meinen Briefen es ansehn, wie meine Seele täglich stiller wird und stiller. Und ich will künftig noch so viel davon sagen, bis du es glaubst.

(S. 128f.)

Hyperion muß sich selbst seines Friedens versichern, der natürlich nicht endgültig ist; immer wieder wird es Rückfälle geben, doch ist er endlich seinem Ziel nahe:

Bester! ich bin ruhig, denn ich will nichts Bessers haben, als die Götter. Muß nicht alles leiden? Und je trefflicher es ist, je tiefer! Leidet nicht die heilige Natur? O meine Gottheit! daß du trauern könntest, wie du selig bist, das konnt ich lange nicht fassen. Aber die Wonne, die nicht leidet, ist Schlaf, und ohne Tod ist kein Leben. Solltest du ewig sein, wie ein Kind und schlummern, dem Nichts gleich? den Sieg entbehren? nicht die Vollendungen alle durchlaufen? Ja! ja! wert ist der Schmerz, am Herzen der Menschen zu liegen, und dein Vertrauter zu sein, o Natur! Denn er nur führt von einer Wonne zur andern, und es ist kein andrer Gefährte, denn er. –

(S. 185f.)

Die minutiöse Darstellung aller Gefühlsnuancen rückt den Roman in die Nähe der empfindsamen Dichtungen, die die Seelenerforschung des Pietismus fortführten (vgl. Bd. II). Bei Hölderlin aber ist die Nachzeichnung solcher Emotionen nicht das poetische Anliegen, sondern jener Reflexionsprozeß, an dessen Ende die Einheit von Gefühl und Geist steht.

Die unbewußte Existenz des Kindes, in der die »sterblichen Erfahrungen« ausgespart sind, lehnt Hyperion nun für sich entschieden ab; bewußt stellt er sich dem Leiden, das ihm ein reicheres Leben eröffnet.

Auf ganz andere Weise kann Hyperion, als er ausgelitten hat, die göttliche ewige Natur verstehen, in die seine Diotima vorausgegangen ist. Er kann nun den *einen* Gottesgeist begreifen, der alles Einzelne zusammenbindet. Von den irdischen Wünschen befreit, die immer auch Uneinigkeit mit sich bringen, ist er nun »inniger einig« mit Diotima im großen Bunde der Natur, die auch im ewigen Wandel das Gesetz von Leben und Tod leiden muß.

Bellarmin! Ich hatt es nie so ganz erfahren, jenes alte feste Schicksalswort, daß eine neue Seligkeit dem Herzen aufgeht, wenn es aushält und die Mitternacht des Grams durchduldet, und daß, wie Nachtigallgesang im Dunkeln, göttlich erst in tiefem Leid das Lebenslied der Welt uns tönt. Denn, wie mit Genien, lebt ich itzt mit den blühenden Bäumen, und die klaren Bäche, die darunter flossen, säuselten, wie Götterstimmen, mir den Kummer aus dem Busen. Und so geschah mir überall, du Lieber! – wenn ich im Grase ruht, und zartes Leben mich umgrünte, wenn ich hinauf, wo wild die Rose um den Steinpfad wuchs, den warmen Hügel ging, auch wenn ich des Stroms Gestade, die luftigen umschifft' und alle die Inseln, die er zärtlich hegt.
. . .
Ihr Quellen der Erd! ihr Blumen! und ihr Wälder und ihr Adler und du brüderliches Licht! wie alt und neu ist unsere Liebe! – Frei sind wir, gleichen uns nicht ängstig von außen; wie sollte nicht wechseln die Weise des Lebens? wir lieben den Aether doch all und innigst im Innersten gleichen wir uns.

Auch wir, auch wir sind nicht geschieden, Diotima, und die Tränen um dich verstehen es nicht. Lebendige Töne sind wir, stimmen zusammen in deinem Wohllaut, Natur! wer reißt den? wer mag die Liebenden scheiden? –

O Seele! Seele! Schönheit der Welt! du unzerstörbare! du entzückende! mit deiner ewigen Jugend! du bist; was ist denn der Tod und alles Wehe der Menschen? – Ach! viel der leeren Worte haben die Wunderlichen gemacht. Geschiehet doch alles aus Lust, und endet doch alles mit Frieden.

Wie der Zwist der Liebenden, sind die Dissonanzen der Welt. Versöhnung ist mitten im Streit und alles Getrennte findet sich wieder.

Es scheiden und kehren im Herzen die Adern und einiges, ewiges, glühendes Leben ist Alles.

So dacht ich. Nächstens mehr.

(S. 194–197, Ende des Romans)

Die letzten Sätze des Romans: »So dacht ich. Nächstens mehr.« besagen, daß Hyperion sich in einem fortlaufenden Prozeß befindet, der unendlich weiter geht, bis alle Dissonanzen zwischen Wirklichkeit und idealer Vollendung einmal aufgehoben sind. Dieser Schluß entspricht den Vorstellungen von Friedrich Schlegels »romantischer Universalpoesie«, die »ewig im Werden und nie vollendet« sei.

Hyperion kann jetzt den gemeinschaftlichen Geist der Natur wahrnehmen und im dichterischen Wort weitergeben: »Ihr *Quellen* der *Erd*! ihr Blumen! und ihr Wälder und ihr Adler und du *brüderliches Licht*! wie alt und neu ist unsere Liebe! – *Frei* sind wir, gleichen uns nicht ängstig von außen; wie sollte nicht wechseln die Weise des Lebens? wir lieben den *Aether* doch all und innigst im Innersten *gleichen* wir uns.« (Kursivstellungen von uns) Die vier Elemente, verborgen hinter den Begriffen »Quellen, Erde, Licht und Äther«, sichern die großen Ideale der Freiheit, Gleichheit und Brüderlichkeit im Geiste der allumfassenden Liebe. Durch sein Opfer – indem er sich von den irdischen Bindungen allmählich ganz befreit und um seiner höheren Aufgabe willen zum einsamen Eremiten wird – kann Hyperion als Dichter die Menschen dem Ideal näherbringen.

Der letzte Brief Hyperions und der erste fallen zeitlich zusammen – aber wie sehr hat sich Hyperion verändert im Verlauf des Schreibens! Aus der Sehnsucht, innigst und unmittelbar mit der Natur zu verschmelzen, ist eine distanziertere Hingabe geworden. Gehalten ist Hyperion nun von der Einsicht, daß im Wechsel von Werden und Vergehen, von Liebe und Streit, das Gesetz allen Lebens besteht. Aber in diesem Gesetz ist die Natur zugleich Versprechen einer Erneuerung, die auch dem Menschen bevorsteht. – Hölderlins ›Hyperion‹ ist der »idealistischste« Roman der idealistischen Epoche.

IV. Die dramatische Dichtung

Der Tod des Empedokles

In seiner Homburger Zeit, also zwischen 1798 und 1800, arbeitete Hölderlin an einem Trauerspiel, ›Der Tod des Empedokles‹. Drei verschiedene Fassungen entstanden; einen Plan der Tragödie hatte er schon in Frankfurt (1797) erstellt; bevor er die dritte Version in Angriff nahm, schrieb er die grundlegenden philosophischen und ästhetischen Gedanken in einem Essay, ›Grund zum Empedokles‹, nieder: Hölderlin quälte sich – wie seinerzeit Heinrich v. Kleist mit seinem ›Guiskard‹-Drama. Beide wollten, auf der griechischen Tragödie aufbauend, in dieser strengsten poetischen Gattung ein modernes, zeitgemäßes Muster schaffen, und beide scheiterten an den extrem hochgespannten Forderungen an sich selbst. Kleist verbrannte schließlich in einem Anfall von Zorn und Ohnmacht sein fast fertiges Manuskript (1803 in Paris) und schrieb erst, als er sich von dem antiken Vorbild befreit hatte, seine großen Dramen ›Der zerbrochene Krug‹, ›Penthesilea‹, ›Amphitryon‹ usw. Hölderlin machte nach den vergeblichen Anläufen in Homburg keine weiteren dramatischen Versuche mehr – sieht man einmal von den sehr eigenen Übersetzungen des Sophokles ab – und verlegte sich ganz auf das lyrische Fach, das er wohl als die ihm gemäße Ausdrucksform erkannt hatte.

Die Figur des Naturphilosophen, Dichters, Redners und demokratisch gesinnten Politikers Empedokles, der im 5. Jahrhundert v. Chr. im sizilischen Agrigent lebte, faszinierte Hölderlin, gab es doch wesentliche Berührungspunkte zwischen beiden, die es dem »modernen« Dichter erlaubten, seine Probleme, sein Leiden an der Gegenwart auf den antiken Helden zu übertragen.

Schon Empedokles' Philosophie, die das Weltgeschehen auf das Wirken der vier als Naturgottheiten verstandenen Elemente Feuer, Wasser, Luft und Erde zurückführt, welche, von den Kräften der Liebe und des Hasses getrieben, ständig zu neuen Verbindungen und Trennungen strebten, stimmt mit Hölderlins in den Homburger Jahren gewonnenen »Vereinigungsphilosophie« auffallend überein. Aus dem innigen Bestreben, sich mit der göttlichen unendlichen Natur zu vereinigen und so sein Ungenügen an der immer einseitigen, begrenzten Existenz zu beenden, soll sich Empedokles, der Legende nach, in die Flammen des Ätna gestürzt haben. Die Götter habe er durch sein Selbstopfer versöhnen wollen und die Idee der lebendigen Einheit mit dem Weltganzen, die ursprünglich einmal gegeben war, der Menschheit neu beglaubigen – so interpretierte Hölderlin Empedokles' Freitod: auch darin spiegeln sich eigene Wünsche und Vorstellungen des Dichters. In seiner zur gleichen Zeit entstandenen Ode ›Empedokles‹ sprach er seine innere Verwandtschaft mit dem Griechen aus:

Empedokles

Das Leben suchst du, suchst, und es quillt und glänzt
   Ein göttlich Feuer tief aus der Erde dir,
      Und du in schauderndem Verlangen
         Wirfst dich hinab, in des Ätna Flammen.

So schmelzt' im Weine Perlen der Übermut
   Der Königin; und mochte sie doch! hättst du
      Nur deinen Reichtum nicht, o Dichter,
         Hin in den gärenden Kelch geopfert!

Doch heilig bist du mir, wie der Erde Macht,
   Die dich hinwegnahm, kühner Getöteter!
      Und folgen möcht ich in die Tiefe,
         Hielte die Liebe mich nicht, dem Helden.

(Zum Verständnis: Kleopatra hatte Perlen in Weinessig aufgelöst und getrunken, um eine Wette zu gewinnen, daß sie bei einer Mahlzeit zehn Millionen Sesterzen verzehren könne.)

Mit der Liebe, die ihn am Leben festhielt, meinte Hölderlin wohl in erster Linie die tiefe Bindung an Susette Gontard, die in ihren heimlichen Briefen direkt um sein Am-Leben-Bleiben bat, solange es sie noch gäbe. (Über die Beziehung Hölderlins zu der Frankfurter Bankiersgattin vgl. das Lyrik-Kapitel.) Neben dieser Verantwortung für die zurückgelassene Geliebte hat der Dichter in seiner allgemeinen Menschenliebe das eigene Leiden am dürftigen Leben zu überwinden versucht, glaubte er doch, einen göttlichen Auftrag erfüllen zu müssen, indem er seinem Volk den Weg zu schönerem freieren Leben wies. Die Gewißheit seiner Aufgabe gab dem übersensiblen Dichter die Kraft, zu dulden und auszuharren.

Obwohl die Tragödie nach Hölderlin – im Gegensatz zur Lyrik – das subjektive Denken und Fühlen des Dichters nicht offen erkennen lassen darf, sondern nachgerade verleugnen soll, geben die drei Dramenfragmente doch sein eigenes Ringen um eine Lösung der Dissonanzen seiner Zeit wieder. Gerade zur Entstehung des Dramas bestanden große Hoffnungen, daß sich in Württemberg mit französischer Hilfe eine schwäbische Republik konstituieren würde; Hölderlin lebte in Homburg bei seinem Freunde Isaak von Sinclair, einem »Republikaner mit Leib und Leben« (Böhlendorff am 10. Mai 1799), der als Gesandter auf dem Rastatter Kongreß 1798/99 an einer Reihe konspirativer revolutionärer Versammlungen teilnahm. Die politischen Wünsche Hölderlins werden in dem Drama konkretisiert. Ferner griff der Dichter im ›Empedokles‹ die (philosophisch definierte) Krise des modernen Menschen auf, dessen »absolutes Ich« Fichte erklärt hatte, der sich aber gleichzeitig durch sein reflektierendes Bewußtsein schmerzlich isoliert erlebte und den Verlust des Zusammenhangs mit der Natur, den Mitmenschen und dem Göttlichen beklagte. Daraus leitete Hölderlin die Aufgabe des Dichters ab, der den Menschen über diesen Zustand der Vereinzelung, der Zerrissenheit und Götterferne hinweghelfen sollte.

Erste Fassung

Am weitesten ausgeführt hat Hölderlin die erste Fassung, die etwa 2050 Verse umfaßt; zwei Akte mit neun bzw. acht Auftritten liegen nahezu vollständig vor. Es fällt auf, daß schon diese erste Fassung weitgehend auf Handlung verzichtet, im Gegensatz zum Frankfurter Plan, der noch häusliche Familienszenen, Kontakte mit dem Volk usw. vorsieht. Die Spannung wird damit auf die gedankliche Ebene verlagert und ins Innere der handelnden Personen, wie es seit Goethes ›Iphigenie‹ für ein modernes Drama fast zwingend erschien.

In der äußeren Handlungsführung hielt sich Hölderlin im wesentlichen an die Überlieferung. Empedokles, der »Herrliche«, der »hohe Mann«, der »Vertraute der Natur«, der die Agrigentiner begeistern konnte zu neuen demokratischen Lebensformen, wegen seiner geheimnisvollen Heilkräfte und seines Charismas vergöttert wurde, ist von eben diesem Volk gestürzt und vertrieben worden. Aufgehetzt von ihrem Priester, hat es den einst Geliebten, der sich zuletzt vermessen einen Gott genannt, aus der Stadt verbannt. Auf dem Höhepunkt seines Wirkens hat Empedokles seinen Sturz selbst verschuldet. Er erkennt seine Hybris, richtet sich im Grunde selbst; das Volk vollzieht nur, was er für sich beschlossen hat: seine Vernichtung in »Hohn und Fluch«.

Zu Beginn des Dramas wird zunächst die verjüngende, belebende Kraft des ganz aus sich selbst schöpfenden Empedokles heraufbeschworen, der teilzuhaben scheint an der Unbedürftigkeit und Ruhe der Götter, der die Akkorde der Allharmonie in sich trägt und weitergibt. Empedokles besitzt also das empfindsame, für die Einheit mit dem Göttlichen offene Wesen, das ihn zum geeigneten Instrument macht, als Mittler zwischen Gott, der Natur und den Menschen aufzutreten. Panthea, die Tochter eines hohen Agrigenter Beamten, die er gerade vom Tode errettet hat, macht sich zur Sprecherin seiner übermenschlichen Größe. Durch seine Berührung scheint sie von seinem Wesen erfüllt, ihm ähnlich geworden zu sein.

Auch der 2. Auftritt greift noch einmal Empedokles' Begeisterungskraft auf, die das Volk verändert, »trunken« gemacht habe, so daß ihm das Leben zu einem einzigen Fest geworden sei. Eine lebendige Ganzheit mit den Göttern (wie sie Hölderlin für eine zukünftige Gesellschaft erträumte) schien nahe. Aus dem »übergroßen Glück«, aus dem Übermaß an »innigem Einssein« mußte es – nach Hölderlins philosophischem und poetologischem Verständnis – zur Umkehrung kommen, zu Streit und neuerlicher Auflösung der Verbundenheit mit Menschen und Göttern. Denn das eher spontane Einssein führe erst nach einem fortgehenden Prozeß des Sich-Annäherns und wieder -Trennens allmählich zu einer bewußteren, reiferen, allgemeineren Einheit, glaubte er. Das Entgegengesetzte, das Empedokles für einen Augenblick in sich vereinte – mitschwingend im unendlichen Einklang der Natur und sich zugleich als frei denkender, ordnender, handelnder Mensch seiner Zeit fühlend – mußte sich wieder trennen, damit die einmal sichtbar gewordene Einheit nicht starr und unbeweglich würde. Trennung bedeutete Hölderlin nur ein »Entfaltungsstadium der Einheit«. Indem er sich seine dialektische Formel von der Einheit in der Entgegensetzung schuf, konnte er die Diskrepanzen seiner Zeit zusammendenken, ohne sie aufzuheben. Die Realität der disharmonischen Welt und das Ideal der harmonischen Einheit von allem Lebenden wurden so zu zwei verschiedenen Zuständen eines ewigen Ganzen, die sich ständig abwechselten.

Aus Götterhöhe stürzt Empedokles ins Nichts. Hermokrates, oberster Priester in Agrigent, ist tief befriedigt über den Fall des mächtigen Gegners.

HERMOKRATES:
> Es haben ihn die Götter sehr geliebt.
> Doch nicht ist er der erste, den sie drauf
> Hinab in sinnenlose Nacht verstoßen
> Vom Gipfel ihres gütigen Vertrauns,
> Weil er des Unterschieds zu sehr vergaß
> Im übergroßen Glück und sich allein
> Nur fühlte; so erging es ihm, er ist
> Mit grenzenloser Öde nun gestraft –
> Doch ist die letzte Stunde noch für ihn
> Nicht da; denn noch erträgt der Langverwöhnte
> Die Schmach in seiner Seele nicht, sorg ich . . .

(I.2, 209–220)

Noch im Unglück scheint Empedokles dem Priester gefährlich; er versammelt das Volk, um dessen blinden Verehrungsglauben zu brechen. Machtgewohnt und intrigant, will er den Leuten den von den Göttern Verstoßenen vorführen, um sie zur alten Ordnung zurückzubringen, zum alten Gehorsam gegen ihn, den Priester. Einem Leidenden, Trauernden, weiß Hermokrates, werden sie nicht folgen, Charisma besitzt nur der Glückhafte. Die Intrige gelingt: leicht ist das Volk zu lenken, rasch ist es bereit, den eben noch als Abgott Verehrten zu verraten und als Verführer und heimlichen Tyrannen zu verstoßen. Doch die wandelbare Gunst des Volks wird sich später gegen den Priester kehren und ihn als »Gottverlaßnen, der nicht lieben kann«, als »heiligschlauen Würger« verfluchen, dessen böser Geist sie verführt habe (II. 4). Die Wechselhaftigkeit der Volksmeinung, ein alter literarischer Topos, hatte durch die Französische Revolution neue Aktualität gewonnen.

In seinem großen Monolog im 3. Auftritt ruft sich Empedokles selbst noch einmal seine Kraft ins Gedächtnis, den dürstenden Mitmenschen von den »Quellen des Lebens«, die in ihm »aus Tiefen der Welt« zusammenströmten, gegeben zu haben. Seine innige Verbundenheit mit der Natur hatte ihn geleitet, und doch hatte er sich schließlich versündigt, indem er zu selbstherrlich wurde.

EMPEDOKLES: . . .
> O Schattenbild! Es ist vorbei,
> Und du, verbirg dir's nicht! du hast
> Es selbst verschuldet, armer Tantalus,
> Das Heiligtum hast du geschändet, hast
> Mit frechem Stolz den schönen Bund entzweit,
> Elender! Als die Genien der Welt
> Voll Liebe sich in dir vergaßen, dachtst du
> An dich und wähntest, karger Tor, an dich
> Die Gütigen verkauft, daß sie dir,
> Die Himmlischen, wie blöde Knechte dienten! . . .

(I.3, 333–342)

Es fällt heute schwer, den tragischen Aspekt in Empedokles' Schicksal, das ihm den großen Akkord mit dem Kosmos gewährte, ihn aber im Zenit seines Glücks aus dem schönen Bund verstieß, in dem Ausmaß nachzuvollziehen, wie es Hölderlin empfunden haben mag. Dazu muß man sich vielleicht noch einmal die ungeheuren geistigen Bewegungen in der Epoche der Aufklärung vergegenwärtigen, seit das Individuum aus seiner selbstverschuldeten Unmündigkeit in die Freiheit des Denkens gefordert worden war, wie es Kant schließlich formuliert hatte (›Beantwortung der Frage: Was ist Aufklärung?‹). Jetzt, am Ende des Jahrhunderts, hatte dieser Anstoß zu einer Verabsolutierung der menschlichen Geisteskraft geführt, die als herrlich und beängstigend zugleich erlebt wurde. Die Entfremdung des Menschen von der Natur, das Gefühl der Einseitigkeit, d.h. eines von der Vernunft dominierten Lebens schien der Preis für den Fortschritt der Bildung zu sein. So inspirierte die Sehnsucht nach einer neuen Ganzheit von Fühlen und Denken, nach dem Einklang mit sich und der Umwelt, eine ganze Generation von Dichtern und Philosophen zu idealistischen Entwürfen für die Zukunft. Zentrale Bedeutung in diesen Entwürfen kam der Frage zu, wie mit dem Streben nach freiheitlichen Demokratien – eine vernünftige Folge des sich emanzipierenden Geistes –, das nicht mehr wegzudenken war, der ewige Frieden zu verwirklichen wäre. Der Glaube an den Fortschritt der Menschheit war durchaus nicht abhandengekommen, trotz der beunruhigenden Erfahrungen mit der Französischen Revolution.

Hölderlin, der schon als Kind sich von der Natur besonders angezogen gefühlt hatte, Geborgenheit empfand im Einvernehmen mit Licht und Luft und Pflanzen, hatte seine persönliche geistige Krise in Jena erlebt, als er Fichtes Vorlesungen hörte. Diese so glücklich erfahrene Natur wurde ihm nun zum Traum- und Schattenbild entfernt (siehe das Gedicht ›An die Natur‹), indem Fichte sie lediglich als »Setzung« des menschlichen Geistes definierte. Fichtes Philosophie entwickelte so überzeugend die absolut freie, unendliche Erkenntniskraft des Menschen, die alle Realität in sich fassen könne und dieser damit überlegen sei, daß Hölderlin selbst, fasziniert von der Schlüssigkeit der Lehre, »tyrannisch gegen die Natur« geworden war. So schrieb er in der Vorrede zur zweiten Fassung seines ›Hyperion‹-Romans, an dem er ebenfalls in der Homburger Zeit arbeitete. In dem Roman setzt sich Hölderlin mit Fichtes progressiven Thesen auseinander, auch im ›Tod des Empedokles‹ greift er die gefährliche Tendenz des zu höchstem Geist befähigten Menschen auf, sich anmaßend über die Natur und ihre Ordnung zu erheben.

Im ›Empedokles‹ führt Hölderlin die Zerrissenheit des modernen Kulturmenschen auf den extremen Gegensatz von »Kunst« und »Natur« zurück, wobei er unter Kunst alle Fähigkeiten zu denken, zu bilden, zu ordnen und zu kultivieren zusammenfaßt, unter Natur das Unbegreifliche, das Unbegrenzte, die ewig schöpferische Kraft versteht. In der Verbindung von beidem, in ihrer wechselseitigen Befruchtung sah Hölderlin die Lösung für die Zukunft. In der theoretischen Abhandlung ›Grund zum Empedokles‹ schreibt er:

Natur und Kunst sind sich im reinen Leben nur harmonisch entgegengesetzt. Die Kunst ist die Blüte, die Vollendung der Natur; Natur wird erst göttlich durch die Verbindung mit der verschiedenartigen, aber harmonischen Kunst; wenn jedes ganz ist, was es sein kann, und eines verbindet sich mit dem andern, ersetzt den Mangel des andern, den es notwendig haben muß, um ganz das zu sein, was es als Besonderes sein kann, dann ist die Vollendung da, und das Göttliche ist in der Mitte von beiden.

Auch die Frage seines dichterischen Selbstverständnisses, ein zentrales Anliegen seines gesamten Werks, hat Hölderlin im ›Empedokles‹ aufgegriffen. Als begeisternder Priester, dem die leidende Menschheit am Herzen liegt, hat sein Held segensreich unter den Agrigentinern gewirkt, das Leben um ihn gefördert und erheitert. Darin sah auch Hölderlin seine Pflicht als religiös-politischer Dichter. Empedokles' Lieblingsschüler Pausanias erinnert, wieviel durch diese Kraft verändert ward in Agrigent:

PAUSANIAS: . . . Sah ich nicht dich
In deinen Taten, da der wilde Staat von dir
Gestalt und Sinn gewann? In seiner Macht
Erfuhr ich deinen Geist und seine Welt, wenn oft
Ein Wort von dir im heil'gen Augenblick
Das Leben vieler Jahre mir erschuf,
Daß eine neue schöne Zeit von da
Dem Jünglinge begann; wie zahmen Hirschen,
Wenn ferne rauscht der Wald und sie der Heimat denken,
So schlug mir oft das Herz, wenn du vom Glück
Der alten Urwelt sprachst; und zeichnetest
Du nicht der Zukunft große Linien
Vor mir, so wie des Künstlers sichrer Blick
Ein fehlend Glied zum ganzen Bilde reiht?
Liegt nicht vor dir der Menschen Schicksal offen?
Und kennst du nicht die Kräfte der Natur,
Daß du vertraulich, wie kein Sterblicher,
Sie, wie du willst, in stiller Herrschaft lenkst?

(I.4, 442–459)

Die beginnende Aristokratenherrschaft in Agrigent (den »wilden Staat«) hat Empedokles der Überlieferung nach beseitigt und eine demokratische Staatsstruktur errichtet. Seinen Schülern und Anhängern entwarf er das begeisternde Bild einer neuen schöneren Welt, in der, wie einst im Goldenen Zeitalter, aus der Einheit des Menschen mit der Natur allgemeines Glück und Zufriedenheit erwachsen würden.

Hölderlin, der bis in seine poetologischen Überlegungen dem dialektischen Dreischritt der zeitgenössischen Philosophie folgte, hat auch das Geschichtsmodell seiner Zeit übernommen, wonach die Entwicklung der Menschheit in drei Stufen verläuft: Auf das geschichtslose Goldene Zeitalter, in dem der Mensch im naiv-heiteren Naturzustand lebte, folgt die geschichtliche Zeit des bewußt gewordenen Menschen, der, seine Geistesfähigkeiten entwickelnd, zwar eine hohe Kulturstufe erreicht, diese jedoch mit dem Verlust der Natur bezahlt hat; zuletzt aber wird der Mensch – so die Dialektik der fortschrittsgläubigen Epoche – zurückfinden zur Natur auf einer höchst bewußten Stufe, indem er seine kulturellen Errungenschaften nicht leugnet, sondern als geistig und moralisch freies Wesen, aus vernünftiger Einsicht und aus freien Stücken, zur allgemeinen Glückseligkeit beiträgt. Empedokles gibt den Weg vor, wie eine solche neuerliche Idealität geleistet werden könnte; er spricht seinem Volk von den »glücklichen Saturnustagen«, den »neuen, männlichern«, die kommen werden (1634 ff.). Saturn galt als Herrscher der Goldenen Zeit; »männlicher« wird die zukünftige ideale Welt sein, weil das Menschengeschlecht der Kindheit entwachsen ist, also ganz bewußt den Friedensgeist der Natur sucht.

Treu und unbedingt ergeben legt sein Schüler Pausanias alles Reden und Handeln des Empedokles nur zu dessen Ruhme aus; der aber beharrt auf seiner Schuld. Noch einmal läßt Hölderlin ihn sein Vergehen aussprechen – so sehr war dem Dichter daran gelegen, den Frevel der Verabsolutierung des Ichs, das keine Macht außerhalb anerkennt, herauszuheben.

EMPEDOKLES: . . .
    Ich sollt es nicht aussprechen, heil'ge Natur!
    Jungfräuliche, die dem rohen Sinn entflieht!
    Verachtet hab ich dich und mich allein
    Zum Herrn gesetzt, ein übermütiger
    Barbar! an eurer Einfalt hielt ich euch,
    Ihr reinen immerjugendlichen Mächte!
    Die mich mit Freud erzogen, mich mit Wonne genährt,
    Und weil ihr immergleich mir wiederkehrtet,
    Ihr Guten, ehrt ich eure Seele nicht!
    Ich kannt es ja, ich hatt es ausgelernt,
    Das Leben der Natur, wie sollt es mir
    Noch heilig sein, wie einst! Die Götter waren
    Mir dienstbar nun geworden, ich allein
    War Gott und sprach's im frechen Stolz heraus.
    O glaub es mir, ich wäre lieber nicht
    Geboren!
                                    (I.4, 470–484)

Seine eigene Verirrung hat Hölderlin in der obigen »Anti-Fichte-Passage« mitverurteilt; schon in Frankfurt hatte er sich von Schillers und Fichtes Einfluß freigemacht und zu seiner eigenen Auffassung von Natur, die für ihn Metapher des Göttlichen war, gefunden. In einem Brief an seinen Stiefbruder Karl führt er die den Menschen gebotene Haltung der Natur gegenüber näher aus. »Philosophie und schöne Kunst und Religion, diese Priesterinnen der Natur«, bewirkten u.a., daß sich der Mensch, dem die Natur zum Stoffe seiner Tätigkeit sich hingibt, den sie, als *ein mächtig Triebrad*, in ihrer unendlichen Organisation enthält, daß er sich nicht als Meister und Herr derselben dünke und sich in aller seiner Kunst und Tätigkeit bescheiden und fromm vor dem Geiste der Natur beuge, den er in sich trägt, den er um sich hat und der ihm Stoff und Kräfte gibt; denn die Kunst und Tätigkeit der Menschen, soviel sie schon getan hat und tun kann, kann doch Lebendiges nicht hervorbringen, den sie umwandelt, bearbeitet, nicht selbst erschaffen, sie kann die schaffende Kraft entwickeln, aber die Kraft selbst ist ewig und nicht der Menschenhände Werk.

(4. 6. 1799)

Leidenschaftlicher und unverhohlener als die Kritik am Subjektivismus Fichtescher Prägung ist Hölderlins Angriff auf die Kirche bzw. ihre Amtsträger, die er, wie er in dem schon erwähnten Brief seiner Mutter schrieb (im Januar 1799), als die »Pharisäer unserer Zeit« ansah, die »Christum ärger töten als die Juden, weil sie sein Wort zum Buchstaben und ihn, den Lebendigen, zum leeren Götzenbilde machen«. In der Figur des Priesters Hermokrates hat er seiner Enttäuschung über die Theologenzunft, unter der er z.B. in seiner Tübinger Stiftszeit hinreichend gelitten hatte, Luft gemacht.

Hermokrates, der Archont (eine Art Regierungsmitglied) Kritias und einige Bürger haben Empedokles in seiner selbstgewählten Einsamkeit aufgestört. Seine ganze Verachtung schleudert dieser seinem Widersacher entgegen.

EMPEDOKLES: Weh!
   Ihr reinen Götter! ihr lebendigen!
   Muß dieser Heuchler meine Trauer mir
   Vergiften? Geh! ich schonte ja dich oft,
   So ist es billig, daß du meiner schonst.
   Du weißt es ja, ich hab es dir bedeutet,
   Ich kenne dich und deine schlimme Zunft.
   Und lange war's ein Rätsel mir, wie euch
   In ihrem Runde duldet die Natur.
   Ach! als ich noch ein Knabe war, da mied
   Euch Allverderber schon mein frommes Herz,
   Das unbestechbar innigliebend hing
   An Sonn und Äther und den Boten allen
   Der großen ferngeahndeten Natur.
   Denn wohl hab ich's gefühlt, in meiner Furcht,
   Daß ihr des Herzens freie Götterliebe
   Bereden möchtet zu gemeinem Dienst,
   Und daß ich's treiben sollte so wie ihr.
   Hinweg! ich kann vor mir den Mann nicht sehn,
   Der Heiliges wie ein Gewerbe treibt.

Sein Angesicht ist falsch und kalt und tot,
Wie seine Götter sind. . . .

(I.5, 516–537)

Die »freie Götterliebe« setzt Empedokles gegen die an Dogmen gebundene, offizielle Staatsreligion, deren Vertreter wie Hermokrates kalt und lieblos, ohne Empfindung, ohne Glauben »Heiliges wie ein Gewerbe treiben«. Empedokles indes ist vom Göttlichen beseelt; seine tiefempfundene Liebe vermag den Glauben der Mitmenschen neu zu entzünden, sie mit Freude zu erfüllen; lebendig sind seine Götter, die er sinnlich in der Natur erfährt: die Sonne, der Äther, die Blumen sind ihm Boten des Göttlichen.

Bei dem Angriff auf die offizielle Amtskirche muß man sich vor Augen halten, daß Hölderlin als Zögling des Tübinger Stifts eigentlich zur Ausübung des Pfarrerberufs genötigt war. Herzog Karl Eugen von Württemberg, der das Stift unterhielt, beharrte streng darauf, andernfalls mußten die Studienkosten zurückgezahlt werden; nur durch den beglaubigten Nachweis, z.B. eine Hofmeisterstelle angetreten zu haben, konnte ein Stiftler wenigstens zeitweise vom Kirchendienst befreit werden. Da auch die Mutter immer wieder in den Sohn drang, eine Pfarrstelle anzunehmen, um seine bürgerliche Existenz abgesichert zu wissen, steigerte sich Hölderlins Abneigung gegen eine berufsmäßige Pfarrexistenz schließlich beinahe zum Haß.

Empedokles hat sich oben in seiner Selbstanklage mit Tantalus verglichen: wie dieser ward er zum Göttertische emporgehoben und ob seines Frevels verstoßen. (Tantalus hatte, um die Allwissenheit der Götter zu prüfen, ihnen seinen eigenen Sohn vorgesetzt; nach anderer Überlieferung hatte er Nektar und Ambrosia von der Göttertafel gestohlen, bzw. die Pläne des Zeus den Menschen verraten. Tantalus büßte sein Vergehen mit ewigen Qualen in der Unterwelt.) Empedokles kann sich jedoch reinigen von seiner Schuld; er nimmt sein Elend an, leidet ganz seinen Gram, seine Schmach aus, bis er zuletzt, wie ein »Neugeborener«, zu seiner früheren Freude und Menschenliebe zurückfindet. Aus dieser wiedergewonnenen Höhe will er sich den Göttern und den Menschen zuliebe opfern; im freien Tod, mit Lust, will er sein aus Mühe und Not zur Freude geläutertes neues Leben hingeben.

Der Entschluß des Empedokles zum Freitod ist für den heutigen Leser schwer nachzuvollziehen. In einer Randbemerkung Hölderlins in der Handschrift heißt es:

Hier müssen die ausgestandenen Leiden und Schmähungen so dargestellt werden, daß es für ihn zur Unmöglichkeit wird, je wieder umzukehren, und sein Entschluß, zu den Göttern zu gehn, mehr abgedrungen als willkürlich erscheint. Daß auch seine Versöhnung mit den Agrigentinern sich als die höchste Großmut darstellt.

Auch dem Dichter selbst schien wohl die Umkehr Empedokles' aus Unmut und »unversöhnlichster Empfindlichkeit« zu innerem Frieden noch nicht deutlich genug. Tatsächlich geht es hier ja um Hölderlins lebenslang ungelöstes eigenes Problem: Immer wieder mußte er sich aus dem Leiden an der unidealen Wirklichkeit, aus der Enttäuschung über die Menschen durchringen zur Liebe, die in seinen Augen allein zu erlösen vermochte und eine schönere Zukunft versprach. Hölderlin war durchaus in der Gefahr zu »vertrauern« angesichts der Vergeblichkeit seines und seiner Freunde Bemühen; da er es als seine religiöse Pflicht ansah, Freude, die Aura des Göttlichen, um sich zu verbreiten, fühlte er sich schuldig, wenn er die Seelenkraft hierzu nicht aufbrachte.

Pausanias erschreckt die Wandlung seines Meisters, die er nicht begreift. »Du bist verwandelt und dein Auge glänzt / Wie eines Siegenden. Ich faß es nicht.« (1177f.) – »Umsonst wird nichts den Sterblichen gewährt. / Und *eines* hilft« (1257f.), ist Empedokles' rätselhafte Erklärung; »ich möchte meinen Sinn / Und meine Lust nicht gerne ganz verraten« (1263f.), fügt er noch hinzu. Was mit diesem »einen«, das hilft, gemeint ist, bleibt also im Bereich der Mutmaßung. Aus der Kenntnis des Hölderlinschen Gesamtwerks heraus ist jedoch anzunehmen, daß es die Überwindung des Leidens an dem eigenen Ungenügen und den Verletzungen durch andere ist, die hilft: den inneren Frieden zu finden, den es braucht, um als Prophet einer allversöhnten Welt überzeugen zu können. Vom »schwererkauften Frieden« spricht Hölderlin in einer Randbemerkung zu Vers 1221. Erst als Empedokles sich geläutert hat von Trauer und Schmach, auch vom Zorn über das ungetreue Volk, ist er wieder fähig zu lieben und damit den Göttern wieder nahe.

Gerade hat Empedokles diese innere Ruhe gefunden und sich auf ein höheres Leben nach dem Tode vorbereitet, als das Volk von Agrigent mit seinem Priester und dem Archonten Kritias auf den Ätna kommt, um ihn zurückzuholen. Verziehen hätten sie, er habe genug gebüßt für das, was er verbrochen.

DRITTER BÜRGER:
  O lieb uns wieder!

ZWEITER BÜRGER: Komm und leb
  In Agrigent; es hat's ein Römer
  Gesagt, durch ihren Numa wären sie
  So groß geworden. Komme, Göttlicher!
  Sei unser Numa. Lange dachten wir's,

Du solltest König sein. O sei es! sei's!
Ich grüße dich zuerst, und alle wollen's.

EMPEDOKLES:
Dies ist die Zeit der Könige nicht mehr.

DIE BÜRGER *erschrocken:*
Wer bist du, Mann?

PAUSANIAS: So lehnt man Kronen ab,
Ihr Bürger.

ERSTER BÜRGER:
                    Unbegreiflich ist das Wort,
So du gesprochen, Empedokles.

EMPEDOKLES: Hegt
Im Neste denn die Jungen immerdar
Der Adler? Für die Blinden sorgt er wohl,
Und unter seinen Flügeln schlummern süß
Die Ungefiederten ihr dämmernd Leben.
Doch haben sie das Sonnenlicht erblickt,
Und sind die Schwingen ihnen reif geworden,
So wirft er aus der Wiege sie, damit
Sie eignen Flug beginnen. Schämet euch,
Daß ihr noch einen König wollt; ihr seid
Zu alt; zu eurer Väter Zeit wär's
Ein anderes gewesen. Euch ist nicht
Zu helfen, wenn ihr selber euch nicht helft.

(II.4, 1442–1464)

Als »Numa« wollen die Bürger von Agrigent Empedokles in ihre Stadt zurückholen: Numa Pompilius (715–672 v.Chr.) war der Sage nach der zweite König von Rom, ein friedliebender Politiker und Philosoph, der dem jungen Staatswesen eine eigene Verfassung und einen geordneten Götterkult gegeben haben soll und dies ohne Waffengewalt oder sonstigen Zwang, nur durch Weisheit und Überzeugungskraft. Nach anderer Überlieferung soll er sogar die Königswürde abgelehnt haben.

Berühmt geworden aus dem obigen Zitat ist der Satz: »Dies ist die Zeit der Könige nicht mehr.« Hölderlin formuliert im folgenden ganz unverhüllt seine republikanische Gesinnung, vor allem die Aufforderung an seine Zeitgenossen, sich selbst ein schöneres, freieres Vaterland zu schaffen. »Euch ist nicht / Zu helfen, wenn ihr selber euch nicht helft.« Eine grundlegende Veränderung der Gesellschaft und ihrer Institutionen war für Hölderlin Voraussetzung, daß sich ein neues menschenwürdiges Leben entwickeln könnte. Eine Zeit des Umbruchs schien den Intellektuellen Ende des 18. Jahrhunderts auch für Deutschland gekommen; nach dem Vorbild der Französischen Revolution mußten die alten absolutistischen Machtstrukturen verschwinden und eine in Freiheit, brüderlicher Liebe und Gleichheit geeinte Gesellschaft sollte sich konstituieren.

Wenn Empedokles die Bürger für »zu alt« erklärt, sich noch einen König zu wählen, appelliert Hölderlin damit an die Mündigkeit seiner Zeitgenossen und ihre Aufgabe, sich aktiv um die Verwirklichung der Demokratie zu bemühen. Die Menschheit sei in ein Stadium der Reife getreten, das Fremdbestimmung nicht mehr zulasse. Welche Grundsätze diese neue Gesellschaft leiten sollten, erläutert Empedokles im folgenden; das Wort, das er sich aufsparte für die Bürger, bis es ganz reif in ihm geworden sei, spricht er wie ein Vermächtnis aus:

EMPEDOKLES:
Nicht ratlos stehen laß ich euch,
Ihr Lieben! aber fürchtet nichts! Es scheun
Die Erdenkinder meist das Neu und Fremde,
Daheim in sich zu bleiben strebet nur
Der Pflanze Leben und das frohe Tier.
Beschränkt im Eigentume sorgen sie,
Wie sie bestehn, und weiter reicht ihr Sinn
Im Leben nicht. Doch müssen sie zuletzt,
Die Ängstigen, heraus, und sterbend kehrt
Ins Element ein jedes, daß es da
Zu neuer Jugend, wie im Bade, sich
Erfrische. Menschen ist die große Lust
Gegeben, daß sie selber sich verjüngen.
Und aus dem reinigenden Tode, den
Sie selber sich zu rechter Zeit gewählt,
Erstehn, wie aus dem Styx Achill, die Völker.
O gebt euch der Natur, eh sie euch nimmt! –
Ihr dürstet längst nach Ungewöhnlichem,
Und wie aus krankem Körper sehnt der Geist
Von Agrigent sich aus dem alten Gleise.
So wagt's! was ihr geerbt, was ihr erworben,
Was euch der Väter Mund erzählt, gelehrt,
Gesetz und Brauch, der alten Götter Namen,
Vergeßt es kühn und hebt, wie Neugeborne,
Die Augen auf zur göttlichen Natur,
Wenn dann der Geist sich an des Himmels Licht
Entzündet, süßer Lebensothem euch
Den Busen wie zum ersten Male tränkt
Und goldner Früchte voll die Wälder rauschen
Und Quellen aus dem Fels, wenn euch das Leben
Der Welt ergreift, ihr Friedensgeist, und euch's
Wie heil'ger Wiegensang die Seele stillet,
Dann aus der Wonne schöner Dämmerung
Der Erde Grün von neuem euch erglänzt

Und Berg und Meer und Wolken und Gestirn,
Die edeln Kräfte, Heldenbrüdern gleich,
Vor euer Auge kommen, daß die Brust,
Wie Waffenträgern, euch nach Taten klopft
Und eigner schöner Welt, dann reicht die Hände
Euch wieder, gebt das Wort und teilt das Gut,
O dann, ihr Lieben, teilet Tat und Ruhm
Wie treue Dioskuren; jeder sei
Wie alle – wie auf schlanken Säulen, ruh
Auf richt'gen Ordnungen das neue Leben,
Und euern Bund befest'ge das Gesetz.
Dann, o ihr Genien der wandelnden
Natur! dann ladet euch, ihr heitern,
Die ihr aus Tiefen und aus Höhn die Freude nimmt
Und sie wie Müh und Glück und Sonnenschein und Regen
Den engbeschränkten Sterblichen ans Herz
Aus ferner fremder Welt herbeibringt,
Das freie Volk zu seinen Festen ein,
Gastfreundlich! fromm! denn liebend gibt
Der Sterbliche vom Besten, schließt und engt
Den Busen ihm die Knechtschaft nicht –

(II.4, 1517–1571)

Große dramatische Augenblicke gibt es in allen drei ›Empedokles‹-
Fragmenten nicht, aber die Schönheit und lyrische Kraft seiner Verse
verleihen dem Werk seinen eigenen Rang. Hölderlin war neben der
Leidensfähigkeit ein unstillbarer Trieb zum Schönen eigen; seine
prophetischen Darstellungen der schöneren Zeit, seine hymnischen
Vorwegnahmen des ewigen Friedens sind einzigartig in der deutschen Dichtung.

Die Bilder, das Vokabular, mit dem Hölderlin das neue Leben, die
Festzeit der Menschen umschreibt, ähneln sich: »Die treuen Dioskuren«, Kastor und Pollux (das berühmte Freundespaar der Antike, das
im Sternbild verewigt wurde), stehen in allen Gattungen für die
ideale Verkörperung von brüderlicher Liebe, Treue und Heldenmut,
den es braucht in Zeiten des Umbruchs. Die »Genien« ruft der
Dichter immer wieder an als Boten himmlischen Geistes. Metaphern
des Blühens und Reifens stehen für die positiven Kräfte des Menschen, zu wachsen und sich, wie es die ewig jugendliche Natur vorgibt, zu vervollkommnen. Die letzten Verse des obigen Zitats bringen Hölderlins von den Klassikern abweichenden politischen Zu-
kunftsvorstellungen zum Ausdruck: Das liebende brüderliche Teilen
würde sich einstellen, wenn die Knechtschaft aufhörte, glaubte er;
erst in einem freien Staat könnten sich die guten Keime des Menschen entwickeln. Schiller dagegen forderte, auf die Schrecken der
Französischen Revolution reagierend, erst einen neuen Menschen,

der der politischen Freiheit gewachsen sei und politisch verantwortlich handeln könne, bevor der Staat reformiert würde. (Vgl. Bd. III, S. 21)

»Menschen ist die große Lust / Gegeben, daß sie selber sich verjüngen«, hieß es oben. Als einziges Wesen der Natur kann sich der Mensch aus eigenem Willen verändern und gewissermaßen jederzeit einen neuen Anfang für sich setzen. An diese geistige Kraft will Empedokles die Agrigentiner erinnern; er beschwört sie geradezu, radikal mit allem alten Herkommen zu brechen und neue Gesellschaftsformen zu wagen. Auch der ›Empedokles‹ ist, so fremd er dem heutigen Leser sein mag, eine politische Dichtung des Revolutionszeitalters.

Den »lebendigen Olymp« hat Empedokles seinem Volk aufgeschlossen mit seinen Abschiedsworten (»Am Scheidetage weissagt unser Geist, / Und Wahres reden, die nicht wiederkehren«, 1618 f.). Wenn die Menschen sich an dieses Wahre halten, werden sie nie mehr einsam sein, wird die »neue Seele« im Volk gedeihen, auch wenn ihr Lehrer nicht mehr ist. Auf diesen Augenblick hat Empedokles im Grunde hingelebt, nun ist seine Zeit gekommen.

EMPEDOKLES: . . . Es muß
   Beizeiten weg, durch wen der Geist geredet.
   Es offenbart die göttliche Natur
   Sich göttlich oft durch Menschen, so erkennt
   Das vielversuchende Geschlecht sie wieder.
   Doch hat der Sterbliche, dem sie das Herz
   Mit ihrer Wonne füllte, sie verkündet,
   O laßt sie dann zerbrechen das Gefäß,
   Damit es nicht zu andrem Brauche dien
   Und Göttliches zum Menschenwerke werde.
   Laßt diese Glücklichen doch sterben, laßt,
   Eh sie in Eigenmacht und Tand und Schmach
   Vergehn, die Freien sich bei guter Zeit
   Den Göttern liebend opfern. Mein ist dies.
   . . .

(II.4, 1747–1760)

Um die Motivierung von Empedokles' Opfertod geht es hauptsächlich in allen drei Fragmenten. In der ersten Fassung ist es das »eigen große Schicksal«, das Empedokles in einer letzten großen Tat sein Leben zu vollenden heißt. Die Götter hatte er gebeten, sie mögen ihm ein Zeichen senden,

   Sobald ich einst mein heilig Glück nicht mehr
   In Jugendstärke taumellos ertrüg
   . . .

Dann mich zu mahnen, dann nur schnell ins Herz
Ein unerwartet Schicksal mir zu senden,
Zum Zeichen, daß die Zeit der Läuterung
Gekommen sei, damit bei guter Stund
Ich fort zu neuer Jugend noch mich rette.

(II.4, 1676–1684)

Seinen Frevel der »Selbstvergottung« sieht Empedokles nun als das von den Göttern gesandte Zeichen; damit hat sich sein Lebenskreis erfüllt, und er ist bereit zu sterben. Gleichzeitig mit diesem quasi persönlichen Motiv für den Freitod kommt auch in der ersten Fassung schon die Idee des Opfertodes, um Menschen und Götter zu versöhnen, ins Spiel. Beides aber ist im Grunde untragisch, denn zum Tragischen gehört die (unausweichliche) Verstrickung in Schuld, die durch den Tod gesühnt wird; Empedokles jedoch hat seine Schuld gebüßt, der Fluch ist von ihm genommen, frei und freudig geht er in den Tod. Die zweite und dritte Fassung werden den Opfercharakter von Empedokles' Tod noch stärker herausarbeiten, das Stück also noch weiter vom eigentlich Tragischen entfernen.

Als »Gefäß« des Göttlichen empfindet sich Empedokles. Nach Hölderlins Auffassung ist dies die dem Dichter gebührende Haltung: im Fühlen und Denken empfänglich für das Göttliche zu sein, es aufzunehmen und den Menschen zu künden. Allein aus Liebe zur Menschheit muß das Amt ausgeübt werden, also nicht zu eitlem Selbstzweck, etwa um Ruhm und Anerkennung zu finden. Daß die göttliche Gabe des Dichters nicht mißbraucht werden darf, ist auch eines der Themen von Hölderlins Lyrik.

Immer wieder bedarf es Einzelner, durch die sich die Gottheit offenbart, um die irrenden Menschen des wahren Heils zu versichern. Diese müssen das Vollkommene auf Erden im eigenen Beispiel erkennbar machen, dann aber, bevor sie das Ideal selbst beschädigen, sollten sie sterben. Empedokles war selbst in Gefahr, das reine Bild zu trüben, das Göttliche herabzuwürdigen zu menschlichem Maß. Bis zuletzt ist er nicht frei von menschlichen Schwächen: Heftiger Zorn faßt ihn, als er zum zweiten Mal Hermokrates mit den Bürgern auf sich zukommen sieht, und es bedarf erst der tiefen Demütigung des Priesters, bis er ihn schließlich vor der empörten Masse rettet. Um so eindrücklicher ist seine Selbstüberwindung, durch die er am Ende dieser entscheidenden Szene (II. 4) voll versöhnender Liebe zu den Agrigentinern segnend sprechen kann:

EMPEDOKLES: . . .
Geht nur und grüßt die heimatliche Stadt
Und ihr Gefild! am schönen Tage, wenn
Den Göttern der Natur ein Fest zu bringen,

Vom Tagewerk das Auge zu befrein,
Ihr einst heraus zum heil'gen Haine geht,
Und wie mit freundlichen Gesängen euch's
Empfängt, antwortet aus den heitern Höhn,
Dann wehet wohl ein Ton von mir im Liede,
Des Freundes Wort, verhüllt ins Liebeschor
Der schönen Welt, vernimmt ihr liebend wieder,
Und herrlicher ist's so . . .

(II.4, 1792–1802)

Aus der Gewißheit, daß sein Vermächtnis erfüllt würde, daß sein Tod nicht umsonst sein werde, schöpft Empedokles seine Freude vor dem Tod. Die Liebe, aus der er sich opfert, wird auch nach ihm weiterwirken.

An dieser Stelle können die im ›Grund zum Empedokles‹ formulierten Gedanken verdeutlichen, warum Empedokles' Opfer notwendig war. An seine konkrete einzelne Person war die Idee der Versöhnung befestigt; die Gefahr bestand, daß Empedokles sozusagen stellvertretend für das Agrigenter Volk die ersehnte Alleinheit lebt. Um überzugehen auf die ganze Epoche, um eine allgemeinere Einheit zu erreichen, muß dieser Einzelne untergehen; das ist der Sinn seines Opfers. »Herrlicher ist's so«, verhieß der scheidende Empedokles seinem Volk; herrlicher wird die durch sein Beispiel initiierte allgemeine Festzeit sein, wenn wieder freundlicher Gesang in der Welt ist, Ausdruck der heiteren, in Liebe geeinten Menschheit.

In seinem letzten großen Monolog, im sechsten Auftritt des II. Aktes, steigert sich Empedokles in eine Todeseuphorie; sein lebenslanges Sehnen nach dem Aufgehen im All, nach einer *unio mystica* mit der göttlichen Natur wird sich erfüllen. »In *einer* vollen Tat« wird sich sein Leben vollenden. »Was? am Tod entzündet mir / Das Leben sich zuletzt?« (II. 6, 1933 f.) In die elementare Natur zurückkehrend, an deren ewiger Neugeburt er teilhat, kann Empedokles gewiß sein, im Tod das unendliche Leben zurückzugewinnen.

Zweite Fassung

An der 2. Fassung des ›Empedokles‹-Dramas arbeitete Hölderlin im Jahre 1799; die ersten 3 Auftritte des I. Akts und den Schluß des II. Akts, insgesamt 732 Verse, hat er geschrieben, bis er auch diese Version verwarf. Auf die wesentlichen Unterschiede soll hier kurz eingegangen werden.

Als wichtigste formale Veränderung ist das Versmaß zu nennen: eine kühne Neuerung, denn den »reduzierten Blankvers«, den er hier verwendet, gibt es sonst nicht; der unregelmäßige jambische Vers nähert sich den freien Rhythmen. Inhaltlich setzte Hölderlin vor allem in der Frage nach der Schuld des Empedokles neue Akzente.

Der Priester Hermokrates ist auch hier Empedokles' Gegenspieler. Er ist differenzierter, schärfer konturiert, nicht mehr nur der kalte Heuchler: Voller Zynismus spricht er über die Menschen, die er genau kennt, mit ruhiger Überlegenheit definiert er Augenblick und Art der Schwäche des Empedokles, die ihn besiegbar macht. Im Gespräch mit Mekades (der an die Stelle des Kritias aus der 1. Fassung getreten ist) vergleicht er Empedokles mit den stolzen Halbgöttern der Vorzeit.

HERMOKRATES:
  Das hat zu mächtig ihn
  Gemacht, daß er vertraut
  Mit Göttern worden ist.
  Es tönt sein Wort dem Volk,
  Als käm es vom Olymp;
  Sie danken's ihm,
  Daß er vom Himmel raubt
  Die Lebensflamm und sie
  Verrät den Sterblichen.

(I.1, 30–38)

Hermokrates mißt Empedokles die gleiche Schuld zu, wie sie Prometheus auf sich lud, der vom Olymp den Menschen das Feuer brachte gegen Zeus' Gebot und dafür schwer bestraft wurde. Prometheus galt seit dem Sturm und Drang als Symbol des ganz aus sich selbst schöpfenden Genies, das sich stolz lossagt von den Göttern und sich selbst für göttlich hält. Von der Anlage seines Charakters her ist Empedokles durchaus in Gefahr, wie Prometheus »des Unterschieds [zwischen Menschen und Göttern] zu vergessen«.

Am Ende der Szene formuliert Hermokrates, der sich in dieser zweiten Fassung überraschend ein Stück mit Empedokles identifiziert, noch einmal dessen Vermessenheit, um Mekades von der Notwendigkeit des Sturzes zu überzeugen:

HERMOKRATES: . . .
  Versamml mir das Volk; ich klag ihn an,
  Ruf über ihn den Fluch, erschrecken sollen sie
  Vor ihrem Abgott, sollen ihn
  Hinaus verstoßen in die Wildnis,
  Und nimmer wiederkehrend soll er dort
  Mir's büßen, daß er mehr, wie sich gebührt,
  Verkündiget den Sterblichen.

(I.1, 223–229)

Ihm, dem Priester, soll Empedokles büßen, nicht den Göttern, damit wird die ganze Machtbesessenheit des Hermokrates entlarvt; der antiklerikale Zug der ersten Fassung wird in der zweiten eher noch verschärft. In seiner skrupellosen Menschenverachtung erinnert Hermokrates durchaus an den Kardinal aus Schillers ›Don Carlos‹ (1787).

Mekades sucht noch nach konkreten Schuldvorwürfen gegen Empedokles. Am liebsten hielte er sich aus der Sache heraus, er scheut auch den Zorn des aufgewiegelten Volks, möchte sich die Reue später sparen. (»Das braucht der Priester nicht, der alles weiß, / Der Heil'ge, der sich alles heiliget.« 160f.) Zu fürchten ist Empedokles durchaus; tief eingeprägt hat sich Mekades, der auch um den Machterhalt in Agrigent besorgt ist, eine Szene auf dem Marktplatz, und aus dem Gedächtnis zitiert er Empedokles' freventliche Worte:

MEKADES:
Ein übermütiges Gerede fällt
Mir bei, das er gemacht, da er zuletzt
Auf der Agora war. Ich weiß es nicht,
Was ihm das Volk zuvor gesagt; ich kam
Nur eben, stand von fern – Ihr ehret mich,
Antwortet' er, und tuet recht daran;
Denn stumm ist die Natur,
Es leben Sonn und Luft und Erd und ihre Kinder
Fremd umeinander,
Die Einsamen, als gehörten sie sich nicht.
Wohl wandeln immerkräftig
Im Göttergeiste die freien,
Unsterblichen Mächte der Welt
Rings um der andern
Vergänglich Leben,
Doch wilde Pflanzen
Auf wilden Grund,
Sind in den Schoß der Götter
Die Sterblichen alle gesäet,
Die Kärglichgenährten, und tot
Erschiene der Boden, wenn einer nicht
Des wartete, lebenerweckend,
Und mein ist das Feld. Mir tauschen
Die Kraft und Seele zu einem
Die Sterblichen und die Götter.
Und wärmer umfangen die ewigen Mächte
Das strebende Herz, und kräft'ger gedeihn
Vom Geiste der Freien die fühlenden Menschen,
Und wach ist's! Denn ich
Geselle das Fremde,
Das Unbekannte nennet mein Wort,
Und die Liebe der Lebenden trag

Ich auf und nieder; was einem gebricht,
Ich bring es vom andern und binde
Beseelend und wandle
Verjüngend die zögernde Welt
Und gleiche keinem und allen.
So sprach der Übermütige.

(I.1, 97–134)

Unglaublich modern klingen diese Verse. Alles drängt hier auf Verdichtung, Verkürzung; die Verben bekommen eine ungewohnte Tragkraft: »Geselle das Fremde« komprimiert Hölderlin Empedokles' Bemühen, die sprachlose Natur zu beleben und damit den Menschen das Fremdgewordene, den Geist des Göttlichen, vertraut zu machen. »Binde / Beseelend und wandle / Verjüngend die zögernde Welt« – diese Zeilen fassen noch einmal das wichtigste Anliegen des Dichterpriesters zusammen: mit der Kraft der Liebe brüderliche Verbundenheit zwischen den Menschen und der übrigen Welt zu schaffen, aus der kalten Isolierung und Einsamkeit zu befreien. In dem Wort »verjüngend« steckt das Zurückführen der Menschheit zu ihrem glücklichen Ursprung, an dem auf einer höheren, geistigen Stufe angeknüpft werden soll.

Fast zur Unverständlichkeit verkürzt ist die Sequenz »und tot / Erschiene der Boden, wenn einer nicht / Des wartete, lebenerweckend, / Und mein ist das Feld«. Das mag heißen: Der (geistige) Boden, auf dem die Menschen leben, ist unfruchtbar und tot geworden, so scheint es; aber es gibt »einen«, der sich des kärglichen Zustands der Menschheit erbarmt, der dies zu seinem eigenen Anliegen macht (»mein ist das Feld«), der den Lebensraum der Menschen betreut, sich kümmert, wie das heute ungebräuchliche Wort »des wartete« (mit Objektsgenitiv) meint.

Solche Verdichtung und Verschlüsselung sind in lyrischer Sprache durchaus möglich, für ein Drama aber völlig ungeeignet: Kein Zuschauer wäre in der Lage, den Sinn des schnell hineilenden gesprochenen Worts auch nur annähernd zu erfassen.

Zu einem messianischen Erlöser wird Empedokles oben hochstilisiert, und auch später, vor allem in der dritten Fassung, gibt es nicht zu übersehende Parallelen zur biblischen Gestalt Jesu. Solche Analogie lag durchaus in Hölderlins Absicht; nach seiner Auffassung gab es an historischen Umbruchstellen immer wieder Einzelne, die als Mittler zwischen Gott und den Menschen dienten, so auch Christus, dessen Tod Hölderlin als offenbares Zeichen der zum Menschen sich neigenden göttlichen Liebe deutete.

Wichtig an dem obigen Zitat sind auch die Verse: »Mir tauschen / Die Kraft und Seele zu einem / Die Sterblichen und die Götter«. Ganz deutlich wird an dieser Stelle, daß Empedokles sich als Medium der Vereinigung zwischen Göttern und Menschen begreift. Er als Subjekt tritt dabei in der Hintergrund, mit ihm geschieht etwas, das nicht allein in seiner Macht steht. Wie Hölderlin es für den Prozeß des Dichtens umschreibt, kommt die Kraft zum Versöhnung stiftenden Wort nicht allein aus dem schöpferischen Subjekt, sondern der intuitiv die Alleinheit vorbereitende Dichter (»das strebende Herz«) empfängt den göttlichen Geist, blitzartig, in einem Augenblick: »Und wach ist's!«

Der Schluß des Zitats – »Und gleiche keinem und allen« – bestätigt Empedokles' Fähigkeit, seine Individualität zu bewahren und gleichzeitig sich zu entgrenzen ins Allgemeine. Das Paradoxon löst den Widerspruch von Subjekt und Objekt auf; nur in göttlichen Augenblicken ist solches »Totalbewußtsein« möglich.

Der Übermütige, wie ihn Mekades oben gleich zweimal bezeichnet, ist Empedokles zu dieser Zeit noch nicht. Aber der Schritt von der Selbstbewußtheit zur Selbstüberhebung ist dem modernen Menschen – Hölderlin schreibt stets aus seiner Zeit heraus – eine immanente Gefahr. Die Schuld des Empedokles besteht in diesem Verletzen der Grenze. In der zweiten Fassung leidet Empedokles so sehr an seinem Vergehen, verbohrt sich geradezu in seinen Haß auf sich selbst, daß Hermokrates frohlocken kann: »Sein Unmut ..., der stolze, stillempörte Sinn / Befeindet itzt sich selber.« (215 f.) Ein kurzer Versuch, sich, seiner Kraft besinnend, noch einmal zu erheben aus der Dunkelheit der Verdammung und weit und frei zu werden »von eigner Flamme« (337), endet in Wehklagen. In trotziger Auflehnung gegen das Schicksal gelingt kein Wiedererstarken; auch an dieser Stelle übt Hölderlin Kritik an Prometheus' Übermut, d.i. Fichtes selbstherrliche Ich-Setzung. »Und wieder einsam, weh! und wieder einsam?« (341) Eindringlich wird durch die (insgesamt) fünffache Wiederholung des Wortes »einsam« der Schmerz des in sich selbst zurückfallenden, des selbstischen modernen Menschen wiedergegeben.

Auch Pausanias kann seinen Meister nicht aus der Verfinsterung holen, erreicht ihn nicht mit seinem treuliebenden Gefühl. Fremd, zum Rätsel ist der Trauernde dem Schüler und Freund geworden. Gerade das Unbegreifliche führt im Schlußteil der zweiten Fassung zur Heiligung des Empedokles; Panthea deutet sein Leiden, seine Todesbereitschaft als Opfer eines wahrhaft Freien, der seinem Volk ein glücklicheres Leben, einig mit der Natur, aufzeigt:

PANTHEA: Wohl geht er festlich hinab –
  Der Ernste, dein Liebster, Natur!
  Dein treuer, dein Opfer!
  O die Todesfürchtigen lieben dich nicht,

Täuschend fesselt ihnen die Sorge
Das Aug, an deinem Herzen
Schlägt dann nicht mehr ihr Herz, sie verdorren
Geschieden von dir – o heilig All!
Lebendiges! inniges! Dir zum Dank
Und daß er zeuge von dir, du Todesloses!
Wirft lächelnd seine Perlen ins Meer,
Aus dem sie kamen, der Kühne.
So mußt es geschehn.
So will es der Geist
Und die reifende Zeit,
Denn einmal bedurften
Wir Blinden des Wunders.

(716–732)

(Das Perlen-Motiv ist hier anders verwendet als in der eingangs zitierten ›Empedokles‹-Ode: Die Perlen stehen hier für Empedokles' schöpferische Kräfte, die zurückfließen zum Quell allen Lebens.)

Nicht nur Empedokles' eigenes Schicksal fordert seinen Tod, die »reifende Zeit«, die das Neue hervorbringen wird, braucht dieses Opfer, damit die blinde Menschheit sehend werde. Von daher wird auch die auffallende Wendung im ›Empedokles‹-Gedicht »kühner Getöteter« verständlich: Obwohl er freiwillig in den Tod geht, ist es gleichzeitig die Not der Zeit, die ihn tötet.

Je mächtiger das Schicksal, die Gegensätze von Kunst und Natur waren, um so mehr lag es in ihnen, sich immer mehr zu individualisieren, einen festen Punkt, einen Halt zu gewinnen, und eine solche Zeit ergreift alle Individuen so lange, fordert sie zur Lösung auf, bis sie eines findet, in dem sich ihr unbekanntes Bedürfnis und ihre geheime Tendenz sichtbar und erreicht darstellt, von dem aus dann erst die gefundene Auflösung ins Allgemeine übergehen muß.

So individualisiert sich seine Zeit in Empedokles, und je mehr sie sich in ihm individualisiert, je glänzender und wirklicher und sichtbarer in ihm das Rätsel aufgelöst erscheint, um so notwendiger wird sein Untergang.

(Grund zum Empedokles)

Dritte Fassung

In der dritten Fassung, von der nur etwa 500 Zeilen ausgearbeitet wurden, kehrt Hölderlin zum Blankvers zurück; Ruhe und Ausgeglichenheit, wie sie der Held dieser Fassung besitzt, strömen diese Verse aus. Empedokles ist hier von Anfang an vollkommen ausgesöhnt, freudig nimmt er sein Schicksal, den Tod, an, der ihn von der Gebundenheit und den Sorgen des Erdenlebens befreien wird. Als Segen bezeichnet er seine Verdammung. Das leidenschaftliche verzweifelte Wüten gegen sich selbst hatte Empedokles menschlich gemacht, hier nun wirkt er entrückt, umgeben von der Aura des Heiligen.

Die letzte Fassung hat Hölderlin ganz auf den Opfertod des Empedokles hin angelegt, der hier frei von persönlicher Schuld ist. Das Stück setzt gleich auf dem Ätna ein, die Vorgeschichte in Agrigent entfällt ganz. Es scheint, als habe Hölderlin eine gänzliche Neukonzipierung des Dramas vorgenommen: In Anlehnung an die griechische Tragödie führt er hier den Chor als kommentierendes Kollektiv ein (vgl. den Entwurf zum Schlußchor des I. Aktes). Auch in der Figur des Sehers Manes scheint Hölderlin Sophokleischen Anregungen (›König Ödipus‹ und ›Antigone‹) zu folgen.

Hermokrates, der doch eine tragende Rolle in den beiden vorigen Fassungen gespielt hatte, tritt gar nicht mehr auf; an seiner Stelle hat Empedokles' Bruder Strato, der der Herr Agrigents ist, den Part des Gegenspielers übernommen. Nur, daß dieser ihn verflucht habe, und daß sich Empedokles, bevor er in den Tod geht, mit ihm aussöhnen will, ist aus den wenigen Fragmenten zu ersehen. Welche Rolle allerdings der in der europäischen Literatur traditionelle Bruderkonflikt spielen sollte, wird nicht mehr deutlich.

Aus zwei Dialogen besteht das Fragment im wesentlichen. Zunächst trifft Empedokles mit seinem Jünger und Freund Pausanias zusammen; in der dritten Szene tritt Manes, »ein Ägyptier«, auf, wie ihn das Personenverzeichnis nennt. Der weise Priester Manes hat einst in Ägypten den jungen Empedokles unterwiesen. Als allwissender Seher, der die großen Abläufe der Geschichte kennt, spricht er die Vision des Erlösers aus:

> Der Eine doch, der neue Retter, faßt
> Des Himmels Strahlen ruhig auf, und liebend
> Nimmt er, was sterblich ist, an seinen Busen,
> Und milde wird in ihm der Streit der Welt.
> Die Menschen und die Götter söhnt er aus,
> Und nahe wieder leben sie, wie vormals.
> Und daß, wenn er erschienen ist, der Sohn
> Nicht größer denn die Eltern sei und nicht
> Der heil'ge Lebensgeist gefesselt bleibe,
> Vergessen über ihm, dem Einzigen,
> So lenkt er aus, der Abgott seiner Zeit,
> Zerbricht, er selbst, damit durch reine Hand
> Dem Reinen das Notwendige geschehe,
> Sein eigen Glück, das ihm zu glücklich ist,
> Und gibt, was er besaß, dem Element,
> Das ihn verherrlichte, geläutert wieder.
> Bist du der Mann? derselbe? bist du dies?

(383–394)

Hölderlin verwendet hier ein ähnliches Bild wie in seiner Hymne ›Wie wenn am Feiertage . . .‹ Dort hieß es:

> Doch uns gebührt es, unter Gottes Gewittern,
> Ihr Dichter! mit entblößtem Haupte zu stehen,
> Des Vaters Strahl, ihn selbst, mit eigner Hand
> Zu fassen und dem Volk ins Lied
> Gehüllt die himmlische Gabe zu reichen.

»Des Himmels Strahlen« sind die göttlichen Eingebungen, die der Dichter erfaßt, um sie den Menschen zu vermitteln. Im ›Empedokles‹ gestaltet Hölderlin seine Auffassung vom tragischen Dichter, der, um ins Allgemeine wirken zu können, sein eigenes Glück aufgeben muß. Auch Hölderlin selbst war sich seines Opfers bewußt, das er seiner Kunst und seiner Zeit brachte. In allen Gattungen hat er dieses Thema abgehandelt; in seinem Leiden sah er seine dichterische Berufung bestätigt.

Sicherlich lagen die Schwierigkeiten, den ›Tod des Empedokles‹ zu vollenden, bereits in der Thematik begründet: Drama bedeutet Handlung, die, als Konflikt in Dialoge aufgelöst, mit einer gewissen inneren Notwendigkeit dem (tragischen) Ende zustrebt. Empedokles' Freitod ergibt sich in keiner der drei Fassungen zwingend aus dem Geschehen, er dient vielmehr der Lösung eines geschichtsphilosophischen Theorems, das sich vermutlich mehr zu einem Essay geeignet hätte als für ein Drama.

Auch die politischen Enttäuschungen im Laufe des Jahres 1799 lähmten Hölderlin in seiner Arbeit, die eine Neugestaltung des politisch-gesellschaftlichen Lebens herbeiführen sollte. Als die Friedenskonferenz von Rastatt, von der Hölderlin und seine Freunde ein Übergreifen der Revolution auf das Reichsgebiet erhofften, im April durch den Ausbruch des 2. Koalitionskriegs abgebrochen werden mußte, resignierte der Dichter. Der Stoff seines Dramas hatte seinen lebendigen Grund verloren. An Neuffer schrieb er am 3. Juli 1799 über die Schwierigkeit, moderne Stoffe in eine neue, gültige Form zu bringen, nachdem »die alten klassischen Formen . . . so innig ihrem Stoffe angepaßt sind, daß sie für keinen andern taugen«. Insbesondere die »strengste aller poetischen Formen«, die Tragödie, sei

zum Mittel herabgewürdiget worden, um gelegentlich etwas Glänzendes oder Zärtliches zu sagen. Was konnte man aber auch mit ihr anfangen, wenn man den Stoff nicht wählte, zu dem sie paßte und mit welchem gepaart sie Sinn und Leben allein behielt. Sie war tot geworden, wie alle andre Formen, wenn sie die lebendige Seele verloren, der sie wie ein organischer Gliederbau dienten, aus der sie sich ursprünglich hervorbildeten, wie z.B. die republikanische Form in unsern Reichstädten tot und sinnlos geworden ist, weil die Menschen nicht so sind, daß sie ihrer *bedürften*, um wenig zu sagen.

HEINRICH VON KLEIST
(1777–1811)

I. Kunsttheoretische Betrachtungen

1.1 Über das Marionettentheater

Kleist hat keine eigentliche Dichtungstheorie verfaßt, sondern stellte in Form des »poetisierten Diskurses«, in Briefen und Feuilletons, theoretische Überlegungen an. Beispielsweise schrieb er seinem Freunde Rühle von Lilienstern, der sich selbst schriftstellerisch versuchte, am 31. August 1806:

Ich höre, Du, mein lieber Junge, beschäftigst Dich auch mit der Kunst? Es gibt nichts Göttlicheres, als sie! Und nichts Leichteres zugleich; und doch, warum ist es so schwer? Jede erste Bewegung, alles Unwillkürliche, ist schön; und schief und verschroben alles, sobald es sich selbst begreift. O der Verstand! Der unglückselige Verstand! Studiere nicht zu viel, mein lieber Junge. Deine Übersetzung des Racine hatte treffliche Stellen. Folge Deinem Gefühl. Was Dir schön dünkt, das gib uns, auf gut Glück. Es ist ein Wurf, wie mit dem Würfel; aber es gibt nichts anderes.

Was in diesem Brief schon anklingt, seine Vorstellungen von Schönheit, ja seine ganze ästhetische Theorie faßte Kleist Jahre später in einem feuilletonistischen Essay zusammen, der in vier Folgen im Dezember 1810 in den ›Berliner Abendblättern‹, Kleists eigener Zeitung, erschien: ›Über das Marionettentheater‹. Der Aufsatz wurde erst im 20. Jahrhundert gebührend gewürdigt, von den Zeitgenossen erkannte früh E.T.A. Hoffmann seine Bedeutung.

Zu Beginn des fiktiven Gesprächs, von dem Kleist berichtet, weist ein Tänzer den Autor auf die Grazie hin, mit der sich einige der Marionetten bewegten; zur Erklärung führt er aus,

jede Bewegung . . . hätte einen Schwerpunkt; es wäre genug, diesen, in dem Innern der Figur, zu regieren; die Glieder, welche nichts als Pendel wären, folgten, ohne irgend ein Zutun, auf eine mechanische Weise von selbst. Er setzte hinzu, daß diese Bewegung sehr einfach wäre; daß jedesmal, wenn der Schwerpunkt in einer *graden Linie* bewegt wird, die Glieder schon *Kurven* beschrieben; und daß oft, auf eine bloß zufällige Weise erschüttert, das Ganze schon in eine Art von rhythmische Bewegung käme, die dem Tanz ähnlich wäre.
. . . Die Linie, die der Schwerpunkt zu beschreiben hat, wäre zwar sehr einfach, und, wie er glaube, in den meisten Fällen, gerad. In Fällen, wo sie krumm sei, scheine das Gesetz ihrer Krümmung wenigstens von der ersten oder höchstens zweiten Ordnung; und auch in diesem letzten Fall nur elliptisch, welche Form der Bewegung den Spitzen des menschlichen Körpers

(wegen der Gelenke) überhaupt die natürliche sei, und also dem Maschinisten keine große Kunst koste, zu verzeichnen.

Dagegen wäre diese Linie wieder, von einer andern Seite, etwas sehr Geheimnisvolles. Denn sie wäre nichts anders, als der *Weg der Seele des Tänzers*; und er zweifle, daß sie anders gefunden werden könne, als dadurch, daß sich der Maschinist in den Schwerpunkt der Marionette versetzt, d.h. mit andern Worten, *tanzt*.

Die erste Besonderheit dieses Essays ist die offenkundige Neubewertung der Marionette. Als Motiv in der Literatur des 18. und 19. Jahrhunderts sehr beliebt, war sie meist Symbol der Unfreiheit des Menschen, seiner Abhängigkeit von höhern Mächten; bis heute hat die Marionette als Bild im üblichen Sprachgebrauch diese Bedeutung. Für Kleist aber wurde die Marionette zum Modell seiner Auffassung von Grazie, von Schönheit schlechthin.

Als nächstes fällt auf, daß Kleist ästhetische Prinzipien mit Hilfe physikalischer und mathematischer Gesetze zu erklären sucht. (So soll er auch die »Regeln der Dramatik« in einer geometrischen Figur zusammengefaßt, die Relation zwischen Fremd- und Selbstbestimmung des Helden als Abfolge parabelförmiger Bewegungen dargestellt haben, die allein das Zuschauerinteresse fesseln könnten; jedes Übergewicht aber oder auch die Ausgewogenheit von beidem führten zu einer linearen Abfolge, die in ihrer Überschaubarkeit bzw. forcierten Spannung von geringerem ästhetischen Wert sei. Solches jedenfalls berichtet Christian Gottlieb Hölder 1802/03 von einem niederdeutschen Landsmann, mit dem nach allen beschriebenen Umständen eigentlich nur Heinrich von Kleist gemeint sein kann.) Es war nachgerade eine besondere Eigenart Kleistschen Denkens, daß er immer wieder für poetische Anliegen mathematisch-naturwissenschaftliche Analogien suchte, also die scheinbar gegensätzlichsten Bereiche zusammenzwang. »Ich kann ein Differentiale finden, und einen Vers machen; sind das nicht die beiden Enden der menschlichen Fähigkeit?«, schrieb er an Ernst von Pfuel am 7. Januar 1805.

Neben der wissenschaftlich-exakten Umschreibung natürlicher Anmut, die aus der vollkommenen Übereinstimmung zwischen dem Spieler, der die Figur führt, und den Bewegungen der Marionette entsteht, betont Kleist das Geheimnisvolle dieses Phänomens: auch dies ein Charakteristikum des Dichters, dem die Menschen und Dinge dieser Welt einen nicht zu enträtselnden Anteil besaßen.

Der entscheidende Vorteil der Marionette, behauptet der Tänzer, sei, daß sie sich niemals ziere. »Denn Ziererei erscheint, wie Sie wissen, wenn sich die Seele (vis motrix) in irgend einem andern Punkte befindet, als in dem Schwerpunkt der Bewegung.« Damit ist jede künstliche, also bewußte Körperhaltung gemeint, die nicht mit der inneren Bewegung der Seele übereinstimmt und daher unwahr ist.

Schönheit und Anmut bedeuteten für Kleist vor allem Wahrheit des Ausdrucks – darin unterscheidet er sich von den Klassikern und ihrem sittlich-moralisch definierten Schönheitsbegriff.

Die vom Tänzer vorgebrachte These, daß die mechanisch bewegte Gliederpuppe mehr Anmut und Natürlichkeit ausstrahlen könne als der Mensch, klingt zunächst paradox. Der Tänzer erklärt indes die Überlegenheit der Marionette: Hätte der Maschinist – der jedoch nicht ohne Empfindung für die Eigenart der Puppe und für die Grazie des Tanzes sein dürfe – einmal ihren Schwerpunkt gefunden, würden sich ihre Glieder nur noch unwillkürlich, allein dem natürlichen Gesetz der Schwere folgend, bewegen. Dazu käme, daß die Marionette »antigrav« sei, d.h. nicht der Trägheit der Materie unterworfen; den Puppen genüge es, »wie die Elfen die Erde zu streifen«.

Das Gesetz der Schwerkraft fesselt den Menschen an die Erde, hemmt ihn, sich der vollkommen freien leichten Bewegung, wie sie der Marionette eignet, hinzugeben. Da diese ohne Geist, also ohne verstandesmäßiges Bewußtsein sei, könne sie auch nicht irren. Daß mit dem Einbruch des Bewußtseins der Mensch seine natürliche Grazie, die Einheit von Seele und Körper verloren habe, weiß der Erzähler aus eigener Erfahrung zu bestätigen:

... Ich sagte, daß ich gar wohl wüßte, welche Unordnungen, in der natürlichen Grazie des Menschen, das Bewußtsein anrichtet. Ein junger Mann von meiner Bekanntschaft hätte, durch eine bloße Bemerkung, gleichsam vor meinen Augen, seine Unschuld verloren, und das Paradies derselben, trotz aller ersinnlichen Bemühungen, nachher niemals wieder gefunden. ...

... Ich badete mich, erzählte ich, vor etwa drei Jahren, mit einem jungen Mann, über dessen Bildung damals eine wunderbare Anmut verbreitet war. Er mochte ohngefähr in seinem sechzehnten Jahre stehn, und nur ganz von fern ließen sich, von der Gunst der Frauen herbeigerufen, die ersten Spuren von Eitelkeit erblicken. Es traf sich, daß wir grade kurz zuvor in Paris den Jüngling gesehen hatten, der sich einen Splitter aus dem Fuße zieht; der Abguß der Statue ist bekannt und befindet sich in den meisten deutschen Sammlungen. Ein Blick, den er in dem Augenblick, da er den Fuß auf den Schemel setzte, um ihn abzutrocknen, in einen Spiegel warf, erinnerte ihn daran; er lächelte und sagte mir, welch eine Entdeckung er gemacht habe. In der Tat hatte ich, in eben diesem Augenblick, dieselbe gemacht; doch sei es, um die Sicherheit der Grazie, die ihm beiwohnte, zu prüfen, sei es, um seiner Eitelkeit ein wenig heilsam zu begegnen: ich lachte und erwiderte – er sähe wohl Geister! Er errötete, und hob den Fuß zum zweitenmal, um es mir zu zeigen; doch der Versuch, wie sich leicht hätte voraussehn lassen, mißglückte. Er hob verwirrt den Fuß zum dritten und vierten, er hob ihn wohl noch zehnmal: umsonst! er war außerstand, dieselbe Bewegung wieder hervorzubringen – was sag ich? die Bewegungen, die er machte, hatten ein so komisches Element, daß ich Mühe hatte, das Gelächter zurückzuhalten: –

Von diesem Tage, gleichsam von diesem Augenblick an, ging eine unbegreifliche Veränderung mit dem jungen Menschen vor. Er fing an, tagelang vor dem Spiegel zu stehen; und immer ein Reiz nach dem andern verließ ihn. Eine unsichtbare und unbegreifliche Gewalt schien sich, wie ein eisernes Netz, um das freie Spiel seiner Gebärden zu legen, und als ein Jahr verflossen war, war keine Spur mehr von der Lieblichkeit in ihm zu entdecken, die die Augen der Menschen sonst, die ihn umringten, ergötzt hatte. . . .

Verwirrt reagierte der badende Jüngling, als die bewußte Wiederholung seiner anmutigen Bewegung ihm nicht gelang. Und je angestrengter er in der Folgezeit sich um den reizvollen Effekt der zufällig erreichten Grazie bemühte, desto unfreier (und häßlicher) wurde er. Von einem »eisernen Netz«, das sich »um das freie Spiel seiner Gebärden legte«, war oben die Rede; damit kennzeichnet Kleist den Zustand des modernen Menschen, der seine ursprüngliche Naivität, seine innere Einheit, die er im Paradies besessen hatte, verloren hat und nun verwirrt, leidend, mit dieser Erschütterung seines Ichs leben muß. Das Paradies, hatte es vorher geheißen, sei nun »verriegelt und der Cherub hinter uns; wir müssen die Reise um die Welt machen, und sehen, ob es vielleicht von hinten irgendwo wieder offen ist«.

Es folgt, gewissermaßen als weiterer Beleg für die Entfremdung des Vernunftmenschen von der Natur, die Anekdote von dem fechtenden Bären, der nicht verwundet werden konnte, weil er mit untrüglicher Sicherheit jede Finte, d.h. bewußte Täuschung, von jedem echten Stoß zu unterscheiden und diesen in seiner Richtung sofort zu erkennen und zu parieren wußte. Ein Tier also, dies die Quintessenz, handelt unbewußt, instinktiv, und deshalb stets richtig.

. . . Wir sehen, daß in dem Maße, als, in der organischen Welt, die Reflexion dunkler und schwächer wird, die Grazie darin immer strahlender und herrschender hervortritt. – Doch so, wie sich der Durchschnitt zweier Linien, auf der einen Seite eines Punkts, nach dem Durchgang durch das Unendliche, plötzlich wieder auf der andern Seite einfindet, oder das Bild des Hohlspiegels, nachdem es sich in das Unendliche entfernt hat, plötzlich wieder dicht vor uns tritt: so findet sich auch, wenn die Erkenntnis gleichsam durch ein Unendliches gegangen ist, die Grazie wieder ein; so, daß sie, zu gleicher Zeit, in demjenigen menschlichen Körperbau am reinsten erscheint, der entweder gar keins, oder ein unendliches Bewußtsein hat, d.h. in dem Gliedermann, oder in dem Gott.

Mithin, sagte ich ein wenig zerstreut, müßten wir wieder von dem Baum der Erkenntnis essen, um in den Stand der Unschuld zurückzufallen?

Allerdings, antwortete er; das ist das letzte Kapitel von der Geschichte der Welt.

Auch für Kleist vollzieht sich die Geschichte der Menschheit im dialektischen Dreischritt: Auf die natürliche Unschuld und Ganzheit folgt die Vertreibung aus dem Paradies, d.h. die Bewußtwerdung des Menschen, sein Erkenntnisdrang, und damit die Zergliederung von

Verstand und Gefühl, ja die Dominanz der Ratio; eine Rückkehr ins Paradies ist indes möglich, wenn der Mensch zu seiner verdrängten Natur zurückfindet und sie in Einklang bringt mit seinem Bewußtsein, so daß er zu einer vom Unbewußten getragenen Einheit des Fühlens, Denkens und Handelns gelangt.

Erst im unendlichen Bewußtsein, das die ganze »ringförmige Welt«, die ganze Schöpfung, Natur und Verstand umfaßt, besitzt der Mensch wieder Anmut, an der jetzt nur ein Gott – der absolute Geist – oder eine Marionette, weil ganz ohne Bewußtsein, teilhaben. Diese Vollendung ist dem Menschen im Leben bisher nicht gegeben, das »letzte Kapitel von der Geschichte der Welt« steht noch aus; aber in seiner Dichtung zeigt Kleist Möglichkeiten auf, wie diese Versöhnung gelingen kann (vgl. ›Prinz von Homburg‹).

Kleist hat die Problematik des modernen Menschen auf die künstlerische Ebene übertragen, auf das Verhältnis von Marionette und Spieler, aber auch – wie später ausgeführt – von Schauspieler und darzustellendem Charakter bzw. ganz allgemein auf das Verhältnis des Dichters zu seinen Figuren. In allen Fällen gilt, daß auch die Geschöpfe, da sie ja ihr eigenes Wesen und Gesetz haben, auf ihren Schöpfer zurückwirken, daß also zwischen Subjekt und Objekt, zwischen Künstler und Kunstwerk eine wechselseitige Abhängigkeit besteht; erst aus der verinnerlichten Vernunft gewissermaßen, im intuitiven Erfassen des Wesentlichen (des Schwerpunkts, der Seele) entsteht wahre Kunst, das Schöne. Mit andern Worten: es bedarf des Zusammenspiels von Innerem und Äußerem, von Bewußtsein und Bewußtlosigkeit, Instinkt und Reflexion, um das Ideal der Anmut, die Einheit des Seins wiederzugewinnen. Das wäre dann tatsächlich »das letzte Kapitel von der Geschichte der Welt«.

Möglicherweise hatte der Aufsatz ›Über das Marionettentheater‹ auch einen ganz pragmatischen, sozusagen aktuellen Anlaß. Er scheint nämlich Kleists Kritik an dem Königlichen Nationaltheater in Berlin, insbesondere an dessen Leiter und Hauptdarsteller, August Wilhelm Iffland, in verdeckter Form weiterzuführen, nachdem ihm die Zensurbehörde jegliche kritische Stellungnahme über die Theatereinrichtung verboten hatte. Dieser Vorgang hatte sich kurz vor jener Zeit abgespielt, als Kleist den Essay in seiner Zeitung erscheinen ließ. Von derselben Polizeibehörde, die die ›Berliner Abendblätter‹ zensierte, wurde im Herbst 1810 energisch gegen die Marionettenbühnen in den Wirtshäusern Berlins vorgegangen, an denen sich das Volk belustigte; die staatliche Ordnungsmacht fürchtete um die Sittlichkeit der »rohen Massen« und hätte am liebsten die Marionettenbühnen gänzlich verboten.

Unter diesem Gesichtspunkt muß man Kleists Essay, vor allem die beiden ersten Teile, noch einmal lesen. Gleich zu Anfang hält der

Autor – Kleist – Herrn C., der »als erster Tänzer der Oper ... bei dem Publiko außerordentliches Glück machte«, erstaunt vor, daß er wiederholt in einem Marionettentheater zu finden gewesen sei. Worauf der Tänzer entgegnet, daß er viel vom Marionettenspiel halte, ja glaube, daß ein Tänzer von der Puppe lernen könne. Im Laufe des Gesprächs versucht Herr C., seinem Gegenüber – wie oben dargestellt – die Vorzüge der Marionette zu entwickeln, die aber vom »Maschinisten« ein Sich-Hineinversetzen in ihr Wesen erfordere, um sie zu höchster Anmut und Vollkommenheit zu führen.

Auf den Schauspieler und seine Rolle übertragen, heißt das: Erfaßt der Spieler den Charakter nicht als Ganzes, in seiner Mitte sozusagen, kann er sein Publikum nicht ergreifen und erschüttern, mag er in einzelnen Partien noch so gut sein. Von Iffland als Schauspieler ist bekannt, daß er ein Freund von großen Gesten war und mit eindrucksvoller, wohl einstudierter Mimik wirken wollte – was ihm als Manieriertheit angekreidet wurde. Schiller etwa fand ihn zu verstandesmäßig, zu absichtsvoll; von ihm als jüngerem Schauspieler hieß es bereits, er zeige »mehr Kunst als Empfindung«; Tieck tadelte ihn, und Kleist hatte in seiner Theaterkritik vom 2. 10. 1810 über ein Lustspiel von Voß bemerkt: »... von allen seinen [Ifflands] Gliedern, behaupten wir, wirkt, in der Regel, keins, zum Ausdruck eines Affekts, so geschäftig mit, als die Hand; sie zieht die Aufmerksamkeit fast von seinem so ausdrucksvollen Gesicht ab: und so vortrefflich dies Spiel an und für sich auch sein mag, so glauben wir doch, daß ein Gebrauch, mäßiger und minder verschwenderisch, als der, den er davon macht, seinem Spiel (*wenn* dasselbe noch etwas zu wünschen übrig läßt) vorteilhaft sein würde.« Ironische Andeutungen mußten dem Kritiker genügen. – Die Übereinstimmung mit dem ›Marionettentheater‹ ist auffallend; als Ziererei, als Mißgriff bezeichnet Kleist dort die Bewegung, die nicht aus dem Schwerpunkt kommt, in der sich die einzelnen Körperglieder zu verselbständigen scheinen:

Sehen Sie den jungen F... an, wenn er, als Paris, unter den drei Göttinnen steht, und der Venus den Apfel überreicht: die Seele sitzt ihm gar (es ist ein Schrecken, es zu sehen) im Ellenbogen.

Nach der zweiten Folge des ›Marionetten‹-Essays hatte Kleist eine Unterredung mit Minister Hardenberg (am 13. 12. 1810), der ganz hinter Iffland und dessen Vorstellungen von einem bürgerlichen Theater stand; möglicherweise heben deshalb die folgenden Abschnitte mit den Erzählungen vom badenden Jüngling und dem fechtenden Bären seine Argumentation auf eine allgemeinere Ebene.

Gerade in den Marionettenbühnen sah Kleist eine lebendige Alternative zu dem verzopften Kulturbetrieb des Königlichen Nationaltheaters. Daß er eine für den »Haufen erfundene Spielart einer schönen Kunst« unterstützte, stellt einen deutlichen Bruch mit der Weimarer Klassik dar. Die Kunst dürfe sich nicht dem Pöbel gemein machen, war Schillers Überzeugung, aus der er z.B. Gottfried August Bürgers Gedichte und dessen Popularitätsbegriff heftig angriff (vgl. Bd. II); das rohe Volk müsse im Gegenteil durch die Kunst gewissermaßen erhoben werden, bis seine Natur durch Schönheit zum Guten geläutert sei. Kleist aber kehrte nun alles um, wenn er behauptet, das Ideal natürlicher Schönheit sei nur mehr bei der künstlichen Puppe zu finden.

Ganz stimmig und konsequent sind die einzelnen Partien in Kleists Aufsatz nicht und lassen daher weiten Raum für die Interpretation. Die in der Huldigung der Marionette versteckte Kritik am Kunstverständnis der Zeit war auch ein Affront gegen die Berliner Zensurbehörde, gegen das Königliche Nationaltheater und sein Publikum oder auch die Weimarer Klassiker; undiplomatisch war solche ästhetische Provokation in jedem Fall für einen Dramatiker, der seine eigenen, so völlig andersartigen Stücke gern auf der Berliner Bühne gesehen hätte.

1.2 Über die allmähliche Verfertigung der Gedanken beim Reden

Als Brief an seinen Freund Rühle von Lilienstern hat Kleist die folgenden Überlegungen konzipiert, die später für einen Abdruck im ›Phöbus‹ vorgesehen wurden, wie redaktionelle Anmerkungen von zweiter Hand auf dem Manuskript vermuten lassen. Indem er sich an einen fingierten Gesprächspartner wandte, sich ein interessiertes Gegenüber vorstellte – das ›Marionettentheater‹ ist direkt als Dialog verfaßt –, konnte er wohl am leichtesten seine Ideen entwickeln. Genau diesen Sachverhalt hat der Dichter in dem kleinen Aufsatz beschrieben: Nichts wäre hilfreicher, einen schwierigen Gedankengang zu vollenden, als ihn einem anderen darzulegen, gerade wenn erst eine noch sehr undeutliche Vorstellung von dem eigentlich Gemeinten vorhanden sei. Kleist beschreibt jenen Zustand, in dem man einen Gedanken schon ahnt, ohne ihn bereits artikulieren zu können.

Denn nicht *wir* wissen, es ist allererst ein gewisser *Zustand* unsrer, welcher weiß.

Der Gesprächspartner, auf dessen Gesicht sich Erstaunen, Verstehen, auch Ungeduld spiegele, gar die Absicht zu unterbrechen, bringe das Gemüt in die nötige Erregung, den erst halben Gedanken fertig zu denken. Als »Quell der Begeisterung« könne das Gegenüber entscheidend zur Verdeutlichung, zur Sprachwerdung des bisher nur dunkel Geahnten beitragen.

Aber weil ich doch irgend eine dunkle Vorstellung habe, die mit dem, was ich suche, von fern her in einiger Verbindung steht, so prägt, wenn ich nur dreist damit den Anfang mache, das Gemüt, während die Rede fortschreitet, in der Notwendigkeit, dem Anfang nun auch ein Ende zu finden, jene verworrene Vorstellung zur völligen Deutlichkeit aus, dergestalt, daß die Erkenntnis, zu meinem Erstaunen, mit der Periode fertig ist.

Mit diesem Satz liefert Kleist gewissermaßen Beispiel und Beweis für die darin enthaltene These: Der Erkenntnisprozeß erfolgt stockend, schrittweise, wie die durch Kommata signalisierten 14 Pausen andeuten; die schöpferische Erregung der Gedankenfindung ist in dem gedrängten Satz, der von der dunklen Vorstellung bis zur fertigen Erkenntnis reicht, syntaktisch wiedergegeben.

Um im Gespräch Zeit zu gewinnen für die »Fabrikation« der Idee, bedient sich der Redende gewisser Kniffe – er dehnt das Sprechen künstlich aus, fügt eigentlich unnötige Füllwörter und unartikulierte Laute ein etc. –, bis allmählich der Gedanke ganz ins Bewußtsein gehoben und endlich heraus ist.

Die Sprache ist alsdann keine Fessel, etwa wie ein Hemmschuh an dem Rade des Geistes, sondern wie ein zweites, mit ihm parallel fortlaufendes, Rad an seiner Achse.

Ganz anders verhalte es sich, wenn ein Gedanke schon fertig gedacht sei und nur noch ausgedrückt werden solle: Dann sei es notwendig, ihn so schnell wie möglich, so lange noch die schöpferische Erregung seiner Entwicklung anhält, herauszubringen, denn wenn diese abgeklungen sei, könne er nicht mehr so leicht formuliert werden. Es sei durchaus möglich, daß gerade, wenn jemand sich etwas besonders klar überlegt habe, er dies nur mehr verworren artikulieren könne, als habe er es im Augenblick wieder vergessen.

In solchen Fällen ist es um so unerläßlicher, daß uns die Sprache mit Leichtigkeit zur Hand sei, um dasjenige, was wir gleichzeitig gedacht haben, und doch nicht gleichzeitig von uns geben können, wenigstens so schnell, als möglich, auf einander folgen zu lassen. Und überhaupt wird jeder, der, bei gleicher Deutlichkeit, geschwinder als sein Gegner spricht, einen Vorteil über ihn haben, weil er gleichsam mehr Truppen als er ins Feld führt.

Hier spielt Kleist auf die physiologische Seite des Sprechens an, gebraucht den Begriff der Sprache, die »mit Leichtigkeit zur Hand« sein solle, nicht mehr im intellektuellen Sinne, sondern als Fähigkeit des Artikulierens.

Zeitgenossen berichten, daß Kleist durch seine eigentümliche Sprechweise auffiel: Achim von Arnim stellte eine »gewisse Unbestimmtheit in der Rede, die sich dem Stammeln nähert«, fest (an Wilhelm Grimm im Februar 1810). Wieland beschreibt »unter mehreren Sonderlichkeiten, die an ihm auffallen mußten, ... eine seltsame Art der Zerstreuung, wenn man mit ihm sprach, so daß z. B. ein einziges Wort eine ganze Reihe von Ideen in seinem Gehirn, wie ein Glockenspiel anzuziehen schien, und verursachte, daß er nichts weiter von dem, was man ihm sagte, hörte und also auch mit der Antwort zurückblieb« (an Dr. Georg Wedekind am 10. April 1804). Und eine unbekannte Freundin notierte 1847: »Für gewöhnlich sprach er wenig und in gedrängter Kürze, doch regte ihn ein Gegenstand dergestalt an, daß er das Bedürfnis fühlte, sich darüber auszusprechen, so riß seine Rede alle Zuhörer mit sich fort – oft geschah es aber, daß er mitten im Redestrom plötzlich abbrach, vor sich hinstarrte, als erblicke er irgend etwas vor sich, und dann in dumpfes Hinbrüten versank, wo dann nichts mehr aus ihm herauszubringen war.«

Sowohl das Stocken im Reden wie das rasche, ja hastige Sprechen, überhaupt sein Zerstreut-Sein scheinen Kleists theoretische Überlegungen in der Praxis zu bestätigen.

Auch in Kleists Dichtungen läßt sich das Verfahren der »allmählichen Verfertigung der Gedanken beim Reden« nachvollziehen: Seine Sprache fließt nicht, sein Stil ist nicht glatt und gefällig, sondern wie zerhackt wirken seine Sätze, in denen bruchstückhaft die einzelnen Informationen gereiht sind, wobei erst am Schluß der Sinn der ganzen Periode deutlich wird. Durch diese zugleich stockenden und drängenden Satzperioden seiner Prosa gewinnt Kleist eine Unmittelbarkeit des Erzählens, die er mit einem »schönen«, sozusagen klassischen Stil nie erreichen würde. (Vgl. unten die ›Marquise von O...‹)

Da Kleist mit syntaktischen Mitteln Denkprozesse, Handlungsabläufe, ja Gefühle unmittelbar ausdrücken wollte, mußte er zwangsläufig immer wieder an die Grenzen sprachlicher Möglichkeiten stoßen. Von hier aus wird seine Äußerung in dem ›Brief eines Dichters an einen anderen‹ verständlich, daß er am liebsten auf die Sprache verzichten würde, um den Gedanken rein und spontan mitteilen zu können. Auch andere Äußerungen Kleists lassen erkennen, daß er der Sprache als höchstem Kulturgut durchaus kritisch gegenüberstand, da sie die wahre Kommunikation zwischen den Menschen eher verhindere; das Wort überträgt nicht alle Empfindungen und Assoziationen, alle Schwingungen des Ichs, sondern es begrenzt den

Austausch weitgehend auf das rational Faßbare; die Sprache verfälscht auch, heuchelt, lügt. So bedeutet es viel, wenn Kleist oben schreibt, daß die Sprache »keine Fessel«, »kein Hemmschuh an dem Rade des Geistes« sei, sobald sie als Medium der Erkenntnisfindung dient.

2.1 Kleist auf der Suche nach seiner Bestimmung, die Kant-Krise

1799 hatte Heinrich von Kleist, nach sieben Jahren Dienst im preußischen Garderegiment, um seinen Abschied nachgesucht. Für seinen Stand und seine Familie bedeutete dies den Bruch mit geradezu ehernen Normen und Traditionen. In einem langen Brief gab der 22jährige sich und seinem Lehrer Martini Rechenschaft über diesen Schritt: »Die Frage war die: ob ein Fall möglich sei, in welchem ein denkender Mensch der Überzeugung eines andern mehr trauen soll, als seiner eigenen?« Kleist empfand das Militär (»in seinem jetzigen Zustand«) mit seinem Drill und sklavischen Gehorsam als unvereinbar mit seinem ganzen Wesen, als »ein lebendiges Monument der Tyrannei«, der er sich nicht länger unterwerfen wollte. Er begründete seinen Entschluß mit der Pflicht des Menschen, seinen ganz eigenen Lebensplan zu verfolgen, ohne Rücksicht auf Familientraditionen, auf wirtschaftliche Sicherheit, beruflichen Erfolg oder andere bürgerliche Glücksgüter. Schon in diesen frühen Jahren schrieb Kleist also der eigenen inneren Überzeugung die zentrale Kraft zu, gegen alle äußeren Einflüsse und Ansprüche sein Glück zu sichern:

In mir und durch mich vergnügt, o, mein Freund! wo kann der Blitz des Schicksals mich Glücklichen treffen, wenn ich es fest im Innersten meiner Seele bewahre? Immer mehr erwärmt und begünstigt mein Herz den Entschluß, den ich nun um keinen Preis der Könige mehr aufgeben möchte, und meine Vernunft bekräftigt, was mein Herz sagt, und krönt es mit der Wahrheit, daß es wenigstens weise und ratsam sei, in dieser wandelbaren Zeit so wenig wie möglich an die Ordnung der Dinge zu knüpfen.
(an Christian Ernst Martini vom 18./19. März 1799)

Mit der »Ordnung der Dinge« mag Kleist die festgefügten militärischen Strukturen, aber auch allgemein die von der Gesellschaft gegebenen Wertvorstellungen und Verhaltensnormen gemeint haben, gegen die er ausschließlich seine von Vernunft und Gefühl getragene persönliche Überzeugung setzte, sein »absolutes Ich«. Damit hat Kleist eine wichtige Thematik seiner späteren Dichtungen bereits formuliert.

Ganz dem Geist des späten 18. Jahrhunderts verpflichtet, sah Kleist in dem unablässigen Bemühen um Tugend und Bildung die Aufgabe eines freien, mündigen, seiner göttlichen Bestimmung folgenden Menschen. Nach dem Abschied vom Militär stürzte er sich auf das Studium der Mathematik und der Philosophie – für ihn die »Grundfesten allen Wissens« –, ohne es jedoch in beiden Disziplinen zu einem Abschluß zu bringen. Die Auseinandersetzung mit der Kantischen Philosophie führte ihn schließlich in eine tiefe Krise, zur verzweifelnden Einsicht, daß alle Erkenntnis der Welt immer relativ bleiben müsse, jedenfalls von der Vernunft und den Sinnen her keine absoluten Gewißheiten zu erlangen seien.

Der Gedanke, daß wir hienieden von der Wahrheit nichts, gar nichts, wissen, daß das, was wir hier Wahrheit nennen, nach dem Tode ganz anders heißt, und daß folglich das Bestreben, sich ein Eigentum zu erwerben, das uns auch in das Grab folgt, ganz vergeblich und fruchtlos ist, dieser Gedanke hat mich in dem Heiligtum meiner Seele erschüttert – Mein *einziges* und *höchstes* Ziel ist gesunken, ich habe keines mehr. Seitdem ekelt mich vor den Büchern ...

(an Ulrike von Kleist, den 23. März 1801)

Ganz ähnlich schrieb er auch an seine Braut Wilhelmine von Zenge. Es mag merkwürdig scheinen, daß die Begegnung mit der Kantischen Philosophie (vermutlich hatte er die ›Kritik der Urteilskraft‹ gelesen) Kleist so verwunden konnte; da er sich aber seine »eigne Religion« gemacht hatte aus dem Streben, seine Bildung zu vervollkommnen und sich so der ewigen Wahrheit zu nähern, traf ihn nun die Vergeblichkeit solchen Bemühens in seiner ganzen Existenz. Auf Reisen hoffte er die Leere und innere Unruhe zu überwinden und ein neues, das »rechte Ziel« für seinen Geist zu finden.

2.2 Kleists Versuch einer neuen Dramenkonzeption: Robert Guiskard, Herzog der Normänner

Nachdem Kleist nicht bereit war, ein Amt im zivilen Staatsdienst zu übernehmen, und eine wissenschaftliche Tätigkeit ihn ebenfalls nicht befriedigen konnte, klärte sich in den Jahren 1801/02 allmählich sein Entschluß, doch die Schriftstellerei zu seinem Beruf zu machen – obwohl er gerade noch in Paris verächtlich vom »Bücherschreiben für Geld« gesprochen hatte. Auf der einsam gelegenen Aare-Insel am Thuner See in der Schweiz schloß er sein Erstlingsdrama ›Die Familie Schroffenstein‹ ab, begann anschließend die Arbeit an einem zweiten Drama, ›Robert Guiskard‹, mit dem er eine ganz neuartige Tragödie schaffen wollte. Hin- und hergetrieben zwischen Hoffnung, ja Gewißheit seines Ruhms und der Angst vor einem Scheitern auch als Schriftsteller, mußten ihm Verwandte und Freunde immer wieder Mut zusprechen und Geld geben.

Am 3. Juli 1803 schrieb Kleist an seine Stiefschwester Ulrike: »Der Rest meines Vermögens ist aufgezehrt, und ich soll das Anerbieten eines Freundes annehmen, von seinem Gelde so lange zu leben, bis ich eine gewisse Entdeckung im Gebiete der Kunst, die ihn sehr interessiert, völlig ins Licht gestellt habe.« Mit »gewiß« meinte Kleist eine vollkommen sichere, sozusagen epochale Entdeckung; er erwartete, sich dadurch »den Kranz der Unsterblichkeit zusammen zu pflücken«. Neben dem Freund Ernst von Pfuel aus der Zeit beim Garde-Regiment, auf den er oben anspielt, war es vor allem Wieland, bei dem er den Winter 1802/03 zugebracht hatte und dem er einiges aus seinem ›Robert Guiskard‹ vorgetragen, der Kleist bedingungslos ermutigte: Er wolle hoffen und glauben, schrieb Wieland,

daß nur ein mißmutiger Augenblick Sie in die Verstimmung habe setzen können, für möglich zu halten, daß irgend ein Hindernis von außen Ihnen die Vollendung eines Meisterwerks, wozu Sie einen so allmächtigen innerlichen Beruf fühlen, *unmöglich* machen könne. Nichts ist dem Genius der heiligen Muse, die Sie begeistert, unmöglich. Sie *müssen* Ihren Guiscard vollenden, und wenn der ganze Kaukasus und Atlas auf Sie drückte.

(im Juli 1803)

Wieland war der einzige der dichterfürstlichen Zeitgenossen, der Kleists Bedeutung erfaßte. Dem Mainzer Arzt Dr. Wedekind, bei dem der so reizbare junge Dichter ein halbes Jahr in schwerer Depression verbracht hatte, schrieb er am 10. April 1804:

Wenn die Geister des Äschylus, Sophokles und Shakespeares sich vereinigten, eine Tragödie zu schaffen, so würde das sein, was Kleists *Tod Guiscards des Normanns*, sofern das Ganze demjenigen entspräche, was er mich damals hören ließ. Von diesem Augenblicke an war es bei mir entschieden, Kleist sei dazu geboren, die große Lücke in unserer dermaligen Literatur auszufüllen, die (nach meiner Meinung wenigstens) selbst von Goethe und Schiller noch nicht ausgefüllt worden ist.

Daß Wieland an ihn, an sein Talent glaubte, war für Kleist lebenswichtig; den »Trostbrief« trug er stets bei sich. Er wollte ja nicht irgend ein populärer Stücke-Schreiber werden, sondern zu den ganz Großen der Nation gehören, ja im Grunde Goethe übertreffen. Das obige Bild des lastenden Kaukasus traf die Situation gut, denn Kleist, obwohl er selbst den Ruhm brauchte, diesen unzähmbaren Ehrgeiz hatte, erdrückten doch gleichzeitig solche Erwartungen. Nachdem er sich über viele Monate gequält, unablässig angesetzt, verworfen, neu begonnen hatte, vernichtete er schließlich in Paris, in einem Anfall ohnmächtiger Verzweiflung, sein Manuskript.

Ich habe nun ein Halbtausend hinter einander folgender Tage, die Nächte der meisten mit eingerechnet, an den Versuch gesetzt, zu so vielen Kränzen noch einen auf unsere Familie herabzuringen: jetzt ruft mir unsere heilige Schutzgöttin zu, daß es genug sei. . . . Das Schicksal, das den Völkern jeden Zuschuß zu ihrer Bildung zumißt, will, denke ich, die Kunst in diesem nördlichen Himmelsstrich noch nicht reifen lassen. Töricht wäre es wenigstens, wenn *ich* meine Kräfte länger an ein Werk setzen wollte, das, wie ich mich endlich überzeugen muß, für mich zu schwer ist. Ich trete vor einem zurück, der noch nicht da ist, und beuge mich, ein Jahrtausend im voraus, vor seinem Geiste. Denn in der Reihe der menschlichen Erfindungen ist diejenige, die ich gedacht habe, unfehlbar ein Glied, und es wächst irgendwo ein Stein schon für den, der sie einst ausspricht.

(an Ulrike von Kleist am 5. Oktober 1803)

So stark war die Erschütterung nach diesem Scheitern, daß Kleist französische Kriegsdienste nehmen wollte, um »den schönen Tod der Schlachten« zu sterben. Schließlich warf ihn die oben erwähnte depressive Krankheit auf Monate darnieder, bis er von dem Mainzer Arzt Dr. Wedekind wieder zum Leben ermutigt wurde.

Kleist veröffentlichte 1807 im ›Phöbus‹ einige aus dem Gedächtnis rekonstruierte Teile seines ›Robert Guiskard‹. Daß er die Zeit für noch nicht reif erklärte, ein so »hohes Ideal« in der dramatischen Kunst zu verwirklichen, daß er sein Scheitern also als schicksalhaft vorbestimmt, ja historisch bedingt hinstellte, ließ ihn schließlich die Enttäuschung ertragen; dennoch lastete sie schwer genug auf ihm.

Es war Kleist um nichts Geringeres gegangen als die Definition und Verwirklichung eines neuen Dramentypus, der, auf dem klassisch-griechischen Muster aufbauend, das Bewußtsein seiner Gegenwart thematisieren sollte. Auch Goethe hatte mit ›Iphigenie‹ ähnliches versucht, ebenso Schiller mit seinem ›Wallenstein‹ und Hölderlin mit dem Trauerspiel ›Der Tod des Empedokles‹. Goethe war es gelungen, über die Idee der Humanität antiken Mythos und den psychologischen Ansatz der Moderne zu verbinden. Schiller hatte sich vor allem im Formalen – im analytischen Herausarbeiten des von Wallenstein selbst und den verhängnisvollen Umständen verschuldeten Untergangs – an Sophokles' ›Ödipus‹ orientiert. Hölderlin scheiterte; ebenso wie Kleists ›Robert Guiskard‹ blieb sein Versuch Fragment, aber beide Dichter stießen in der Konsequenz ihres dramatischen Ansatzes in Bereiche vor, die zu Büchner, Hebbel, Grillparzer weiterführen sollten, während z.B. von dem geschlossenen Drama der Weimarer Klassiker kaum Impulse für die Zukunft ausgingen.

Erst als sich Kleist befreite von dem antiken Vorbild, fand er, in dem Trauerspiel ›Penthesilea‹ etwa, das den griechischen Mythos in radikaler Weise modern deutete, beziehungsweise in der ironischen Umkehrung des Sophokleischen ›Ödipus‹ zur Komödie (›Der zerbrochene Krug‹) seine eigene Antwort auf die Herausforderung der klassischen Antike.

Kleist spielt in seinem Dramenfragment auf Ereignisse des 11. Jahrhunderts an, als der Normannenherzog Robert Guiskard in zwei großen Feldzügen versuchte, sich Griechenland, das von Kaiser Alexios Komnenos beherrscht wurde, zu unterwerfen. Guiskard hatte sich 1059/60, nach dem Tod seiner älteren Brüder, zum Herzog von Apulien aufgeschwungen, die dynastischen Rechte seiner Neffen mißachtend, war aber dann auf Grund seiner Herrscherqualitäten von den Normannen in seinem Amt bestätigt worden. 1082 eroberte er nach langer Belagerung Durazzo, an der albanischen Küste gelegen. Guiskards Heer wurde dabei von Hunger und Seuchen heimgesucht; dennoch gab der Herzog nicht auf, sondern half persönlich den Kranken, glaubte unerschütterlich an den Sieg und zog schließlich, nachdem Verräter ihm die Tore geöffnet hatten, in die Stadt ein.

Diese historische Situation übertrug Kleist nun ziemlich frei auf eine fiktive Belagerung Konstantinopels, zu der Guiskard aufgebrochen ist, seiner Tochter Helena, der vertriebenen griechischen Kaiserinwitwe, den Thron wieder zu erkämpfen und den Usurpator Alexios Komnenos zu stürzen. Auch im Drama ist Guiskard Normannenherzog geworden aus eigener Kraft, hatte seinen Neffen Abälard enterbt, für den er die Regentschaft nur bis zu dessen Volljährigkeit hätte führen sollen. Das dynastische Prinzip, das er durchbrochen hat, will er allerdings auf seinen Sohn wieder anwenden, obwohl dieser, wie sich zeigt, unfähig ist, während sich Abälard als ebenso kraftvolle, instinktsichere Herrschernatur darstellt wie Guiskard selbst.

Dieser Versuch, sich auf das von ihm selbst einst revolutionierte Gesetz zu stützen, enthüllt Guiskards inneren Widerspruch. Mit dem Verzicht auf die spontane schöpferische Kraft, die einzige Begründung seiner Herrschaft, verstößt er nicht nur gegen das eigene innere Gesetz, das ihn tatkräftig das Schicksal selbst gestalten hieß; er bindet auch die Normannen wieder an die starre Erbfolgeregelung, die ihnen keine Handlungsfreiheit läßt, sondern dem festgeschriebenen Buchstaben zu folgen gebietet. Daß sich Guiskard mit diesem Schritt, mit dem er die unwägbare Zukunft absichern will, selbst um einen Nachfolger bringt, der sein Lebenswerk erhält und fortsetzt, ist tragisch-ironische Konsequenz seines Handelns. Byzanz-Konstantinopel in sein Reich einzugliedern, sollte der Höhepunkt seiner Laufbahn werden. Aber Guiskard ist bereits von der Pest angesteckt, er wird vermutlich sterben, bevor er sein Ziel erreicht hat.

Und vor seinem Sohn Robert, der dem Namen Guiskard, d.i. Schlaukopf, Hohn spricht und aller herrscherlichen Kraft entbehrt, würde sich, wie Abälard triumphierend voraussagt, Byzanz nie und nimmer beugen.

Wir wissen aus Briefen, auch aus seinen späteren Dichtungen, wie sehr sich Kleist gegen alle Konventionen, gegen alle gesetzmäßig fixierte Ordnung sträubte, weil sie der spontanen Entscheidung, der impulsiven, unreflektierten Tat Fesseln anlegte, die allmählich – und darin lag seine Gegenwartskritik – die ursprüngliche kraftvolle Natur des Menschen verkümmern ließen. In dem Dramenfragment verdeutlicht Kleist diese Problematik: Die Normannen lehnen sich nicht gegen die selbstherrliche Verfügung ihres Fürsten auf, sondern erkennen Robert als Erben an. Dasselbe Volk, das seinerzeit gegen das dynastische Gesetz Guiskard zum Herrscher erhob, fühlt sich jetzt gebunden, zu Gehorsam verpflichtet. Daß es sich, vor die freie Wahl gestellt, für Abälard entscheiden würde, bringt der Greis Armin, der für das Volk spricht, unmißverständlich zum Ausdruck. Er segnet ihn als »Freund des Volks«, beschwört in ihm noch einmal das schöne Bild des jugendlich strahlenden Guiskard herauf. Ungern aber fraglos spricht der Greis, von den rivalisierenden Prinzen zum Richter aufgerufen, Guiskards Sohn die Befehlsgewalt zu.

Abhängig ist das Volk von seinem Führer geworden, es sagt selbst: »rettungslos verloren« sei es ohne ihn, den »Einzigen«, den »Ewig-Unersetzlichen«. Deshalb ist es folgerichtig, daß das Volk mit Guiskard untergehen wird: entweder würde es von der Pest dahingerafft oder im Kampf vor Konstantinopel fallen, da es seine ursprüngliche Kraft verloren hat. Die letzten flehentlichen Worte Armins an Guiskard verhallen im Nichts:

> O führ uns fort aus diesem Jammertal!
> Du Retter in der Not, der du so manchem
> Schon halfst, versage deinem ganzen Heere
> Den einzgen Trank nicht, der ihm Heilung bringt,
> Versag uns nicht Italiens Himmelslüfte,
> Führ uns zurück, zurück, ins Vaterland!

> (Ende des Fragments)

Die Schwäche eines Volks, das aus gehorsamen Untertanen besteht, hatte Kleist im eigenen Vaterland, dessen Kampfkraft Napoleon hoffnungslos unterlegen war, gründlich studieren können – eine Folge des rückständigen, ganz im Geiste Friedrichs II. gedrillten Militärs, das mehr Angst vor dem Stock des Vorgesetzten als vor der feindlichen Kugel haben sollte.

Kleist versuchte, formale Elemente wie den Chor und einzelne Motive der antiken Tragödie in sein modernes Schauspiel zu integrie-

ren, sie aber nicht mehr mit dem Mythos, sondern, wie Goethe in
›Iphigenie‹, psychologisch zu begründen. So ist die Pestkrankheit, die
bei Sophokles als Zeichen der Rache der Götter Ödipus' Heer befällt,
bei Kleist als Spiegelung innerer Krankheit zu verstehen. In der Antike fiel dem Chor die Aufgabe lyrischer Kommentierung des Geschehens zu; bei Kleist gibt das als Chor auftretende Volk die aufge-
wühlte Stimmung im Lager wieder, in erregter Sprache und keines-
wegs distanziert wie im attischen Drama.

Während die attische Tragödie die Existenz einer absoluten Weltordnung voraussetzte, die die Götter repräsentierten, und an der der
Mensch auch dann tragisch schuldig wurde, wenn er sich wie Ödipus
gegen sie unwissentlich und unwillentlich verging, mußte ein zeitgemäßes Drama von einem Weltbild ausgehen, das der kritischen Einsicht in die Wandelbarkeit der Ordnungen entsprach. An die Stelle
einer überpersönlichen »Ordnung der Dinge«, der der griechische
Held ohnmächtig ausgeliefert war, mußte das eigene innere Gesetz
treten, das nicht zu erfüllen, den Menschen schuldig werden ließ. Im
Innern des Helden spielte sich folglich der eigentliche tragische
Konflikt ab, in seinem Charakter waren Aufstieg und Untergang
begründet; gleichwohl konnte er sich nicht frei von höheren Mächten
verwirklichen. Die Wechselbeziehung von Selbstbestimmung und
Bestimmt-Werden durch das Schicksal, von innerer Freiheit und
äußerem Zwang, war kennzeichnend für den geschichtlichen modernen Menschen und sollte auf eklatant neuartige, erhabene, ästhetisch
befriedigende Weise dargestellt werden: Das war Kleists ehrgeiziger
Plan. Es scheint, als habe er in dem Fragment alle Trümpfe bereits
gezogen, alle Dramatik so komprimiert, daß eine Weiterarbeit nicht
mehr möglich war.

Nur 10 Szenen des Fragments ›Robert Guiskard, Herzog der
Normänner‹ sind erhalten; ob es sich dabei um den Anfang oder den
Schluß handelt, ob sie mit den Wieland vorgetragenen Teilen übereinstimmen, ist nicht zu sagen. Wieland sprach, anders als im
›Phöbus‹ abgedruckt, von einem Stück ›Tod Guiscards des Normanns‹. Auch in dem erhaltenen Text steht der mit dem Tod kon-
frontierte Normannenkönig im Mittelpunkt, genauer gesagt: die Pest,
die bereits im Lager schlimm gewütet hat, ist das eigentliche Thema.
Die Angst umwogt das Zelt des Feldherrn, das Volk – »in unruhiger
Bewegung« – macht seinem Unmut Luft; Empörung, Jammer, der
flehentliche Wunsch nach Heimkehr ins Vaterland mischen sich in
seiner Klage:

*Szene: Zypressen vor einem Hügel, auf welchem das Zelt Guiskards steht, im
Lager der Normänner vor Konstantinopel. Es brennen auf dem Vorplatz
einige Feuer, welche von Zeit zu Zeit mit Weihrauch, und andern starkduf-
tenden Kräutern, genährt werden. Im Hintergrunde die Flotte.*

Ein Ausschuß von Normännern tritt auf, festlich im Kriegesschmuck. Ihn begleitet Volk, jeden Alters und Geschlechts.

DAS VOLK *in unruhiger Bewegung:*
  Mit heißem Segenswunsch, ihr würdgen Väter,
  Begleiten wir zum Zelte Guiskards euch!
  Euch führt ein Cherub an, von Gottes Rechten,
  Wenn ihr den Felsen zu erschüttern geht,
  Den angstempört die ganze Heereswog
  Umsonst umschäumt! Schickt einen Donnerkeil
  Auf ihn hernieder, daß ein Pfad sich uns
  Eröffne, der aus diesen Schrecknissen
  Des greulerfüllten Lagerplatzes führt!
  Wenn er der Pest nicht schleunig uns entreißt,
  Die uns die Hölle grausend zugeschickt,
  So steigt der Leiche seines ganzen Volkes
  Dies Land ein Grabeshügel aus der See!
  Mit weit ausgreifenden Entsetzensschritten
  Geht sie durch die erschrocknen Scharen hin,
  Und haucht von den geschwollnen Lippen ihnen
  Des Busens Giftqualm in das Angesicht!
  Zu Asche gleich, wohin ihr Fuß sich wendet,
  Zerfallen Roß und Reuter hinter ihr,
  Vom Freund den Freund hinweg, die Braut vom Bräutgam,
  Vom eignen Kind hinweg die Mutter schreckend!
  Auf eines Hügels Rücken hingeworfen,
  Aus ferner Öde jammern hört man sie,
  Wo schauerliches Raubgeflügel flattert,
  Und den Gewölken gleich, den Tag verfinsternd,
  Auf die Hülflosen kämpfend niederrauscht!
  Auch ihn ereilt, den Furchtlos-Trotzenden,
  Zuletzt das Scheusal noch, und er erobert,
  Wenn er nicht weicht, an jener Kaiserstadt
  Sich nichts, als einen prächtgen Leichenstein!
  Und statt des Segens unsrer Kinder setzt
  Einst ihres Fluches Mißgestalt sich drauf,
  Und heul'nd aus ehrner Brust Verwünschungen
  Auf den Verderber ihrer Väter hin,
  Wühlt sie das silberne Gebein ihm frech
  Mit hörnern Klauen aus der Erd hervor!

(1–36)

In dieser fast lyrischen Passage nehmen die Klagen, die »Stürme der Angst«, bedrohliche Gestalt an, als ob sie gleich in offene Rebellion umschlagen könnten; sie gipfeln in der schaurigen Vorausdeutung von Guiskards Tod. Das Bild von des »Fluches Mißgestalt«, die, auf dem Leichenstein sitzend, Verwünschungen heult, nimmt das grauenvolle Ende auch des Normannenvolks vorweg; es erübrigt sich beinahe, den Untergang später noch auszuführen.

Kleist hat in dem Fragment tatsächlich die ganze Katastrophe bereits dargestellt. In den wenigen Auftritten wird das Netz von Verstrickungen sichtbar, in das alle Beteiligten durch eigenes Verschulden oder den Druck der Ereignisse geraten sind. In kurzen Reden enthüllen Abälard und der Guiskardsohn Robert ihre verschiedenen Charaktere: anmaßend, schmähend, drohend der eine, nachgiebig, geschickt taktierend, würdevoll der andere. Zurückliegendes wie die glückhaften Anfänge Guiskards wird aufgegriffen sowie Kommendes angedeutet. Die Person des Herrschers ist bereits in ihrer extremen Ambivalenz als unnachgiebiger, felsenharter Machtmensch, den man mit »Donnerkeilen« bearbeiten muß, und als charismatische Führerfigur gezeichnet. Noch angesichts des Todes ringen in ihm äußerste Kräfte der Selbstbehauptung und Selbstverrat aus Angst, um seinen krönenden letzten Sieg gebracht zu werden. »Sein Geist bezwingt sich selbst / Und das Geschick«, muß Abälard ungläubig feststellen, als der nächtlich todesmatte Guiskard machtvoll wie gewohnt aus dem Zelt tritt, jetzt alle Zeichen seines Siechtums Lügen strafend. Daß er indes doch angeschlagen ist, auch wenn er es nicht wahrhaben will, enthüllt Kleist nur indirekt: Lange hatte sich Guiskard stolz geweigert, den verräterischen byzantinischen Prinzen nachzugeben, die ihm heimlich die Schlüssel zur Stadt nur ausliefern wollen, wenn er selbst die Herrschaft übernähme, nicht aber seine Tochter Helena. In dieser Nacht nun hat er in diesem Punkte nachgegeben; damit hat er nicht nur seine eigene Tochter verraten und zugleich (zum zweiten Mal) Abälard, der mit ihr verlobt ist, sondern auch sich selbst, seine eigene Integrität, denn mit diesem Schritt hat er auch die Rechtmäßigkeit des ganzen Feldzugs aufgehoben.

Wie oben bereits angedeutet, ist der moderne Held definiert durch die Freiheit des Handelns, das subjektiven, d. h. individualpsychologischen Motiven entspringt. Solche Auffassung entsprach dem Bewußtsein des ausgehenden 18. Jahrhunderts: der Mensch sei zwar zu Höchstem befähigt, laufe aber stets Gefahr, sich selbst zu zerstören. Tragik erhält somit den Aspekt von Selbstvernichtung. Hatte Guiskard bereits im Widerspruch zu sich gehandelt, als er das dynastische Gesetz unter den Normannen wieder einsetzte, so vereitelt er, indem er mit Verrätern paktiert, selbst den ruhmvollen Höhepunkt seines Herrscherlebens. Die Krankheit korrespondiert mit seiner inneren Schwäche, spiegelt nur die Selbstzerstörungstendenzen in seiner Person – genauso wie die Pest im Volk den Verlust von Spontaneität und Kraft symbolisiert, die sich in trägen Untertanengeist verkehrten.

In kleinen Gesten, auf beiläufige, ganz undramatische Art spielen sich die eigentlichen dramatischen Höhepunkte des Fragments ab. Das allzu forsche Auftreten, mit dem Guiskard die Gerüchte über sein Unwohlsein wegfegen will, entlarvt ihn in seiner wohlbegründeten Angst vor Ansteckung und Tod; den Neffen Abälard, der sich schon Hoffnung auf den Guiskardschen Thron macht, zwingt er mit einer Handbewegung: »Tritt hinter mich.« eindrücklich ins zweite Glied; und daß der Fürst tatsächlich krank ist, daß also er und sein Volk verloren sind, macht Kleist lediglich mit einem Halt suchenden Sich-Umwenden deutlich:

GUISKARD *lachend:*
    Vom Pesthauch angeweht! Ihr seid wohl toll, ihr!
    Ob ich wie einer aussen, der die Pest hat?
    Der ich in Lebensfüll hier vor euch stehe?
    Der seiner Glieder jegliches beherrscht?
    Des reine Stimme aus der freien Brust,
    Gleich dem Geläut der Glocken, euch umhallt?
    Das läßt der Angesteckte bleiben, das!
    Ihr wollt mich, traun! mich Blühenden, doch nicht
    Hinschleppen zu den Faulenden aufs Feld?
    Ei, was zum Henker, nein! Ich wehre mich –
    Im Lager hier kriegt ihr mich nicht ins Grab:
    In Stambul halt ich still, und eher nicht!

DER GREIS:
    O du geliebter Fürst! Dein heitres Wort
    Gibt uns ein aufgegebnes Leben wieder!
    Wenn keine Gruft doch wäre, die dich deckte!
    Wärst du unsterblich doch, o Herr! unsterblich,
    Unsterblich, wie es deine Taten sind!

GUISKARD:
    – Zwar trifft sichs seltsam just, an diesem Tage,
    Daß ich so *lebhaft* mich nicht fühl, als sonst:
    Doch nicht unpäßlich möcht ich nennen das,
    Viel wen'ger pestkrank! Denn was weiter ists,
    Als nur ein Mißbehagen, nach der Qual
    Der letzten Tage, um mein armes Heer.

DER GREIS: So sagst du –?

GUISKARD *ihn unterbrechend:*
                            's ist der Red nicht wert, sag ich!
    Hier diesem alten Scheitel, wißt ihr selbst,
    Hat seiner Haare keins noch wehgetan!
    Mein Leib ward jeder Krankheit mächtig noch.
    Und wärs die Pest auch, so versichr' ich euch:
    An diesen Knochen nagt sie selbst sich krank!

DER GREIS:
  Wenn du doch, mindestens von heute an,
  Die Kranken *unsrer* Sorge lassen wolltest!
  Nicht einer ist, o Guiskard, unter ihnen,
  Der hülflos nicht, verworfen lieber läge,
  Jedwedem Übel sterbend ausgesetzt,
  Als daß er Hülf von dir, du Einziger,
  Du Ewig-Unersetzlicher, empfinge,
  In immer reger Furcht, den gräßlichsten
  Der Tode dir zum Lohne hinzugeben.

GUISKARD:
  Ich habs, ihr Leut, euch schon so oft gesagt,
  Seit wann denn gilt mein Guiskardswort nicht mehr?
  Kein Leichtsinn ists, wenn ich Berührung nicht
  Der Kranken scheue, und kein Ohngefähr,
  Wenns ungestraft geschieht. Es hat damit
  Sein eigenes Bewenden – kurz, zum Schluß:
  Furcht meinetwegen spart! –
                        Zur Sache jetzt!
  Was bringst du mir? sag an! Sei kurz und bündig;
  Geschäfte rufen mich ins Zelt zurück.

DER GREIS *nach einer kurzen Pause:*
  Du weißts, o Herr! du fühlst es so, wie wir –
  Ach, auf wem ruht die Not so schwer, als dir?
  In dem entscheidenden Moment, da schon – –
  Guiskard sieht sich um, der Greis stockt.

DIE HERZOGIN *leise:*
  Willst du -?

ROBERT: Begehrst du –?

ABÄLARD: Fehlt dir –?

DIE HERZOGIN: Gott im Himmel!

ABÄLARD: Was ist?

ROBERT: Was hast du?

DIE HERZOGIN: Guiskard! Sprich ein Wort!
  *Die Kaiserin zieht eine große Heerpauke herbei
  und schiebt sie hinter ihn.*

GUISKARD *indem er sich sanft niederläßt, halblaut:*
  Mein liebes Kind! –
                  Was also gibts Armin?
  Bring deine Sache vor, und laß es frei
  Hinströmen, bange Worte lieb ich nicht!
  Der Greis sieht gedankenvoll vor sich nieder.

(437–492)

Mit dem ehrgeizigen Feldherrn, der in seinem Charisma, aber auch in seiner vor Verrat nicht zurückschreckenden Machtgier durchaus an Schillers Wallenstein erinnert, wollte Kleist indes, wie man allgemein annimmt, eine Analogie zu Napoleon herstellen, der ebenfalls gewaltsam zur Macht gekommen war und sein Kaisertum dann durch Erbfolge zu sichern trachtete. Auch in Napoleons Heer brach, während des Ägyptischen Feldzugs 1799, die Pest aus, und auch Napoleon besuchte, allen Warnungen zum Trotz, die Kranken in der Gewißheit, gegen die Seuche gefeit zu sein.

Seinen Haß und seine Bewunderung für den Herrscher der Franzosen artikulierte Kleist unter anderem auch in seinem ›Katechismus der Deutschen . . . Zum Gebrauch für Kinder und Alte‹ (1809), einem fingierten Gespräch zwischen Vater und Sohn, das die Gefühle eines patriotisch gesinnten Deutschen während der Ära Napoleons unmittelbar einfängt. In seinem Schaupiel ›Die Hermannsschlacht‹ geht Kleist, der sein Interesse für die militärischen Kräfte und Einrichtungen in Deutschland nie verlor, geradezu kampflüstern gegen den Usurpator Napoleon vor: Die Befreiung Germaniens von den Römern und ihrem Feldherrn Varus durch den Cheruskerfürsten Hermann verstand damals jeder als historische Verkleidung.

2.3 Der zerbrochene Krug. Ein Lustspiel

Nach dem angespannten Ringen um eine neuzeitliche Tragödie, die antiken Mythos und das Bewußtsein, die Problematik des modernen Menschen verbinden sollte, nach dem Scheitern dieses ehrgeizigen Projekts, mit dem er den Halbgott Goethe entthronen wollte – schrieb Kleist den ›Zerbrochenen Krug‹ geradezu wie nebenbei. Eine Wette galt es zu gewinnen: Wielands Sohn Ludwig und Heinrich Zschokke wollten gleichzeitig mit ihm auf einen französischen Kupferstich literarisch antworten; als Fingerübung gewissermaßen und leicht zu schöpfende Erwerbsquelle bezeichnete er, sicher nicht ohne Selbstironie, in einem Brief an den Freund Rühle (31. August 1806) solche Arbeiten wie den gerade fertiggestellten ›Krug‹.

In seiner »Vorrede« zum ›Krug‹ bezieht sich Kleist auf den erwähnten Kupferstich, der eine ländliche Gerichtsszene schildert: »und der Gerichtsdiener sah (er hatte vielleicht kurz vorher das Mädchen angesehen) jetzt den Richter mißtrauisch zur Seite an, wie Kreon, bei einer ähnlichen Gelegenheit, den Ödip«. Die von Kleist selbst gesetzte Analogie zu Sophokles' ›König Ödipus‹, dem Muster der klassischen Tragödie, gibt dem Stück allerdings ein Gewicht und eine Dimension, die dem Schein des leicht Hingeworfenen widersprechen. Versuchte Kleist doch wieder eine Annäherung an sein gescheitertes Projekt, diesmal von der Negation aus?

Die Übereinstimmungen mit dem antiken Drama sind auffallend: Im Zentrum von Kleists Lustspiel wie von Sophokles' Tragödie steht eine Gerichtsverhandlung, in der der untersuchende Richter sich am Ende als der Täter herausstellt. Ödipus hatte unwissentlich seinen Vater erschlagen und später seine Mutter geheiratet und damit die Pest in Theben ausgelöst, von der die Stadt, nach einem Orakelspruch, erst nach Bestrafung dieser Verbrechen wieder befreit würde. Der König als der oberste Richter leitet selbst die Untersuchung und forscht unerbittlich nach der Wahrheit, bis er am Ende sich selbst richten muß. Den Prozeß, die hohe erhabene »Staatsaction« des Thebanerkönigs Ödipus, verlegt Kleist ins derb-bäuerliche Milieu. Ödipus' tragisches Schicksal verkehrt der Dichter in eine Gerichtskomödie, in der der schuldige Dorfrichter Adam alle Kraft und Raffinesse anwendet, um den Verdacht von sich abzulenken auf andere. Dabei hatte er sein Amt und seine Macht wissentlich mißbraucht, um ein unschuldiges Mädchen aus dem Dorf zu verführen. Die Ausweglosigkeit, in die ihn das Verhör schließlich treibt, ist – im Gegensatz zum antiken Muster – selbst verschuldet; sie durfte mit befreiendem Gelächter quittiert werden, das über die gerechte Empörung hinwegsehen ließ. Mitleid, das in der attischen Tragödie das ausweglose Verhängnis beim Zuschauer auslöst, kommt hier eher den vom Dorfrichter Geschädigten zu, die beinahe mit der Ehre ihr Glück verloren hätten.

Doch die Parallelen zwischen beiden Stücken reichen weiter: Oidipus heißt auf Griechisch »Schwellfuß« (dem als Säugling ausgesetzten König hatte man Fußverletzungen beigebracht) – der Dorfrichter Adam hat einen Klumpfuß: in beiden Fällen trägt die Fußdeformation mit zur Identifizierung des Schuldigen bei. Ödipus' Schwager Kreon, der die Untersuchung argwöhnisch verfolgt, wird schließlich sein Nachfolger, wie – bei Kleist – Adams Gevatter, der Gerichtsschreiber Licht, am Ende zumindest kommissarisch das Amt erhält. Trotz der konsequenten Umkehrung der antiken Tragödie ins Komische ist ›Der zerbrochene Krug‹ kein leichtes, rein unterhaltendes Lustspiel geworden, sondern der Ernst, das Tragische, wird immer wieder neben der Komik der Situation spürbar.

Kleist hat in seinem ›Krug‹ die klassische Handlungsführung, d. h. die Einteilung in drei bzw. fünf Akte mit bestimmter Funktion, bewußt aufgegeben. Er reiht einzelne Szenen rasch aneinander, um eine besonders realistische Unmittelbarkeit des sich beschleunigt zuspitzenden Geschehens zu erreichen. In der Dramaturgie, dem analytischen Herausarbeiten der schuldvollen Wahrheit, folgt Kleist indes ganz dem Sophokleischen Muster, kam dieses Verfahren doch seiner

Lust am Skandal, am Enthüllen bewußt oder unbewußt verdrängter Wirklichkeit entgegen.

Der Vorwurf des Kleistschen Lustspiels ist rasch erzählt: Im kleinen niederländischen Dorf Huisum ist Gerichtstag. Als Klägerin tritt Frau Marthe Rull auf, die den Verlobten ihrer Tochter Eve, den Bauernsohn Ruprecht, beschuldigt, in der Nacht zuvor in deren Zimmer einen kostbaren Krug zerschlagen zu haben. Ruprecht, den sein Vater Veit begleitet, streitet dies ab: es sei ein anderer bei Eve gewesen und durch das Fenster geflüchtet, er habe ihm aber wenigstens die Türklinke auf den Kopf gehauen; im übrigen will er wegen Eves Untreue von der Verlobung nichts mehr wissen. In Wahrheit hatte sich Dorfrichter Adam selbst, unter betrügerischem Vorwand, bei Eve eingeschlichen und auf der Flucht den Krug zerscherbt. Die Kopfwunde macht dem Richter am Morgen zu schaffen und, da die Perücke nicht aufzutreiben ist, auch verdächtig; zu allem Unglück kommt den Tag auch noch der Gerichtsrat Walter zur Revision des Dorfgerichts und wohnt der Verhandlung bei . . .

Farbig und detailliert geben die fast naturalistischen Genrebilder des ›Krugs‹ die beschränkte bäuerliche Welt in dem niederländischen Dorf Huisum wieder, die, verfremdend, vergröbernd, nur allgemeine Mißstände des noch immer absolutistischen Deutschland zeichnen. Dabei entspricht es Kleists Eigenart, keine eindeutigen Schwarz-Weiß-Wahrheiten zu präsentieren, sondern den gebrechlich und uneindeutig gewordenen Zustand der Welt (im Gegensatz zur unverbrüchlichen Ordnung des Sophokles) zur Diskussion zu stellen. »Das Talent des Verfassers, so lebendig er auch darzustellen vermag, neigt sich doch mehr gegen das Dialektische hin; wie er es denn selbst in dieser stationären Prozeßform auf das wunderbarste manifestiert hat«, urteilte Goethe, aber er hielt den ›Zerbrochenen Krug‹ für ein »dem unsichtbaren Theater« angehörendes, sprich: unspielbares Stück. Es wird zu zeigen sein, wie die Dialektik von Wort und Sinn, Schein und Wahrheit, von altem mündlich tradierten Recht und neuer objektiver, auf schriftlichen Verordnungen basierender Justiz Kleists Lustspiel bestimmt, das »sich mit gewaltsamer Gegenwart [dem Leser] aufdringt« – was Goethe zu den Verdiensten des ›Krugs‹ zählte.

Die pralle Realistik des Huisumer Bauernmilieus hat Kleist von Anfang an mit Doppeldeutigkeiten unterlegt, die zu denken geben und auf den tieferen Sinn des Stücks hinführen sollen. Schon die Namen Adam, Eve, Licht verweisen auf den weltgeschichtlichen Zusammenhang: die Vertreibung der Menschheit aus dem Paradies der Unschuld in die Bewußtheit und Rationalität der Gegenwart, die sie zwar zu geistig-kulturellem Fortschritt befähigte, aber den Verlust ihrer ganzheitlichen Welt bedeutete. Der zerbrochene Krug wird zum Symbol dieser zerbrochenen Wirklichkeit, in der sich eine im

Sinne Rousseaus unverbildete, noch natürliche Dorfgemeinschaft nicht mehr zurechtfindet.

Adam und sein Schreiber Licht führen gleich in ihrem ersten Gespräch die problematisch gewordene Verständigung der Menschen, das uneindeutig und undurchsichtig gewordene Dasein nach dem Sündenfall vor, in dem der Spielraum zwischen Wahrheit und Lüge, zwischen Bild- und abstrakter Bedeutungsebene verwirrend genutzt wird. Kleists Sprache spiegelt diesen Weltzustand: Das Gespräch ist ein geistreiches unaufrichtiges Geplänkel, Sinn und Wort sind gespalten, Argwohn und Ehrgeiz (des Schreibers) und (Adams) Angst vor Aufklärung verdeckt.

Licht bezeugt mit seinem vertraulichen, halb scherzend, halb schadenfroh-verfänglichen Sprachgestus seine Überlegenheit: er wird, ein zweiter Kreon, unbarmherzig aufklären helfen, worüber der sündige Adam gestrauchelt ist.

Szene: Die Gerichtsstube

Erster Auftritt

Adam sitzt und verbindet sich ein Bein. Licht tritt auf.

LICHT: Ei, was zum Henker, sagt, Gevatter Adam!
    Was ist mit Euch geschehn? Wie seht Ihr aus?

ADAM:
    Ja, seht. Zum Straucheln brauchts doch nichts, als Füße.
    Auf diesem glatten Boden, ist ein Strauch hier?
    Gestrauchelt bin ich hier; denn jeder trägt
    Den leidgen Stein zum Anstoß in sich selbst.

LICHT: Nein, sagt mir, Freund! Den Stein trüg jeglicher –?

ADAM: Ja, in sich selbst!

LICHT: Verflucht das!

ADAM: Was beliebt?

LICHT: Ihr stammt von einem lockern Ältervater,
    Der so beim Anbeginn der Dinge fiel,
    Und wegen seines Falls berühmt geworden;
    Ihr seid doch nicht –?

ADAM: Nun?

LICHT: Gleichfalls –?

ADAM: Ob ich –? Ich glaube –!
    Hier bin ich hingefallen, sag ich Euch.

LICHT: Unbildlich hingeschlagen?

ADAM: Ja, unbildlich.
  Es mag ein schlechtes Bild gewesen sein.

LICHT: Wann trug sich die Begebenheit denn zu?

ADAM: Jetzt, in dem Augenblick, da ich dem Bett
  Entsteig. Ich hatte noch das Morgenlied
  Im Mund, da stolpr' ich in den Morgen schon,
  Und eh ich noch den Lauf des Tags beginne,
  Renkt unser Herrgott mir den Fuß schon aus.

LICHT: Und wohl den linken obenein?

ADAM: Den linken?

LICHT: Hier, den gesetzten?

ADAM: Freilich!

LICHT: Allgerechter!
  Der ohnhin schwer den Weg der Sünde wandelt?

ADAM: Der Fuß! Was? Schwer! Warum?

LICHT: Der Klumpfuß?

ADAM: Klumpfuß!
  Ein Fuß ist, wie der andere, ein Klumpen.

LICHT: Erlaubt! Da tut Ihr Eurem rechten Unrecht.
  Der rechte kann sich dieser – Wucht nicht rühmen,
  Und wagt sich eh'r aufs Schlüpfrige.

ADAM: Ach, was!
  Wo sich der eine hinwagt, folgt der andre.

LICHT: Und was hat das Gesicht Euch so verrenkt?

ADAM: Mir das Gesicht?

LICHT: Wie? Davon wißt Ihr nichts?

ADAM: Ich müßt ein Lügner sein – wie siehts denn aus?

LICHT: Wies aussieht?

ADAM: Ja, Gevatterchen.

LICHT: Abscheulich!

ADAM: Erklärt Euch deutlicher.

LICHT: Geschunden ists,
  Ein Greul zu sehn. Ein Stück fehlt von der Wange,
  Wie groß? Nicht ohne Waage kann ichs schätzen.

ADAM: Den Teufel auch!

LICHT *bringt einen Spiegel:*
                              Hier! Überzeugt Euch selbst!
    Ein Schaf, das, eingehetzt von Hunden, sich
    Durch Dornen drängt, läßt nicht mehr Wolle sitzen,
    Als Ihr, Gott weiß wo? Fleisch habt sitzen lassen.

ADAM: Hm! Ja! 's ist wahr. Unlieblich sieht es aus.
    Die Nas hat auch gelitten.

LICHT: Und das Auge.

ADAM: Das Auge nicht, Gevatter.

LICHT: Ei, hier liegt
    Querfeld ein Schlag, blutrünstig, straf mich Gott,
    Als hätt ein Großknecht wütend ihn geführt.

ADAM: Das ist der Augenknochen. – Ja, nun seht,
    Das alles hatt ich nicht einmal gespürt.

LICHT: Ja, ja! So gehts im Feuer des Gefechts.

ADAM: Gefecht! Was? – Mit dem verfluchten Ziegenbock
    Am Ofen focht ich, wenn Ihr wollt. Jetzt weiß ichs.
    Da ich das Gleichgewicht verlier, und gleichsam
    Ertrunken in den Lüften um mich greife,
    Fass ich die Hosen, die ich gestern abend
    Durchnäßt an das Gestell des Ofens hing.
    Nun fass ich sie, versteht Ihr, denke mich,
    Ich Tor, daran zu halten, und nun reißt
    Der Bund; Bund jetzt und Hos und ich, wir stürzen,
    Und häuptlings mit dem Stirnblatt schmettr' ich auf
    Den Ofen hin, just wo ein Ziegenbock
    Die Nase an der Ecke vorgestreckt.

LICHT *lacht:* Gut, gut.

ADAM: Verdammt!

LICHT: Der erste Adamsfall,
    Den Ihr aus einem Bett hinaus getan.

                                        (1, 1-63)

Die Komik des ganzen Stücks ergibt sich aus dem ängstlichen Bemühen Adams, die Wahrheit zu vernebeln, und ihrer schrittweisen Ent-
hüllung, gerade durch seine Erfindungen. Bei aller Kunst, die Wirklichkeit umzugestalten, ist Adam doch ein schlechter Lügner. In der
obigen Szene entzündet sich seine Fabulierlust am konkreten Stich-
wort, an dem er selbst gegen eigenes Stutzen festhält: Er sei gestrauchelt – dann stockt er: »Auf diesem glatten Boden, ist ein Strauch
hier?« – um zuletzt entschlossen sein Straucheln durch die Sentenz
zu bekräftigen, daß jeder den »leidigen Stein des Anstoßes in sich

selbst« trüge. Und damit hat er schon viel von der Wahrheit preisgegeben, denn über den Weinstock vor Eves Fenster war er gestürzt, und sein eigenes Begehren gab den Anstoß für seinen »Sündenfall«. Während Licht hartnäckig auf dem realen Hintersinn von Adams Worten beharrt, baut dieser ebenso beharrlich mit immer neuen Details die Geschichte seines Sturzes aus, um sie wahrscheinlicher zu machen. Dabei wird sie im Gegenteil immer unwahrscheinlicher, denn niemand kann, schlaftrunken stürzend, in Sekundenbruchteilen so viel wahrnehmen und denken, wie Adam vorgibt. Und wieder greift Licht die tiefer liegende Wahrheit auf: es sei wohl Adams erster Sündenfall »aus einem Bett hinaus« gewesen.

In seinem Aufsatz ›Über die allmähliche Verfertigung der Gedanken beim Reden‹ schrieb Kleist:

Ich mische unartikulierte Töne ein, ziehe die Verbindungswörter in die Länge, gebrauche auch wohl eine Apposition, wo sie nicht nötig wäre, und bediene mich anderer, die Rede ausdehnender Kunstgriffe, zur Fabrikation meiner Idee auf der Werkstätte der Vernunft, die gehörige Zeit zu gewinnen.

Was Kleist über das Reden allgemein sagt, das sich erst aus einer »dunklen Vorstellung« zur »völligen Deutlichkeit« unter dem Drang zu vollenden, besser noch durch ein treibendes Gegenüber, entwikkele, gilt in besonderem Maße für Richter Adam. Der will mit der Sprache nicht heraus und verdreht alle konkreten Hinweise, die ihn in die Enge treiben, in unverfängliche Gemeinplätze oder neue Geschichten. Um Zeit zu gewinnen für seine Ablenkungsmanöver, streut er rhetorische Fragen ein, täuscht Mißverständnisse vor, wiederholt ständig das Gesagte. Licht dagegen, der seinen Adam kennt, mißtrauisch ist und doch den Schein der Loyalität ihm gegenüber wahren muß, treibt mit Anspielungen wie »Adamsfall«, »Weg der Sünde«, »sich aufs Schlüpfrige wagen«, »das von Hunden gehetzte Schaf« das Gespräch immer nahe an die Wahrheit. Die Andeutungen genügen, das Publikum durchschaut Adam rasch – und kann fasziniert seine abenteuerliche Akrobatik verfolgen, mit der er das Aufklären seines Falles so lange hinauszuzögern versteht.

Mit gespielter Gleichgültigkeit berichtet Schreiber Licht, daß der Gerichtsrevisor aus Utrecht ins Haus stehe, der im Nachbardorf streng durchgegriffen habe. Adam gerät in nicht geringe Verlegenheit und Hektik. Die Aktenstöße in der Registratur, die »wie der Turm zu Babylon« durcheinander liegen, sind zu ordnen, Würste, Käse, Flaschen hinauszuschaffen; wüst sieht Adam aus, noch nicht einmal angezogen ist er, als ein Bedienter schon den Gerichtsrat meldet. Wie toll sprengt er die Mägde umeinander, flucht, gibt in der Erregung so unverständliche Anweisungen (die nur aus dem Bestreben, alles gleichzeitig zu erledigen, verständlich sind), daß die Magd verzweifelt ausruft: »Sprecht, soll man Euch verstehn!« und der Bediente die allgemeine babylonische Sprachverwirrung und Konfusion mit den Worten quittiert: »Ich glaub, die Kerls sind toll.« Eindeutiges Sprechen, das auf einem gesellschaftlichen Konsensus beruht, bzw. einen solchen herzustellen trachtet, ist nicht mehr gegeben in der auseinandergebrochenen Welt, die der Krug symbolisiert; Täuschungen, Verwirrtheit charakterisieren das dargestellte Kapitel der Menschheit, erschüttern Liebe und Vertrauen, ohne die die Welt doch verloren wäre. Der Idealist Kleist, so realistisch er auch seine Zeit diagnostizierte, gibt immer der Hoffnung Ausdruck, daß Rettung möglich sei; und in einem Lustspiel gar dürfen Vertrauen, Liebe und Güte am Ende siegen.

Die Konflikte, die sich für Kleists Dramenhelden so oft aus dem Widerspruch zwischen Bewußtsein und Unbewußtem ergeben, fehlen im ›Krug‹. Adam weiß um sein Unrecht, lügt mit vollem Bedacht; seine vielen Beteuerungen »So wahr ich lebe«, »auf Ehre«, »So wahr ich ehrlich bin« können das einfache Volk hinters Licht führen, nicht aber den Zuschauer. Nur in seinen Träumen ist Adam wahr:

ADAM: Mir ahndet heut nichts Guts, Gevatter Licht.

LICHT: Warum?

ADAM: Es geht bunt alles übereck mir.
Ist nicht auch heut Gerichtstag?

LICHT: Allerdings.
Die Kläger stehen vor der Türe schon.

ADAM: – Mir träumt', es hätt ein Kläger mich ergriffen,
Und schleppte vor den Richtstuhl mich; und ich,
Ich säße gleichwohl auf dem Richtstuhl dort,
Und schält' und hunzt' und schlingelte mich herunter
Und judiziert den Hals ins Eisen mir.

LICHT: Wie? Ihr Euch selbst?

ADAM: So wahr ich ehrlich bin.
Drauf wurden beide wir zu eins, und flohn,
Und mußten in den Fichten übernachten.

LICHT: Nun? Und der Traum, meint Ihr –?

ADAM: Der Teufel hols.
Wenns auch der Traum nicht ist, ein Schabernack,
Seis, wie es woll, ist wider mich im Werk!

LICHT:
Die läppsche Furcht! Gebt Ihr nur vorschriftsmäßig,
Wenn der Gerichtsrat gegenwärtig ist,
Recht den Parteien auf dem Richterstuhle,

Damit der Traum vom ausgehunzten Richter
Auf andre Art nicht in Erfüllung geht.

(3, 265–284)

In Kleists Dramen spielt der Traum eine besondere Rolle: in diesem Zustand zwischen Schlaf und Wachen sind Bewußtsein und Verstand unwirksam, nur das untrügliche Gefühl teilt sich mit, vermag, über die Grenzen des Jetzt die Zukunft zu schauen. So sieht Wetter vom Strahl im ›Käthchen von Heilbronn‹ im Traum die Wahrheit über die geliebte Heldin voraus, ohne doch im Wachen gleich dieses Wissen umsetzen zu können; so träumt sich der ›Prinz von Homburg‹ gleich in der ersten Szene in Ruhm und Glück, wie es denn am Ende auch eintrifft.

Der Alptraum Adams, gegen sich selbst als Richter ermitteln und urteilen zu müssen, spricht die Wahrheit, die nach außen verborgen werden muß. Im Traum treten Innen und Außen, Gewissen und Amtspflicht sichtbar auseinander, Beklagter und Richter in ihm werden zu zwei Personen. Adams Angst, aus der Gesellschaft ausgestoßen zu werden, »in den Fichten übernachten« zu müssen, ist ehrlich; wenn Licht sie als »läppsche Furcht« abtun will, die mit vorschriftsmäßiger Rechtsprechung sich erübrige, wird die ironische Spannung zwischen Wahrheit und Heuchelei evident. Die Doppeldeutigkeit ist das Strukturprinzip der ganzen Komödie, sie entspricht Kleists eigener Erfahrung von der Welt.

Adams Verstellungskünste sind nicht anders als genial zu nennen, souverän tritt er dem Gerichtsrat Walter entgegen und weiß, seines Amtes würdig, den Alptraum vom »ausgehunzten Richter« in eine Höflichkeitsfloskel zu wenden:

ADAM: Ei, willkommen!
   Willkommen, gnädger Herr, in unserm Huisum!
   Wer konnte, du gerechter Gott, wer konnte
   So freudigen Besuches sich gewärtgen.
   Kein Traum, der heute früh Glock achte noch
   Zu solchem Glücke sich versteigen durfte.

(4, 285–290)

Der Gerichtsrat erweist sich gottlob als wohlwollend und freundlich; im Auftrag des Obertribunals von Utrecht, das die mangelhafte Rechtspflege auf dem flachen Land reformieren wolle, sei er unterwegs.

[WALTER:] ...
   Doch *mein* Geschäft auf dieser Reis ist noch
   Ein strenges nicht, sehn soll ich bloß, nicht strafen,
   Und find ich gleich nicht alles, wie es soll,
   Ich freue mich, wenn es erträglich ist.

ADAM: Fürwahr, so edle Denkart muß man loben.
    Euer Gnaden werden hie und da, nicht zweifl' ich,
    Den alten Brauch im Recht zu tadeln wissen;
    Und wenn er in den Niederlanden gleich
    Seit Kaiser Karl dem fünften schon besteht:
    Was läßt sich in Gedanken nicht erfinden?
    Die Welt, sagt unser Sprichwort, wird stets klüger,
    Und alles liest, ich weiß, den Puffendorf;
    Doch Huisum ist ein kleiner Teil der Welt,
    Auf den nicht mehr, nicht minder, als sein Teil nur
    Kann von der allgemeinen Klugheit kommen.
    Klärt die Justiz in Huisum gütigst auf,
    Und überzeugt Euch, gnädger Herr, Ihr habt
    Ihr noch sobald den Rücken nicht gekehrt,
    Als sie auch völlig Euch befriedgen wird;
    Doch fändet Ihr sie heut im Amte schon,
    Wie Ihr sie wünscht, mein Seel, so wärs ein Wunder,
    Da sie nur dunkel weiß noch, was Ihr wollt.

WALTER: Es fehlt an Vorschriften, ganz recht. Vielmehr
    Es sind zu viel, man wird sie sichten müssen.

ADAM: Ja, durch ein großes Sieb. Viel Spreu! Viel Spreu!

(4, 302–325)

Geschickt weiß Richter Adam den Revisor zu bedienen mit seinen klugen, verbindlich-unverbindlichen Antworten; seine Rednergabe, seine rasche Anpassungsfähigkeit an neue Situationen, seine Ausdauer und Überzeugungskraft würden ihn zu einem idealen Anwalt des Rechts prädestinieren, wenn er diese Talente, zum Wohl der Gemeinschaft, ganz in den Dienst der Gerechtigkeit stellen würde und nicht zu eigenem Vorteil mißbräuchte. Die alte, mündlich tradierte Rechtspraxis hatte den Vorzug, unmittelbar am lebendigen Menschen orientiert zu sein, war aber abhängig von der Integrität der Richterpersönlichkeit; ihr stellt Kleist nun das erst in der Aufklärung entwickelte und rational begründete »Naturrecht« gegenüber.

Das alte Recht der Niederlande (wie des ganzen Deutschen Reichs), sagt Adam, beruhe auf der 1532 von Kaiser Karl V. erlassenen Halsgerichtsordnung, der ›Carolina‹, das neue dagegen auf den Arbeiten Pufendorfs, die »alle Welt« jetzt lese. Samuel Frh. v. Pufendorf (1632–1694) systematisierte die verschiedenen Naturrechtslehren des Rationalismus, von Bodin bis Grotius und Thomasius, er beeinflußte damit und mit seinen verfassungsrechtlichen Veröffentlichungen die Rechtssetzung der Aufklärung entscheidend. Unter Naturrecht versteht man die der göttlichen Schöpfung, der Natur, innewohnende Rechtsordnung. Nach Pufendorf ist Gott als Rechtsquelle nicht erforschbar, wohl aber die von ihm geschaffenen Bedingungen des menschlichen Lebens, aus denen das Naturrecht mit Hilfe des gesunden Menschenverstands ableitbar ist; aus der Geschichte kann man dies nicht wegen der vielen historischen Wandlungen des Rechts. So ist das Naturrecht für Pufendorf, wie auch für andere Rechtsgelehrte der Zeit, ein Vernunftrecht, das in sich widerspruchsfrei codifizierbar ist. In der Rechtsreform der Niederlande spielt Pufendorf eine wichtige Rolle; folgt man Adams Worten an dieser Stelle, so spielt ›Der zerbrochene Krug‹ in der Zeit um die Mitte des 18. Jahrhunderts. (Auch die Bemerkung von der »Frau Erbstatthalterin« in Frau Marthes Klagerede – s. unten V. 735 – weist auf diesen Zeitraum hin: Wilhelm IV. von Oranien wurde 1747 der erste Erbstatthalter sämtlicher niederländischer Provinzen, und seine Frau Anna führte nach seinem Tode von 1751–1759 für ihren minderjährigen Sohn das Amt weiter.)

Willkür ist bei einer in klaren Statuten festgesetzten, allgemeingültigen, gar zentral gesteuerten Rechtsordnung, wie sie die erwähnten Reformen anstrebten, weitgehend ausgeschlossen. In der genauen schriftlichen Fixierung sah Kleist allerdings auch die Gefahr, daß dieses Recht zu pedantisch, zu bürokratisch und damit unmenschlich gehandhabt würde. Der Dichter bezieht aber nicht direkt Stellung, sondern verbirgt sich hinter einer dialektischen Gestaltungsweise, die auszudeuten dann dem Leser überlassen wird.

In der obigen »Rechtsdiskussion« sind der korrekte, rasch und zielgerichtet denkende und handelnde Schreiber Licht und Gerichtsrat Walter die Vertreter des Vernunftrechts. Ihnen steht der amoralische, sein Wissen und seine Autorität willkürlich gebrauchende Richter Adam gegenüber, ein in seiner Phantasie und sprühenden Potenz faszinierendes Original, gegen den der Gerichtsrat Walter, gutmütig und absolut korrekt, eher blaß und karg wirkt. War der Fortschritt der Menschheit, den zweifellos eine Herrschaftsprivilegien abbauende und gesetzmäßig verankerte sittliche Ordnung darstellte, immer auch ein Verlust an Vitalität? Walter muß sich in ein »Büchlein« eintragen, was er sich merken will; ärgerlich reagiert er auf Adams wortreich abschweifendes, kunstvoll Lüge und Wahrheit vermengendes Reden: »Geschwätz« nennt er es, »gehauen nicht und nicht gestochen«, weil er diesem Redekünstler nicht gewachsen ist. Als am Ende der Klumpfuß Adam als Sünder erkannt ist, und die aufgebrachten Bauern handgreiflich werden wollen, muß er sich streng solche »Unordnungen« verbitten und den Büttel rufen. »Blödsinnig Volk« nennt er die Huisumer, weil sie abergläubisch sind, umständlich denken und reden; vernünftige, aber auch enge Grenzen trennen ihn von ihrer Welt.

Wie notwendig eine genau fixierte, quasi hieb- und stichfeste Rechtsordnung gerade in Huisum war, zeigt schon die problematische Verständigung in bezug auf die Prozeßformalitäten; Abgründe zwischen dem »alten Brauch« in der entlegenen Provinz und den Utrechter Intentionen tun sich hier auf, wo doch eigentlich Konsens zu erwarten war.

ADAM: Befehlen Euer Gnaden den Prozeß
　　　Nach den Formalitäten, oder so,
　　　Wie er in Huisum üblich ist, zu halten?

WALTER: Nach den gesetzlichen Formalitäten,
　　　Wie er in Huisum üblich ist, nicht anders.

(7, 566–570)

Adam benutzt die Prozeßformeln nur als Attrappe, um unparteiische Distanz vorzutäuschen, befreit sich dann aber, einen Einwand Walters mißverstehend, von solcher Verstellung und verfährt beliebig mit Kläger, Angeklagtem und Zeugen, wie er's gewohnt ist und in dieser hochnotpeinlichen Situation besonders braucht. Am liebsten hätte er Gerichtstag und Gerichtsrat einfach den Rücken gekehrt und sich, mit Unwohlsein als Entschuldigung, wieder ins Bett zurückgezogen. Oder er hätte, wie es noch mit dem vorigen Revisor möglich war, Schinken, Käse und Wein aufgefahren, um über sein »Sodom und Gomorrha« ein mildes Licht zu breiten. Der neue Abgesandte von Utrecht besteht, nicht unfreundlich, auf Sachlichkeit, drängt auf eilige und gründliche Erledigung seines Pflichtprogramms.

Zu Walters Ärger hatte Adam die Eröffnung der Sitzung immer wieder verzögert, da er seine beiden Perücken vermißt, und ihr Fehlen mit immer abenteuerlicheren Lügen erklärt. Kahlköpfig, ohne ihren »Beistand«, wähnte er ganz richtig, sei er »um sein Richteransehn ... sehr verlegen«. Die Kritik hinter dieser ironischen Wahrheit war deutlich: Wenn einer so würdelos sein Amt mißbrauchte wie Adam, hat es seinen Sinn, ihn ohne das Autoritätssymbol auftreten zu lassen; als Angeklagter, der er im Grunde ist, kommt ihm die Perücke sowieso nicht zu.

Die Einheit von Zeichen und Bedeutung, die noch »beim Anbeginn der Dinge«, im paradiesischen Urzustand der Menschen gegeben war, ist zerbrochen mit dem Sündenfall. Richter Adams Perücke steht nicht mehr selbstverständlich für Würde und Ansehen, sondern sie dient dazu, – verkehrte Ordnung der Welt! – den Richter selbst am Ende gegen alle Macht der Worte als den gesuchten Krugzertrümmerer zu entlarven.

Auch bei dem Hauptgegenstand des Stücks, dem Krug, fallen symbolische Bedeutung und Wirklichkeit auseinander: »Dein guter Name lag in diesem Topfe«, sagt Frau Marthe zu Eve; mit ihm ist ihre Ehre beschädigt. Mag sich juristisch am Ende Eves Unschuld herausgestellt haben, so bleibt doch der Krug in Scherben. – Oder wollte Kleist nach dem Prinzip des *semper aliquid haeret* (etwas bleibt immer hängen) andeuten, daß Eves Ruf im Dorf tatsächlich nie mehr ganz wiederherzustellen ist? Daß überhaupt ihre Unschuld so in Frage gestellt werden konnte, ist einer der tragischen Akzente dieser Komödie.

Frau Marthe ist fest entschlossen, die Ehre der Familie in diesem Gerichtsverfahren »weiß zu brennen«; für sie ist der Ehrverlust genau so materiell wie der Verlust des Krugs, weshalb sie eine Metapher aus der Töpfersprache wählt. Frau Marthe kann nur konkret denken und sprechen; wie keine andere Person des Stücks demonstriert sie die Verwirrung und die Verständigungsproblematik in der Welt, wenn konkret-sinnliche Wahrnehmung und geistige Übermittlung sich nicht decken. Aus der Diskrepanz zwischen Gesagtem und Gemeintem, zwischen dem Wort oder Bild und dessen Bedeutung beziehen ihre Äußerungen ihre unvergleichliche Komik. Als der Bauer Veit sie beschwichtigen will: »Sei Sie nur ruhig, / Frau Marth! Es wird sich alles hier entscheiden«, wehrt sie energisch ab.

FRAU MARTHE:
> O ja. Entscheiden. Seht doch. Den Klugschwätzer.
> Den Krug mir, den zerbrochenen, entscheiden.
> Wer wird mir den geschiednen Krug entscheiden?
> Hier wird entschieden werden, daß geschieden
> Der Krug mir bleiben soll. Für so'n Schiedsurteil
> Geb ich noch die geschiednen Scherben nicht.

(6, 417–422)

Etymologisch wörtlich und konkret deutet Frau Marthe »entscheiden« als Rückgängig-Machen der Scheidung des Krugs in Scherben, »ersetzen« als Wiederhinsetzen an den alten Platz und »entschädigen« als den Schaden, den der Krug genommen, nicht geschehen machen (»Meint Er, daß die Justiz ein Töpfer ist?«). Einfalt und beinahe sophistisch zu nennende Klugheit liegen bei ihr dicht zusammen; instinktiv mißtraut sie dem zu erwartenden »Schiedsurteil«, durchschaut die wendigen und windigen »Hochmögenden«, die sie mit leeren Worten abspeisen könnten. Als sie endlich ihre Klage vorbringen kann, hält sie sich in ihrer berühmten Beschreibung des schönsten aller Krüge lang und breit an den Einzelheiten, die auf ihm abgebildet waren, und seiner Geschichte auf; aber den eigentlichen Wert, den der Krug für sie hatte, kann sie nicht begreiflich machen.

FRAU MARTHE:
> Ich klag, Ihr wißts, hier wegen dieses Krugs;
> Jedoch vergönnt, daß ich, bevor ich melde,
> Was diesem Krug geschehen, auch beschreibe,
> Was er vorher mir war.

ADAM: Das Reden ist an Euch.

FRAU MARTHE:
    Seht ihr den Krug, ihr wertgeschätzten Herren?
    Seht ihr den Krug?

ADAM: O ja, wir sehen ihn.

FRAU MARTHE:
    Nichts seht ihr, mit Verlaub, die Scherben seht ihr;
    Der Krüge schönster ist entzwei geschlagen.
    Hier grade auf dem Loch, wo jetzo nichts,
    Sind die gesamten niederländischen Provinzen
    Dem span'schen Philipp übergeben worden.
    Hier im Ornat stand Kaiser Karl der fünfte:
    Von dem seht ihr nur noch die Beine stehn.
    Hier kniete Philipp, und empfing die Krone:
    Der liegt im Topf, bis auf den Hinterteil,
    Und auch noch der hat einen Stoß empfangen.
    Dort wischten seine beiden Muhmen sich,
    Der Franzen und der Ungarn Königinnen,
    Gerührt die Augen aus; wenn man die eine
    Die Hand noch mit dem Tuch empor sieht heben,
    So ists, als weinete sie über sich.
    Hier im Gefolge stützt sich Philibert,
    Für den den Stoß der Kaiser aufgefangen,
    Noch auf das Schwert; doch jetzo müßt er fallen,
    So gut wie Maximilian: der Schlingel!
    Die Schwerter unten jetzt sind weggeschlagen.
    Hier in der Mitte, mit der heilgen Mütze,
    Sah man den Erzbischof von Arras stehn;
    Den hat der Teufel ganz und gar geholt,
    Sein Schatten nur fällt lang noch übers Pflaster.
    Hier standen rings, im Grunde, Leibtrabanten,
    Mit Hellebarden, dicht gedrängt, und Spießen,
    Hier Häuser, seht, vom großen Markt zu Brüssel,
    Hier guckt noch ein Neugierger aus dem Fenster:
    Doch was er jetzo sieht, das weiß ich nicht.

ADAM: Frau Marth! Erlaßt uns das zerscherbte Paktum,
    Wenn es zur Sache nicht gehört.
    Uns geht das Loch – nichts die Provinzen an,
    Die darauf übergeben worden sind.

FRAU MARTHE:
    Erlaubt! Wie schön der Krug, gehört zur Sache! –
    Den Krug erbeutete sich Childerich,
    Der Kesselflicker, als Oranien
    Briel mit den Wassergeusen überrumpelte.
    Ihn hatt ein Spanier, gefüllt mit Wein,
    Just an den Mund gesetzt, als Childerich

Den Spanier von hinten niederwarf,
Den Krug ergriff, ihn leert' und weiter ging.

ADAM: Ein würdger Wassergeuse.

FRAU MARTHE: Hierauf vererbte
Der Krug auf Fürchtegott, den Totengräber;
Der trank zu dreimal nur, der Nüchterne,
Und stets vermischt mit Wasser aus dem Krug.
Das erstemal, als er im Sechzigsten
Ein junges Weib sich nahm; drei Jahre drauf,
Als sie noch glücklich ihn zum Vater machte;
Und als sie jetzt noch funfzehn Kinder zeugte,
Trank er zum dritten Male, als sie starb.

ADAM: Gut. Das ist auch nicht übel.

FRAU MARTHE: Drauf fiel der Krug
An den Zachäus, Schneider in Tirlemont,
Der meinem sel'gen Mann, was ich euch jetzt
Berichten will, mit eignem Mund erzählt.
Der warf, als die Franzosen plünderten,
Den Krug, samt allem Hausrat, aus dem Fenster,
Sprang selbst, und brach den Hals, der Ungeschickte,
Und dieser irdne Krug, der Krug von Ton,
Aufs Bein kam er zu stehen, und blieb ganz.

ADAM: Zur Sache, wenns beliebt, Frau Marthe Rull! Zur Sache!

FRAU MARTHE:
Drauf in der Feuersbrunst von sechsundsechzig,
Da hatt ihn schon mein Mann, Gott hab ihn selig –

ADAM: Zum Teufel! Weib! So seid Ihr noch nicht fertig?

FRAU MARTHE:
– Wenn ich nicht reden soll, Herr Richter Adam,
So bin ich unnütz hier, so will ich gehn,
Und ein Gericht mir suchen, das mich hört.

WALTER:
Ihr sollt hier reden: doch von Dingen nicht,
Die Eurer Klage fremd. Wenn Ihr uns sagt,
Daß jener Krug Euch wert, so wissen wir
Soviel, als wir zum Richten hier gebrauchen.

FRAU MARTHE:
Wieviel ihr brauchen möget, hier zu richten,
Das weiß ich nicht, und untersuch es nicht;
Das aber weiß ich, daß ich, um zu klagen,
Muß vor euch sagen dürfen, über was.

WALTER:
  Gut denn. Zum Schluß jetzt. Was geschah dem Krug?
  Was? – Was geschah dem Krug im Feuer
  Von Anno sechsundsechzig? Wird mans hören?
  Was ist dem Krug geschehn?

FRAU MARTHE: Was ihm geschehen?
  Nichts ist dem Krug, ich bitt euch sehr, ihr Herren,
  Nichts Anno sechsundsechzig ihm geschehen.
  Ganz blieb der Krug, ganz in der Flammen Mitte,
  Und aus des Hauses Asche zog ich ihn
  Hervor, glasiert, am andern Morgen, glänzend,
  Als käm er eben aus dem Töpferofen.

WALTER: Nun gut. Nun kennen wir den Krug. Nun wissen
  Wir alles, was dem Krug geschehn, was nicht.
  Was gibts jetzt weiter?

FRAU MARTHE: Nun, diesen Krug jetzt, seht – den Krug,
  Zertrümmert einen Krug noch wert, den Krug
  Für eines Fräuleins Mund, die Lippe selbst
  Nicht der Frau Erbstatthalterin zu schlecht,
  Den Krug, ihr hohen Herren Richter beide,
  Den Krug hat jener Schlingel mir zerbrochen.

  (7, 640–737)

In ihrer Beredsamkeit und Impulsivität ist Frau Marthe Richter
Adam durchaus verwandt und ebenbürtig; ihr Viel-Reden hat aber
im Gegensatz zu dessen Verschleierungstaktik den Sinn, das Gericht,
das nur einen leeren oder fälschlichen »Begriff« von ihrem Krug hat,
zu überzeugen von seinem wahren, im Grunde unersetzlichen Wert.
»Uns geht das Loch – nichts die Provinzen an«: in dieser ungeduldi-
gen Bemerkung Adams komprimiert Kleist die ganze Unvereinbar-
keit der Parteien. Der rechtliche Tatbestand, das abstrakte Nichts,
steht gegen die höchst lebendigen Provinzen, die Marthe Rull ge-
schichtenumwobenes Vaterland bedeuten mögen. Auch der nüchterne Gerichtsrat ist im Grunde nicht daran interessiert, den imma-
teriellen Wert des Krugs genau zu ermitteln, über dessen Verlust er
doch urteilen soll; um den objektiven Sachschaden geht es ihm viel
mehr als um das menschliche Unglück. »Wenn Ihr uns sagt, / Daß
jener Krug Euch wert, so wissen wir / Soviel, als wir zum Richten
hier gebrauchen.« Wissen meint hier die Beherrschung juristischer
Kategorien, rasch hat sich ein versierter Richter von der Größenord-
nung eines Sachschadens eine Vorstellung gemacht, ohne daß er das
wirkliche Ausmaß des erlittenen Schadens in Erfahrung gebracht
hätte. Dagegen will sich Frau Marthe vielleicht verwahren – man soll
sie wichtig nehmen! –, aber natürlich dringt sie nicht durch, weil sie

die emotionale Dimension des Verlusts, den subjektiven Wert des Krugs, gar nicht vermitteln kann. So stehen ihre Bilder und Fakten sinn- und beziehungslos im Raum, einzelne Scherben, die nicht mehr zusammenpassen.

Was aber steckt hinter den Bildern, welcher Schlüssel ist anzusetzen, damit Frau Marthes Krugschilderungen Sinn ergeben? Die anfangs erwähnten Darstellungen beziehen sich auf die Übergabe der niederländischen Provinzen an den Spanierkönig Philipp, unter dessen Schreckensherrschaft die Niederländischen Staaten, angegriffen in ihrer religiösen und nationalen Eigenständigkeit, erst zum Bewußtsein ihrer selbst erwachten; das Bild markiert gewissermaßen den Beginn ihrer durchaus problematischen Geschichte nach einer Zeit blühenden Reichtums, der Ruhe und der Freiheit, paradiesischer Unschuld, wenn man so will. Wenn »Philipp bis auf den Hinterteil« im Topf liegt, Maximilian (»der Schlingel«), der schlecht beleumundete Neffe Karls V., fallen muß, und der Erzbischof von Arras, der für die fürchterliche Inquisition verantwortlich war, »vom Teufel ... geholt« wird, so gibt Frau Marthe mit dem vaterländisch »richtigen« Gefühl halbvergessene Geschichte wieder. Die groteske Verschiebung der Perspektive, die sie die Abbildungen mit den historischen Vorgängen gleichsetzen und diese Vergangenheit auch noch als konkrete Wirklichkeit des Jetzt und Hier begreifen läßt, mag wohl bei aller Komik auch seine Bedeutung haben: Heißt dies nicht, daß Frau Marthe zu Hause ist in einer Sphäre jenseits aller Zeit und aller logischen Vernunft, wo, wie bei Kindern und Dichtern, das Bild noch Seele und Leben hat und nicht nur abbildet? Unbewußt führt sie auch Klage über den verloren gegangenen Mythos, den nicht mehr gegebenen Zusammenhang des Menschen mit der Geschichte.

Im zweiten Teil ihrer Rede will Frau Marthe die wunderbaren Kräfte des Krugs anschaulich belegen, beteuern und steigert sich, da sie die Mauer aus Ungeduld und reinem Sachinteresse spürt, in solche Übertreibungen, ja Paradoxien (der Schneider, der sich den Hals brach beim Sprung aus dem Fenster, will ihrem Mann persönlich dies erzählt haben!), daß sie erst recht unzumutbar und unglaubwürdig wirkt. Soviel Sprachgewalt und Imaginationskraft ihr auch zur Verfügung stehen, in der gegenwärtigen Zeit, die nüchtern und aufgeklärt ist, gelten andere Talente, ist sie heillos isoliert, ja lächerlich, wenn sie naiv an ihrem eindimensionalen Weltbild festhält. Etwas verschroben, stur, urwüchsig und emotionsgeladen steht sie da, ein Original auch sie, Gegenfigur zu Walter und Licht.

Ruprecht soll den Krug zerschlagen haben nach Frau Marthes Aussage. Umständlich erzählt sie, wie sie des Nachts Lärm gehört in Eves Zimmer und Ruprecht dort gefunden habe, wütend auf Eve einschimpfend. Nicht er, ein anderer habe auf der Flucht den Krug vom Sims gestoßen, behauptet er, aber Eve habe ihr's bestätigt, daß Ruprecht es gewesen. – In der Tat eine verworrene Situation, die nur Eves Aussage klären könnte. Doch Richter Adam, der ständig Eve einzuschüchtern versucht, ruft erst einmal den beklagten Ruprecht auf.

Ebensowenig wie Frau Marthe vermag Ruprecht die Fassade der konkreten Wirklichkeit, die mit dem »Adamsfall« uneindeutig geworden ist, zu durchschauen. Auch ihm sind die »Pfeiler guter Ordnung« (frühere Fassung, sog. ›Variant‹) weggerissen, auch er ist verwirrt und getäuscht, wenn er ganz dem Augenschein vertraut, der bisher selbstverständlich mit der Wahrheit übereinstimmte; nun braucht er auf einmal ein Korrektiv für seine Wahrnehmung – das für Kleist im erkennenden Gefühl, in der Unbedingtheit des Vertrauens liegt. Wenn die äußere Welt trügerisch geworden ist, muß die innere Sicherheit geben. Immer wieder formuliert Kleist sich und seinen Helden diesen Lösungsversuch, trotz allem Trug und Leid einen Halt, gar einen Weg zurück ins Paradies zu finden.

Als Ruprecht am späten Abend Eve mit einem anderen zusammen im Garten sieht, die beiden dann in Eves Kammer verschwinden, ist das Mädchen für ihn schon eine »Metze«, und alle ihre Beteuerungen erreichen ihn nicht. Da der Flickschuster Leberecht seiner Eve nachsteigt, folgert Ruprecht kurzerhand, daß dieser es gewesen sein müsse, der den Krug zerschlug, bevor er durchs Fenster in die Nacht floh.

RUPRECHT:
    Drauf – wie ich übern Lindengang mich näh're
    Bei Marthens, wo die Reihen dicht gewölbt
    Und dunkel, wie der Dom zu Utrecht, sind,
    Hör ich die Gartentüre fernher knarren.
    Sieh da! Da ist die Eve noch! sag ich,
    Und schicke freudig Euch, von wo die Ohren
    Mir Kundschaft brachten, meine Augen nach –
    – Und schelte sie, da sie mir wiederkommen,
    Für blind, und schicke auf der Stelle sie
    Zum zweitenmal, sich besser umzusehen,
    Und schimpfe sie nichtswürdige Verleumder,
    Aufhetzer, niederträchtge Ohrenbläser,
    Und schicke sie zum drittenmal, und denke,
    Sie werden, weil sie ihre Pflicht getan,
    Unwillig los sich aus dem Kopf mir reißen,
    Und sich in einen andern Dienst begeben:
    Die Eve ists, am Latz erkenn ich sie,
    Und einer ists noch obenein.

(7, 899–916)

Ruprechts Ausdrucksweise ist alles andere als bäuerisch primitiv; dazu eignet sich schon der von Kleist gewählte Blankvers nicht, der die Sprache gewissermaßen von sich aus überhöht. Ruprecht will nur sagen, daß er dreimal hinsehen mußte, bevor er glauben konnte, daß seine Eve da am Abend mit einem andern zusammenstand – aber wie kunstvoll drückt er sich aus! In seiner konkreten Metaphorik gibt er dem einfachen Vorgang eine ungewohnte Dimension. Umständlich scheint er zu berichten, doch in Wahrheit arbeitet er, rhetorisch geschickt, die Feststellung, daß es doch Eve war, wie eine Pointe heraus. Seine Erzählergabe, seine konkrete Bildkräftigkeit – die Augen werden wie in einer Fabel personifiziert – zeichnen Ruprecht als natürlich gewachsenen, unverbildeten Menschen aus.

Andererseits stellt die Art, wie er die Augen als Instrument des Erkennens verselbständigt, Ruprecht auf eine Stufe mit den andern Huisumer Bauern: unfähig sind sie, eine tiefere Dimension, die richtiges Schauen meint, zu erfassen. Solchen einfältigen Menschen kann man leicht Sand in die Augen streuen, wie denn auch geschehen: der ängstlich fliehende Dorfrichter hat tatsächlich mit einer »Handvoll grobgekörnten Sandes« den zum Sprung bereiten Ruprecht daran hindern können, die Verfolgung aufzunehmen und den wahren Krugzertrümmerer zu erkennen.

Eve spricht hier, bäuerisch ungeschminkt, die für Kleist so charakteristische Glorifizierung der Gemütskräfte aus, wenn sie ihren mißtrauischen Ruprecht schilt:

EVE: Unedelmütger, du! Pfui, schäme dich,
 Daß du nicht sagst: gut, ich zerschlug den Krug!
 Pfui, Ruprecht, pfui, o schäme dich, daß du
 Mir nicht in meiner Tat vertrauen kannst.
 Gab ich die Hand dir nicht und sagte: ja,
 Als du mich fragtest, Eve, willst du mich?
 Meinst du, daß du den Flickschuster nicht wert bist?
 Und hättest du durchs Schlüsselloch mich mit
 Dem Lebrecht aus dem Kruge trinken sehen,
 Du hättest denken sollen: Ev ist brav,
 Es wird sich alles ihr zum Ruhme lösen,
 Und ists im Leben nicht, so ist es jenseits,
 Und wenn wir auferstehn ist auch ein Tag.

RUPRECHT: Mein Seel, das dauert mir zu lange, Evchen.
 Was ich mit Händen greife, glaub ich gern.

EVE: Gesetzt, es wär der Leberecht gewesen,
 Warum – des Todes will ich ewig sterben,
 Hätt ichs dir Einzigem nicht gleich vertraut;
 Jedoch warum vor Nachbarn, Knecht' und Mägden –
 Gesetzt, ich hätte Grund, es zu verbergen,

Warum, o Ruprecht, sprich, warum nicht sollt ich
Auf dein Vertraun hin sagen, daß dus warst?
Warum nicht sollt ichs? Warum sollt ichs nicht?

(9, 1162–1184)

Die verzweifelte Angst, die hinter Eves Worten zutage kommt und ihr den Mund versperrt, wäre dem Mädchen erspart worden, hätte sie nicht ebenfalls dem Augenschein mehr getraut als notwendig: Mit einem gefälschten Konskriptionsbefehl, der ihren Ruprecht nach Ostindien zu schicken vorgab, von wo er vermutlich nie zurückkehren würde, versuchte der geile Adam, sich Eves Gunst zu erpressen. Er versprach ihr, ein Krankheitszeugnis für Ruprecht auszustellen, das ihn vom Militär befreit; unter dem Vorwand, dieses Attest schreiben zu wollen, drängte er Eve so spät noch in das Haus, sperrte hinter ihr dann die Kammer ab und forderte so »Schändliches« von ihr, daß »es kein Mädchenmund wagt auszusprechen«. Wenn sie nun vor Gericht aussagt, daß Adam bei ihr gewesen, erhält sie das Zeugnis nicht, und Ruprecht ist ihr und überhaupt verloren; sagt sie es nicht, schimpft Ruprecht sie ein liederliches Ding und verläßt sie. Was immer sie tut, ihr Glück ist zerstört. Tragik liegt in der Ausweglosigkeit von Eves Situation; nur Ruprechts unbedingtes Vertrauen, sein Glauben an ihre Treue wider allen Augenschein, hätte sie retten können. (Daß Eve auf einen »Wisch« von einem Brief hereingefallen ist, weil sie nicht lesen kann, entschuldigt sie zwar, zeigt aber auch, daß nur auf Grund von Unwissenheit der Untertanen solch absolutistische Herrschaft wie die Adams möglich war.)

Auch Marthe Rull, für die überhaupt keine andere Möglichkeit besteht, als daß Ruprecht, Eves Verlobter, der Krugzertrümmerer war – er befand sich schließlich leibhaftig in der Kammer, als sie, vom Lärm der eingetretenen Tür und dem folgenden Streit herbeigelockt wurde –, auch sie verfällt dem falschen Einmaleins vordergründigen Wahrnehmens. Allesamt sind sie, einfache Huisumer Bauern, unfähig, so viel abgefeimte Dreistigkeit und Falschheit auch nur zu denken, wie sie Adam, die höchste Obrigkeit im Dorf, an den Tag legt. Nur er selbst kann mit der gestörten Wirklichkeit souverän umgehen; er kann auf jede neue Nuance, die ihn belastet, mit einer neuen Lüge antworten, die ihn jedoch über kurz weiter entlarvt. Den hellen Köpfen Licht und Walter entgeht sein Spiel nicht, das Adam jedoch so perfekt beherrscht, daß der Gerichtsrat immerhin noch stutzig wird.

Die Bauern, die sich nur an das halten, was sie mit Händen greifen können, mit eigenen Augen sehen, lassen sich bis zum Schluß durch Adams selbstsicheres Auftreten und seine genialische Redekunst blenden. Erst als eine weitere Zeugin, die Muhme Frau Brigitte, auftritt und die im Weinspalier gelegene Perücke herbeischafft, kommt die Wahrheit zutage.

LICHT: Hm! Die Perücke paßt Euch doch, mein Seel,
  Als wär auf Euren Scheiteln sie gewachsen.
       Er setzt sie ihm auf.

ADAM: Verleumdung!

LICHT: Nicht?

ADAM: Als Mantel um die Schultern
  Mir noch zu weit, wie viel mehr um den Kopf.
       Er besieht sich im Spiegel.

                                   (11, 1859–1862)

Das Leugnen verselbständigt sich bei Richter Adam bis zur Groteske; doch gerade aus der Spanne zwischen Wahrheit und Nicht-Wahrheit gewinnt die Rolle Adams ihre umwerfende Komik.

Walter endet die schlimme Gerichtsprozedur nur deshalb nicht wie ein donnernder und strafender Zeus, weil er Ehre und Ansehen des Gerichts retten will. Er treibt Adam an, endlich seinen Spruch zu fällen, und der nun setzt wider den gesamten Prozeßverlauf fest, daß Ruprecht, »der Racker«, der Täter sei.

ADAM: Den Hals erkenn ich
  Ins Eisen ihm, und weil er ungebührlich
  Sich gegen seinen Richter hat betragen,
  Schmeiß ich ihn ins vergitterte Gefängnis.
  Wie lange, werd ich noch bestimmen.
       . . .
  Den Krug meinthalb mag er ersetzen, oder nicht.

                                   (11, 1876–1883)

Da hält es Eve nicht länger: In der höchsten Not schreit sie die Wahrheit heraus und hetzt Ruprecht auf den lügnerischen Adam. Da Ruprecht unschuldig ins Gefängnis soll und vielleicht erst nach einem Instanzurteil freikommt, hat sie nichts mehr zu verlieren. Doch Adam ist schon in der Turbulenz entflohen, und Ruprecht bleibt nur sein Mantel, die Wut auszulassen.

Wie es sich für eine Komödie gehört, löst sich indes zum Schluß alles friedlich und heiter. Gerichtsrat Walter läßt den entflohenen Adam, der wie verrückt draußen »das aufgepflügte Winterfeld durchstampft«, zurückholen, ohne sonderliche Bestrafung, nur setzt er den Schreiber Licht bis auf weiteres in das Richteramt ein. Die Verlobten sind sich wieder gut und küssen sich. Zum Beweis seiner Aufrichtigkeit (Eve mißtraut nun auch seinem Wort) verspricht Walter, Ru-

precht freizukaufen vom Wehrdienst. Ordnung scheint wieder hergestellt, nicht grundsätzlich, aber in diesem Teil der Welt, für einen
Moment. Daß das Kämpfen um Wahrheit und Gerechtigkeit weiter-
gehen muß, bis endgültig wieder Paradiesesfrieden unter den Menschen herrscht, zeigen Frau Marthes Schlußworte: Sie verkündet, daß
sie in Utrecht selbst ihr Recht einklagen wird, denn Gerechtigkeit ist
ihr nicht geworden, der Schaden nicht ersetzt. Wie sagte sie doch
schon zuvor: »Wer Recht liebt, sollte zu den Keulen greifen.« Kann
man sie stur, verbohrt, einen zweiten Michael Kohlhaas nennen?

Es ist eine verkehrte Welt, wenn rechtschaffene einfache Menschen, die sich vertrauensvoll an ihren Richter wenden, belogen,
gedemütigt und (beinahe) bestraft werden, wenn die Ordnung, Wissen und Macht repräsentierende Instanz die Unwissenheit und Abhängigkeit der Schutzbefohlenen schamlos ausnutzt und Unordnung
stiftet. Vielleicht ist das Lustspiel vom ›zerbrochenen Krug‹ tatsächlich die einzig mögliche Antwort auf die klassische Tragödie, war nur
in der Umkehrung die tragische Wahrheit der Gegenwart festzuhalten. »Uns kommt nur noch die Komödie bei«, sagte der Schweizer
Dichter Friedrich Dürrenmatt rund 150 Jahre später.

Die Uraufführung des ›Krugs‹ fand am 2. März 1808 unter Goethes
Regie am Hoftheater in Weimar statt. Sie wurde ein glatter Reinfall.
Vielleicht lag es daran, daß Goethe, der sich wohl innerlich gegen das
Unklassische daran wehrte, den Einakter in eine dreiaktige Komödie
umarbeitete und damit den ›Krug‹ seinerseits zerbrach. Kleists Lustspiel lebt ja von der raschen, sich fast überstürzenden Szenenfolge,
eine künstliche Einteilung in Akte, zwischen denen bei der Aufführung dann auch noch Musik gespielt wurde, mußte ihm jeden
Schwung nehmen.

Für Kleist war der Mißerfolg bitter, er muß sehr harsch gegen
Goethe reagiert haben; jedenfalls äußerte sich dieser (Ende 1810 an
Falk): »Sie wissen, welche Mühe und Proben ich es mir kosten ließ,
seinen ›Wasserkrug‹ aufs hiesige Theater zu bringen. Daß es dennoch
nicht glückte, lag einzig in dem Umstande, daß es dem übrigens
geistreichen und humoristischen Stoffe an einer rasch durchgeführten
Handlung fehlt. Mir aber den Fall desselben zuzuschreiben, ja mir
sogar, wie es im Werke gewesen ist, eine Ausfoderung [zum Duell]
deswegen nach Weimar schicken zu wollen, deutet, wie Schiller sagt,
auf eine schwere Verirrung der Natur, die den Grund ihrer Entschuldigung allein in einer zu großen Reizbarkeit der Nerven oder in
Krankheit finden kann.«

Der Weimarer Uraufführung lag eine andere, längere Fassung des
›Krugs‹ als die oben wiedergegebene zugrunde; Kleist hatte, den Kri-

tikern gehorchend, die sich besonders an den »ellenlangen Reden« im 12. Auftritt störten (nachdem Adam schon als Schuldiger überführt ist), den Schluß erheblich gekürzt. Daß er die ursprüngliche Version jedoch als ›Variant‹ in die Buchausgabe von 1811 mitaufnahm, zeigt, wie wichtig ihm gerade das abschließende lange Gespräch zwischen Gerichtsrat Walter und Eve war.

In der Erstfassung wird Eve die Möglichkeit gegeben, aus ihrer Sicht den nächtlichen Vorfall zu schildern. Detailliert, geradezu minutiös genau, erzählt sie den Hergang, anfangend mit dem Besuch im Amt bis hin zum nächtlichen Eindringen des Richters Adam und dem Zerbrechen des Krugs. Die sexuelle Belästigung durch Adam, der in der Zweitfassung dann »So Schändliches [von ihr fordert], / Daß es kein Mädchenmund wagt auszusprechen«, war ursprünglich etwas anders dargestellt:

EVE: . . . Und da ich frag, was dies auch mir bedeute?
    Läßt er am Tisch jetzt auf den Stuhl sich nieder,
    Und faßt mich so, bei beiden Händen, seht,
    Und sieht mich an.

FRAU MARTHE: Und sieht –?

RUPRECHT: Und sieht dich an –?

EVE: Zwei abgemessene Minuten starr mich an.

FRAU MARTHE:
    Und spricht –?

RUPRECHT: Spricht nichts –?

EVE: Er, Niederträchtger, sag ich,
    Da er jetzt spricht; was denkt Er auch von mir?
    Und stoß ihm vor die Brust, daß er euch taumelt – . . .

                                      (12, 2213–2220)

Was in der verkürzten Version eher an eine Nötigung denken ließ, erweist sich im ›Variant‹ erst einmal als harmloser Blickkontakt. Adam ist hier nicht nur der »nichtswürdig-schändliche«, geile Richter, sondern er erhält auch einen tragischen Zug: Sein Alter, seine Verunstaltung zwingen ihn zu Lüge und Betrug, um wenigstens für »zwei abgemessene Minuten« den Anblick einer unschuldigen jungen Schönheit genießen zu können.

Auch stellt sich die Frage, weshalb Eve sich erst nach zwei Minuten zur Wehr entschließt: War sie nur starr vor Schreck, oder schmeichelten ihr die bewundernden Blicke des wichtigsten Mannes im Dorf nicht auch?

Aufschlußreich ist der ›Variant‹ jedoch vor allem, weil er die tiefe Vertrauenskrise, in die Eve durch die Ereignisse geraten ist, deutlicher herausarbeitet. Ihre moralische Unschuld mag sich am Ende bewiesen haben, aber ihre naiv-unschuldige Vorstellung von der Ordnung der Welt wird ihr auf immer verloren sein. Mit Richter Adams Sündenfall hat Eve, notgedrungen, »vom Baum der Erkenntnis« gegessen, sie hat die Relativität von Gut und Böse erfahren und die Fragwürdigkeit bisher unbezweifelter Autoritäten. »Was hilfts, daß ich jetzt schuldlos mich erzähle? / Unglücklich sind wir beid auf immerdar«, sagt sie zu ihrem Ruprecht, der sich für seinen Verdacht und seine Eifersucht nun in Grund und Boden schämt. Eve hat sich durch Adams wortreiche Reden über die Betrugsmanöver der Regierung, die vorgeblich zur Landmiliz eingezogene Rekruten nach Batavia verschicken wolle, um den Gewürzhandel zu sichern, von der Unglaubwürdigkeit des Staates an sich und seiner Vertreter überzeugen lassen. Ihr sind nun die Augen geöffnet für die undurchsichtigen, korrupten, beliebigen Machenschaften der Regierung, die aus Staatsräson oder simplem Egoismus die Bürger zu reinen Untertanen herabwürdigt. An die Existenz eines redlichen Menschen im Staatsdienst glaubt sie nicht mehr.

Mit Worten kann auch der wohlwollende Gerichtsrat Walter Eve nicht mehr davon überzeugen, daß Adam auch hierin gelogen habe, und Ruprecht zu ganz normalem Dienst im Lande selbst einberufen sei. Erst als er ihr 20 Gulden schenkt, mit denen sie Ruprecht freikaufen könnte, falls er doch nach Übersee verschickt werden sollte, wird sie nachdenklich, glaubt sie ihm schließlich.

Auf die Beweiskraft des Geldes in einer Zeit, in der auf das Wort kein Verlaß mehr ist, hat Kleist auch in seiner Novelle ›Die Marquise von O...‹ angespielt: Graf F... ist erst dann rehabilitiert, als er die Marquise zu seiner Alleinerbin eingesetzt und seinem Kind eine Schenkung von 20 000 Rubeln gemacht hat (vgl. unten S. 248).

Eves Umkehr aus Resignation und Unglauben zu glücklichem Vertrauen hat Kleist durchaus mit Fragezeichen versehen:

WALTER: ...
  Vollwichtig, neugeprägte Gulden sinds,
  Sieh her, das Antlitz hier des Spanierkönigs:
  Meinst du, daß dich der König wird betrügen?

EVE: O lieber, guter, edler Herr, verzeiht mir.
  – O der verwünschte Richter!

RUPRECHT: Ei der Schurke!

WALTER: So glaubst du jetzt, daß ich dir Wahrheit gab?

EVE: Ob Ihr mir Wahrheit gabt? O scharfgeprägte,
  Und Gottes leuchtend Antlitz drauf. O Jesus!
  Daß ich nicht solche Münze mehr erkenne!

                                        (12, 2369–2377)

Warum Walter Eve ausgerechnet jene zur fraglichen Zeit gar nicht mehr im Umlauf befindlichen Goldmünzen mit dem Bild des Spanierkönigs schenkt, warum Eve »Gottes leuchtend Antlitz« in den Zügen des verhaßten Feinds der Niederlande erkennen will und ihren Glauben an staatliche Ordnung und Gerechtigkeit wiederfindet, bleibt völlig unklar. Bis zur These, daß Kleist irrtümlich den Spanierkönig statt eines niederländischen Münzmotivs gewählt habe, oder daß damit auf Napoleon angespielt sei, der in allen ihm unterstellten Ländern Münzen mit seinem Bild prägen ließ, reichen die Interpretationsansätze; auch mit dem sog. »Geusenpfennig« wurde versucht, die rätselhafte Stelle zu erklären: diese Münze, die auf der Vorderseite den spanischen König, auf der Rückseite zwei Hände, die einen Proviant- oder Bettelsack tragen, vorstellte, diente im 16. Jahrhundert als Erkennungszeichen der Geusen. (Geusen, von frz. *gueux* »Bettler«, nannten sich die aufständischen Niederländer, nachdem die Spanier sie ursprünglich so beschimpft hatten.) Jedenfalls hat Kleist für Verwirrung gesorgt, die bis heute anhält, und einmal mehr bewiesen, daß sich seine Stücke einer eindeutigen Interpretation entziehen.

2.4 Prinz Friedrich von Homburg. Ein Schauspiel

Zum Verständnis von Kleists letztem Drama ›Prinz Friedrich von Homburg‹, das er auch als politisches Lehrstück verfaßt hat, sei kurz an Preußens geschichtliche Situation um das Jahr 1810 erinnert: Die vernichtende Niederlage bei Jena und Auerstedt im Oktober 1806 hatte zum völligen militärischen und moralischen Zusammenbruch Preußens geführt; König Friedrich Wilhelm III. war mit seinem Hof nach Königsberg geflüchtet, das preußische Heer aufgelöst, Napoleon kampflos in Berlin einmarschiert. Während Preußens letzter Verbündeter, Sachsen, bereits im Dezember 1806 durch Eintritt in den Rheinbund sich Napoleons Protektorat unterworfen hatte, entging Preußen lediglich dank russischen Einspruchs im Frieden von Tilsit seiner völligen Auflösung. Die von dem Großen Kurfürsten Friedrich Wilhelm Ende des 17. Jahrhunderts mit Hilfe der Armee aus dem Boden gestampfte europäische Großmacht mußte erhebliche Gebietsverluste hinnehmen und sich auf ein Heer von 42000 Mann beschränken, von der politischen Unterwerfung unter Napoleon ganz zu schweigen: Preußen war aufs tiefste gedemütigt worden.

In patriotischen Kreisen, etwa um den Freiherrn vom Stein und Gneisenau, sah man die eigentliche Ursache dieser Katastrophe in

dem apolitischen, blinden Untertanengeist, den vor allem der aufge-
klärte Absolutismus verlangt und anerzogen hatte. Noch am Tage
nach Jena z.B. hatte der Minister Graf von der Schulenburg an die
Berliner folgenden Tagesbefehl erlassen: »Der König hat eine Bataille
verloren. Jetzt ist Ruhe die erste Bürgerpflicht.« Auf Untertanen, für
die dieser Befehl paßte, konnte der Staat sich in der Stunde der Not
nicht mehr stützen, viel zu weit hatten sich Krone und Regierung
von den Regierten, dem Volk, entfernt. Die Reformen des Freiherrn
vom Stein sollten nun die Untertanen zu selbständigen, verantwortlich handelnden, engagierten Staatsbürgern erziehen, denen schließlich die Befreiung Preußens von der Napoleonischen Herrschaft
gelingen würde.

Heinrich von Kleist stand schon in Königsberg in enger Verbindung zu Stein und Gneisenau, der maßgeblich an der Reform des
preußischen Heeres zu einer Volksarmee mitgewirkt hatte. Sein
›Prinz Friedrich von Homburg‹ atmet den Geist der Reformer – und
verherrlicht eben nicht das alte Preußen, wie es viele ihm heute noch
vorwerfen. Im ›Homburg‹ gestaltete er seinen Traum eines idealen
Menschen, der seine Freiheit und Würde wahren kann in der Erfüllung des Staatswohls – eine ähnlich rückwärts gewandte, historisierende Utopie wie Schillers ›Wilhelm Tell‹.

Als stoffliche Grundlage diente Kleist jene Anekdote um den
Landgrafen von Hessen-Homburg, der als General 1675 bei der
Schlacht von Fehrbellin mit der Reiterei befehlswidrig und voreilig
angegriffen und dadurch die Preußen in arge Bedrängnis gebracht
hatte. Friedrich der Große berichtet, der Große Kurfürst habe sich
jedoch am Abend an den Landgrafen gewandt: »Wenn ich Euch nach
der Strenge der Kriegsgesetze richtete, hättet Ihr das Leben verwirkt.
Aber verhüte Gott, daß ich den Glanz eines solchen Glückstages
beflecke, indem ich das Blut eines Fürsten vergieße, der ein Haupt-
werkzeug meines Sieges war.« Die Geschichte ist allerdings ebensowenig historisch wie jene gleichzeitig überlieferte, rührende zweite
vom Selbstopfer des Stallmeisters Froben, der in derselben Schlacht
mit dem Kurfürsten das Pferd gewechselt haben soll, als er erkannte,
daß die Schweden sich auf dessen Schimmel einschossen. Von beiden
Legenden gab es eine Vielzahl bildlicher Darstellungen, deren wichtigste Kleist sicher gekannt hat, auch hatten sie natürlich Eingang in
die historisierende vaterländische Erbauungsliteratur gefunden.

Zur politischen Zielsetzung kam für Kleist noch eine persönliche:
Er stand, nach der Einstellung der ›Berliner Abendblätter‹, wieder
einmal wirtschaftlich vor dem Nichts und hoffte mit dieser Huldigung des Hohenzollernschen Königshauses und des »neuen« Preußens auf gnädige Aufnahme bei Hofe und eine finanzielle Unterstützung für die Zukunft. Der Stoff hatte wieder besondere Aktualität

gewonnen durch die Hochzeit des preußischen Prinzen Wilhelm mit der Prinzessin Amalie Marie Anne von Homburg. Ihr sandte Kleist das Widmungsexemplar, auf sie setzte er seine Hoffnungen. Der Hof aber lehnte ab.

Kleist ging es auch in diesem Drama wesentlich darum, den Menschen in seiner Mehrschichtigkeit darzustellen, als lebendiges, rätselhaftes, widersprüchliches Wesen, nicht in seiner vordergründigen, vernünftig regulierten Fassade. Um auch die ins Unterbewußtsein verdrängten Gefühlskräfte aufzudecken, versetzte er seine Helden gern in die Entrückung des Traums, der Ohnmacht, des Schlafs, führte sie so näher an ihre innere Wahrheit heran. Die dabei offenbarten Geheimnisse ergänzen, erklären Wesen und Schicksal des Helden (besonders auffällig beim ›Käthchen von Heilbronn‹), führen aber auch, wie bei Homburg, zu Konflikten mit der Wirklichkeit. Kleist gestaltet die unbewußten Kräfte des Menschen, die seinen Glanz und seine Abgründe sichtbar machen, und gewinnt sie zu konstruktiven Elementen der Handlung. Der ganze ›Homburg‹ bezieht seine Spannung aus dem Widerstreit zwischen geträumter und realer Existenz.

So sehr sich Kleist von dem klassischen Ideal eines ausgewogenen, über-individuellen, vernunftmäßig handelnden Menschen wegbewegt, so unklassisch ist seine Sprache: Mit ausgefallenen Satzkonstruktionen zielt er auf überraschenden lebhaften Ausdruck; Emotionen, Vorbewußtes, Ahnungen in Sprache zu bannen, unmittelbares Leben wiederzugeben, war ihm wichtiger als klassisch-klares Ebenmaß. Im Gegenteil: er haßte das korrekte Silbenzählen, die korrekte Grammatik, die der natürlichen Bewegtheit des Herzens zuwiderlief. Bereits die ersten Verse des Dramas fallen durch ihren ungewöhnlichen Duktus auf:

DER GRAF VON HOHENZOLLERN:
> Der Prinz von Homburg, unser tapfrer Vetter,
> Der an der Reuter Spitze, seit drei Tagen
> Den flüchtgen Schweden munter nachgesetzt,
> Und sich erst heute wieder atemlos,
> Im Hauptquartier zu Fehrbellin gezeigt:
> Befehl ward ihm von dir, hier länger nicht,
> Als nur drei Fütterungsstunden zu verweilen,
> Und gleich dem Wrangel wiederum entgegen,
> Der sich am Rhyn versucht hat einzuschanzen,
> Bis an die Hackelberge vorzurücken?

(I.1, 1–10)

In einer Art von proklamierendem Informationsstil stellt Hohenzollern den Prinz von Homburg als Hauptfigur vor, wechselt dann aber

(durch den Doppelpunkt markiert) überraschend die Satzkonstruktion und macht den Befehl des Kurfürsten zum neuen, eigentlichen
Subjekt des begonnenen Satzes, dem der Prinz nun als Dativobjekt
untergeordnet ist: Der Hauptkonflikt des Stücks um den Befehl des
Kurfürsten und Homburgs Befehlsmißachtung gewinnt in diesen
ersten Versen bereits syntaktische Gestalt, noch bevor er dem Spre-
cher bewußt sein kann.

Durch die häufigen Partizipialkonstruktionen erhält Hohenzollerns Sprechen jene Sachlichkeit und Präzision des militärischen
Rapports, die Homburgs Nachtwandlerei um so eindrucksvoller
kontrastiert.

HOHENZOLLERN: Die Chefs nun sämtlicher Schwadronen,
    Zum Aufbruch aus der Stadt, dem Plan gemäß,
    Glock zehn zu Nacht, gemessen instruiert,
    Wirft er erschöpft, gleich einem Jagdhund lechzend,
    Sich auf das Stroh um für die Schlacht, die uns
    Bevor beim Strahl des Morgens steht, ein wenig
    Die Glieder, die erschöpften, auszuruhn.

DER KURFÜRST: So hört ich! – Nun?

HOHENZOLLERN: Da nun die Stunde schlägt,
    Und aufgesessen schon die ganze Reuterei
    Den Acker vor dem Tor zerstampft,
    Fehlt – wer? der Prinz von Homburg noch, ihr Führer.
    Mit Fackeln wird und Lichtern und Laternen
    Der Held gesucht – und aufgefunden, wo?
    Er nimmt einem Pagen die Fackel aus der Hand.
    Als ein Nachtwandler, schau, auf jener Bank,
    Wohin, im Schlaf, wie du nie glauben wolltest,
    Der Mondschein ihn gelockt, beschäftiget,
    Sich träumend, seiner eignen Nachwelt gleich,
    Den prächtgen Kranz des Ruhmes einzuwinden.

DER KURFÜRST: Was!

HOHENZOLLERN: In der Tat! Schau hier herab: da sitzt er!
    Er leuchtet von der Rampe auf ihn nieder.

DER KURFÜRST: Im Schlaf versenkt? Unmöglich!

HOHENZOLLERN: Fest im Schlafe!
    Ruf ihn bei Namen auf, so fällt er nieder.
                        Pause.

DIE KURFÜRSTIN: Der junge Mann ist krank, so wahr ich lebe.

PRINZESSIN NATALIE: Er braucht des Arztes –!

DIE KURFÜRSTIN: Man sollt ihm helfen, dünkt mich,
    Nicht den Moment verbringen, sein zu spotten!

HOHENZOLLERN *indem er die Fackel wieder weggibt:*
  Er ist gesund, ihr mitleidsvollen Frauen,
  Bei Gott, ich bins nicht mehr! Der Schwede morgen
  Wenn wir im Feld ihn treffen, wirds empfinden!
  Es ist nichts weiter, glaubt mir auf mein Wort,
  Als eine bloße Unart seines Geistes.

DER KURFÜRST:
  Fürwahr! Ein Märchen glaubt ichs! – Folgt mir Freunde,
  Und laßt uns näher ihn einmal betrachten.
  Sie steigen von der Rampe herab.

EIN HOFKAVALIER *zu den Pagen:*
  Zurück! die Fackeln!

HOHENZOLLERN: Laßt sie, laßt sie, Freunde!
  Der ganze Flecken könnt in Feuer aufgehn,
  Daß sein Gemüt davon nicht mehr empfände,
  Als der Demant, den er am Finger trägt.
  Sie umringen ihn; die Pagen leuchten.

DER KURFÜRST *über ihn gebeugt:*
  Was für ein Laub denn flicht er? – Laub der Weide?

HOHENZOLLERN:
  Was! Laub der Weid, o Herr! Der Lorbeer ists,
  Wie ers gesehn hat, an der Helden Bildern,
  Die zu Berlin im Rüstsaal aufgehängt.

DER KURFÜRST: – Wo fand er den in meinem märkschen Sand?

HOHENZOLLERN: Das mögen die gerechten Götter wissen!

DER HOFKAVALIER: Vielleicht im Garten hinten, wo der Gärtner
  Mehr noch der fremden Pflanzen auferzieht.

DER KURFÜRST:
  Seltsam beim Himmel! Doch, was gilts, ich weiß,
  Was dieses jungen Toren Brust bewegt?

HOHENZOLLERN:
  O – was! Die Schlacht von morgen, mein Gebieter!
  Sterngucker sieht er, wett ich, schon im Geist,
  Aus Sonnen einen Siegeskranz ihm winden.
  Der Prinz besieht den Kranz.

DER HOFKAVALIER: Jetzt ist er fertig!

HOHENZOLLERN: Schade, ewig schade,
  Daß hier kein Spiegel in der Nähe ist!
  Er würd ihm eitel, wie ein Mädchen nahn,
  Und sich den Kranz bald so, und wieder so,
  Wie eine florne Haube aufprobieren.

DER KURFÜRST:
  Bei Gott! Ich muß doch sehn, wie weit ers treibt!

Der Kurfürst nimmt ihm den Kranz aus der Hand; der Prinz errötet und sieht ihn an. Der Kurfürst schlingt seine Halskette um den Kranz und gibt ihn der Prinzessin; der Prinz steht lebhaft auf. Der Kurfürst weicht mit der Prinzessin, welche den Kranz erhebt, zurück; der Prinz mit ausgestreckten Armen, folgt ihr.

DER PRINZ VON HOMBURG *flüsternd:*
　Natalie! Mein Mädchen! Meine Braut!

DER KURFÜRST:
　Geschwind! Hinweg!

HOHENZOLLERN:　　　Was sagt der Tor?

DER HOFKAVALIER:　　　　　　Was sprach er?
　Sie besteigen sämtlich die Rampe.

DER PRINZ VON HOMBURG:
　Friedrich! Mein Fürst! Mein Vater!

HOHENZOLLERN:　　　　Höll und Teufel!

DER KURFÜRST *rückwärts ausweichend:*
　Öffn' mir die Pforte nur!

DER PRINZ VON HOMBURG: O meine Mutter!

HOHENZOLLERN: Der Rasende! Er ist –

DIE KURFÜRSTIN:　　　Wen nennt er so?

DER PRINZ VON HOMBURG *nach dem Kranz greifend:*
　O! Liebste! Was entweichst du mir? Natalie!
　Er erhascht einen Handschuh von der Prinzessin Hand.

HOHENZOLLERN: Himmel und Erde! Was ergriff er da?

DER HOFKAVALIER: Den Kranz?

NATALIE:　　　　Nein, nein!

HOHENZOLLERN *öffnet die Tür:*
　　　　　　Hier rasch herein, mein Fürst!
　Auf daß das ganze Bild ihm wieder schwinde!

DER KURFÜRST:
　Ins Nichts mit dir zurück, Herr Prinz von Homburg,
　Ins Nichts, ins Nichts! In dem Gefild der Schlacht,
　Sehn wir, wenns dir gefällig ist, uns wieder!
　Im Traum erringt man solche Dinge nicht!
　Alle ab; die Tür fliegt rasselnd vor dem Prinzen zu.
　　　　　　　Pause.

　　　　　　　　　　　(I.1, 12–77)

Mit zornigen Worten und Gebärden wendet sich der Kurfürst ab von dem intim-vertraulichen, ihm zu nahe tretenden Prinzen, verweist ihn herrisch »ins Nichts«. Als wollte er diesen unsoldatisch weichen, selbstverliebten Träumer in Homburg töten, bannt er ihn in dieses dreimalige Nichts und fordert sein anderes Ich, den Reitergeneral, in die Schlacht. Die zwei Wirklichkeiten Homburgs, innere und äußere, Träumer und Soldat, stehen unvereinbar gegeneinander.

Für Kleist ist der Traum alles andere als ein Zeichen der Schwäche, sondern Zustand eines höheren, durch keinen Verstand getrübten Seins, ja er bedeutet Teilhabe an dem der Ratio verschlossenen Paradies. Im Traum teilen sich Gefühle und Wünsche unverstellt mit, im Träumen weiß der Mensch mehr von sich und anderes als im Wachen; Homburg kann seine tiefsten, ihm noch vollkommen unbewußten Gefühle, die Liebe zu Natalie und seinen unbändigen Wunsch nach strahlendem Heldenruhm offenbaren. Noch sind diese Gefühle unschuldig, denn dieser Traumwandler weiß nichts von sich, von Standesgrenzen, Etikette, von Politik; der Träumer ist nicht nur vom eigenen Bewußtsein entfernt, er steht auch außerhalb dieser preußischen Gesellschaft, die seinen Somnambulismus für befremdlich, krank oder narzißtisch hält. Bei Kleist hat der Mensch im Traum Verbindung zu jener absoluten Wirklichkeit des Ichs, in der das Unbewußte sagbar, das Ferne, auch das Zukünftige wie das Vergangene verfügbar sind. Erst das rationale Bewußtsein des wachen Menschen verwirrt die Gesichte wieder: Homburg weiß wirklich nicht, als Hohenzollern ihn weckt, wer die Braut seines Traums war. Auch als er, seinen nächtlichen Gang in den Park entschuldigend, ein Bild extremer Sinnlichkeit gebraucht, ist ihm der darin offenbare Wunsch nach der Geliebten nicht bewußt:

DER PRINZ VON HOMBURG *für sich:*
  Daß mich die Nacht verschläng! Mir unbewußt
  Im Mondschein bin ich wieder umgewandelt!
                      Er faßt sich.
  Vergib! Ich weiß nun schon. Es war, du weißt, vor Hitze,
  Im Bette gestern fast nicht auszuhalten.
  Ich schlich erschöpft in diesen Garten mich,
  Und weil die Nacht so lieblich mich umfing,
  Mit blondem Haar, von Wohlgeruch ganz triefend
  Ach! wie den Bräutgam eine Perserbraut,
  So legt ich hier in ihren Schoß mich nieder.

                                          (I.4, 115–123)

Kleist hat seinen berühmt gewordenen Essay ›Über das Marionettentheater‹ zur gleichen Zeit geschrieben wie den ›Homburg‹. Die modernen Interpretationen gehen fast durchweg von einer inneren Übereinstimmung beider Arbeiten aus: In der traumwandlerischen Sicherheit und Unschuld der ersten Szene entspricht Homburg zunächst ganz der Marionette des Essays. Ohne Absichten, aus dem reinen Gefühl heraus, begegnet er seiner »Braut« und dem Kurfürstenpaar. Später, nachdem er sich seiner Wünsche bewußt geworden ist, verliert er seine absolute Sicherheit und Anmut (wie der dornausziehende Jüngling des Essays) und erst am Schluß wird er zu seiner Mitte zurückfinden, das heißt, um im Bild das ›Marionettentheaters‹ zu bleiben, durch eine Hintertür wieder ins Paradies gelangen.

Die Traumszene im Schloßpark zu Fehrbellin, so wie sie der erwachte Homburg Graf Hohenzollern schildert, klingt wie der Sündenfall, wie die Versiegelung des Paradieses nach dem »Blitz« der Erkenntnis. In Homburgs Traum trat der Kurfürst »mit der Stirn des Zeus« auf; das Königsschloß, aus dem der Reigen der geliebten Menschen herabstieg, war »von Gold und Silber strahlend«; den Lorbeerkranz, mit des Kurfürsten Halskette geschmückt, hob »sie« (deren Namen Homburg partout nicht einfällt) »gleich einem Genius des Ruhms . . . als ob sie einen Helden krönen wollte«.

> . . .
> Ich streck, in unaussprechlicher Bewegung,
> Die Hände streck ich aus, ihn zu ergreifen:
> Zu Füßen will ich vor ihr niedersinken.
> Doch, wie der Duft, der über Täler schwebt,
> Vor eines Windes frischem Hauch zerstiebt,
> Weicht mir die Schar, die Ramp' ersteigend, aus.
> Die Rampe dehnt sich, da ich sie betrete,
> Endlos, bis an das Tor des Himmels aus,
> Ich greife rechts, ich greife links umher,
> Der Teuren einen ängstlich zu erhaschen.
> Umsonst! Des Schlosses Tor geht plötzlich auf;
> Ein Blitz der aus dem Innern zuckt, verschlingt sie,
> Das Tor fügt rasselnd wieder sich zusammen:
> Nur einen Handschuh, heftig, im Verfolgen,
> Streif ich der süßen Traumgestalt vom Arm:
> Und einen Handschuh, ihr allmächtgen Götter,
> Da ich erwache, halt ich in der Hand!

(I.4, 175–191)

Das Tor des Himmels ist dem absichtsvoll nach dem Kranz greifenden Prinzen nun versperrt; »endlos« dehnt sich der Abstand zwischen ihm und dem Glück, das er »ängstlich«, wie ein Blinder tappend, zu erhaschen sucht. Die Marionette ist aus dem Paradies vertrieben, es beginnt ihr Weg durch die Unendlichkeit. In der Traumschilderung ist das spätere willkürliche Eingreifen in die Schlacht, das Homburgs Ruhmsucht entspringt und ihn schuldig werden läßt, kunstvoll verschlüsselt vorgezeichnet.

Als Feldmarschall Dörfling am nächsten Morgen im Schloßsaal den Schlachtplan entwickelt und die Befehle diktiert, während die Kurfürstin und Natalie sich zur Abreise rüsten, ist der Prinz völlig abwesend »und fixiert die Damen«. Zutiefst betroffen erkennt er den Handschuh, der ihm geblieben war, als den Nataliens, erkennt er in ihr die Braut des Traums. Daß Traum und Wirklichkeit sich berühren, verwirrt den Prinzen aufs äußerste. »Wie vom Blitz getroffen« steht er da, heißt es in der Regieanweisung, die bei Kleist einen besonderen Mitteilungswert besitzt. In ihr werden Gefühlsregungen und -umschwünge in Körpersprache umgesetzt: Kleists Figuren sprechen viel weniger von ihren Gefühlen, sie erleben sie unmittelbar, sie »erblassen«, »erröten«, sind »verwirrt«, »träumen vor sich nieder«, »fallen in Ohnmacht« usw. Oft auch findet sich lediglich der Hinweis »Pause«, nach der ein geänderter Duktus eine neue Haltung signalisiert.

Der Augenblick, in dem ihn der Blitz der Erkenntnis trifft, verwandelt Homburg, nun »wendet er sich mit triumphierenden Schritten wieder in den Kreis der Offiziere zurück«. In dieser Hochstimmung erreicht ihn nur ein einziger von den Sätzen des Feldmarschalls: »Dann wird er die Fanfare blasen lassen.« Der eigentliche Befehl geht an ihm ebenso vorüber wie des Kurfürsten ernste Warnung:

> Herr Prinz von Homburg, dir empfehl ich Ruhe!
> Du hast am Ufer, weißt du, mir des Rheins
> Zwei Siege jüngst verscherzt; regier dich wohl,
> Und laß mich heut den dritten nicht entbehren,
> Der mindres nicht, als Thron und Reich, mir gilt!

(I.5, 348–352)

Homburgs Befehl lautete, nicht in die Schlacht einzugreifen, sondern abzuwarten, bis ihm der Kurfürst eigens dazu Order erteilen würde. Wenn der Kurfürst nun noch einmal den Prinzen nachdrücklich mahnt, sich zu beherrschen, den Sieg dieser Schlacht gar gleich gewichtet wie »Thron und Reich«, dann deutet Kleist verhüllt auf die Schwere des Vergehens hin, dessen Homburg schuldig wird.

Der erste Akt schließt mit einem der berühmten Monologe Homburgs. Der Monolog hat bei Kleist keine zentrale Bedeutung wie etwa bei Schiller, wo er, als klärende Reflexion, eine entscheidende dramaturgische Funktion besitzt (man denke etwa nur an ›Wallenstein‹; s. Bd. III). Kleist verwendet den Monolog höchst sparsam. Seine Figuren haben andere, meist sprachlose Möglichkeiten, ihre Gefühle zu äußern, wie wir gerade gesehen haben. Nur ganz selten, wo es der Nachdruck erheischt, erlaubt es der Dichter seinen Helden, der Woge ihres Empfindens Ausdruck zu verleihen, – und auch das nur in wenigen Versen:

Sechster Auftritt

DER PRINZ VON HOMBURG *in den Vordergrund tretend:*
 Nun denn, auf deiner Kugel, Ungeheures,
 Du, der der Windeshauch den Schleier heut,
 Gleich einem Segel lüftet, roll heran!
 Du hast mir, Glück, die Locken schon gestreift:
 Ein Pfand schon warfst du, im Vorüberschweben,
 Aus deinem Füllhorn lächelnd mir herab:
 Heut, Kind der Götter, such ich, flüchtiges,
 Ich hasche dich im Feld der Schlacht und stürze
 Ganz deinen Segen mir zu Füßen um:
 Wärst du auch siebenfach, mit Eisenketten,
 Am schwedschen Siegeswagen festgebunden!
  Ab.

(I.6, 356–366)

Die Gefühlserregung Homburgs sprengt die grammatikalische Ordnung. Bis zur Unverständlichkeit verwirren sich die Bezüge: Der weibliche Dativ Singular (»Du, *der* der Windeshauch . . .«) ist nur zu begreifen aus der emblematischen Vorstellung vom Glück als einer Göttin, die, auf einer Kugel »flüchtig« hin und her rollend, mit wehendem Schleier, aus ihrem Füllhorn wahllos ihre Gaben verstreut. Erst in der vierten Zeile wird das Glück schließlich angeredet, nachdem die Aufmerksamkeit des Zuhörers aufs höchste vorgespannt ist. Kleists Technik, das Attribut vom Nomen zu trennen und an unerwarteter Position einzurücken, dadurch den begonnenen Redefluß immer wieder unterbrechend aufzustauen, verleiht der Sprache eine seltene Unmittelbarkeit, die dem einzelnen Satzteil und der darin enthaltenen Wirklichkeit eigenes Gewicht zuweist und gleichzeitig im Zuhörer ähnlich intensive Empfindungen weckt wie in der sprechenden Figur.

Während Homburg in den ersten Versen des Monologs noch Objekt, der vom Glück Beschenkte ist, artikuliert sich in den letzten fünf Zeilen sein Ich immer vernehmlicher, ungestümer; parallel zu der schließlich gewaltsamen Willen signalisierenden Klimax der Verben (»suche«, »hasche«, »stürze um«) wird die Konstruktion des Satzes klarer, bewußter, absichtsvoller bis hin zu dem schier frevelhaften Brechen des Konditionals der siebenfachen Eisenketten. Im Traum beging der Prinz den gleichen Frevel aus Selbstanmaßung, als er nach dem Kranz griff; und dort wie hier hat der Dichter das selbstherrliche Eingreifen ins Schicksal durch auffälligen Anakoluth

(Bruch der Satzkonstruktion) besonders hervorgehoben: »Ich streck,
in unaussprechlicher Bewegung, / Die Hände streck ich aus, ihn zu
ergreifen ...«, hieß es in Homburgs Traumschilderung. Es war die
besondere Kunst Kleists, allein durch die grammatikalische Gestalt
seelische Vorgänge sichtbar zu machen. Homburgs Befehlsüber-
schreitung ist hier, am Ende des I. Akts, deutlich als Willkür gekenn-
zeichnet.

Der II. Akt beginnt mit der Schlacht um Fehrbellin. Oberst
Kottwitz, der alte erfahrene Berufssoldat, zeigt in der nüchtern-
pragmatischen Atmosphäre der Militärs als einziger frei seine Gefühle, sorgt sich um den fehlenden Prinzen, der vom Pferd gestürzt
sein soll, ironisiert seine Altersteifigkeit, bleibt offen für Empfindungen auch außerhalb der kriegerischen Realität:

OBRIST KOTTWITZ *auf einen Hügel tretend:*
  Ein schöner Tag, so wahr ich Leben atme!
  Ein Tag von Gott, dem hohen Herrn der Welt,
  Gemacht zu süßerm Ding als sich zu schlagen!
  Die Sonne schimmert rötlich durch die Wolken,
  Und die Gefühle flattern, mit der Lerche,
  Zum heitern Duft des Himmels jubelnd auf! –

(II.1, 384–389)

Diese wunderbare lyrische Passage genügt, Kottwitz als empfindsamen Menschen zu charakterisieren, zugleich aber auch, wie der regelmäßige Satzbau verrät, als Mann der Beherrschtheit, der Ordnung.
Kottwitz verkörpert, wie später deutlich wird, den neuen idealen
Staatsbürger und Soldaten, der ohne Druck und Drill, allein aus
Überzeugung und Begeisterung, für das Vaterland und seinen König
kämpft und die ihm lebenswichtigen Werte verteidigt.

Während die Offiziere, abwartend, den Verlauf der Schlacht beobachten und lebhaft kommentieren, bringt Homburg es fertig,
noch mitten im Kanonendonner »vor sich niederzuträumen«, um
im plötzlichen Wechsel um so heftiger präsent zu sein, als die Schweden schwanken, schließlich der Sieg mit großem Triumphgeschrei
verkündet wird. Sein Traum vom strahlenden Ruhm droht zu zerrinnen.

War er träumend mit sich allein beschäftigt, so kehrt er jetzt seine
Ich-Bezogenheit auf aggressive Weise nach außen. Kottwitz herrscht
er an, zum Angriff blasen zu lassen und ihm zu folgen, und als dieser
ihn an des Kurfürsten Ordre mahnt, kontert er nur beleidigend:

  Auf Ord'r! Ei, Kottwitz! Reitest du so langsam?
  Hast du sie noch vom Herzen nicht empfangen?

(II.2, 474f.)

Dem Offizier, der ihm den Degen abnehmen will (immerhin vergeht sich Homburg gegen das geltende Kriegsrecht), reißt er, aufschäumend, selbst den Degen ab und schickt ihn gefangen ins Hauptquartier. Seine freventliche Willkür stößt jeden, auch den rechtlichen Widerstand, nieder. Als neue, eigene Parole gibt er aus: »ein Schurke, / Wer seinem General zur Schlacht nicht folgt!« Das Zuwiderhandeln gegen kurfürstlichen Befehl nimmt Homburg auf seine Kappe.

Doch dieser Angriff bleibt im »mörderischen Eisenregen« der Schweden stecken. Es ist bedeutsam, daß die widerrechtliche Attacke Homburgs scheitert. Erst als sein Herz befiehlt, als er den Kurfürsten fallen sieht und er in wütendem Rachedurst auf die Schweden erneut einstürmt, hält nichts Homburg auf: Dem Sieger in der Schlacht von Fehrbellin entkommen nur die Schweden, die hinter dem Brückenkopf am Rhyn Zuflucht gefunden hatten. Nicht alle echten Gefühle also sind Homburg seit der Erkenntnisszene »verwirrt«: Seine tiefe und treue Liebe zum Kurfürsten ist ebenso aufrichtig wie nach dessen vermeintlichem Tod sein Schmerz und sein Wunsch nach Vergeltung. Bei seinem zweiten siegreichen Angriff handelte Homburg nicht aus Willkür, sondern aus der Sicherheit des Herzens, seinem »Schwerpunkt«, wie es im ›Marionettentheater‹ heißt.

Während die Kurfürstin tief erschüttert in Ohnmacht fällt, tröstet Homburg ritterlich die zum zweiten Mal verwaiste Natalie, bietet ihr seinen Schutz an und verlobt sich am Ende mit ihr. Doch der Kurfürst ist gerettet; ein Offizier berichtet, Stallmeister Froben habe mit dem Herrn das Pferd getauscht, das kurz darauf von einer Kanonenkugel niedergestreckt worden sei. Der Kurfürst selbst habe sich nach Berlin begeben, da die Schweden, nach dieser schweren Niederlage, Verhandlungen angeboten hätten. Nun scheint sich Homburg der Traum aufs wunderbarste zu erfüllen: Er ist der strahlende Sieger dieser Schlacht, Natalie gab ihr Ja-Wort, die Kurfürstin ist auf seiner Seite, und in Berlin, so wähnt er, werde der Kurfürst »mit der Stirn des Zeus« ihn krönen. Doch in Berlin läßt ihn der Kurfürst verhaften.

Szene: Berlin. Lustgarten vor dem alten Schloß. Im Hintergrunde die Schloßkirche, mit einer Treppe. Glockenklang; die Kirche ist stark erleuchtet; man sieht die Leiche Frobens vorübertragen, und auf einen prächtigen Katafalk, niedersetzen.

Neunter Auftritt

Der Kurfürst, Feldmarschall Dörfling, Obrist Hennings, Graf Truchß, und mehrere andere Obristen und Offiziere treten auf. Ihm gegenüber zeigen sich einige Offiziere mit Depeschen. – In der Kirche sowohl als auf dem Platz Volk jeden Alters und Geschlechts.

DER KURFÜRST:
> Wer immer auch die Reuterei geführt,
> Am Tag der Schlacht, und, eh der Obrist Hennings
> Des Feindes Brücken hat zerstören können,
> Damit ist aufgebrochen, eigenmächtig,
> Zur Flucht, bevor ich Order gab, ihn zwingend,
> Der ist des Todes schuldig, das erklär ich,
> Und vor ein Kriegsgericht bestell ich ihn.
> – Der Prinz von Homburg hat sie nicht geführt?

(II.9, 715–722)

Der Kurfürst fällt sein Urteil, ohne zu wissen, wer den vorzeitigen Angriff befahl. Dann, nach einer Pause (die der Gedankenstrich markiert), fragt er nach Homburg. Die beiden Ebenen des Ichs, Bewußtsein und Unbewußtes, liegen nahe beieinander, ohne sich zu berühren. Staatsräson, Kriegsrecht und strategisches Konzept verlangen nach der Bestrafung des Schuldigen; die Frage nach Homburg verrät des Kurfürsten Zuneigung und Sorge, unbewußt ahnt er die Wahrheit.

In seiner Empörung hat sich der Kurfürst spontan festgelegt; da er sich auf das Gesetz beruft, kann er ohne Autoritätsverlust nicht mehr zurück, auch nicht, als sich seine Ahnung bestätigt, daß Homburg die Märkische Reiterei befehligt hat. Der Kurfürst verkörpert die unbeugsame Strenge des Gesetzes, das die Ordnung im Staate sichert, er wendet sich daher, nach dem Befehl, ihn zu verhaften, abrupt von Homburg ab und nimmt eine eiserne Maske an, als müsse er sich mit seinen Gefühlen dahinter verschanzen.

So jedenfalls läßt sich sein Verhalten interpretieren. Nachdem der Zuschauer weiß, daß der Kurfürst kein kalter Despot und sein Schützling ihm nicht gleichgültig ist, fällt die betont sachliche Geschäftigkeit, mit der er nach Homburgs Verhaftung sich auf die erbeuteten schwedischen Fahnen konzentriert, als unnatürlich, ja empörend auf. Die umstehenden Offiziere artikulieren dies: erstaunt, erschrocken wollen sie Einspruch erheben, sind sich gleichzeitig ihrer Vermessenheit bewußt, – das teilen die halb beiseite gesprochenen bzw. spontan angefangenen Bemerkungen mit, die der Kurfürst jedoch übergeht. »Schüchtern«, heißt es in der Regieanweisung, versucht Kottwitz schließlich mit seiner Meinung vorzudringen, der Kurfürst schneidet ihm aber kurzerhand das Wort ab. Ein Fels in der Brandung empörten Gefühls, vor der er sich selbst schützen muß, steht er da. Seine privaten Empfindungen, Unsicherheiten, Schwächen darf er vor seinen Untergebenen nicht zeigen, als unfehlbare Autorität muß er jeder Situation gewachsen sein.

Da dem Kurfürsten schon durch seine Stellung äußerste Stetigkeit und Reserve abverlangt wird, ist der Interpret bei ihm besonders auf

Mutmaßungen angewiesen, er muß ihn mehr aus dem Gesamtzusammenhang zu erklären suchen als aus direkten Äußerungen. Kleist wollte keine bündigen Charaktere, keine Typen. Das Gemüt des Menschen sah er nicht als feste Größe an, die genau zu analysieren und schlüssig darzulegen wäre, daher ließ er seinen Figuren gern einen Rest ihrer geheimnisvollen Undeutbarkeit, – die bis heute die widersprüchlichsten Auslegungen provoziert.

Für den verhafteten Homburg scheint die Welt auf den Kopf gestellt. Er hat sich soweit verstiegen in seine geträumte Welt, hat sie gar der Realität aufzwingen wollen, daß sie ihm, als er sie wieder zur Kenntnis nehmen muß, bis zum Widersinn verkehrt erscheint: »Helft Freunde, helft! Ich bin verrückt. ... Sind denn die Märkischen geschlagen worden?« Er denkt nur in subjektiven Kategorien, hat nur seinen Sieg vor Augen und nicht das geringste Verständnis für seine (objektive) Verfehlung.

DER PRINZ VON HOMBURG *nachdem er sich den Degen abgeschnallt:*
> Mein Vetter Friedrich will den Brutus spielen,
> Und sieht, mit Kreid auf Leinewand verzeichnet,
> Sich schon auf dem kurulschen Stuhle sitzen:
> Die schwedschen Fahnen in dem Vordergrund,
> Und auf dem Tisch die märkschen Kriegsartikel.
> Bei Gott, in mir nicht findet er den Sohn,
> Der, unterm Beil des Henkers, ihn bewundre.
> Ein deutsches Herz, von altem Schrot und Korn,
> Bin ich gewohnt an Edelmut und Liebe,
> Und wenn er mir, in diesem Augenblick,
> Wie die Antike starr entgegenkömmt,
> Tut er mir leid, und ich muß ihn bedauren!
> *Er gibt den Degen an den Offizier und geht ab.*

(II.10, 777–788)

In seiner Selbstanmaßung fordert Homburg vom Kurfürsten geradezu Liebe und Gnade, die doch nur erhofft, vielleicht demütig erbeten werden können. Homburgs eigenwilliges Beharren steht gegen die eherne Konsequenz des Kurfürsten, aber, auch wenn der Prinz dies nicht wahrhaben will, auf seiten des Kurfürsten sind das Recht und die Macht.

In der obigen Passage übt Kleist verschlüsselt Kritik am aufgeklärten Absolutismus. Der Überlieferung nach verurteilte der römische Konsul Brutus seinen eigenen Sohn zum Tod und ließ ihn tatsächlich hinrichten, weil dieser sich an einer Verschwörung zugunsten der vertriebenen Tarquinier beteiligt hatte. Brutus wurde deshalb zu einem Muster altrömischer Tugend und Staatstreue hochstilisiert. Mit der Staatsräson, die, unabhängig von menschlichen Regungen, dem Gesetz Genüge tun muß, begründet der Kurfürst sein Urteil über den Pflegesohn Homburg, der jedoch diese Haltung verächtlich macht. Homburg (Kleist) stellt dem inhumanen Zweckrationalismus, mit dem der von Frankreich übernommene Absolutismus seine Untertanen in Gehorsam hält, die alten deutschen Tugenden, Edelmut und Liebe, als eigentliche Werte entgegen (die Brutus gewissermaßen mit seinem Sohn hingerichtet hatte).

Kurfürst und Homburg sind, ohne daß dies ausgesprochen würde, fest aneinander gebunden, ja abhängig voneinander. Einem »widerspenstigen« trotzigen Homburg gegenüber muß der Kurfürst »starr« auf dem kriegsgerichtlichen Verfahren bestehen. Es bedarf einer veränderten Haltung Homburgs, soll der Kurfürst mit »Edelmut und Liebe« reagieren können. Aber Homburg wird sich erst ganz verlieren müssen, um sich wieder ganz zu finden; sein Bild muß im Unendlichen verschwinden, wie das im Hohlspiegel des ›Marionettentheaters‹, um am Ende wieder klar zu erscheinen, – in seiner ursprünglichen göttlichen Bestimmung, die ihm das verlorene Paradies wieder zu betreten erlaubt.

Das unbedingte Gefühl der Liebe, das ihn und den Kurfürsten verbindet, verläßt Homburg nicht; es ist wahr und gründet sich im tiefsten Kern seines Herzens. Falsch ist der Schluß, den Homburg aus dieser Liebe zieht: daß ihn der Kurfürst deshalb begnadigen müsse und werde. Daß der Kurfürst als oberster Kriegsherr die Geltung des Rechts garantieren muß, kommt ihm, der in diesem Fall überhaupt kein Unrechtsbewußtsein besitzt, gar nicht in den Sinn.

> Er könnte – nein! so ungeheure
> Entschließungen in seinem Busen wälzen?
> Um eines Fehls, der Brille kaum bemerkbar,
> In dem Demanten, den er jüngst empfing,
> In Staub den Geber treten? . . .
>
> (III.1, 897–901)

Solange Homburg sich über das Gesetz, das ihn richtet, erhaben dünkt, als gebe es ein eigenes Recht des Siegers, solange er das Kriegsgericht als reine Formalität ansieht, die notwendig ist, bevor der Kurfürst sein väterliches Herz sprechen lassen kann, zwingt er diesen zur Unbarmherzigkeit: Soll das Gesetz nicht zur Farce werden, müssen die Zurüstungen zur Hinrichtung fortgesetzt werden. Wie bedrängend die gegenseitige Abhängigkeit ist, wird hier deutlich. Der Kurfürst muß das Gesetz vor Homburgs Willkür schützen, und ist doch in Gefahr, Brutus gleich, sich an der Menschlichkeit zu vergehen. Von seinen inneren Kämpfen läßt er nichts nach außen dringen, dadurch wirkt er erhabener, als er ist.

Blind verbohrt nimmt Homburg die ernsthafte Bedrohung, die sein Gefühl nicht fassen kann, solange nicht zur Kenntnis, bis ihm

Hohenzollern einen staatsrationalen Grund für des Kurfürsten Härte anbietet: Homburg sei möglicherweise dem Friedensschluß im Wege, denn der schwedische Gesandte habe den Auftrag, um Natalie zu werben. Die Staatsräson kennt nur Zwecke, gegen die der Untertan ohnmächtig ist. »Ich bin verloren«, sagt Homburg. Die Würdelosigkeit, die er dem Kurfürsten in diesem Augenblick unterstellt, ist seine eigene, denn er ist bereit, in seiner Verzweiflung, Natalie aufzugeben, um sich selbst zu retten. Der Verstand, besonders der politische Verstand untergräbt das Vertrauen zwischen den Menschen, zerstört die Liebe.

Auf dem Bittgang zur Kurfürstin sieht Homburg das bereits für ihn geöffnete Grab und verliert endgültig seine Fassung. Er fällt vor der Kurfürstin auf die Knie und ringt mit Worten um ihr Mitgefühl:

DER PRINZ VON HOMBURG *dringend:*
    Weißt du, was mir geschehn?

KURFÜRSTIN: Ich weiß um alles!
    Was aber kann ich, Ärmste, für Euch tun?

DER PRINZ VON HOMBURG:
    O meine Mutter, also sprächst du nicht,
    Wenn dich der Tod umschauerte, wie mich!
    Du scheinst mit Himmelskräften, rettenden,
    Du mir, das Fräulein, deine Fraun, begabt,
    Mir alles rings umher, dem Troßknecht könnt ich,
    Dem schlechtesten, der deiner Pferde pflegt,
    Gehängt am Halse flehen: rette mich!
    Nur ich allein, auf Gottes weiter Erde,
    Bin hülflos, ein Verlaßner, und kann nichts!

                         (III.5, 969–979)

Der Satzbau wird nach den ersten, noch ganz geordneten Worten, weitgehend aufgelöst. Den stoßweisen Atem seines flehenden Stammelns signalisieren die Kommata in der fast unverständlichen Reihung der angeredeten Subjekte: »Du mir, das Fräulein, deine Fraun, begabt, / Mir alles rings umher ...« Die Totale seiner Selbstaufgabe geben die drei Ausrufe der letzten Zeile erschütternd wieder: »Bin hülflos, ein Verlaßner, und kann nichts!«

Homburg durchlebt das Grauen vor dem Nichts, vor der Endgültigkeit des Todes. Es ist dies ein ebenso elementares wahres Gefühl wie die Kehrseite, seine Hochstimmung im Traum. Losgelöst von aller Erziehung, Etikette, Standes- und Soldatenehre, die das absolute Gefühl auf ein gesellschaftlich erträgliches Maß normalisiert, läßt Kleist seinen Helden die Todesangst in vollem Entsetzen durchleiden. An dem Realismus dieser Szene scheiden sich bis heute die Geister: Darf sich ein preußischer Reitergeneral so weit vergessen? Kleist aber wollte damit ganz bewußt die künstliche Fassade preußischen

Heldenmuts durchbrechen, Angst und Mut, Fassungslosigkeit und Haltung gehören für ihn zum ganzen Menschen. Diese Ambivalenz macht ja seine Gestalten, ob im Drama oder in den Erzählungen, bis heute glaubhaft und lebendig.

Auf den zu ihren Füßen flehenden, verzweifelten Homburg reagiert die Kurfürstin »mit unterdrückter Rührung« und der Aufforderung, Haltung anzunehmen, aber noch ist der Prinz nicht so weit:

DER PRINZ VON HOMBURG:
   O Gottes Welt, o Mutter, ist so schön!
   Laß mich nicht, fleh ich, eh die Stunde schlägt,
   Zu jenen schwarzen Schatten niedersteigen!
   Mag er doch sonst, wenn ich gefehlt, mich strafen,
   Warum die Kugel eben muß es sein?
   Mag er mich meiner Ämter doch entsetzen,
   Mit Kassation, wenns das Gesetz so will,
   Mich aus dem Heer entfernen: Gott des Himmels!
   Seit ich mein Grab sah, will ich nichts, als leben,
   Und frage nichts mehr, ob es rühmlich sei!
   . . .
   Ich gebe jeden Anspruch auf an Glück.
   Nataliens, das vergiß nicht, ihm zu melden,
   Begehr ich gar nicht mehr, in meinem Busen
   Ist alle Zärtlichkeit für sie verlöscht.
   Frei ist sie, wie das Reh auf Heiden, wieder;
   Mit Hand und Mund, als wär ich nie gewesen,
   Verschenken kann sie sich, und wenns Karl Gustav,
   Der Schweden König, ist, so lob ich sie.
   Ich will auf meine Güter gehn am Rhein,
   Da will ich bauen, will ich niederreißen,
   Daß mir der Schweiß herabtrieft, säen, ernten,
   Als wärs für Weib und Kind, allein genießen,
   Und, wenn ich erntete, von neuem säen,
   Und in den Kreis herum das Leben jagen,
   Bis es am Abend niedersinkt und stirbt.

                          (III.5, 995–1036)

Die ganze Erbärmlichkeit der menschlichen Kreatur, die um nichts als Leben bettelt angesichts der folternden Todesangst, läßt Homburg hier spüren – ein Verzweiflungsschrei, der unter die Haut geht. Ins »Nichts« hatte der Kurfürst den von Liebe und Ruhm verzückten Homburg gewiesen; nun ist der Richtspruch erfüllt. Der »Tod als das ewige Refrain des Lebens«: nur auf diesem tragischen Hintergrund darf der Mensch seine Wünsche nach irdischem Glück entwerfen.

Das abgründige Nichts, von dem das nur auf sich selbst gestellte Individuum immer wieder bedroht ist, hatte Kleist seit der Kant-Krise, die ihn allen objektiven Wahrheiten und Normen mißtrauen lehrte, als den einzigen sicheren Grund des Menschen erfahren; von hier aus mußten sich auch seine Helden ihr Heil suchen. Allein aus dem Glauben, daß gerade in der äußersten Verzweiflung der Weg beginnt, der das Ich zum göttlichen Ursprung zurückführt, schöpfte Kleist, dem ewigen Scheitern zum Trotz, seine dichterische Kraft.

Als Homburg allem Anspruch auf Glück, Ruhm, Liebe und Freude, ja auf Sinn entsagt hat, und alles ihm gestorben ist bis auf die nackte Existenz, ist seine »Erkenntnis gleichsam durch ein Unendliches gegangen«, hat der Tod für ihn seinen Schrecken verloren. Von jetzt an kann sich, nach der Theorie des ›Marionettentheaters‹, Homburg wieder dem Paradiese nähern. Der »Engel« Natalie wird ihn führen. Gegen jeden Augenschein hat sie ihr unerschütterliches Vertrauen in sein wahres Ich behalten.

NATALIE *mutig und erhebend, indem sie aufsteht und ihre Hand in die seinige legt:*
> Geh, junger Held, in deines Kerkers Haft,
> Und auf dem Rückweg, schau noch einmal ruhig
> Das Grab dir an, das dir geöffnet wird!
> Es ist nichts finstrer und um nichts breiter,
> Als es dir tausendmal die Schlacht gezeigt!
> Inzwischen werd ich, in dem Tod dir treu,
> Ein rettend Wort für dich dem Oheim wagen:
> Vielleicht gelingt es mir, sein Herz zu rühren,
> Und dich von allem Kummer zu befrein!
> > *Pause.*

(III.5, 1053–1061)

Die Pause signalisiert die ungläubige Erschütterung des Prinzen, daß Natalie, die er, nach außen jedenfalls, feige aufgegeben hat, dennoch zu ihm hält; sie kann hinter der Mauer aus verletzenden Worten die augenblickliche Not erkennen, die Homburg überschwemmt. Indem sie dem Einsamen liebend die Hand reicht, gibt sie ihm neue Kraft und Zuversicht.

In seinem innersten Kern angerufen, findet Homburg zu sich zurück. »Nachlässig«, sagt die Bühnenanweisung, läßt er sich später, als er in sein Gefängnis zurückgekehrt ist, auf ein Kissen nieder. Nun kann er trauernd, aber gelassen über den Tod nachsinnen; unendliche Distanz und Ruhe vermittelt er in seinem Sprechen.

DER PRINZ VON HOMBURG:
> Das Leben nennt der Derwisch eine Reise,
> Und eine kurze. Freilich! Von zwei Spannen
> Diesseits der Erde nach zwei Spannen drunter.
> Ich will auf halbem Weg mich niederlassen!
> Wer heut sein Haupt noch auf der Schulter trägt,

Hängt es schon morgen zitternd auf den Leib,
Und übermorgen liegts bei seiner Ferse.
Zwar, eine Sonne, sagt man, scheint dort auch,
Und über buntre Felder noch, als hier:
Ich glaubs; nur schade, daß das Auge modert,
Das diese Herrlichkeit erblicken soll.

(IV.3, 1286–1296)

Wie sehr Homburg noch dem Irdischen verhaftet ist, zeigen die kon-kret-sinnlichen Bilder der letzten vier Verse: Solange er die Herrlich-keit des Jenseits als eine gesteigerte Welt glaubt, mit Sinnesorganen wahrnehmbar, muß er resignierend die Teilhabe daran für sich aus-schließen. Mit dem ganz leidenschaftslosen »schade« stellt Homburg sein Entsagen-Müssen fest; es ist dies, nach dem »Todeskampf« im Gemach der Kurfürstin, eine weitere Stufe in dem symbolischen Pro-zeß des Sterbens, der schließlich zu Homburgs Apotheose führen wird.

Natalie, eine der Kleistschen Frauen, die (beinahe) unangefochten ihr unbedingtes Ich lebt, wußte ihren gedemütigten Helden aufzu-richten; sie findet auch die rechten Worte beim Kurfürsten: »Gott wird die Pfeile mir, die treffen, reichen!« Ihr Vertrauen in Gott, die reine Kraft ihrer Liebe, die nichts für sich fordert, geben ihr die Ge-wißheit. Natalie ist das glücklichere Ebenbild Theklas aus Schillers ›Wallenstein‹; das Bild der Blume für den idealen Naturzustand zweckfreier Grazie, das Wallenstein für Max gebraucht, projiziert Natalie auf den Geliebten.

VIERTER AKT

Szene: Zimmer des Kurfürsten.

Erster Auftritt

Der Kurfürst steht mit Papieren an einem, mit Lichtern besetzten Tisch. – Natalie tritt durch die mittlere Tür auf und läßt sich in einiger Entfernung vor ihm nieder.

Pause.

NATALIE *knieend:* Mein edler Oheim, Friedrich von der Mark!

DER KURFÜRST *legt die Papiere weg:*
  Natalie!
  Er will sie erheben.

NATALIE: Laß, laß!

DER KURFÜRST: Was willst du, Liebe?

NATALIE: Zu deiner Füße Staub, wies mir gebührt,
  Für Vetter Homburg dich um Gnade flehn!
  Ich will ihn nicht für mich erhalten wissen –
  Mein Herz begehrt sein und gesteht es dir;
  Ich will ihn nicht für mich erhalten wissen –
  Mag er sich welchem Weib er will vermählen;
  Ich will nur, daß er da sei, lieber Onkel,
  Für sich, selbständig, frei und unabhängig,
  Wie eine Blume, die mir wohlgefällt:
  Dies fleh ich dich, mein höchster Herr und Freund,
  Und weiß, solch Flehen wirst du mir erhören.

(IV.1, 1078–1091)

Natalie spricht im Monarchen den Menschen an; sie argumentiert nicht, frei und offen spricht sie aus, was das Herz ihr eingibt. Ohne seine Verantwortung zu leugnen, appelliert sie an seine väterliche Liebe. »Das Kriegsgesetz, das weiß ich wohl, soll herrschen, / Jedoch die lieblichen Gefühle auch.« Ihrem Herzen nach können, müssen beide Forderungen vereint werden. Wenn das Gesetz allein herrschte, läge das Vaterland kalt und öd; erst die Verbindung von Gesetz und menschlichem Gefühl sei die »schönste Ordnung«, die das Reich am Leben halte, ja zu märchenhafter Blüte führe. Mit der Sicherheit des Herzens gibt Natalie Homburgs Vergehen (»O dieser Fehltritt, blond mit blauen Augen«) und des Kurfürsten Vergebung menschliches, rechtes Maß: Die »feste Burg« des Vaterlands erschüttern solche Stürme nicht.

Der Kurfürst, der gegen Natalies Emotionalität nicht argumentieren kann, lenkt ab:

  Denkt Vetter Homburg auch so?
  [. . .]
  Meint er, dem Vaterlande gelt es gleich,
  Ob Willkür drin, ob drin die Satzung herrsche?

(IV.1, 1142 ff.)

Der Übereinstimmung mit Homburg vollkommen sicher, ruft er den Prinzen als Verbündeten an. Daher reagiert er um so fassungsloser, als Natalie ihm von Homburgs Zusammenbruch berichtet, von seinem »unheldenmütigen« »jammernswürdigen« Betteln um Gnade. »Betroffenheit«, »äußerstes Erstaunen«, »Verwirrung« malen sich auf seinem Gesicht. Zweimal fragt er ungläubig nach: »Nein, meine teuerste Natalie, / Unmöglich, in der Tat?! – Er fleht um Gnade?« Und noch einmal: »Nein, sag: er fleht um Gnade?« Immer, wenn das tiefste, aus dem Innersten kommende Gefühl und der Augenschein der Wirklichkeit gegeneinanderstoßen, reagieren Kleists Figuren »verwirrt«; es ist dies also die Chiffre für äußerste existenzielle Verunsicherung. Verwirrung, Verunsicherung sah Kleist jedoch als notwendige Voraussetzung an, die als gegeben hingenommenen Verhältnisse neu anzuschauen und damit tiefer, unmittelbarer in die verhüllte Wahrheit des Menschen einzudringen.

In seiner Bestürzung folgt der Kurfürst spontan seinem Herzen (wie er spontan aus herrscherlichem Zorn die Verurteilung ausgesprochen hatte): »So fasse Mut, mein Kind; so ist er frei!« Wenn Homburgs Gefühl dem Urteil mitleidheischend, trotzig oder auch aus Überzeugung widersteht, muß sich der Kurfürst selbst in Frage stellen. Das Gesetz, das er repräsentiert, muß von beiden Seiten anerkannt werden. Allein der Gedanke, sein Spruch könne eines Tyrannen Laune, willkürlich und unmenschlich sein, zwingt ihn zur Begnadigung, denn einen ehrlosen Tod will er nicht, weder der eines hilflosen Opfers noch der eines Feiglings würden das verletzte Recht versöhnen.

NATALIE: Ihm soll vergeben sein? Er stirbt jetzt nicht?

DER KURFÜRST:
    Bei meinem Eid! Ich schwörs dir zu! Wo werd ich
    Mich gegen solchen Kriegers Meinung setzen?
    Die höchste Achtung, wie dir wohl bekannt,
    Trag ich im Innersten für sein Gefühl:
    Wenn er den Spruch für ungerecht kann halten
    Kassier ich die Artikel: er ist frei! –

                      (IV.1, 1180–1186)

Die Krisis der Verwirrung, der kurze Augenblick des Sich-selbst-in-Frage-Stellens verändert das (geheime innere) Verhältnis zwischen Homburg und dem Kurfürsten. In einem Akt äußersten Vertrauens gibt er dem Prinzen selbst die Entscheidung in die Hand, sich frei oder schuldig zu sprechen, und ist sich gleichzeitig sicher, daß Homburg dies Vertrauen ehrenhaft erwidert und nicht mißbraucht. Indem er alles riskiert, gewinnt der Kurfürst neue Freiheit, ja, er ist erst jetzt der Erhabene, der er bisher nur schien. Ruhig schreibt er den Brief, gelöst, mit lächelnder Überlegenheit verabschiedet er Natalie, die das Schreiben selbst Homburg überbringen soll.

Für die meisten Zeitgenossen Kleists, streng zu Untertanen erzogen im aufgeklärten Absolutismus, war der Monarch der unbestrittene Schöpfer und Garant allen Rechts und Gesetzes; die Gleichsetzung von Kurfürst, Recht und Staat mußte selbstverständlich hingenommen werden. Indem er den Delinquenten zum Richter über sich selbst macht, liefert der Kurfürst nun gleichsam den Staat dem Individuum aus; dieser Schritt höchster, geradezu revolutionärer Liberalität propagiert das Ende des Absolutismus, der abgelöst wird von einer

Solidargemeinschaft von Individuen, denen das Wohl aller höher steht als das eigene Überleben. Das ist Kleists vaterländischer Traum.

In der Figur des Kurfürsten, der zwischen Spontaneität und Starrheit (die er vielleicht auch nur nach außen vertritt) wechselt, hat Kleist sich stark von dem Staatsphilosophen Adam Müller beeinflussen lassen, den er hoch schätzte und dessen Werk ›Die Elemente der Staatskunst‹ er für fähig hielt, »die Störrigkeit der Zeit die sie einengt ... langsam wie eine Wurzel den Felsen, sprengen [zu] können; nicht par explosion«. (Brief an Fouqué vom 25. April 1811). Bei Müller heißt es: »In dem steifen Verharren auf dem Buchstaben gewisser Begriffe und Grundsätze liegt das Geheimniß der Treue und der Festigkeit nicht; wie sich ja überhaupt der erhabene Sinn weder des menschlichen, noch des politischen Lebens nicht in Worten und Buchstaben abfassen läßt. Nur in der Bewegung kann sich die Ruhe und die Treue zeigen; nur in der Beweglichkeit die Festigkeit des Herzens: denn ein Herz ist auf andre Weise ruhig, als ein Stein.« Des Kurfürsten Ruhe, nachdem er zweifelte und sich dann ganz Homburg anvertraute, reicht tief und macht ihn stark; die Anfechtungen seiner Offiziere im V. Akt hätte er ohne die hier gewonnene innere Freiheit kaum so souverän durchgestanden.

Natalie mag den Sinneswandel in ihrem Onkel vorbereitet haben durch ihre entwaffnende Gefühlssicherheit, die aus der unreflektierten Übereinstimmung von Fühlen und Denken rührt. Ohne es untersuchen oder begründen zu müssen, vertraut sie dem Kurfürsten; klar, einfach und gradlinig ist ihre Sprache, versichert ihres Wahr-Seins. Als sie wenig später mit dem Abgesandten ihres Regiments spricht, der ihr Kottwitz' Petition zur Unterschrift bringt, will sie taktisch vorgehen; damit verläßt sie den reinen Boden ihres Wesens und verkompliziert die Situation, die sie doppelt absichern wollte. Kompliziert wird jetzt auch ihr Satzbau:

NATALIE: Der Prinz zwar, hör ich, soll, mein edler Vetter,
Vom Herrn aus eignem Trieb, begnadigt werden,
Und eines solchen Schritts bedarf es nicht.

GRAF REUSS *vergnügt:*
Wie? Wirklich?

NATALIE: Gleichwohl will ich unter einem Blatte,
Das, in des Herrn Entscheidung, klug gebraucht,
Als ein Gewicht kann in die Waage fallen,
Das ihm vielleicht, den Ausschlag einzuleiten,
Sogar willkommen ist, mich nicht verweigern –
Und, eurem Wunsch gemäß, mit meinem Namen,
Hiemit an eure Spitze setz ich mich.

(IV. 2, 1228–1237)

Hat die solidarisch von ihrem Regiment getragene Bittschrift Natalie erneut die Bedrohlichkeit der Situation vor Augen geführt? Oder hat der scheinbar mühelose Sieg über den Kurfürsten sie im nachhinein stutzig gemacht? Ihr dialektisches Argumentieren mit »zwar – gleichwohl« zeigt, wie sie die verschiedenen Positionen abwägt, ihr ursprünglich unbedingtes Vertrauen in den Kurfürsten wieder preisgebend.

Als Homburg im Gefängnis den Brief des Kurfürsten vorliest, deckt die Angst um den Geliebten vollends ihr kindlich gläubiges Vertrauen zu.

DER PRINZ VON HOMBURG *liest:*
> »Mein Prinz von Homburg, als ich Euch gefangen setzte,
> Um Eures Angriffs, allzufrüh vollbracht,
> Da glaubt ich nichts, als meine Pflicht zu tun;
> Auf Euren eignen Beifall rechnet ich.
> Meint Ihr, ein Unrecht sei Euch widerfahren,
> So bitt ich, sagts mir mit zwei Worten –
> Und gleich den Degen schick ich Euch zurück.«
> *Natalie erblaßt. Pause. Der Prinz sieht sie fragend an.*

NATALIE *mit dem Ausdruck plötzlicher Freude:*
> Nun denn, da stehts! Zwei Worte nur bedarfs –!
> O lieber süßer Freund!
> *Sie drückt seine Hand.*

(IV.4, 1307–1315)

Natalie verstellt sich jetzt, zum ersten Mal ist sie unwahr. (Gott sei Dank ist sie auch schwach und menschlich, sonst wäre sie ja rein ästhetisches Konstrukt wie Schillers Thekla.) Zwei Wünsche, die einander ausschließen, zerreißen sie: sie will den edlen Helden, der zu seiner Schuld steht – das wäre sein Tod –, und sie will ihn am Leben, dann müßte sie ihn zur feigen Unterschrift verführen. In ihrer Angst handelt Natalie gegen ihre Natur – und täuscht sich. Sie übersieht die eigentliche Wahrheit des Briefes, die Homburg rehabilitieren *und* ihn am Leben lassen kann, denn nicht feige den Spruch als Unrecht abzuwehren, fordert er, sondern das Recht zu bestätigen, damit der Kurfürst begnadigen kann.

Eine ganz ungewöhnliche Auseinandersetzung läuft nun im Gefängnis zwischen Homburg und Natalie ab, ein Liebesdialog, der, obwohl es um Tod und Leben geht, durchaus spielerischen Charakter hat, und in dem Gebärden, Mimik und Tun zum Teil sprechender sind als Worte. Wie hinreißend überzeugend vertritt die schwache Natalie ihre Liebe, wenn sie, weiblich raffiniert und – ach! so durchschaubar! ihrem Prinzen die Skrupel wegfegen will, lachend, weinend, ärgerlich aufstampfend, schließlich (sich selber Lügen strafend) seine Todesfurcht neu anzufachen sucht! Und er – »lächelnd« heißt es – kann die Furcht vor der Todesgruft ironisch aufnehmen und erwidern: »Wahrhaftig, tut Ihr doch, als würde sie / Mir, wie ein Panther, übern Nacken kommen.«

Das ganze Schauspiel dieser Szene ist ein letztes Ringen um Homburgs Menschenwürde; die Versuchung darf noch einmal kurz aufblitzen, doch der Brief wird schnell zerrissen: »Pah! – Eines Schuftes Fassung, keines Prinzen.« Am Ende ist Homburg ganz sicher:

> Ich will ihm, der so würdig vor mir steht,
> Nicht, ein Unwürdger, gegenüber stehn!
> Schuld ruht, bedeutende, mir auf der Brust,
> Wie ich es wohl erkenne . . .
>
> (IV.4, 1380 ff.)

Jetzt, endlich, ermißt Homburg seine ganze Schuld. Sein Gefühl ist nun geläutert, befreit von allen täuschenden Trieben und Ängsten. Und Natalie, wieder ganz sie selbst, küßt den Geliebten und sagt:

> – Und bohrten gleich zwölf Kugeln
> Dich jetzt in Staub, nicht halten könnt ich mich,
> Und jauchzt und weint und spräche: du gefällst mir!
>
> (IV.4, 1386 ff.)

Das in seiner Einfachheit überwältigende »Du gefällst mir« schließt die ambivalenten Gefühle, die sie zerreißen wollten, zusammen. Natalie hat ihre Mitte, ihre natürliche Grazie wiedergefunden.

Bewährung heißt für Kleists Helden: sich selbst be-wahren gegen äußeren Widerstand, zum eigenen wahren Ich zurückfinden nach Irrtümern und heillosen Verwirrungen. Kleist interessierte nicht eigentlich die Schuldfrage, eher die Frage nach Ursache und Wirkung in dieser rätselhaften unseligen Verkettung der Menschen, ihrem Mißverstehen und Aneinander-vorbei-Leben. Natalie hatte nach dem wiederholten Versprechen des Onkels, seiner heiteren Laune am Ende ihrer Unterredung fest daran geglaubt, daß Homburg begnadigt werde. Warum mußte der Kurfürst sie so sibyllinisch-rätselhaft entlassen:

> Gewiß, mein Töchterchen, gewiß! So sicher,
> Als sie [die Rettung] in Vetter Homburgs Wünschen liegt.
>
> (IV.1, 1206 f.)

Mit diesen Worten entrückte sich der Kurfürst zum undeutbaren, allwissenden Zeus, bereitete damit unterschwellig Natalies Zweifel vor, die nun (vielleicht auch deshalb) Schritte unternimmt, die den

Kurfürsten einengen. Sie beordert eigenmächtig ihr Regiment ins Hauptquartier, um so der von Oberst Kottwitz und dem Offizierskorps verfaßten Petition zugunsten Homburgs die Unterstützung des ganzen Heeres zu sichern. Dem Druck seiner Soldaten aber kann der Kurfürst keinesfalls nachgeben; er braucht Freiheit, um zu begnadigen.

So verkettet sich der Menschen Tun zu einer Folge unentwirrbarer Kausalzusammenhänge, die alle Schuld relativieren. In dem späteren Gespräch Hohenzollerns mit dem Kurfürsten wird die Richtigkeit und die Gefahr, die in solcher »delphschen Weisheit« liegt, deutlich: Hohenzollern will den Kurfürsten selbst für Homburgs Vergehen verantwortlich machen: Hätte er mit dem Träumer »zweideutig nicht gescherzt«, so hätte der Prinz nicht, den Handschuh als sichtbares Zeichen des Himmels glaubend, diesen Traum gradlinig zu realisieren versucht; worauf der Kurfürst »mit gleichem Recht« kontert: daß er, Hohenzollern, es schließlich gewesen sei, der ihn in den Garten herabgerufen habe, mithin also er das »Versehen« Homburgs veranlaßt habe ... Wenn der Kurfürst solche Schuldabwälzung auch als absurd hinstellt, er »fällt [immerhin] in Gedanken«, und Hohenzollern bemerkt nicht unrichtig am Schluß:

> Es ist genug, mein Kurfürst! Ich bin sicher,
> Mein Wort fiel, ein Gewicht, in deine Brust!

(V.5, 1721 f.)

Noch einmal wird im letzten Akt ein glücklicher Ausgang des Stücks ungewiß. Noch einmal gerät die Diskussion um Willkür und Satzung, der dialektische Prozeß um die übergeordnete »Idee des Rechts« in heftige Bewegung. Dieser natürliche Streit war nach Adam Müllers Auffassung vom Staat unerläßlich, sollte dieser nicht zur »Zwangsanstalt« verkümmern. Im Widerspruch zum Zweckrationalismus des Absolutismus, der das Gesetz zur »absolut bindenden und zwingenden Gewalt« erhebt – zur Wohlfahrt des Staates, versteht sich –, plädierte Müller für einen lebendigen Austausch zwischen Mensch und Gesetz, was Natalie wohl auch mit ihren Worten meinte: »Das Kriegsgesetz ... soll herrschen, / Jedoch die lieblichen Gefühle auch!«

Was Adam Müller als Theoretiker, Stein und Gneisenau in ihren praktischen Reformen anstrebten: nämlich die Umbildung der Untertanen zu mündigen Staatsbürgern, hat Kleist in »vaterländische« Dichtung umgesetzt, wobei er über jeden engen Patriotismus erhabene Ziele wie »Gott, Freiheit, Gesetz und Sittlichkeit« als wahrhaft verteidigungswürdige Güter begriff. Kottwitz erfüllt dieses Ideal eines innerlich unabhängigen, freimütigen, kritischen, redlichen, begeisterungsfähigen Bürgers und Soldaten, der sich nicht für »Geld, Ehre« oder anderen Sold kaufen läßt, sondern mit der »Ordre des Herzens« für Vaterland und Krone kämpft. Kottwitz verteidigt nachträglich die Tat des Prinzen auf Grund der taktischen Lage, dann aber, als der Kurfürst auf dem Gehorsam (»die Mutter meiner Krone«) beharrt, ergreift Kottwitz Partei für das höhere staatspolitische Interesse einer von fühlenden Menschen getragenen Nation:

KOTTWITZ: Herr, das Gesetz, das höchste, oberste,
   Das wirken soll, in deiner Feldherrn Brust,
   Das ist der Buchstab deines Willens nicht;
   Das ist das Vaterland, das ist die Krone,
   Das bist du selber, dessen Haupt sie trägt.
   Was kümmert dich, ich bitte dich, die Regel,
   Nach der der Feind sich schlägt: wenn er nur nieder
   Vor dir, mit allen seinen Fahnen, sinkt?
   Die Regel, die ihn schlägt, das ist die höchste!
   Willst du das Heer, das glühend an dir hängt,
   Zu einem Werkzeug machen, gleich dem Schwerte,
   Das tot in deinem goldnen Gürtel ruht?
   Der ärmste Geist, der in den Sternen fremd,
   Zuerst solch eine Lehre gab! Die schlechte,
   Kurzsichtge Staatskunst, die, um eines Falles,
   Da die Empfindung sich verderblich zeigt,
   Zehn andere vergißt, im Lauf der Dinge,
   Da die Empfindung einzig retten kann!
   Schütt ich mein Blut dir, an dem Tag der Schlacht,
   Für Sold, seis Geld, seis Ehre, in den Staub?
   Behüte Gott, dazu ist es zu gut!
   Was! Meine Lust hab, meine Freude ich,
   Frei und für mich im Stillen, unabhängig,
   An deiner Trefflichkeit und Herrlichkeit,
   Am Ruhm und Wachstum deines großen Namens!
   Das ist der Lohn, dem sich mein Herz verkauft!
   Gesetzt, um dieses unberufnen Sieges,
   Brächst du dem Prinzen jetzt den Stab; und ich,
   Ich träfe morgen, gleichfalls unberufen,
   Den Sieg wo irgend zwischen Wald und Felsen,
   Mit den Schwadronen, wie ein Schäfer, an:
   Bei Gott, ein Schelm müßt ich doch sein, wenn ich
   Des Prinzen Tat nicht munter wiederholte.
   Und sprächst du, das Gesetzbuch in der Hand:
   »Kottwitz, du hast den Kopf verwirkt!« so sagt ich:
   »Das wußt ich Herr; da nimm ihn hin, hier ist er:
   Als mich ein Eid an deine Krone band,
   Mit Haut und Haar, nahm ich den Kopf nicht aus,
   Und nichts dir gäb ich, was nicht dein gehörte!«

(V.5, 1570–1608)

Einen »Knaben« nennt der Kurfürst, sichtlich beeindruckt von Kottwitz' Worten, den alten Oberst, weil er mit jugendlichem Feuer revolutionierende Ideen vertritt, die der Monarch aber nicht widerspruchslos stehen lassen kann. Kottwitz' Freiheitsbegriff besticht zwar, weil er von absoluter Loyalität begleitet ist und nicht wie bei Homburg eigensüchtige Motive hat, aber er ist dennoch nicht unproblematisch, denn er wertet das Gesetz zu stark ab zugunsten des spontanen Gefühls, des Rechts auf individuelle Empfindung. Um das sensible Gleichgewicht in der Dialektik der Argumente zu wahren, läßt der Kurfürst nun Homburg selbst gegen Kottwitz' »spitzfündgen Lehrbegriff der Freiheit« für »Kriegszucht und Gehorsam« eintreten; des Prinzen Antwort in der Tasche, kann der Kurfürst sich gelassen geben.

Wieder zeigt sich ein geheimes Zusammenspiel von Homburg und dem Kurfürsten: Längst entschlossen, den Todesbefehl aufzuheben, innerlich und äußerlich in die Lage versetzt, Gesetz *und* Empfindung Genüge zu tun, kann der Kurfürst sich mit seiner Person aus dem Streit heraushalten und Homburg den strengen »Sachwalter« des Gesetzes spielen lassen. Homburg belehrt nun seine Offiziere, mit ungewohntem Pathos:

DER PRINZ VON HOMBURG: . . . Es ist mein unbeugsamer Wille!
Ich will das heilige Gesetz des Kriegs,
Das ich verletzt, im Angesicht des Heers,
Durch einen freien Tod verherrlichen!
Was kann der Sieg euch, meine Brüder, gelten,
Der eine, dürftige, den ich vielleicht
Dem Wrangel noch entreiße, dem Triumph
Verglichen, über den verderblichsten
Der Feind' in uns, den Trotz, den Übermut,
Errungen glorreich morgen? . . .

(V.7, 1749–1758)

Das klingt nach einer gut gelernten Lektion, und in der Tat spricht der Kurfürst von der »Schule dieser Tage«, durch die Homburg gegangen sei. Der erhabene Ton, mit dem Homburg seinen freien Willen zum Tod erklärt, seine Selbstdisziplinierung feiert, ist uns Heutigen schwerer erträglich als die andere Seite dieses Gefühls, die schlotternde Todesangst. (Im 19. Jahrhundert, als Haltung viel, beinahe alles galt, wird es umgekehrt gewesen sein.) Immer wieder ist diese Stelle interpretiert worden als Einlenken Homburgs in Ordnung, in preußisches Pflichtbewußtsein. Kleist ging es auch nicht darum, diesen Geist generell in Frage zu stellen, sondern um eine Versöhnung der oft gegensätzlichen Pflichten als Offizier und als Mensch. Sklavischer Gehorsam war ihm ebenso verachtungswürdig wie sklavische, unmenschliche Handhabung eines Gesetzes. Wenn Homburg sich nach schweren inneren Kämpfen zum Tode schuldig bekennt, ist es seine individuelle Wahrheit, seine freie Entscheidung zum notwendigen Gesetz; und wenn der Kurfürst jetzt begnadigt, geschieht es nicht mehr als monarchischer Hoheitsakt, sondern aus einer neu gewonnenen Liberalität. Der »Idee des Rechts« als Versöhnung nach einem lebendigen Konflikt ist von beiden Seiten gehuldigt: das steckt hinter der großen Geste von Homburgs Worten, die die Feier der Versöhnung im Schloßpark vorbereitet.

»Meine Brüder« hat Homburg die Offiziere, die so offen für ihn eingetreten waren, genannt, »Mein Sohn! Mein liebster Freund!« sagt der alte Kottwitz »gerührt«, und der Kurfürst »küßt seine Stirn« und nennt ihn jetzt auch »mein Sohn«: eine Gemeinschaft bilden sie, für die es sich zu kämpfen lohnt. In einem patriotischen Aufruf, geschrieben nach der Besichtigung des Schlachtfelds von Aspern, verherrlichte Kleist diese »Gemeinschaft [...], deren Wurzeln tausendästig, einer Eiche gleich, in den Boden der Zeit eingreifen; deren Wipfel, Tugend und Sittlichkeit überschattend, an den silbernen Saum der Wolken rührt« und die einmal, »ungeheuerster Gedanke noch, von Dichtern und Weisen, auf Flügeln der Einbildung erschwungen, Unterwerfung unter eine Weltregierung ist, die, in freier Wahl, von der Gesamtheit aller Brüder-Nationen, gesetzt wäre«. (›Was gilt es in diesem Kriege?‹ 1809)

Soweit der Träumer Kleist und seine Hoffnung einer zukünftigen, zu ihrem göttlichen Urbild zurückkehrenden Menschheit, die sich, wie das eingangs gebrauchte Bild der Eiche verrät, von deutschem Boden aus über den Weltkreis verbreiten würde. Nicht auf Eroberung und Herrschsucht, stellte sich Kleist vor, werde das neue Menschengeschlecht sich gründen, sondern auf die Gemeinsamkeit einer toleranten, wahrhaftigen und offenherzigen Gesinnung. Solche Gemeinsamkeit, die begeisternd wirkt, hat Kleist in der Schlußszene des ›Homburg‹ evoziert, Edelmut und Liebe überstrahlen einen Augenblick lang die kriegerische Wirklichkeit, auch wenn es zunächst gegenteiligen Anschein hat: »In der Ferne hört man Trommeln des Totenmarsches«, Homburg wird mit verbundenen Augen in den Garten geführt (in dem die deutsche Eiche nicht fehlt), er erwartet seine Hinrichtung. Schon ganz entrückt dieser Welt, ist er im Besitz eines »unendlichen Bewußtseins« und damit der Erfahrung des Göttlichen (dem Gott des ›Marionettentheaters‹) ganz nahe:

DER PRINZ VON HOMBURG:
  Nun, o Unsterblichkeit, bist du ganz mein!
  Du strahlst mir, durch die Binde meiner Augen,

Mit Glanz der tausendfachen Sonne zu!
Es wachsen Flügel mir an beiden Schultern,
Durch stille Ätherräume schwingt mein Geist;
Und wie ein Schiff, vom Hauch des Winds entführt,
Die muntre Hafenstadt versinken sieht,
So geht mir dämmernd alles Leben unter:
Jetzt unterscheid ich Farben noch und Formen,
Und jetzt liegt Nebel alles unter mir.

*Der Prinz setzt sich auf die Bank, die in der Mitte des Platzes, um die Eiche
aufgeschlagen ist; der Rittmeister Stranz entfernt sich von ihm, und sieht nach
der Rampe hinauf.*

(V.10, 1830–1839)

Mit diesem romantischen Bild der Ich-Überschreitung scheint Homburgs Weg zu schließen. Caspar David Friedrichs Bild ›Der Wanderer über dem Nebelmeer‹ ist ebenso zu assoziieren wie Klopstocks Ode ›An Fanny‹, in der der ›Messias‹-Dichter die »unaussprechlich süßen Freuden« der Auferstehung besingt: »Dann, o Unsterblichkeit, gehörst du ganz uns« (auch an seinem Todestag trug Kleist die Oden Klopstocks bei sich). In der Ahnung göttlicher Vollkommenheit nimmt Homburg schon das überirdische Licht der »tausendfachen Sonne« wahr, gelöst und heiter ist sein Abschied von der Welt (wie es Kleist selbst war in seinem Abschiedsbrief an Ulrike von Kleist: »... möge dir der Himmel einen Tod schenken, nur halb an Freude und unaussprechlicher Heiterkeit, dem meinigen gleich ...«, am 21. 11. 1811). Jetzt, befreit von aller Erdenschwere, beginnt Homburg die Herrlichkeit des Jenseits in sich aufzunehmen; die Metaphern von der Sonne, dem Flug durch den Äther, auch der Ausfahrt des Lebensschiffes vom Hafen verweisen auf jene geistige Ebene, die das leicht gewordene Ich, »vom Hauch des Winds entführt«, ins Himmlische aufsteigen läßt.

Doch Kleists Held, der durchaus Züge seines Schöpfers hat, sollte sich nicht, wie in der klassischen Tragödie, im Untergang vollenden, sondern im Diesseits. Er sollte als Hoffnung am Leben bleiben, daß die Menschen das Leiden an dem Widerstreit zwischen Innen- und Außenwelt überwinden können, wenn sie zu ihrer gottgewollten Wahrheit und Würde zurückfinden. Der Schluß zeigt, daß Kleist zwar klassische Idealität und romantisches Unendlichkeitsstreben aufnimmt, aber dennoch immer auf den Boden der Realität zurückkehrt: Seine Utopie einer Heimkunft ins Paradies endet nicht im Ätherischen oder als idealistisches Postulat, sondern ganz sinnlich konkret im vaterländischen Preußen, im Schloßgarten zu Fehrbellin, wo Homburgs Traum begann. »Die beiden Enden der ringförmigen Welt« greifen jetzt ineinander.

Der Kurfürst mit dem Lorbeerkranz, um welchen die goldne Kette geschlungen ist, Kurfürstin, Prinzessin Natalie, Feldmarschall Dörfling, Obrist Kottwitz, Hohenzollern, Golz usw., Hofdamen, Offiziere und Fackeln erscheinen auf der Rampe des Schlosses. – Hohenzollern tritt, mit einem Tuch, an das Geländer und winkt dem Rittmeister Stranz; worauf dieser den Prinzen von Homburg verläßt, und im Hintergrund mit der Wache spricht.

DER PRINZ VON HOMBURG:
  Lieber, was für ein Glanz verbreitet sich?

STRANZ *kehrt zu ihm zurück:*
  Mein Prinz, willst du gefällig dich erheben?

DER PRINZ VON HOMBURG:
  Was gibt es?

STRANZ: Nichts, das dich erschrecken dürfte! –
  Die Augen bloß will ich dir wieder öffnen.

DER PRINZ VON HOMBURG:
  Schlug meiner Leiden letzte Stunde?

STRANZ: Ja! –
  Heil dir und Segen, denn du bist es wert!

Der Kurfürst gibt den Kranz, an welchem die Kette hängt, der Prinzessin, nimmt sie bei der Hand und führt sie die Rampe herab. Herren und Damen folgen. Die Prinzessin tritt, umgeben von Fackeln, vor den Prinzen, welcher erstaunt aufsteht; setzt ihm den Kranz auf, hängt ihm die Kette um, und drückt seine Hand an ihr Herz. Der Prinz fällt in Ohnmacht.

NATALIE:
  Himmel! die Freude tötet ihn!

HOHENZOLLERN *faßt ihn auf:*   Zu Hülfe!

DER KURFÜRST: Laßt den Kanonendonner ihn erwecken!
  Kanonenschüsse. Ein Marsch. Das Schloß erleuchtet sich.

KOTTWITZ: Heil, Heil dem Prinz von Homburg!

DIE OFFIZIERE: Heil! Heil! Heil!

ALLE: Dem Sieger in der Schlacht bei Fehrbellin!
  Augenblickliches Stillschweigen.

DER PRINZ VON HOMBURG:
  Nein, sagt! Ist es ein Traum?

KOTTWITZ: Ein Traum, was sonst?

MEHRERE OFFIZIERE:
  Ins Feld! Ins Feld!

GRAF TRUCHSS: Zur Schlacht!

FELDMARSCHALL: Zum Sieg! Zum Sieg!

ALLE: In Staub mit allen Feinden Brandenburgs!

Ende.

Die widersprüchliche Welt ist für einen Moment in der Balance: Was sich Homburg intuitiv, im Traum, vorauskündigte, scheint ihm nun, da es sich erfüllt, wie ein Traum. Eine schmale Brücke führt aus der Sphäre der Einbildung in die preußische Wirklichkeit, spannt über den zeusmächtig sich gebärdenden Kurfürsten, den mit Kanonendonner aus seinem Himmelsfrieden zurückbeorderten Homburg und über die begeisterten Offiziere, die im Chor ihren Siegeswillen verkünden, einen Bogen der Versöhnung. Kleists eigener Traum eines brüderlich geeinten und hochgesinnten Preußen, das stark genug wäre, das Napoleonische Joch abzuschütteln, diktierte die Schlußzeile, die so viel Staub aufgewirbelt hat und doch nur aus den Bedingungen der damaligen Zeit interpretiert werden darf. Auf jeden Fall fordert sie, erhaben und unsanft zugleich, den Traum-Entrückten in das Leben zurück, das mit neuen Gefährdungen wartet und bestanden werden muß.

Das Glück der ungebrochenen Einheit von Träumer und Krieger, unmittelbarem Gefühl und notwendigem Gesetz, von individuellem Wunsch und Allgemeininteresse hält nicht an. Es war auch Kleist selbst nicht vergönnt; nach Ruhe und Ausgleich der Widersprüche sehnte er sich sein Leben lang. Anders als sein Homburg blieb er ein Außenseiter der Gesellschaft, ihm wurde sein maßloser Wunsch nach Ruhm, seine Liebessehnsucht nicht gestillt. Noch im Tode erfuhr er die Spanne zwischen tiefstem Elend und göttlicher Seligkeit. In seinem letzten Brief vom 21. 11. 1811 schrieb er: »... ich kann ihm [Gott] mein Leben, das allerqualvollste, das je ein Mensch geführt hat, jetzo danken, weil er es mir durch den herrlichsten und wollüstigsten aller Tode vergütigt ...« Kleist beging gemeinsam mit Henriette Vogel, einer Freundin, die sich unheilbar krank glaubte, am 21. November 1811 bei Potsdam am Wannsee Selbstmord.

Die Auseinandersetzung mit Kleist und seinem Werk verlief schon im 19. Jahrhundert merkwürdig konträr: Einerseits gaben sein Leben und sein Freitod Anlaß, Zeit und Gesellschaft zu kritisieren, weil sie ihn nicht verstanden und nicht geduldet hatten, andererseits nahm man seine Werke zur Bestätigung des eigenen nationalkonservativen, ja reaktionären Standpunkts, denn sein offener propagandistischer Kampf gegen die französische Besatzung unter Napoleon ließ Kleist als vaterländischen Dichter altpreußischer Tugenden erscheinen. Gleichzeitig erlaubte es Kleists Bestehen auf den subjektiven Entscheidungsrechten des Individuums, wie er sie etwa im ›Homburg‹ durch Oberst Kottwitz formulieren ließ (und wie er sie für sich zeitlebens in Anspruch nahm), ihn auch für das Lager der Liberalen zu vereinnahmen.

Im Dritten Reich feierte die Germanistik schließlich Kleist als Klassiker des nationalsozialistischen Deutschland und schlachtete Werke wie ›Die Hermannsschlacht‹ und die politischen Schriften bis zur Peinlichkeit ideologisch aus. In den ersten zehn Jahren nach dem Zweiten Weltkrieg schien Kleist dann nachgerade verfemt, ab 1955 etwa begann jedoch eine neue intensive wissenschaftliche Auseinandersetzung; auch die Schulen griffen insbesondere den ›Prinz von Homburg‹ als Beispiel eines Dramas der Befehlsverweigerung und die Erzählung ›Michael Kohlhaas‹ (zum Thema Recht und Rechtsstaatlichkeit) wieder auf. Am schwersten tat sich die Bühne: Nachdem das *Théâtre National Populaire* in Paris bereits Ende der fünfziger Jahre ›Prinz Friedrich von Homburg‹ aufgeführt hatte, markieren *Bearbeitungen* Kleistscher Stücke, die wiederum den biographischen Aspekt unter z. T. krasser Textveränderung einbezogen, den Neubeginn. Erst seit Mitte der achtziger Jahre scheint es wieder möglich, sich unmittelbar mit Kleists Texten auf der Bühne auseinanderzusetzen.

3.1 Die Marquise von O...

Nur aus finanziellen Gründen, fast gedemütigt, hatte sich Kleist darauf eingelassen, auch Erzählungen zu schreiben, nachdem er in der dramatischen Kunst, die er doch am höchsten einschätzte, so wenig Erfolg hatte. Daß er dabei aufs Novellistische kam, ist bei seiner Vorliebe für überraschende, ja skandalöse Stoffe nicht weiter verwunderlich. Von einer interessanten Neuigkeit oder, wie Goethe definierte, einer »sich ereigneten unerhörten Begebenheit« berichtet die Novelle (zu ital. *novella* »kleine Neuigkeit«). Das Genre verlangt eine sachlich-objektive Erzählhaltung, um der Darstellung Authentizität zu verleihen; oft werden deshalb auch genaue Zeit- und Ortsangaben gemacht oder eine Rahmenhandlung zwischen Novelle und Erzähler geschoben wie in Boccaccios berühmtem ›Decamerone‹, dem Urbild aller Novellensammlungen in Europa. Die knappe, sich meist auf einen ungewöhnlichen Vorfall konzentrierende Darstellung, dazu die unparteiische, zugleich pointierte Sprache verleihen der Novelle ihre Spannung, die durch eine fast sprunghafte, deutliche Wendepunkte herausarbeitende Handlungsführung noch gesteigert wird. Nirgends haftet der Novelle ein breiter, episch ruhiger Erzählfluß an, was sie von der reinen Erzählung durchaus unterscheidet. (Die Definition der Gattung war zu Kleists Zeiten allerdings noch nicht so eindeutig.)

Klassik und Romantik hatten die typisch romanische Erzählform für die deutsche Dichtung entdeckt – und gleich zu einem Höhepunkt geführt. Mit Goethes Novellen in den ›Unterhaltungen deutscher Ausgewanderten‹ und in ›Wilhelm Meisters Wanderjahren‹, vor allem mit seiner ›Novelle‹, setzt die Gattung in Deutschland bereits auf weltliterarischem Niveau ein; auch Schillers ›Verbrecher aus verlorener Ehre‹ oder etwa Johann Peter Hebels ›Unverhofftes Wiedersehen‹ halten diesen Rang. Während die Klassiker in ihren Novellen auf die strenge Form, auch auf die moralerzieherische Wirkung besonderen Wert legten, weiteten die Romantiker die unerhörte Begebenheit gern ins Übernatürliche, Extreme, auch Schauerliche aus – man denke an E.T.A. Hoffmanns ›Das Fräulein von Scuderi‹ oder Achim von Arnims ›Der tolle Invalide‹.

Heinrich von Kleist gilt als der bedeutendste Novellist zu Beginn des 19. Jahrhunderts, ja vielleicht der deutschen Sprache überhaupt. Die modern anmutende Realistik seiner Darstellung, die gleichzeitig erregte und disziplinierte Sprache, aber auch seine riskanten Stoffe machen seine Geschichten bis heute so ergreifend und interessant.

›Die Marquise von O...‹ erschien erstmals 1808 im ›Phöbus‹ und war wohl als Pendant zu Goethes ›Unterhaltungen deutscher Ausgewanderten‹ in den ›Horen‹ gedacht. Sie gehört zu den novellistischen Meisterwerken Kleists; in der Verfilmung von Eric Rohmer ist sie vielen noch im Gedächtnis. Das Tempo dieses »atemlos herunter und herauf erzählten« Stücks »unvergleichlich erzogener Prosa«, das Rainer Maria Rilke so fasziniert hatte, mögen die ersten zwei Abschnitte belegen:

Die Marquise von O...
(Nach einer wahren Begebenheit, deren Schauplatz von Norden nach dem Süden verlegt worden)

In M..., einer bedeutenden Stadt im oberen Italien, ließ die verwitwete Marquise von O..., eine Dame von vortrefflichem Ruf, und Mutter von mehreren wohlerzogenen Kindern, durch die Zeitungen bekannt machen: daß sie, ohne ihr Wissen, in andre Umstände gekommen sei, daß der Vater zu dem Kinde, das sie gebären würde, sich melden solle; und daß sie, aus Familienrücksichten, entschlossen wäre, ihn zu heiraten. Die Dame, die einen so sonderbaren, den Spott der Welt reizenden Schritt, beim Drang unabänderlicher Umstände, mit solcher Sicherheit tat, war die Tochter des Herrn von G..., Kommandanten der Zitadelle bei M... Sie hatte, vor ungefähr drei Jahren, ihren Gemahl, den Marquis von O..., dem sie auf das innigste und zärtlichste zugetan war, auf einer Reise verloren, die er, in Geschäften der Familie, nach Paris gemacht hatte. Auf Frau von G...s, ihrer würdigen Mutter, Wunsch, hatte sie, nach seinem Tode, den Landsitz verlassen, den sie bisher bei V... bewohnt hatte, und war, mit ihren beiden Kindern, in das Kommandantenhaus, zu ihrem Vater, zurückgekehrt. Hier hatte sie die nächsten Jahre, mit Kunst, Lektüre, mit Erziehung, und ihrer Eltern Pflege beschäftigt, in der größten Eingezogenheit zugebracht: bis der ... Krieg plötzlich die Gegend umher mit den Truppen fast aller Mächte und auch mit russischen erfüllte. Der Obrist von G..., welcher den Platz zu verteidigen Order hatte, forderte seine Gemahlin und seine Tochter auf, sich auf das Landgut, entweder der letzteren, oder seines Sohnes, das bei V... lag, zurückzuziehen. Doch ehe sich die Abschätzung noch, hier der Bedrängnisse, denen man in der Festung, dort der Greuel, denen man auf dem platten Lande ausgesetzt sein konnte, auf der Waage der weiblichen Überlegung entschieden hatte: war die Zitadelle von den russischen Truppen schon berennt, und aufgefordert, sich zu ergeben. Der Obrist erklärte gegen seine Familie, daß er sich nunmehr verhalten würde, als ob sie nicht vorhanden wäre; und antwortete mit Kugeln und Granaten. Der Feind, seinerseits, bombardierte die Zitadelle. Er steckte die Magazine in Brand, eroberte ein Außenwerk, und als der Kommandant, nach einer nochmaligen Aufforderung, mit der Übergabe zauderte, so ordnete er einen nächtlichen Überfall an, und eroberte die Festung mit Sturm.

Eben als die russischen Truppen, unter einem heftigen Haubitzenspiel, von außen eindrangen, fing der linke Flügel des Kommandantenhauses Feuer und nötigte die Frauen, ihn zu verlassen. Die Obristin, indem sie der Tochter, die mit den Kindern die Treppe hinabfloh, nacheilte, rief, daß man zusammenbleiben, und sich in die unteren Gewölbe flüchten möchte; doch eine Granate, die, eben in diesem Augenblicke, in dem Hause zerplatzte, vollendete die gänzliche Verwirrung in demselben. Die Marquise kam, mit ihren beiden Kindern, auf den Vorplatz des Schlosses, wo die Schüsse schon, im heftigsten Kampf, durch die Nacht blitzten, und sie, besinnungslos, wohin sie sich wenden solle, wieder in das brennende Gebäude zurückjagten. Hier, unglücklicher Weise, begegnete ihr, da sie eben durch die Hintertür entschlüpfen wollte, ein Trupp feindlicher Scharfschützen, der, bei ihrem Anblick, plötzlich still ward, die Gewehre über die Schultern hing, und sie, unter abscheulichen Gebärden, mit sich fortführte. Vergebens rief die Marquise, von der entsetzlichen, sich unter einander selbst bekämpfenden, Rotte bald hier, bald dorthin gezerrt, ihre zitternden, durch die Pforte zurückfliehenden Frauen, zu Hülfe. Man schleppte sie in den hinteren Schloßhof, wo sie eben, unter den schändlichsten Mißhandlungen, zu Boden sinken wollte, als, von dem Zetergeschrei der Dame herbeigerufen, ein russischer Offizier erschien, und die Hunde, die nach solchem Raub lüstern waren, mit wütenden Hieben zerstreute. Der Marquise schien er ein Engel des Himmels zu sein. Er stieß noch dem letzten viehischen Mordknecht, der ihren schlanken Leib umfaßt hielt, mit dem Griff des Degens ins Gesicht, daß er, mit aus dem Mund vorquellendem Blut, zurücktaumelte; bot dann der Dame, unter einer verbindlichen, französischen Anrede den Arm, und führte sie, die von allen solchen Auftritten sprachlos war, in den anderen, von der Flamme noch nicht ergriffenen, Flügel des Palastes, wo sie auch völlig bewußtlos niedersank. Hier – traf er, da bald darauf ihre erschrockenen Frauen erschienen, Anstalten, einen Arzt zu rufen; versicherte, indem er sich den Hut aufsetzte, daß sie sich bald erholen würde; und kehrte in den Kampf zurück.

Der Eindruck atemlosen Erzählens entsteht durch die langen verschränkten Satzperioden, die die Flut von Ereignissen, die auf die Personen von allen Seiten einstürzen, in bedrängender Genauigkeit wiedergeben; Absätze, die Einschnitte oder Pausen markieren, fehlen faktisch ganz. Kleist bemühte sich nicht um Glätte und Gefälligkeit, sein Stil ist eher als »störrisch« zu bezeichnen. Wider den gewohnten syntaktischen Fluß reiht er, bruchstückhaft, einzelne Informationen aneinander, die er noch künstlich durch auffallend viele Kommata immer wieder trennt, so daß der Sinn der ganzen Periode sich erst am Ende erhellt. Neben diesem »umständlichen« Erzählen, das eine konzentrierte Spannung in Erwartung der vollständigen Aussage bewirkt, komprimiert Kleist gleichzeitig das Geschehen in einer Art Zeitraffer, indem er etwa mit einem Doppelpunkt oder einem Semikolon, mit einer Konjunktion wie »als« oder Formeln wie »dergestalt, daß« bzw. »es traf sich, daß« entlegenste Vorgänge in einem Satz zusammenschließt; dadurch schafft er unerwartete, ja ungeheuerliche Bezüge. So kann der russische Offizier »dem letzten viehischen Mordknecht« brutal ins Gesicht schlagen, daß diesem das Blut aus dem Mund quillt, *und*, fast im gleichen Atemzug, der Marquise »mit einer verbindlichen, französischen Anrede« den Arm bieten. Die schrille, ja paradoxe Wirklichkeit zu thematisieren und so auf einen Punkt zu bringen, ist Kleists geniale, in unsere Gegenwart weisende erzählerische Leistung.

Das vielschichtige, verworrene Leben unmittelbar Sprache werden zu lassen, war Kleists Anliegen, prägte seinen ganz eigenartigen Stil, seinen unorthodoxen, gelegentlich bis zur Künstlichkeit getriebenen Satzbau. Voll innerer Bewegung ist sein Erzählen, das mehr gesprochen als geschrieben, eher der spontanen Eingebung entsprungen zu sein scheint als einem fertigen Plan. Auf diese Weise teilt sich dem Leser eine Erregung mit, als sei er direkt am Geschehen beteiligt. Den Moment zögernden Überlegens etwa, ob man sich, angesichts der vorrückenden russischen Truppen, auf das Landgut der Marquise oder das des Bruders begeben oder aber im Schutz der Festung bleiben solle, vollzieht Kleist unmittelbar im Satzbau nach (auch in dem Bild der »Waage der weiblichen Überlegung«) und läßt, als Antwort gewissermaßen, nach dem Doppelpunkt, schon die Russen das Fort stürmen, womit jedes weitere Abwägen überflüssig wird. Den Leser überrascht Kleist, wie er selbst überrascht scheint.

Die auktoriale Erzählhaltung, d.h. die Position eines Autors, der den Fort- und Ausgang seiner Geschichte genau weiß und dies auch dem Leser zu erkennen gibt, ist hier aufgegeben zugunsten einer Perspektive aus dem Inneren der Geschichte heraus, also der gerade handelnden oder behandelten Person. Indem Kleist über die einzelnen Begebenheiten und Personen genauestens informiert, Wichtiges (für den Verlauf der Handlung) und Unwichtiges nicht unterscheidet, verleiht er seiner Erzählung den Eindruck protokollarischer Authentizität. Jedem einzelnen Sachverhalt beläßt er seine Bedeutung für das differenzierte wechselvolle Ganze des Lebens (und der Novelle), ohne doch dem Fortlauf dieses Ganzen Abbruch zu tun. In einem unübersichtlichen Geflecht von Ursachen und Wirkungen steht der Mensch, wahrnehmend, ordnend und handelnd, bedrängt und drängend zugleich: Das spiegelt Kleist im Wechsel von stockendem Satzbau und großer Vorwärtsbewegung, in der Fülle von temporalen, kausalen und konsekutiven bzw. finalen Sätzen, mit denen er seine Figuren umstellt. Daß sie trotz aller Einflüsse von außen die innere Freiheit haben zu handeln, hat die Marquise gleich zu Beginn der Novelle mit ihrer Anzeige bewiesen.

Der unmittelbare Realismus seiner Darstellung war zu Lebzeiten Kleists ein Novum, das das Publikum durchaus nicht kritiklos akzeptierte. Der Autor scheint völlig hinter seiner Dichtung zurückzutreten; er gestaltet das Geschehen mit sprachlichen Mitteln neu – und zwar so kunstvoll, daß die Gestaltung als solche ganz verschwindet, die Sprache zu einer eigenen zweiten Wirklichkeit wird, in der sich das Geschehen vollzieht.

In seinem ›Brief eines Dichters an einen anderen‹, erschienen in den ›Berliner Abendblättern‹ vom 5. Januar 1811, hat Kleist sein ästhetisches Hauptanliegen formuliert:

... Nur weil der Gedanke, um zu erscheinen, wie jene flüchtigen, undarstellbaren, chemischen Stoffe, mit etwas Gröberem, Körperlichen, verbunden sein muß: nur darum bediene ich mich, wenn ich mich dir mitteilen will, und nur darum bedarfst du, um mich zu verstehen, der Rede. Sprache, Rhythmus, Wohlklang usw., und so reizend diese Dinge auch, insofern sie den Geist einhüllen, sein mögen, so sind sie doch an und für sich, aus diesem höheren Gesichtspunkt betrachtet, nichts, als ein wahrer, obschon natürlicher und notwendiger Übelstand; und die Kunst kann, in bezug auf sie, auf nichts gehen, als sie möglichst *verschwinden* zu machen. Ich bemühe mich aus meinen besten Kräften, dem Ausdruck Klarheit, dem Versbau Bedeutung, dem Klang der Worte Anmut und Leben zu geben: aber bloß, damit diese Dinge gar nicht, vielmehr einzig und allein der Gedanke, den sie einschließen, erscheine. Denn das ist die Eigenschaft aller echten Form, daß der Geist augenblicklich und unmittelbar daraus hervortritt, während die mangelhafte ihn, wie ein schlechter Spiegel, gebunden hält, und uns an nichts erinnert, als an sich selbst.

Der zitierte Eingang der Novelle läßt den Leser kaum zur Besinnung kommen, fängt ihn ganz ein in die ungestüme Bewegung der Erzählung, die merkwürdig gestaut und stockend, doch unaufhörlich weiterdrängt, bis sie in dem berühmten Gedankenstrich am Ende des Zitats »Hier – traf er . . .« kurz zur Ruhe kommt. Das Unerhörte, das sich während dieser (syntaktisch ganz unmotivierten) Pause ereignet und die folgende Familienkatastrophe auslöst, hat Kleist verschwiegen: einmal, weil es tatsächlich unsagbar war, zum anderen, weil er ein vorschnelles Urteil über den Grafen verhindern wollte. Den Frevel des russischen Offiziers – er vergeht sich selbst an der ohnmächtig Liegenden – soll der Leser erst erkennen, nachdem ihm dieser im Verlauf der Geschichte als Muster männlicher Tugend nahegebracht ist. Die gemeinen Soldaten jedoch müssen als viehische, rohe »Mordknechte« gebrandmarkt werden, um den späteren kurzen Prozeß des Verhörs und ihrer Erschießung gefühlsmäßig vorzubereiten. Mit wenigen Strichen wird aus einem Trupp Scharfschützen eine »entsetzliche Rotte«, die schließlich zu »Hunden« verkommt – Kleist wußte um die Macht der Sprache, die mit drei Worten Menschen charakterisieren und zum Tode verurteilen kann.

Der Autor gibt also indirekt sehr wohl Wertungen ab, genauer gesagt: er fordert den Leser auf, die dargestellte Wirklichkeit kritisch zu reflektieren. Warum er etwa den ungeheuerlichen Widerspruch stehen läßt, daß für gemeine Soldaten und adelige Offiziere zweierlei Recht gilt, der Graf am Ende belohnt wird mit der Frau, die er mißbraucht hat, während die Soldaten ihr Leben lassen müssen für den Versuch, sie zu vergewaltigen, ist nur zu mutmaßen. Waren das Zugeständnisse an ein wohlsituiertes Publikum, dem er mit dem anstößigen Thema schon genug zugemutet hatte? War der soziale Widerspruch nur zu verschleiern? keine offene Sprache möglich? Oder gehörten für den ehemaligen Offizier Kleist die gemeinen Soldaten nur zum Pöbel, den man im Zweifelsfall wie Hunde erschießen lassen konnte? galten die Gleichheitsparolen der Französischen Revolution also eingeschränkt nur für die oberen Stände? Aus welchen Gründen auch immer: der Dichter, dessen Verhältnis zur eigenen adeligen Sippschaft eher gebrochen war, unterstreicht jedenfalls die gesellschaftliche Ungleichheit, wenn er die »Schandkerle« in ihrer Lüsternheit (mittels Sprache) ans Licht zerrt, über das Verbrechen des Grafen aber mit einem Gedankenstrich diskret hinweggeht.

Indem Kleist die Sexualität des Menschen gewissermaßen aufspaltete, die primitiven Soldaten mit dem Tierischen behaftete und sie dafür abstrafen ließ, den gleichen Trieb beim Grafen aber »adelte«, als einmaligen Fehltritt eines ansonsten edlen Menschen darstellte, wollte er den Leser auf annehmbare Weise mit der abgründigen Wahrheit seiner jederzeit auch zur Gewalt drängenden Triebnatur konfrontieren. Nur wenige Zeitgenossen ertrugen den Spiegel, den Kleist ihnen vorhielt, die meisten reagierten mit Empörung und Abscheu, taten die Novelle als Produkt eines pathologischen Geistes ab.

Kleist, lange Zeit ein begeisterter Rousseau-Anhänger, richtete seine soziale Kritik vor allem auf die Mißbildungen und Wunden, die der natürliche Mensch durch die Vergesellschaftung generell erlitten hatte. Er deckte den »existentiellen Notstand« der Gesellschaft auf, das Skandalöse unter dem Schein von Ordnung, Wohlanständigkeit und Normalität; er demonstrierte, wie weit die ursprüngliche Natur des Menschen, in Konventionen und Institutionen gepreßt, bereits geschädigt, verarmt, pervertiert war. Nicht um ein Zurück in archaische Urzeiten scheint es ihm dabei gegangen zu sein, sondern um eine Revitalisierung des gezähmten Kulturmenschen, indem er verdrängtes elementares Sein wieder erfahrbar und erkennbar machte, auch provokativ.

So konnte die Brutalität der niederen Soldateska, die der Realität des Krieges entspricht, hier den grell-drastischen Hintergrund abgeben, vor dem die Tat des Grafen verständlicher wird – aber auch deutlich kontrastiert. Denn allein seine Annäherung, höflich, kavalierhaft, und die positive Wahrnehmung der Marquise, der er »ein Engel des Himmels« zu sein schien, lassen ein menschliches Begegnen erkennen, das Liebe auf den ersten Blick nicht ausschließt. Jedenfalls deuten alle Zeichen seines weiteren Handelns darauf hin, daß neben einer elementaren, im kriegerischen Gefecht immer auch latenten Sexualität, die den Grafen hingerissen haben mag, spontan entflammte Zuneigung mit im Spiel war, die sich später als tiefes liebendes Gefühl offenbart. Bei seiner tödlichen Verwundung, kurz nach der Eroberung der Zitadelle, nennt er die Marquise mit ihrem Namen (»Julietta! Diese Kugel rächt dich!«), er spricht sie also als Einzelwesen an, damit rückt er vollends von der anonymen Rotte ab, die sich nur triebhaft lüstern auf die Frau stürzte.

Kleists Charakterisierungen geschehen nicht *expressis verbis*, sondern fast unbemerkt, zwischen den Zeilen; im Wie ihres Handelns und Sprechens, im Erröten, plötzlichen Verstummen geben sich seine Figuren zu erkennen. Es hat einen Sinn, wenn der Erzähler die Marquise von »allen solchen Auftritten«, also auch dem des Grafen, »sprachlos«, später »völlig bewußtlos« werden ließ; und nicht zufällig wird beim Erwachen der Marquise aus ihrer Ohnmacht »die Freude« genannt, »alle die Ihrigen gesund und wohl zu sehen«. Der Eindruck der entsetzlichen Schandkerle scheint ganz vergessen. Ihr inständigster Wunsch, sofort aufzustehen, »um ihrem Retter ihre Dankbarkeit zu bezeugen«, später andere versteckte Einzelheiten vermitteln ein Gefühl heftiger Sympathie auch ihrerseits, so daß von einer gemeinen Vergewaltigung, wie sie die Soldaten versucht hatten, kaum gesprochen werden kann. Ohnmachten haben bei Kleist ihre eigene Bewandtnis: sie offenbaren unbewußte Wünsche, die zur inneren Wahrheit des Helden gehören. Wenn die Marquise in den Armen des Grafen F... bewußtlos wurde, hat sie damit auch stillschweigend ihr Einverständnis zur Verführung gegeben, das sie bei Bewußtsein nie hätte geben dürfen? Kleists Epigramm im ›Phöbus‹, mit dem er die entrüsteten Leserinnen treffen wollte, pointiert drastisch diesen Unterton der Situation:

> Dieser Roman ist nicht für dich, meine Tochter. In Ohnmacht!
> Schaamlose Posse! Sie hielt, weiß ich, die Augen blos zu.

In seiner Neigung zu schockieren, schrieb Kleist höchst eigenwillige Novellen-Anfänge: Man lese z.B. ›Das Erdbeben in Chili‹ nach oder ›Michael Kohlhaas‹. Grelle Kontraste und Widersprüche stecken auch hier gleich zu Beginn das extreme Spannungsfeld ab, in dem sich die Erzählung bewegt. Eine »Dame von vortrefflichem Ruf« sei schwanger und »ohne ihr Wissen«, hieß es in der Anzeige: Das ist weder vom Verstand noch von der gesellschaftlichen Moral zu fassen, und daß sie diesen Umstand auch noch veröffentlicht, macht den Skandal nur um so rätselhafter. Zu innigstem zärtlichstem Gefühl ist die Marquise fähig – und kehrt doch nach dem frühen Tod ihres Gemahls zu ihrem Vater zurück, will sich nicht wieder verheiraten; auch darin stecken Dissonanzen. Die (scheinbare) Familienharmonie, in der sie »in der größten Eingezogenheit« lebte, wird dem plötzlich einbrechenden Krieg, der »die Gegend umher mit den Truppen fast aller Mächte und auch mit russischen *erfüllte*« (Kursive von uns), gegenübergestellt. Familien- bzw. Vaterzugehörigkeit und Eingezogenheit der Marquise müssen, in Seelenbildern gesprochen, gegen die russischen Truppen streiten, die ihr Bedrängnis und Erfüllung bringen: Das ist das Thema der Novelle, das verschlüsselt bereits in den ersten Sätzen angeschlagen ist.

In der nämlichen Ambivalenz, zu bedrängen und (heimliche) Wünsche zu erfüllen, steht der russische Graf, nachdem er wie durch ein Wunder nach seiner Verletzung wieder ins Leben erstanden ist, der Familie des Kommandanten gegenüber. Diese war gerade dabei, in ihre alte Ordnung zurückzukehren und sich in der Stadt eine »immerwährende Wohnung« einzurichten. (Mit solchen auffallenden Formulierungen unterstreicht Kleist, wie notwendig, nach dem Chaos und Aufruhr der Belagerung, der Familie der Rückzug in Gleichmaß und Ruhe war – und er deutet darauf hin, daß dieser Versuch einer immerwährenden Sicherheit trügerisch sein würde.) Des Grafen Titel, sein Vermögen, die herzliche, bestimmte, offene Art seines Auftretens, nicht zuletzt sein Aussehen (»schön, wie ein junger Gott«) nehmen für ihn ein, aber die fast gewaltsame Dynamik und Hartnäckigkeit, mit der er gewissermaßen in ihren Schonraum eindringt, erschreckt und verstört die Familie. Denn nach wenigen Minuten bereits bittet er um die Hand der Marquise, die derart überrascht, nur »über und über rot« zu ihrer Mutter sieht und nicht weiß, »was sie von dieser Aufführung denken solle«. Niemand in der Familie ist in der Lage, auf diesen Überfall spontan, alle Konvention ebenso ignorierend, zu antworten, also muß der Graf sich ausführlicher erklären:

... Der Graf setzte sich, indem er die Hand der Dame fahren ließ, nieder, und sagte, daß er, durch die Umstände gezwungen, sich sehr kurz fassen müsse; daß er, tödlich durch die Brust geschossen, nach P... gebracht worden wäre; daß er mehrere Monate daselbst an seinem Leben verzweifelt hätte; daß während dessen die Frau Marquise sein einziger Gedanke gewesen wäre; daß er die Lust und den Schmerz nicht beschreiben könnte, die sich in dieser Vorstellung umarmt hätten; daß er endlich, nach seiner Wiederherstellung, wieder zur Armee gegangen wäre; daß er daselbst die lebhafteste Unruhe empfunden hätte; daß er mehrere Male die Feder ergriffen, um in einem Briefe, an den Herrn Obristen und die Frau Marquise, seinem Herzen Luft zu machen; daß er plötzlich mit Depeschen nach Neapel geschickt worden wäre; daß er nicht wisse, ob er nicht von dort weiter nach Konstantinopel werde abgeordert werden; daß er vielleicht gar nach St. Petersburg werde gehen müssen; daß ihm inzwischen unmöglich wäre, länger zu leben, ohne über eine notwendige Forderung seiner Seele ins Reine zu sein; daß er dem Drang bei seiner Durchreise durch M..., einige Schritte zu diesem Zweck zu tun, nicht habe widerstehen können; kurz, daß er den Wunsch hege, mit der Hand der Frau Marquise beglückt zu werden, und daß er auf das ehrfurchtsvollste, inständigste und dringendste bitte, sich ihm hierüber gütig zu erklären.

Die Familie ist wie benommen nach diesem Begründungsfeuerwerk, das die Unverbindlichkeit von Worterklärungen beweist, denn sie können den Gefühlssturm des Grafen auch nicht verständlich machen, vor allem weil das entscheidende Motiv, das Bindeglied sozusagen, verschwiegen wird. Fast pedantisch legt Graf F... hier, trotz Zeitmangels, jedem einzelnen Umstand Rechenschaft ab, so daß der Eindruck vollkommener Offenheit entsteht. Der Erzähler, indem er die Aussagen in indirekter Rede getreu wiedergibt, läßt die Wahrheit und die Heftigkeit des Grafen unmittelbar wirken. Durch die Hypotaxe, Kleists charakteristischstes Stilmittel überhaupt, die hier in höchst ungewöhnlicher Weise durchgeführt ist, gewinnt die Passage erheblich an Tempo: Die Kette von 14 daß-Sätzen, die einander zu jagen scheinen und keine Zeit zum Fragen lassen, unterstreicht die paradoxe Haltung des Grafen, der – bis auf den heiklen Ausgangspunkt – wahrhaftig sein Herz offenlegt und dabei wie von Sinnen auf das Ja-Wort zur Vermählung zusteuert, als ob er einen Wettlauf mit der Zeit gewinnen müßte, die ihn bloßstellen könnte. Die Dynamik und Bestimmtheit seiner Erklärungen vermittelt der Familie von G... seine ernsten, ehrlichen Absichten, aber sie bedrängt auch, und der Kommandant muß immer »mißvergnügter« sich und seine Vorstellungen einer angemessenen Warte- und Prüfungszeit gegen den unkonventionellen Grafen verteidigen.

Da die Marquise sich auf der Stelle nicht entscheiden kann, bricht Graf F... kurzerhand die ihm anbefohlene Reise nach Neapel ab, um einige Zeit im Hause des Kommandanten zu bleiben. Die Familie des Obristen ist bestürzt, denn Arrest und Degradierung stehen auf solche Befehlsverweigerung; sie fühlt sich durch diesen trotzigen Schritt noch mehr unter Druck gesetzt, sucht nach einer zeitgewinnenden diplomatischen Formel, unter der der Graf seine Reise doch durchführen würde.

Die Marquise will ihr »Glück nicht, und nicht so unüberlegt, auf ein zweites Spiel setzen«, sie beruft sich lieber auf das Gefühl der anderen. Mit Klugheit müsse bei einem solchen Schritte verfahren werden, sagt auch der Vater. Ihrem Bruder teilt die Marquise verlegen mit, daß ihr der Graf »gefällt und mißfällt« – womit sie seine Liebe und sein draufgängerisches Wesen gegeneinanderhalten mag, vielleicht aber auch ihre zärtlichen Gefühle für ihn und ihre Angst vor körperlicher Nähe. Der Widerspruch zwischen ihren Worten und ihrer Körpersprache ist auffällig: »In diesem Fall, versetzte die Marquise, würd ich – da in der Tat seine Wünsche so lebhaft scheinen, diese Wünsche – sie stockte, und ihre Augen glänzten, indem sie dies sagte – um der Verbindlichkeit willen, die ich ihm schuldig bin, erfüllen.«

Die Mutter, die ihre Tochter gern wieder verheiratet sähe, hat Mühe, ihre Freude zu bezähmen, treibt eher an und findet zuletzt »das Wagstück nicht allzu groß«, dem Drängen des Grafen spontan nachzugeben: ». . . indem bei so vielen vortrefflichen Eigenschaften, die er in jener Nacht, da das Fort von den Russen erstürmt ward, entwickelte, kaum zu fürchten sei, daß sein übriger Lebenswandel ihnen nicht entsprechen sollte«, argumentiert sie. Solch ironische Spannung, die den frevelhaften Vorfall des tödlichen Ernstes enthebt, hier aber bei aller scheinbaren Verkennung den Grafen im Kern richtig erfaßt, ist für die ganze Novelle bestimmend.

Ein Wagstück wäre es allerdings gewesen, dem russischen Offizier bedingungslos zu vertrauen, seine Versicherung anzunehmen, daß er ein ehrlicher Mann sei, der nur eine »einzige nichtswürdige Handlung . . . in seinem Leben begangen hätte«. Aber solche Versicherungen genügen nicht in einer von Mißtrauen bestimmten Welt; Klugheit, Bedenkzeit, Rücksprachen, ja (am Ende) schriftliche Verträge sind nötig, um das zukünftige Glück abzusichern. Das ist der Notstand der Gesellschaft, gegen den Kleist seine Dichtungen schrieb.

Immerhin entschließt sich die Familie zu einem halben Ja-Wort, das merkwürdigerweise gar nicht ausgesprochen wird. Als der Bruder den Grafen des Abends noch einmal in den Salon bittet, umarmt dieser nur beglückt die Familie, hindert sie geradezu daran, auszusprechen, was er schon weiß, so absolut sicher ist er sich seines Gefühls. In gewisser Weise erfüllt Graf F. . . damit Kleists Idealvorstellung einer Kommunikation ohne Worte, da – eine wiederholte Klage des Dichters – die Sprache Gedanken und Gefühle nur (ungenau) bezeichnen und nicht direkt mitteilen könne. »Ich weiß nicht, was ich Dir über mich *unaussprechlichen* Menschen sagen soll. – Ich wollte, ich könnte mir das Herz aus dem Leibe reißen, in diesen Brief packen, und Dir zuschicken«, schrieb Kleist am 13./14. März 1803 an seine Stiefschwester Ulrike.

Ebenso wie des Grafen Unbeherrschtheit enthüllt sich der Charakter des Obristen in seinem Reden und Handeln. Prinzipiell will er durchaus zwischen dem Grafen und seiner Tochter vermitteln, unbewußt aber auch dem so viel jüngeren, vitaleren Konkurrenten nicht kampflos das Feld räumen. Sein verbindliches Taktieren steht gegen die Unbedingtheit des Grafen, der – »koste es was es wolle« – seine Wünsche durchzusetzen versucht. Daß dieser dabei nicht nur gegen die Regeln von Anstand und Höflichkeit verstößt (immer wieder schneidet er anderen das Wort ab), sondern den Menschen in seiner Würde verletzt, macht eine Prüfungszeit, in der er sich zu regulieren lernt, tatsächlich notwendig. Nur vordergründig also verhindert die starre Konventionalität des Obristen eine spontane Heirat, die alle Probleme lösen würde, in Wahrheit darf Graf F... auch um seiner Humanisierung willen nicht zu rasch ans Ziel seiner Wünsche kommen. Sein Verstoß gegen die Menschlichkeit war so ungeheuerlich, daß er durch Taten, nicht mit schönen Worten allein, seine ehrliche Reue beweisen muß.

Ausgiebig wird in der Erzählung von den Verwirrungen berichtet, die mit dem Gewahrwerden der Schwangerschaft über die Familie hereinbrechen. Anfänglich scherzen Mutter und Tochter noch darüber, denn das »allzuwohlbekannte Gefühl«, in anderen Umständen zu sein, liegt außerhalb aller Möglichkeiten. Aber als die Umstände immer zwingender gegen sie sprechen, der Arzt, die Hebamme ihren Verdacht bestätigen, gerät die Marquise in Panik, fürchtet um ihren Verstand. Ver-rückt ist die Ordnung der Welt, wenn die zwei Wahrheiten ihres Ichs, ihr körperliches Gefühl und ihr inneres reines Bewußtsein unvereinbar gegeneinanderstehen. Mit allem anerzogenen Mißtrauen gegen sich selbst martert sie ihr Gewissen, verzweifelt an sich und Gott, sucht sich zuletzt gar in die Möglichkeit einer unbefleckten Empfängnis zu retten. Die Mutter faßt die äußerste Paradoxie der Lage in einem Satz zusammen: »Ein reines Bewußtsein, und eine Hebamme!« und verliert die Sprache darüber.

Die Marquise muß diesen zerreißenden Widerspruch alleine tragen, von den Ihren kann sie keine Hilfe erwarten. Am Boden liegend, bettelt sie um Vertrauen, um ihr Recht auf Achtung – vergebens. Bei der Obristin siegt nach ersten mütterlichen Regungen doch das Mißtrauen und die Entrüstung: »geh! geh! du bist nichtswürdig! Verflucht sei die Stunde, da ich dich gebar!« Das »Märchen von der Umwälzung der Weltordnung« nimmt sie ihrer Tochter ebensowenig ab wie der Vater, der zum Zeichen seiner tödlichen Unerbittlichkeit gar zur Pistole greift.

In der Tat käme, der Marquise blind zu vertrauen, einer märchenhaften Revolutionierung familiären, ja allgemein-menschlichen Umgangs gleich, denn die Wahrheit ihrer unbewußten Schwangerschaft spottet aller Logik und Erfahrung. Kleist liebte es, seine Helden vor solche Welträtsel zu stellen, die mit dem Verstand allein nicht zu lösen waren. Seine eigene Krise und Erschütterung, daß es keine objektiven, rational faßbaren Wahrheiten gebe (vgl. oben S. 159f.), wiederholte er an ihnen – und seinen eigenen Weg der Bewältigung: Das erkennende Gefühl konnte, wo der Verstand die Antriebskraft versagt, den Knoten lösen, aus Aufruhr und ohnmächtiger Verzweif-

lung herausführen. Verflucht und verstoßen, gar mit dem Tode bedroht, erwacht die Marquise zu sich selbst; aus dem Leid, aus der
tiefsten Erniedrigung wächst, wie beim Prinzen von Homburg, der
Wille, sich aller Hinfälligkeit zum Trotz zu tragen.

Für Kleist selbst war diese Erfahrung lebensnotwendig, ein Schlüs-
selerlebnis, das er in Würzburg hatte, teilte er seiner Verlobten Wilhelmine von Zenge am 16. November 1800 mit:

Da ging ich, in mich gekehrt, durch das gewölbte Tor, sinnend zurück in die
Stadt. Warum, dachte ich, sinkt wohl das Gewölbe nicht ein, da es doch *keine*
Stütze hat? Es steht, antwortete ich, *weil alle Steine auf einmal einstürzen
wollen* – und ich zog aus diesem Gedanken einen unbeschreiblich erquickenden Trost, der mir bis zu dem entscheidenden Augenblicke immer mit der
Hoffnung zur Seite stand, daß auch ich mich halten würde, wenn alles mich
sinken läßt.

Mit dem Pistolenschuß des eigenen Vaters erkennt die Marquise die
Grenzen des Gehorsams und der Selbstaufgabe. Sie muß sich, will sie
nicht zugrunde gehen, von der Familie losreißen.

... Herr meines Lebens! rief die Marquise, erhob sich leichenblaß von ihren
Knieen, und eilte aus seinen Gemächern wieder hinweg. Man soll sogleich
anspannen, sagte sie, indem sie in die ihrigen trat; setzte sich, matt bis in den
Tod, auf einen Sessel nieder, zog ihre Kinder eilfertig an, und ließ die Sachen
einpacken. Sie hatte eben ihr Kleinstes zwischen den Knieen, und schlug ihm
noch ein Tuch um, um nunmehr, da alles zur Abreise bereit war, in den Wagen zu steigen: als der Forstmeister eintrat, und auf Befehl des Kommandanten die Zurücklassung und Überlieferung der Kinder von ihr forderte. Dieser
Kinder? fragte sie; und stand auf. Sag deinem unmenschlichen Vater, daß er
kommen, und mich niederschießen, nicht aber mir meine Kinder entreißen
könne! Und hob, mit dem ganzen Stolz der Unschuld gerüstet, ihre Kinder
auf, trug sie ohne daß der Bruder gewagt hätte, sie anzuhalten, in den Wagen,
und fuhr ab.

Durch diese schöne Anstrengung mit sich selbst bekannt gemacht, hob sie
sich plötzlich, wie an ihrer eigenen Hand, aus der ganzen Tiefe, in welche das
Schicksal sie herabgestürzt hatte, empor. Der Aufruhr, der ihre Brust zerriß,
legte sich, als sie im Freien war, sie küßte häufig die Kinder, diese ihre liebe
Beute, und mit großer Selbstzufriedenheit gedachte sie, welch einen Sieg sie,
durch die Kraft ihres schuldfreien Bewußtseins, über ihren Bruder davon
getragen hatte. Ihr Verstand, stark genug, in ihrer sonderbaren Lage nicht zu
reißen, gab sich unter der großen, heiligen und unerklärlichen Einrichtung der Welt gefangen. Sie sah die Unmöglichkeit ein, ihre Familie von ihrer
Unschuld zu überzeugen, begriff, daß sie sich darüber trösten müsse, falls sie
nicht untergehen wolle, und wenige Tage nur waren nach ihrer Ankunft in
V... verflossen, als der Schmerz ganz und gar dem heldenmütigen Vorsatz
Platz machte, sich mit Stolz gegen die Anfälle der Welt zu rüsten. Sie be-
schloß, sich ganz in ihr Innerstes zurückzuziehen, sich, mit ausschließendem

Eifer, der Erziehung ihrer beiden Kinder zu widmen, und des Geschenks, das ihr Gott mit dem dritten gemacht hatte, mit voller mütterlichen Liebe zu pflegen.

Dies ist eine der wichtigsten Passagen der Novelle: Aus der Bedrohung, aus dem Zorn über das ihr geschehene Unrecht, wachsen der Marquise ungeahnte Kräfte der Selbstbehauptung zu. Die ganze Qual der Verwirrung, die sie schier zu Tode marterte, scheint sich jetzt zu lösen; mit ihrem entschlossenen Handeln beginnt die Marquise, dem undurchschaubaren niederdrückenden Schicksal trotzend, sich zu ihrer wahren Größe zu erheben. Ich-Bewußtsein war bei den damaligen Herrschaftsstrukturen, die für Gesellschaft und Familie galten, nur durch Widerstand möglich, wollte Kleist vielleicht sagen. Indem sie ihre Kinder aus der Gewalt des Vaters riß (»Beute« machen, wie es bei Tieren üblich ist, mußte sie!), hat sie, eigenmächtig handelnd, eine neue Seite ihres Selbst erfahren. Daß der Widerstand sie Anstrengung kostete, ihr aber das schöne Gefühl eigener Kraft vermittelte, komprimiert der Dichter in der auffallenden Formulierung »schöne Anstrengung«; seit Klopstock ist solch überraschende Zusammensetzung, um die affektive Wirkung im Leser zu steigern, im Deutschen möglich.

Ein Schlüsselsatz für Kleists Werk ist jener, wo es von der Marquise heißt: »Ihr Verstand, stark genug, in ihrer sonderbaren Lage nicht zu reißen, gab sich ganz unter der großen, heiligen und unerklärlichen Einrichtung der Welt gefangen.« Letzte Wahrheiten ließen sich für den lebenslang darum ringenden Dichter nicht über den Verstand erschließen, sondern nur ahnend oder fühlend erkennen, modern gesprochen: vom Unbewußten her erfassen. Als die Marquise nicht mehr versucht, sich und anderen die unerklärliche Schwangerschaft zu erklären, sondern sich lösen kann von ihrem Verstand, der, den gesellschaftlichen Normen verpflichtet, ihre Gefühle verhört hatte, kann sie das zu erwartende Kind als Geschenk Gottes annehmen – als eine Bereicherung also. Gerade seines geheimnisvollen Ursprungs wegen will sie dieses Kind »mit voller mütterlicher Liebe pflegen«. Auch die ungeheuerliche Wahrheit, daß der Graf mit seinem Verbrechen ihrem Leben eine positive Wende gegeben hat, ist in dem Hinweis auf den »göttlichen« Ursprung des Kindes enthalten; aber solche Einsicht muß die Marquise noch ins Unterbewußtsein verdrängen.

In der Besinnung auf ihre mütterlichen Gefühle hat die Verstoßene neues Selbstvertrauen gefunden, aber immer noch will sie ganz in ihr Innerstes zurückgezogen (später gesteigert: »in ewig klösterlicher Eingezogenheit«) leben. Das heißt, sie will in die Einsamkeit fliehen, um vor den Anfällen der Welt sicher zu sein. Doch es gibt auch in der äußersten Abkapselung keine Sicherheit, wenn nicht das Herz gewiß ist. Wie zerrissen die Marquise im Grunde ist, zeigt ihr ganz widersprüchliches Handeln: einerseits verschanzt sie sich hinter Mauern und Garten in ihrem Landgut und verbietet jeden Besuch, dann aber läßt sie, unbewußt, eine Gartentüre, ein Fenster offen, so daß der Graf doch zu ihr gelangen kann.

Der Beschluß der Marquise, nur sich selbst angehören zu wollen, war möglicherweise überhaupt nur mit Überrumpelung zu durchbrechen. Graf F... scheint sie besser zu kennen als sie sich selbst. Intuitiv hatte er ihr Wesen erfaßt und in seiner Traumerzählung vom Schwan Thinka gedeutet, mit der er – ein verschlüsseltes Schuldbekenntnis – der Obristenfamilie beim Abendessen seine geheimsten Gefühle preisgegeben hatte.

... Hierauf erzählte er mehrere, durch seine Leidenschaft zur Marquise interessanten, Züge: wie sie beständig, während seiner Krankheit, an seinem Bette gesessen hätte; wie er die Vorstellung von ihr, in der Hitze des Wundfiebers, immer mit der Vorstellung eines Schwans verwechselt hätte, den er, als Knabe, auf seines Onkels Gütern gesehen; daß ihm besonders eine Erinnerung rührend gewesen wäre, da er diesen Schwan einst mit Kot beworfen, worauf dieser still untergetaucht, und rein aus der Flut wieder emporgekommen sei; daß sie immer auf feurigen Fluten umhergeschwommen wäre, und er Thinka gerufen hätte, welches der Name jenes Schwans gewesen, daß er aber nicht im Stande gewesen wäre, sie an sich zu locken, indem sie ihre Freude gehabt hätte, bloß am Rudern und In-die-Brust-sich-werfen; versicherte plötzlich, blutrot im Gesicht, daß er sie außerordentlich liebe: sah wieder auf seinen Teller nieder, und schwieg.

Im Traum wird die wahre Beziehung zwischen Graf F... und der Marquise in symbolischen Bildern verdichtet; die feurigen Fluten geben der Leidenschaft ihrer Gefühle Ausdruck. Mit seinem Rufen und Locken, d. h. mit allem Werben, weiß der Graf, mußte er bei der stolzen Marquise abprallen, die ihrerseits aber durchaus auf sich aufmerksam machen will mit ihrem Sich-in-die-Brust-Werfen. Auch daß sie unbeschadet die ihr angetane Demütigung überstehen wird, ist im Traum angedeutet: Still, aus eigener Kraft, befreit sie sich von dem Makel, der ihr im Grunde nie anhaftete. Wirkten die Traumbilder in ihrer Einfachheit und Emotionalität schon für sich höchst eindringlich, so steigert das abrupte Bekenntnis des Grafen, »daß er sie außerordentlich liebe«, verstärkt durch den Hinweis »blutrot im Gesicht«, die heftige Bewegtheit der Situation. Das Unerwartete, sagte schon Klopstock, affiziere das Gemüt des Lesers besonders, und auf diese Wirkung käme es an.

Manche Interpreten sprechen von einer Zweiteilung der Novelle, in deren Mitte die anfangs schon zitierte Annonce steht. Nachdem die Marquise im ersten Teil aufs neue mit ihrer Mütterlichkeit bekannt wurde, wird sie im zweiten Teil zu ihrer Weiblichkeit erwachen. Ironischerweise läßt sie Kleist just in dem Augenblick, als sie sich in stolze Unnahbarkeit auf ihr Landgut zurückziehen will, mit der Anzeige unbewußt schon einen Schritt aus ihrer ruhigen Selbstgenügsamkeit heraustun; denn Aufregung, Demütigung und Beschämung, die ihre neugewonnene Freiheit und ihren Seelenfrieden stören mußten, waren zu erwarten, sollte sich der Vater des Kindes tatsächlich melden.

Nur aus ihrer wachsenden Selbständigkeit heraus, wie es ausdrücklich hieß, hatte die Marquise die Anzeige schließlich aufgegeben und damit einen Schritt gewagt, sich selbst Klarheit zu verschaffen. Denn mit der Veröffentlichung ihrer Schande demütigt sie sich erst einmal, andererseits verlangen ihre Selbstachtung und ihr Stolz nach Rechtfertigung. Courage beweist sie jedenfalls, wenn sie sich dem Spott der Welt stellt und sich, nach überwundenem Schrecken, zutraut, »mit dem Menschen, der sie so hintergangen hatte, in ... ein Verhältnis zu treten«. Wie souverän ist die Marquise aber tatsächlich, wenn sie den zu erwartenden Vater an einen »Platz der Welt« distanzieren muß, von wo er »nur aus dem zertretensten und unflätigsten Schlamm ... hervorgegangen sein könne« – weit genug entfernt also, um ihrer Weiblichkeit nicht gefährlich zu werden? Dann wieder bedenkt die Marquise, »daß der Stein seinen Wert behält, er mag auch eingefaßt sein, wie man wolle«, und sie entschließt sich, die Anzeige einzurücken.

In diesem Entscheidungsprozeß scheinen sich Schrecken und Scham und stolze Selbstgewißheit zu verquicken, verschiedene Wünsche die Marquise zu bedrängen. Verwirrende Wertungen des Erzählers (»indem sie sehr richtig schloß, daß derselbe doch, ohne alle Rettung, zum Auswurf seiner Gattung gehören müsse«) tragen absichtsvoll dazu bei, die Wahrheit der Marquise zu verrätseln.

Daß dem »in der größten Unschuld und Reinheit« empfangenen Wesen kein »Schandfleck in der bürgerlichen Gesellschaft ankleben« dürfe, schiebt die Marquise als Grund vor, nach dem Vater des Kindes zu suchen, »aus Familienrücksichten« will sie ihn heiraten. Ist die Macht der Konventionen, die sie doch gerade ein Stück überwunden hatte, wirklich so stark (schließlich wäre ein solcher Abschaum von Vater für das Kind eine viel größere Schande) – oder steht nicht in Wahrheit ihr Wunsch nach Liebe hinter der sonderbaren Anzeige? Konnte sie sie vielleicht nur deshalb riskieren, weil sie in tiefster Seele keinen Auswurf seiner Gattung, sondern den russischen Offizier als den Vater ihres Kindes ahnte? So unstimmig die einzelnen Abschnitte ihres Verhaltens sein mögen, die nur die verwirrende Gleichzeitigkeit mehrerer Gefühle widerspiegeln: mit ihrem Handeln entgegnet die Marquise jedenfalls dem scheinbar Unabänderlichen, das über sie hereingebrochen ist; das Zufällige erhält auf diese Weise für ihr Leben Sinn.

Kleist war kein Fatalist, der sich dem Schicksal ohnmächtig ausgeliefert glaubte. Auch seine Figuren, obwohl ins »Spiel des Schicksals« verstrickt, befreien sich aus eigener Kraft von den untragbar gewordenen Verhältnissen. Meist sind es gewaltsame Einbrüche in das geordnete Leben, die eine Krise auslösen und damit eine Entscheidung zum Handeln erzwingen. Erst in der extremen Zuspitzung der Ereignisse erfahren und enthüllen Kleists Helden ihren wahren Charakter.

Das mutige Handeln nach eigenster Überzeugung, das Sich-frei-Machen von Konventionen und übernommenen Gewohnheiten setzte Kleist für den mündigen Menschen voraus. Für den unangepaßten Dichter, der sich vehement »gegen alle conventionellen Verhältnisse« sträubte, gab es nur eine subjektive Ethik und Wahrhaftigkeit. Denn Konventionen waren geerbt, verallgemeinerten, was doch nur vom Einzelnen, aus der jeweiligen Lebenssituation heraus, entschieden werden konnte.

Am Verhalten des Kommandanten, der beinahe bilderbuchhaft nach den Spielregeln der damaligen Konventionen verfährt, wenn er den Ruf seiner Familie hütet wie seinen Besitz und seine Tochter aus dem Haus stößt, als sie ein Kind erwartet, macht Kleist die Fragwürdigkeit allgemeiner moralischer Übereinkünfte deutlich. Denn an der Schwangerschaft war die Tochter, gegen allen Anschein, unschuldig, doch erst auf die Annonce hin, die Öffentlich-Machung des Skandals, werden die Eltern unsicher, sind sie bereit, nach einer letzten schändlichen Prüfung, ihrer Tochter zu vertrauen. Sie reagieren dann aber mit grotesken Übertreibungen (». . . o du Reinere als Engel sind . . . du Herrliche, Überirdische . . .«) und offenbaren dadurch ihre totale Gefühlsverwirrung und Standortlosigkeit. Da sie den Sinnen und den Vor-Urteilen des Verstandes mehr vertrauen als ihrem Gefühl, können sie Schein und Wahrheit nicht unterscheiden, sind sie hilflos preisgegeben der Widersprüchlichkeit des Lebens. Frau von G. . . : »ich *will* keine andre Ehre mehr als deine Schande«. Nicht eindrucksvoller kann die Unzuverlässigkeit ihrer Liebe (und ihres Ehrbegriffs) belegt werden als mit ihren eigenen Worten. Dabei ist die Obristin nicht nur negativ gezeichnet, sondern durchaus zu Liebe und Zuwendung fähig – ein Opfer ihrer konventionellen Rollen als Ehefrau und Mutter, die sie nicht mehr in Einklang bringen kann.

Die Obristenfamilie führt *ex negativo* Kleists dichterische Botschaft vor: Weder Flucht in klösterliche Eingezogenheit noch Festklammern an Ordnungen und Konventionen können dem Menschen in dem von Zufällen bedrohten Leben Sicherheit geben, sondern nur das eigene intakte Gefühl; wenn nicht dieses sein Handeln leitet und seine Beziehungen zur Umwelt bestimmt, ist der Mensch blind und fassungslos den Widersprüchen der Welt ausgeliefert. Das war Kleists eigene Erfahrung.

Als Graf F... aus Neapel zurückkehrt, wird er vom Bruder der Marquise über die Familienschande aufgeklärt. Wider alle menschliche und gesellschaftliche Vernunft aber glaubt der Graf an die Unschuld der Verfemten und reagiert mit der ihm eigenen Direktheit: Die Marquise hatte zwar ausdrücklich niemandem Zutritt in ihr Landhaus gestattet, er aber – anstatt sich schriftlich an sie zu wenden, wie er dem Türsteher vorgibt – dringt heimlich durch eine Hintertür in den Garten ein. Wie sanft und zärtlich, bei allem ungestümen Temperament, nimmt er dann die »liebliche und geheimnisvolle Gestalt« der Marquise in sich auf, bleibt »drei kleine Schritte von ihren Füßen« entfernt am Eingang der Laube stehen – ohne es direkt zu sagen, läßt Kleist des Grafen zärtliche Beziehung zu der Frau (und dem kleinen noch ungeborenen Wesen) Sprache werden!

... Der Graf F...! sagte die Marquise, als sie die Augen aufschlug, und die Röte der Überraschung überflog ihr Gesicht. Der Graf lächelte, blieb noch eine Zeitlang, ohne sich im Eingang zu rühren, stehen; setzte sich dann, mit so bescheidener Zudringlichkeit, als sie nicht zu erschrecken nötig war, neben ihr nieder, und schlug, ehe sie noch, in ihrer sonderbaren Lage, einen Entschluß gefaßt hatte, seinen Arm sanft um ihren lieben Leib. Von wo, Herr Graf, ist es möglich, fragte die Marquise – und sah schüchtern vor sich auf die Erde nieder. Der Graf sagte: von M..., und drückte sie ganz leise an sich; durch eine hintere Pforte, die ich offen fand. Ich glaubte auf Ihre Verzeihung rechnen zu dürfen, und trat ein. Hat man Ihnen denn in M... nicht gesagt –?– fragte sie, und rührte noch kein Glied in seinen Armen. Alles, geliebte Frau, versetzte der Graf; doch von Ihrer Unschuld völlig überzeugt – Wie! rief die Marquise, indem sie aufstand, und sich loswickelte; und Sie kommen gleichwohl? – Der Welt zum Trotz, fuhr er fort, indem er sie festhielt, und Ihrer Familie zum Trotz, und dieser lieblichen Erscheinung sogar zum Trotz; wobei er einen glühenden Kuß auf ihre Brust drückte. – Hinweg! rief die Marquise – So überzeugt, sagte er, Julietta, als ob ich allwissend wäre, als ob meine Seele in deiner Brust wohnte – Die Marquise rief: Lassen Sie mich! Ich komme, schloß er – und ließ sie nicht – meinen Antrag zu wiederholen, und das Los der Seligen, wenn Sie mich erhören wollen, von Ihrer Hand zu empfangen. Lassen Sie mich augenblicklich! rief die Marquise; ich befehls Ihnen! riß sich gewaltsam aus seinen Armen, und entfloh. Geliebte! Vortreffliche! flüsterte er, indem er wieder aufstand, und ihr folgte. – Sie hören! rief die Marquise, und wandte sich, und wich ihm aus. Ein einziges, heimliches, geflüstertes –! sagte der Graf, und griff hastig nach ihrem glatten, ihm entschlüpfenden Arm. – Ich *will nichts* wissen, versetzte die Marquise, stieß ihn heftig vor die Brust zurück, eilte auf die Rampe, und verschwand.

Voll erotischer Spannung ist diese Szene, das erregte Hin und Her gibt die Wahrheit der Leidenschaft wieder, der sich die Marquise nur gewaltsam, mit Befehlen, entziehen kann. »Lassen Sie mich! Ich komme ...«: Genialer als in dieser Verschränkung von Satzbruchstücken kann man das ritualisierte Spiel der Liebe, das nur richtig gedeutet werden will, kaum darstellen. »Ich *will nichts* wissen«, versetzt die Marquise schließlich dem Grafen, als er ihr nacheilt, um ihr seine Missetat zu gestehen. Heißt das nicht, daß sie nicht hören will, was sie längst im Innersten weiß? Daß ihr die Wahrheit Schmerz bereitet, die sie ihr schönes Bild des engelgleichen Retters kostet, ebenso ihr Bild von sich selbst: auch dies steckt hinter diesem krampfhaften Bemühen, sich die Wahrheit vom Leibe zu halten.

Nur so ist auch ihr fast hysterisches Benehmen zu erklären, als Graf F... sich später auf die Anzeige hin als reuiger Vater stellt: Wie einen »Pestvergifteten« behandelt sie ihn, bespritzt ihre Familie mit Weihwasser, um sie gegen den Teufel zu feien. »Auf einen Lasterhaften war ich gefaßt, aber auf keinen − − − Teufel!« Weil sie mit dem Grafen eigene sinnliche Wünsche verbindet, muß sie in ihm ihre eigene Sexualität verteufeln; was sie bis jetzt verdrängen konnte, muß sie, als der Graf in eben jener Uniform vor ihr steht, die er in der Brandnacht trug, erkennen.

Kleist greift in seiner Novelle auch die sittlichen Normen an, die zur Verdrängung der Sexualität zwangen und die, gegen die Natur, einer jungen Witwe, solange sie nicht wieder verheiratet war, keine sexuellen Wünsche erlaubten. Im Vater-Tochter-Verhältnis, unter dem Deckmantel familiärer Gefühlskultur, hatte Sinnlichkeit eher Platz, durfte sogar, wie die Versöhnungsszene zeigt, leidenschaftliche Formen annehmen.

... Der Kommandant stand in der Stube und weinte. Er soll dir abbitten, fuhr Frau von G... fort. Warum ist er so heftig! Und warum ist er so hartnäckig! Ich liebe ihn, aber dich auch; ich ehre ihn, aber dich auch. Und muß ich eine Wahl treffen, so bist du vortrefflicher, als er, und ich bleibe bei dir. Der Kommandant beugte sich ganz krumm, und heulte, daß die Wände erschallten. Aber mein Gott! rief die Marquise, gab der Mutter plötzlich nach, und nahm ihr Tuch, ihre eigenen Tränen fließen zu lassen. Frau von G... sagte: − er kann nur nicht sprechen! und wich ein wenig zur Seite aus. Hierauf erhob sich die Marquise, umarmte den Kommandanten, und bat ihn, sich zu beruhigen. Sie weinte selbst heftig. Sie fragte ihn, ob er sich nicht setzen wolle? sie wollte ihn auf einen Sessel niederziehen; sie schob ihm einen Sessel hin, damit er sich darauf setze: doch er antwortete nicht; er war nicht von der Stelle zu bringen; er setzte sich auch nicht, und stand bloß, das Gesicht tief zur Erde gebeugt, und weinte. Die Marquise sagte, indem sie ihn aufrecht hielt, halb zur Mutter gewandt: er werde krank werden; die Mutter selbst schien, da er sich ganz konvulsivisch gebärdete, ihre Standhaftigkeit verlieren zu wollen. Doch da der Kommandant sich endlich, auf die wiederholten Anforderungen der Tochter, niedergesetzt hatte, und diese ihm, mit unendlichen Liebkosungen, zu Füßen gesunken war: so nahm sie wieder das Wort, sagte, es geschehe ihm ganz recht, er werde nun wohl zur Vernunft kommen, entfernte sich aus dem Zimmer, und ließ sie allein.

Sobald sie draußen war, wischte sie sich selbst die Tränen ab, dachte, ob ihm die heftige Erschütterung, in welche sie ihn versetzt hatte, nicht doch gefährlich sein könnte, und ob es wohl ratsam sei, einen Arzt rufen zu lassen? Sie kochte ihm für den Abend alles, was sie nur Stärkendes und Beruhigendes aufzutreiben wußte, in der Küche zusammen, bereitete und wärmte ihm das Bett, um ihn sogleich hineinzulegen, sobald er nur, an der Hand der Tochter, erscheinen würde, und schlich, da er immer noch nicht kam, und schon die Abendtafel gedeckt war, dem Zimmer der Marquise zu, um doch zu hören, was sich zutrage? Sie vernahm, da sie mit sanft an die Tür gelegtem Ohr horchte, ein leises, eben verhallendes Gelispel, das, wie es ihr schien, von der Marquise kam; und, wie sie durchs Schlüsselloch bemerkte, saß sie auch auf des Kommandanten Schoß, was er sonst in seinem Leben nicht zugegeben hatte. Drauf endlich öffnete sie die Tür, und sah nun – und das Herz quoll ihr vor Freuden empor: die Tochter still, mit zurückgebeugtem Nacken, die Augen fest geschlossen, in des Vaters Armen liegen; indessen dieser, auf dem Lehnstuhl sitzend, lange, heiße und lechzende Küsse, das große Auge voll glänzender Tränen, auf ihren Mund drückte: gerade wie ein Verliebter! Die Tochter sprach nicht, er sprach nicht; mit über sie gebeugtem Antlitz saß er, wie über das Mädchen seiner ersten Liebe, und legte ihr den Mund zurecht, und küßte sie. Die Mutter fühlte sich, wie eine Selige; ungesehen, wie sie hinter seinem Stuhle stand, säumte sie, die Lust der himmelfrohen Versöhnung, die ihrem Hause wieder geworden war, zu stören. Sie nahte sich dem Vater endlich, und sah ihn, da er eben wieder mit Fingern und Lippen in unsäglicher Lust über den Mund seiner Tochter beschäftigt war, sich um den Stuhl herumbeugend, von der Seite an. Der Kommandant schlug, bei ihrem Anblick, das Gesicht schon wieder ganz kraus nieder, und wollte etwas sagen; doch sie rief: o was für ein Gesicht ist das! küßte es jetzt auch ihrerseits in Ordnung, und machte der Rührung durch Scherzen ein Ende. Sie lud und führte beide, die wie Brautleute gingen, zur Abendtafel, an welcher der Kommandant zwar sehr heiter war, aber noch von Zeit zu Zeit schluchzte, wenig aß und sprach, auf den Teller niedersah, und mit der Hand seiner Tochter spielte.

Die Versöhnungsszene zwischen Vater und Tochter gibt bis heute größte Deutungsrätsel auf. Es scheint, als habe Kleist hier seine Utopie einer alle Menschen in Liebe verbindenden familiären Gemeinschaft ein Stück verwirklicht. Mit der »Lust der himmelfrohen Versöhnung« werden jedenfalls paradiesische Freuden assoziiert, wozu auch das »selige« Zuschauen der Mutter passen würde. Aber der Liebesaustausch von Vater und Tochter verletzt eindeutig die Grenzen familiärer Eltern-Kind-Beziehungen, das heimliche Horchen und Beobachten durchs Schlüsselloch lassen das Verbotene der Situation deutlich genug werden. Die Mutter wiederum macht kein Hehl aus ihrer Präsenz, scheint weder eifersüchtig noch entrüstet, sondern nur glücklich über den neuen Frieden in ihrem Haus. Um einbezogen zu werden in den Liebesbund, küßt sie das Gesicht ihres Mannes »auch ihrerseits in Ordnung«.

Daß es sich dabei nur um eine Scheinordnung, um einen Scheinfrieden handeln kann, spricht Kleist nicht offen aus: Denn nicht auf der Basis vertrauender Liebe beruht diese »Familienidylle«, sondern auf Demütigung, vernichtender Selbstanklage und inzestuösen Umarmungen. Die Obristin entmachtet, entmannt den befehlsgewohnten Gatten geradezu, so daß er nur noch stumm, wie ein geprügelter Hund, seiner Tochter abbitten kann. Des Obristen markige Selbstsicherheit, mit der er die Marquise verdammt hatte, ist durch die Einsicht in seine Schuld völliger Selbstauflösung gewichen, und der Versöhnungsakt selbst stellt nur eine neuerliche Inbesitznahme dar (wobei die Marquise durchaus nicht leidendes Objekt zu sein scheint), ist keine Geste gegenseitigen Verzeihens.

Indem Kleist diese Szene zum tränenreichen Höhepunkt eines empfindsamen Rührstücks grotesk übersteigert, scheint er eher distanziert, ja pikiert das Spektakel einer falsch verstandenen Liebe demonstrieren zu wollen, die selbst die natürlichen Grenzen der zwischenmenschlichen Bande nicht mehr kennt. Wenn Vater und Tochter sich »wie Brautleute« küssen und umarmen, ist die Auflösung der Institution Familie nicht mehr weit.

Hatte der Kommandant »sonst in seinem Leben nicht zugegeben«, daß die Tochter auf seinem Schoß saß, weil er sich selbst vor unkontrollierter Zärtlichkeit fürchten mußte? War sein ängstliches Besorgt-Sein um den Ruf der Tochter nicht in Wahrheit eifersüchtige Sorge um sein Eigentum; fühlte er sich von dem so vitalen jüngeren Offizier in seiner Männlichkeit besiegt, als er rief: »Ich muß mich diesem Russen schon zum zweiten Mal ergeben«?

Die ödipale Besetzung, die in einer Familie durchaus gegeben sein kann und von der Gesellschaft ängstlich verschwiegen wird, hat Kleist aufgedeckt – komödienhaft verhüllt zwar, um von dem Skandal abzulenken, der hier gleichwohl vorliegt. Als ob es selbstverständlich und gesellschaftsfähig wäre, stellt er das Liebesspiel von Vater und Tochter dar, weil er offene Kritik nicht wagen durfte – oder weil er zeigen wollte, daß innerhalb der gesellschaftlichen Ordnungen, in denen ein inniger Gefühlsaustausch erwartet wurde, Übertritte weniger auffielen, leichter zu verdecken waren?

Vielleicht sind diese Gedanken aber zu modern, aus dem kritischen Bewußtsein des 20. Jahrhunderts entstanden. Vielleicht sollte man die Szene einfach als exzessiv ausgekostete Versöhnung der Familie nach einer ebenso extrem erlittenen Verfeindung begreifen? Daß bei Kleist das Übermaß einer menschlichen Eigenschaft oder einer schicksalhaft von außen kommenden Belastung erst »zum Motor der Handlung« wird, ist ja gerade ein Charakteristikum seines Erzählens. So führt seine »übergroße Rechtlichkeit« den Michael Kohlhaas zu immer neuen Verbrechen in der Verfolgung seines Rechts; so wird erst durch das Elend des ›Erdbebens in Chili‹ das Liebesglück zwischen Jeronimo und Josephe möglich. Und so ist es in der ›Marquise‹ vor allem der Vater, der in Extremen handelt und damit das Geschehen vorantreibt: In der Verstoßung seiner Tochter war er ebenso maßlos, wie er jetzt übertrieben reagiert, indem er vor lauter Reue und Schuldgefühl ganz zusammenzufallen droht.

Wie Kleist schon in seinem ›Homburg‹ zeigte, scheut er sich nicht, seine Helden bis an den Rand der völligen Selbstaufgabe zu führen, alle Vorstellungen von Männlichkeit und Haltung ignorierend. So darf sich auch der befehlsgewohnte, markige Obrist zu einem weichen, willenlosen Etwas auflösen, um am Ende der Novelle doch wieder das respektable, überlegen anordnende Familienoberhaupt zu verkörpern. Erst die beiden Seiten zusammen machen nach Kleist den wahren Menschen aus; die unschöne, abgründige menschliche Natur, die Begierden, Ängste usw., die in der zeitgenössischen Dichtung weitgehend ausgeklammert wurden, deckte Kleist auf, ohne sie zu verurteilen oder zu verharmlosen.

In diesem Sinn wäre dann auch das zärtliche Liebesspiel zwischen Vater und Tochter anders zu deuten. Die ödipale Besetzung in der Familie war dem um sexuelle Gewalt wissenden Dichter (siehe auch ›Penthesilea‹) wohl kein Geheimnis; das mögliche Begehren innerhalb der Familie konnte er sich vermutlich durchaus phantasieren. Doch legte es Kleist nicht darauf an, in moralerzieherischer Absicht eine gefährlich enthemmte Familie vorzuführen, sondern er wollte wohl eher das Glück liebender Hingabe aufzeigen, breit und genüßlich das Zusammenfinden der Entzweiten ausmalen; dabei überschritt er lieber die Grenzen der Schicklichkeit, als daß er die Gefühle wiederum nivelliert hätte, wie es die Konventionen im Leben vorschreiben. Den Dammbruch der Emotionen kann Kleist seinen Helden erlauben, weil sie keine haltlosen Subjekte, sondern moralisch gefestigte Individuen sind. Nur für einen Moment brechen sich die gestauten Gefühle Bahn – das Überschreiten des Erlaubten wird dabei durchaus lustvoll erlebt; aber zu einem tatsächlichen Vergehen kommt es nicht. Hingedeutet hat Kleist auf die verletzbare Grenze, ein wenig an ihr gerüttelt und dann seine Familie wieder in die Konvention entlassen.

Ausnahmsweise wurden hier zwei ganz verschiedene Interpretationen angeboten, beide haben, wie wir finden, ihre Berechtigung; daß überhaupt so widersprüchliche Auslegungen möglich sind, spricht vor allem für den Schöpfer solcher Figuren, die noch in Jahrhunderten lebendig und interessant sein werden.

In seiner Progressivität war Kleist seiner Zeit weit voraus, schon deshalb mußte er unpopulär, unverstanden bleiben zu Beginn des

19. Jahrhunderts. Er zerbrach für objektiv gehaltene Wertvorstellungen und Ordnungen, verwischte die Eindeutigkeit von Gut und Böse. Das Publikum war konsterniert. Wie sollte es zum Beispiel die unerhörte Tatsache aufnehmen, daß der russische Offizier, der die Marquise vergewaltigte, gleichzeitig ein Muster edelster Gesinnung war und ein menschlicheres Herz besaß als die gesamte Familie von G...? Das Fehlverhalten der Obristenfamilie, das der Erzähler nicht einmal mit verhüllter Empörung, sondern scheinbar unbeteiligt darstellt, hielt Kleist vermutlich für zerstörerischer als des Grafen Verbrechen. Dieser immerhin erkennt seine Schuld sofort, bereut seine Gemeinheit und ist bereit, in Worten und Taten zu sühnen – so darf ihm zuletzt »um der Gebrechlichkeit der Welt willen« verziehen werden. Familie von G... dagegen ist sich kaum ihrer skandalösen Handlungsweise bewußt; sie verhielt sich ja hochmoralisch, nach den damaligen Vorstellungen streng, aber korrekt, wenn sie lieber den Menschen angriff und vernichtete als die sittliche Norm, nach der er gerichtet wird. Graf F... liebt die Marquise unbedingt, während in der Familie von G... die Liebe offenbar von dem Grad der Vortrefflichkeit des anderen abhängig gemacht wird. Seinen verbindlichen Umgangston gibt der Patriarch rasch auf, um im Ernstfall zu befehlen und zu verbieten, so daß die Ehefrau von tyrannischer Unterjochung spricht und, wie immer im autoritären System, in ihrer Erbitterung mit heimlicher Zuwiderhandlung und seelischer Revanche antwortet.

Unumschränktes Vertrauen und eine uneingeschränkte Liebe waren für Kleist die Voraussetzungen einer wahrhaft menschlichen Beziehung. Bei Familie von G..., in der das Vertrauen in die Seelengüte der anderen, vor allem in die eigene, fehlt, sind Argwohn und Gewalt angebracht, die liebgewordenen Ordnungen und Gewohnheiten gegen feindliche Einbrüche zu verteidigen. Hinter der Fassade von Mut, korrekter Haltung und liebender Fürsorge des Obristen verbirgt sich, wie in Krisensituationen deutlich wird, ein Schwächling, schlimmer noch: ein Unmensch. Aber solche Wahrheiten hat Kleist nicht offen »heruntergezürnt«, sondern, bei allen dramatischen Effekten, komödienhaft verkleidet.

Nicht die Institution der Familie als solche wollte Kleist als Übel hinstellen, sondern eher die Problematik einer auf Herrschaft, Besitz und Unterdrückung basierenden Gemeinschaft aufzeigen, der jede Geborgenheit, jede Solidarität abgeht, und in der sich Freiheit nur durch Widerstand, wie die Marquise zeigte, behaupten läßt.

Nach der Versöhnung kehrt die Marquise in das Haus der Eltern zurück, und diese übernehmen wieder das Handeln. Gemeinsam stellen sie sich dem mit Aufregung erwarteten Unbekannten, der sich auf die Anzeige gemeldet hat – und, wie bereits gesagt, als Graf F...

entpuppt. Der Vater besteht auf der Heirat, auf ihrem gegebenen Wort, auch wenn die Marquise im Affekt diese nun verweigern will. Die Mutter verzeiht als erste des Grafen Fehltritt, der Obrist begnadigt ihn förmlich (welche Ironie!). Die Marquise läßt schließlich geschehen, nachdem sie den Ehekontrakt, den der Vater seinem Rivalen aufgesetzt, gelesen hat, wonach der Graf auf alle Rechte eines Gatten verzichtet, die von ihm geforderten Pflichten aber zu erfüllen hat. Der Marquise Gefühle werden gar nicht mehr erwähnt – weil sie jetzt wieder entmündigt ist?

Fast lapidar endet die Novelle damit, daß der Graf demütig alle Schmach hinnimmt, seines »zarten, würdigen und völlig musterhaften Betragens« wegen zur Taufe erstmals wieder in das Haus des Obristen kommen darf und, nachdem er eine Schenkung von 20000 Rubeln in die Wiege gelegt und die Marquise zur Alleinerbin eingesetzt hat – sich also in die Familie quasi eingekauft hat –, als Schwiegersohn und Ehemann akzeptiert wird. Nach einer zweiten glücklicheren Hochzeit, heißt es am Schluß der Novelle, zog die junge Familie hinaus auf den Landsitz der Marquise, und »eine ganze Reihe von jungen Russen folgte jetzt noch dem ersten«. Die Russen füllen nun ganz konkret das Haus der Marquise, erfüllen ihr einst so eingezogenes Dasein, wie es eben zu Beginn der Novelle verschlüsselt angekündigt stand.

... und da der Graf, in einer glücklichen Stunde, seine Frau einst fragte, warum sie, an jenem fürchterlichen Dritten, da sie auf jeden Lasterhaften gefaßt schien, vor ihm, gleich einem Teufel, geflohen wäre, antwortete sie, indem sie ihm um den Hals fiel: er würde ihr damals nicht wie ein Teufel erschienen sein, wenn er ihr nicht, bei seiner ersten Erscheinung, wie ein Engel vorgekommen wäre.

Der letzte Satz steht im Konjunktiv Irrealis, die Unwirklichkeit kennzeichnend; die Marquise hat ihre Entweder-Oder-Weltsicht als Irrtum, als vorschnelles Urteil erkannt. Weder Engel, noch Teufel ist der Mensch, sondern beides zugleich. Auch die Liebe trägt das Doppelgesicht von Zärtlichkeit und Gewalt. Diese Wahrheit ertragen zu können, ist der Marquise erst möglich, nachdem sie »die Gebrechlichkeit der Welt« und ihrer selbst annehmen konnte. Wie im ›Prinzen von Homburg‹ ist am Ende für einen Augenblick Harmonie gegeben; das Schlußbild mit den versöhnten Ehegatten stellt den disparaten Weltzustand noch einmal in den Raum und zeigt, daß Glück dennoch möglich ist.

Kleist wollte die Welt nicht mystifizieren, sondern zeigen, daß ihre scheinbare Undurchsichtigkeit am Nicht-Erkennen der Menschen liegt. Er stellt seine Helden an Abgründe, um sie gewaltsam mit dem verdrängten Sein zu konfrontieren; aus den Katastrophen wachsen ihnen neue Erkenntnismöglichkeiten zu. Und doch – bei allem tödlichen Ernst – führt Kleist in der ›Marquise von O...‹ seine Heldin mit leichter Hand zu ihrem Heil.

3.2 Anekdote aus dem letzten preußischen Kriege

Für die ›Berliner Abendblätter‹, die er 1810/11 redigierte und herausgab, schrieb Kleist auch eine Reihe von Anekdoten. Darunter versteht man sprachlich gedrängte Kleinerzählungen, die in rascher Steigerung zu einer meist witzigen, überraschenden Schlußpointe führen und dadurch einen bestimmten Wesenszug einer Persönlichkeit, einer Schicht, eines Ereignisses herausarbeiten. Die Anekdote ist i.a. nicht lehrhaft wie Fabel oder Parabel, auch nicht nur komisch wie der Witz; eher ist sie dem Aphorismus und dem Epigramm verwandt oder auch der Kalendergeschichte, deren Meister Kleists Zeitgenosse Johann Peter Hebel war. Anekdotenartige Geschichten waren in der deutschen Literatur immer beliebt, wie die mhd. *bispel*-Sammlungen, die Schwankdichtungen oder auch etwa Grimmelshausens ›Rathstübel Plutonis‹ zeigen; im 18. Jahrhundert drängte die beliebtere Fabel das Genre in den Hintergrund, wenn sie auch aus den volkstümlicheren Druckwerken nie ganz verschwand. Mit Kleist erst wurde die Anekdote zu einer besonderen literarischen Kunstform, an deren Rang bis heute alle früheren und späteren gemessen werden. Aus unserer Zeit sind vor allem Bertolt Brechts ›Kalendergeschichten‹ und die ›Geschichten von Herrn Keuner‹ zu erwähnen.

Kleists besonderer Sprachsensibilität kam die Dichte der Anekdote, ihre im Verzicht auf jedes nicht unbedingt notwendige Wort liegende Prägnanz ungemein entgegen. Auch war für ihn Dichtung immer gesprochen, nicht nur gelesen, weshalb er auch mit besonderer Kunst Satzzeichen, vor allem Kommata, setzte, die nur dann eigenwillig wirken, wenn man sie grammatisch und nicht als Pausenzeichen, etwa zum Atemholen, begreift. Der Sprachfluß wird dadurch immer wieder unterbrochen, gewinnt gleichzeitig an Rhythmik und wird, angesichts der Dichte des erzählten Geschehens, emotional aufgeladen. Zu den Besonderheiten des deutschen Satzbaus gehört es, daß der Sinnkern, also diejenigen Worte, die den wichtigsten Teil der Mitteilung enthalten und auch am stärksten betont werden, bei einer rationalen Sprechhaltung möglichst weit nach dem Verbum an den Schluß gestellt werden, während sie bei einem emotionalen, affektgeladenen Satz am Anfang, vor dem Verb, stehen. Das rhythmische Stakkato etwa des ersten Satzes der folgenden Anekdote, scheinbar mühsam, ja holprig sich entwickelnd, zeigt, wie Kleist einen ganz rational gebauten Satz emotional auflädt und daraus, verbunden mit dem Wechsel der Erzählperspektive vom Ich zu dem Gastwirt, eine besondere Spannung gewinnt. Erst danach, noch gesteigert durch die direkte Rede, bricht sich die ganze Aufregung des Gastwirts Bahn und enthüllt den schier unglaublichen Gegensatz zwischen der tatsächlichen Situation, die mehr als nur bedrohlich ist, und der unendlichen Ruhe des preußischen Reiters:

Anekdote aus dem letzten preußischen Kriege

In einem bei Jena liegenden Dorf, erzählte mir, auf einer Reise nach Frankfurt, der Gastwirt, daß sich mehrere Stunden nach der Schlacht, um die Zeit, da das Dorf schon ganz von der Armee des Prinzen von Hohenlohe verlassen und von Franzosen, die es für besetzt gehalten, umringt gewesen wäre, ein einzelner preußischer Reiter darin gezeigt hätte; und versicherte mir, daß wenn alle Soldaten, die an diesem Tage mitgefochten, so tapfer gewesen wären, wie dieser, die Franzosen hätten geschlagen werden müssen, wären sie auch noch dreimal stärker gewesen, als sie in der Tat waren. Dieser Kerl, sprach der Wirt, sprengte, ganz von Staub bedeckt, vor meinen Gasthof, und rief: »Herr Wirt!« und da ich frage: was gibts? »ein Glas Branntewein!« antwortet er, indem er sein Schwert in die Scheide wirft: »mich dürstet.« Gott im Himmel! sag ich: will er machen, Freund, daß er wegkömmt? Die Franzosen sind ja dicht vor dem Dorf! »Ei, was!« spricht er, indem er dem Pferde den Zügel über den Hals legt. »Ich habe den ganzen Tag nichts genossen!« Nun er ist, glaub ich, vom Satan besessen –! He! Liese! rief ich, und schaff ihm eine Flasche Danziger herbei, und sage: da! und will ihm die ganze Flasche in die Hand drücken, damit er nur reite. »Ach, was!« spricht er, indem er die Flasche wegstößt, und sich den Hut abnimmt: »wo soll ich mit dem Quark hin?« Und: »schenk er ein!« spricht er, indem er sich den Schweiß von der Stirn abtrocknet: »denn ich habe keine Zeit!« Nun er ist ein Kind des Todes, sag ich. Da! sag ich, und schenk ihm ein; da! trink er und reit er! Wohl mags ihm bekommen: »Noch eins!« spricht der Kerl; während die Schüsse schon von allen Seiten ins Dorf prasseln. Ich sage: noch eins? Plagt ihn –! »Noch eins!« spricht er, und streckt mir das Glas hin – »Und gut gemessen«, spricht er, indem er sich den Bart wischt, und sich vom Pferde herab schneuzt: »denn es wird bar bezahlt!« Ei, mein Seel, so wollt ich doch, daß ihn –! Da! sag ich, und schenk ihm noch, wie er verlangt, ein zweites, und schenk ihm, da er getrunken, noch ein drittes ein, und frage: ist er nun zufrieden? »Ach!« – schüttelt sich der Kerl. »Der Schnaps ist gut! – Na!« spricht er, und setzt sich den Hut auf: »was bin ich schuldig?« Nichts! nichts! versetz ich. Pack er sich, in Teufelsnamen; die Franzosen ziehen augenblicklich ins Dorf! »Na!« sagt er, indem er in seinen Stiefel greift: »so solls ihm Gott lohnen«, und holt, aus dem Stiefel, einen Pfeifenstummel hervor, und spricht, nachdem er den Kopf ausgeblasen: »schaff er mir Feuer!« Feuer? sag ich: plagt ihn –? »Feuer, ja!« spricht er: »denn ich will mir eine Pfeife Tabak anmachen.« Ei, den Kerl reiten Legionen –! He, Liese, ruf ich das Mädchen! und während der Kerl sich die Pfeife stopft, schafft das Mensch ihm Feuer.

»Na!« sagt der Kerl, die Pfeife, die er sich angeschmaucht, im Maul: »nun sollen doch die Franzosen die Schwerenot kriegen!« Und damit, indem er sich den Hut in die Augen drückt, und zum Zügel greift, wendet er das Pferd und zieht von Leder. Ein Mordkerl! sag ich; ein verfluchter, verwetterter Galgenstrick! Will er sich ins Henkers Namen scheren, wo er hingehört? Drei Chasseurs – sieht er nicht? halten ja schon vor dem Tor? »Ei was!« spricht er, indem er ausspuckt; und faßt die drei Kerls blitzend ins Auge. »Wenn ihrer zehen wären, ich fürcht mich nicht.« Und in dem Augenblick reiten auch die drei Franzosen schon ins Dorf. »Bassa Manelka!« ruft der Kerl, und gibt seinem Pferde die Sporen und sprengt auf sie ein; sprengt, so wahr Gott lebt, auf sie ein, und greift sie, als ob er das ganze Hohenlohische Korps hinter sich hätte, an; dergestalt, daß, da die Chasseurs, ungewiß, ob nicht noch mehr Deutsche im Dorf sein mögen, einen Augenblick, wider ihre Gewohnheit, stutzen, er, mein Seel, ehe man noch eine Hand umkehrt, alle drei vom Sattel haut, die Pferde, die auf dem Platz herumlaufen, aufgreift, damit bei mir vorbeisprengt, und: »Bassa Teremtetem!« ruft, und: »Sieht er wohl, Herr Wirt?« und »Adies!« und »auf Wiedersehn!« und »hoho! hoho! hoho!« – – So einen Kerl, sprach der Wirt, habe ich zeit meines Lebens nicht gesehen.

JEAN PAUL
(Johann Paul Friedrich Richter)
(1763–1825)

Vorschule der Ästhetik

Jean Paul schrieb seine umfangreiche Dichtungstheorie, die ›Vorschule der Ästhetik‹, innerhalb weniger Monate; sie erschien im Herbst 1804, nachdem sie von ihm schon mehrfach in anderen Werken angekündigt war. Bereits im Jahr 1794 hatte Jean Paul erste poetologische Überlegungen notiert; der Aufenthalt im klassischen Weimar, dann 1800 in Berlin, wo er mit dem romantischen Zirkel um Friedrich Schlegel und Tieck in Berührung gekommen war, der Wirrwarr der literarischen Schulen und Fehden schließlich mochten ihn bestärkt haben, seinen eigenen Standpunkt darzulegen.

Im Unterschied zu anderen Poetiken ist die ›Vorschule‹ Jean Pauls ganz aus seiner schriftstellerischen Praxis hervorgegangen; außerdem zeichnet sie sich durch einen hohen Grad an Anschaulichkeit aus, durch Witz und poetische Kraft der Darstellung – so daß sie sich zeitweilig geradezu vergnüglich liest. Als Vorbereitung für das eigentliche Studium der Ästhetik wollte Jean Paul, nicht ohne Ironie, sein Werk verstanden wissen, zur Geschmacksbildung beitragen; dabei erhob er keinen Anspruch auf Vollständigkeit und Systematik (auch wenn die strenge Einteilung in Programme und Paragraphen eine solche vorspiegelt).

Die ›Vorschule‹ wurde mit großer Zustimmung aufgenommen und noch zu Lebzeiten des Autors, 1813, neu aufgelegt. Solchen Erfolg hatten von den vielen Werken des Dichters nur noch die Romane ›Hesperus‹ (sogar drei Auflagen) und ›Quintus Fixlein‹, der wie das Pädagogikbuch ›Levana‹ noch vor Ablauf eines Jahrzehnts wieder gedruckt wurde.

In drei Hauptabteilungen hat Jean Paul die ›Vorschule der Ästhetik‹ gegliedert: In der ersten setzt er sich mit der Poesie allgemein auseinander, mit der traditionellen, schon von Aristoteles aufgestellten Regel von der Nachahmung der Natur; außerdem geht er darin ein auf den Begriff des Genies, den Unterschied zwischen der griechischen und der neuen Dichtkunst, die er die romantische nennt. Ganz eigene Gedanken hat Jean Paul in den Programmen über das Lächerliche, den Humor, die Ironie und – in der zweiten Abteilung – über den Witz entwickelt. Seine Humortheorie, die erste in Deutschland, wurde zum bedeutendsten Teil der ›Vorschule‹, sie betrifft seinen ganz eigenen Erzählstil, auf sie wird besonders einzugehen sein.

Der zweite Teil der ›Vorschule‹ beginnt mit der ausführlichen Definition, Darstellung und Differenzierung des Witzes – auch darin reflektiert Jean Paul gründlich seine eigenen Begabungen und Verfahrensweisen. Diese Abteilung enthält außerdem eine bemerkenswerte Theorie des Romans und ein Kapitel ›Über den Stil oder die Darstellung‹, in dem verschiedene Dichter aus verschiedenen Epochen mit kurzen Sätzen in ihrer Individualität charakterisiert werden. Im dritten Teil geht Jean Paul mit seiner Zeit und ihren »gefährlichen« Tendenzen, mit Rezensenten, dem Bibliothekswesen, dem Buchhandel, anderen Autoren und sich selbst ins Gericht – um zuletzt in einem Preis auf seinen Freund Herder zu enden. Als »Vorlesungen« hat er die Beiträge dieser letzten Abteilung bezeichnet und sie nach den drei Sonntagen der Leipziger Frühjahrsmesse Misericordia, Jubilate und Kantate benannt (das sind der 2., 3. und 4. Sonntag nach Ostern).

Zu Beginn des Werks nimmt Jean Paul zu der berühmten Streitfrage Stellung, die das ganze 18. Jahrhundert beschäftigt hatte, ob nämlich der Dichter die Natur nachzuahmen habe oder nicht. Dabei führt er zur Verdeutlichung die Unterscheidung ein zwischen den »poetischen Materialisten«, welche die Wirklichkeit nur kopierten, jedoch ohne poetischen Geist, und den »poetischen Nihilisten«, die sich über die materielle Wirklichkeit hinwegsetzten und nur der Phantasie folgten.

Die Gefahr des »poetischen Nihilismus« sah Jean Paul vor allem bei den Romantikern gegeben, übrigens auch bei sich selbst; in der ›Jubilate-Vorlesung über die neuen Poetiker‹ kritisierte er diese »Hohlbohrer der Wirklichkeit«, deren Dichtungen »in ein bestand-, erd- und charakterloses Luft- und Äther-Wehen ohne Form, in ein unbestimmtes Klingen des All« zerfließen, verhältnismäßig hart.

Anschaulich pointiert, gibt Jean Paul seine Meinungen wieder, dabei zieht er die handfeste Definition, am besten an ein praktisches Beispiel gebunden, jeder zu theoretischen oder auch nur wohlklingenden vor.

Dem Nihilisten mangelt der Stoff und daher die belebte Form; dem Materialisten mangelt belebter Stoff und daher wieder die Form; kurz, beide durchschneiden sich in Unpoesie. Der Materialist hat die Erdscholle, kann ihr aber keine lebendige Seele einblasen, weil sie nur Scholle, nicht Körper ist; der Nihilist will beseelend blasen, hat aber nicht einmal Scholle.

(§ 4)

Jean Paul vertrat, jedenfalls in der Theorie, eine Dichtungsauffassung, die beides, den unendlichen Raum des Geistes und der Phantasie, und den endlichen der Wirklichkeit, verbindet. Die eigentliche Kunst sah er darin, die äußere Natur (das ist die Wirklichkeit) durch die innere zu verwandeln, mit eigenem Genie zu durchdringen, und somit den

Himmel der Phantasie und die Erde zu einem Wunderbaren zu vereinen. »Jedem Menschen erscheint eine andere Natur« – somit käme es eben nur darauf an, »welche Seele die Natur beseele, ob ein Sklavenkapitän oder ein Homer«.

Die Phantasie hielt Jean Paul für die wesentliche Kraft des dichterischen Genies; als »Gegenfüßlerin des Lebens« könne sie die Ideale, die im Leben nie erreicht werden, den Menschen näher bringen, könne sie Freiheit und Schönheit anschaulich machen. Außerdem wirke im Genie eine »höhere Besonnenheit«, eine aus dem Unbewußten kommende Fähigkeit, die Balance zu wahren zwischen Begeisterung und Ruhe. Vor allem müsse der Dichter von der Liebe zum Göttlichen beseelt sein, damit das Unbegreifliche in ihm zur Ahnung werde und sich aussprechen könne. Der vom Instinkt des Göttlichen geleitete Dichter vermag, nach Jean Paul, die irdische und die göttliche Welt zu versöhnen und zu einem Ganzen zu schließen, »da es vor dem Göttlichen nur *eines* und keinen Widerspruch der Teile gibt«.

Wenn hingegen der Genius uns über die Schlachtfelder des Lebens führt: so sehen wir so frei hinüber, als wenn der Ruhm oder die Vaterlandsliebe vorausginge mit den zurückflatternden Fahnen; und neben ihm gewinnt die Dürftigkeit wie vor einem Paar Liebenden eine arkadische Gestalt. Überall macht er das Leben frei und den Tod schön; auf seiner Kugel sehen wir, wie auf dem Meer, die tragenden Segel früher als das schwere Schiff. Auf diese Weise versöhnet, ja vermählt er – wie die Liebe und die Jugend – das unbehülfliche Leben mit dem ätherischen Sinn, so wie am Ufer eines stillen Wassers der äußere und der abgespiegelte Baum aus *einer* Wurzel nach zwei Himmeln zu wachsen scheinen.

(§ 15)

Immer wieder zeigt sich, daß Jean Paul im Grunde ein an den Barock gemahnendes Bewußtsein von der Nichtigkeit des irdischen Lebens besaß: Die »Schlachtfelder des Lebens« hieß es oben, dann wieder spricht er von der Leere und Öde des Erdendaseins; allein die Imagination einer zweiten schöneren Welt ließ ihn Schmerz und Enttäuschung über die Wirklichkeit ertragen. Bezeichnend ist, daß erst das Ideal, der Blick von oben herab, es dem Dichter gestattet, Harmonie und Schönheit auch von der Erdkugel widerstrahlen zu lassen – wie sehr Jean Paul vom Idealismus geprägt war, sieht man an solcher Stelle.

In der Unterscheidung zwischen der griechischen und der neuen, der romantischen Dichtung bezieht Jean Paul eine ähnliche Position wie etwa Friedrich Schlegel. Das bewundernde Zurückschauen auf das vergangene Schöne, wie es der Klassizismus tat, lehnte er ab; eine aus der Individualität von Jahrhundert und Volkszugehörigkeit erwachsene Dichtkunst ließe sich nicht wiederholen: Der Dualismus von Körper- und Geisteswelt, die in der Antike noch eine Einheit gebildet hatten, kennzeichnet die Gegenwart; während der Grieche das wirkliche Leben nur abbilden mußte, um Schönheit darzustellen, muß der moderne, der romantische Mensch sie im unendlichen Reich der Phantasie suchen. Der klaren geschlossenen Form der »plastischen« griechischen Poesie stellt Jean Paul die zerfließende »musikalische« der neueren gegenüber, der »schönen Objektivität« der Griechen, deren Künstler sich dem Kunstwerk ganz unterordneten, die »wilde Subjektivität« der Modernen.

Im Christentum sah Jean Paul, wie die Romantiker, den Einbruch in die ganzheitliche Welt- und Kunstauffassung der Antike:

Ursprung und Charakter der ganzen neueren Poesie läßt sich so leicht aus dem Christentume ableiten, daß man die romantische ebensogut die christliche nennen könnte. Das Christentum vertilgte, wie ein Jüngster Tag, die ganze Sinnenwelt mit allen ihren Reizen, drückte sie zu einem Grabeshügel, zu einer Himmels-Staffel [Stufe] zusammen und setzte eine neue Geister-Welt an die Stelle. [...] Was blieb nun dem poetischen Geiste nach diesem Einsturze der äußern Welt noch übrig? – Die, worin sie einstürzte, die *innere*. Der Geist stieg in sich und seine Nacht und sah Geister. Da aber die Endlichkeit nur an Körpern haftet und da in Geistern alles unendlich ist oder ungeendigt: so blühte in der Poesie das Reich des Unendlichen über der Brandstätte der Endlichkeit auf . . .

(§ 23)

Als das »Schöne ohne Begrenzung, oder das *schöne* Unendliche« definiert Jean Paul das Romantische. Und im folgenden Zitat (§ 22) formuliert er eine der Kernaussagen seiner Dichtkunst, wie der Romantik überhaupt: »Ist Dichten Weissagen: so ist romantisches das Ahnen einer größern Zukunft, als hienieden Raum hat . . .« Die überirdische göttliche Welt soll die Poesie imaginieren, »das Verhältnis unserer dürftigen Endlichkeit zum Glanzsaale und Sternenhimmel der Unendlichkeit« erhellen. Als Mondschein, als Sphärenmusik umschreibt Jean Paul das Romantische und gibt Belege für romantische Situationen oder Elemente aus der Weltliteratur: Spuren romantischer Poesie fand er schon in der griechischen Dichtung; aber den »echten Zauberer und Meister des romantischen Geisterreichs« sah er in Shakespeare. Auch Schillers ›Glocke‹ z.B. rechnete er dazu wegen der Wahl des romantischen Motivs des von Geistern bedrohten Glockengusses und Goethes ›Märchen‹, den ›Faust‹ und schließlich ›Wilhelm Meister‹, durch den sich »ein besonderes Gefühl [zieht], als walte ein gefährlicher Geist über den Zufällen darin, als tret' er jede Minute aus seiner Wetterwolke, als sehe man von einem

Gebirge herab in das lustige Treiben der Menschen, kurz vor einer Katastrophe«. Johann Peter Hebels alemannische Gedichte nennt er »köstlich-romantisch« und Tiecks Roman ›Franz Sternbalds Wanderungen‹ bestätigt er eine fast »shakespearsche humoristische Phantasie über die Phantasie«. (§ 25)

In den Programmen VI bis IX untersucht Jean Paul sehr genau die Begriffe des Komischen bzw. des Humors und des Witzes; mit einer ungewöhnlichen Mischung aus intellektueller Klarheit und originellen Verdeutlichungen stellt er hier seine eigenen poetischen Ansätze vor.

Zunächst setzt der Autor das Komische dem Satirischen entgegen: Die Torheit der Menschen werde verlacht, das Laster aber satirisch verspottet und gestraft. Im Gegensatz zu dem relativ engen Spielraum des Satirischen sei das Reich des Scherzens und Lachens »unendlich groß, nämlich so groß als das des Verstandes oder der Endlichkeit, weil zu jedem Grade sich ein subjektiver Kontrast erfinden lässet, der kleiner macht«. Das Komische läßt nach Jean Paul dem Verstand sein vollkommen freies Spiel, es versehre nicht, sondern mache heiter und frei – nicht bitter und ernst wie die Satire. In der Praxis, gibt er zu, komme es leicht zur Vermischung von Satire und Scherz; wie man im ›Titan‹ sehen kann, leert der Dichter in seinen komischen Partien doch auch erstaunlich viel Zorn und Galle aus.

Die verschiedenen Nationen hätten unterschiedliches Talent zum Komischen, führt Jean Paul weiter aus, ebenso die verschiedenen gesellschaftlichen Stände oder Gruppen. Da der Ernst das Komische eigentlich erst bedinge, habe gerade der ernste Stand der Geistlichkeit so viele Humoristen hervorgebracht, wobei er Rabelais nennt und Swift, Sterne, Young und Abraham a Santa Clara – und schließlich auch sich selbst als »Pfarrsohn«. Der Deutsche mit seinem »Kernernste« sei im Grunde nicht ungeeignet zum Scherz, doch sei er viel mehr »Spieß-Bürger« als »Staat-Bürger (citoyen)«, habe mehr Sinn fürs Häusliche als fürs Öffentliche, also goutiere er auch nicht den »öffentlichen Scherz« in der Literatur. Verklausuliert beklagt sich Jean Paul hier über das mangelnde Verständnis für seine Bücher. (Wenn der Deutsche so wenig Sinn für Witz habe, so liege das an einem Mangel an innerer Freiheit; eine Erziehung zu Witz und Humor, sagt er weiter unten, fördere mit der inneren auch die äußere, d.h. die politische Freiheit.)

Das Lächerliche, das aus dem Kontrast zwischen Wollen und Können, zwischen Idee und Verwirklichung entsteht, wird durch den Humor erst anschaulich gemacht. Als das »romantische Komische« bezeichnet Jean Paul den Humor, weil der Vergleichung des Wirklichen mit dem Wissen, den Ideen des sie vergleichenden Subjekts keine Grenzen gesetzt sind. Zum zentralen Satz seiner Humortheorie wurde seine Feststellung:

Der Humor, als das umgekehrte Erhabene, vernichtet nicht das Einzelne, sondern das Endliche durch den Kontrast mit der Idee.

Indem der Humorist also die Wirklichkeit an der Ideenwelt spiegelt, offenbart er den unendlichen Abstand zwischen beiden, wird das Endliche zum Lächerlichen.

Von der »Totalität« des Humors spricht Jean Paul, weil dieser nicht einzelne Torheiten angreift, sondern die ganze Welt als toll versteht. Mit der einzelnen Torheit geht der Humorist deshalb eher milde um, da sie auf dem Hintergrund einer das ganze Welttreiben umfassenden, allgemeinen Schwäche entsteht; immer will der Humorist aber dieses Allgemeine treffen. Der humoristische Geist bedeutet also eine Welthaltung, die durchgängig den Dichter leiten soll. Pointiert ausgedrückt: »alles muß romantisch, d. h. humoristisch werden«.

Da das Komische durch den Gegensatz von subjektivem und objektivem Maßstab entsteht, ist »wie die ernste Romantik . . . auch die komische« von der Subjektivität bestimmt – im Unterschied zur objektiven Haltung der Klassik. Daher setzt Jean Paul seine Person (wenn auch nur als fiktive, aber nicht nur) so stark in den Vordergrund; allein an seiner Idee des Unendlichen, an seinen Vorstellungen von Liebe, Freundschaft, Tugend, die ihn das Göttliche auf Erden ahnen ließen, mißt er die Wirklichkeit.

Ganz im Widerspruch zur Klassik, die Ruhe und Klarheit für die Dichtung forderte, steht Jean Pauls romantischer Humor, der das Endliche (freilich nur, um es poetisch zu vernichten) so farbig, so sinnlich wie möglich darstellen will, durch einen Rausch an Bildern und Kontrasten die Seele füllen und

mit jenem Dithyrambus sie entflammen [soll], welcher die im Hohlspiegel eckig und lang auseinandergehende Sinnenwelt gegen die Idee aufrichtet und sie ihr entgegenhält. Insofern als ein solcher Jüngster Tag die sinnliche Welt zu einem zweiten Chaos ineinanderwirft – bloß um göttlich Gericht zu halten –, der Verstand aber nur in einem ordentlich eingerichteten Weltgebäude wohnen kann, indes die Vernunft, wie Gott, nicht einmal im größten Tempel eingeschlossen ist –: insofern ließe sich eine scheinbare Angrenzung des Humors an den Wahnsinn denken, welcher natürlich, wie der Philosoph künstlich, von Sinnen und von Verstande kommt und doch wie dieser Vernunft behält.

(§ 35)

In seinem Roman ›Titan‹ kann daher der als Humorist und Philosoph bezeichnete Bibliothekar Schoppe wahnsinnig werden, verrückte Dinge sagen und tun – und dabei doch Vernunft zeigen.

Im folgenden soll an einem aberwitzigen Beispiel vorgeführt werden, wie der »metaphorische sinnliche Stil« entsteht, insbesondere jenes »Individualisieren bis ins Kleinste«, das nach Meinung Jean Pauls das Komische erst vorstellbar macht:

[Der Komiker, leitet er ein,] heftet uns ... eng an das sinnlich Bestimmte, und er fällt z.B. nicht auf die Knie, sondern auf beide Kniescheiben, ja er kann sogar die Kniekehle gebrauchen. – Hat er oder ich z.B. zu sagen: »der Mensch denkt neuerer Zeit nicht dumm, sondern ganz aufgeklärt, liebt aber schlecht«: so muß er zuerst den Menschen ins sinnliche Leben übersetzen – also in einen Europäer – noch enger in einen Neunzehnjahrhunderter – und diesen wieder auf ein Land, auf eine Stadt einschränken. – In Paris oder Berlin muß er wieder eine Straße suchen und den Menschen dareinpflanzen. Den zweiten Satz muß er oder ich ebenso organisch beleben, am schnellsten durch eine Allegorie, bis er etwa so glücklich ist, daß er von einem Friedrichstädter sprechen kann, der in einer Taucherglocke bei Licht schreibt und ohne einen Stuben- oder Glockenkameraden im kalten Meer und nur durch die verlängerte Luftröhre seiner Luftröhre mit der Welt im Schiffe verbunden ist. »Und so erleuchtet«, schließe der Komiker, »der Friedrichstädter sich allein und sein Papier und verachtet Ungeheuer und Fische um sich her ganz.« Das ist aber der obige Satz.

(§ 35)

Da haben wir den Humoristen Jean Paul, der seine Lust hat am Verfremden, am willkürlichen Zusammenschütteln der Dinge, die der Leser dann (mit ähnlicher Lust, stellte sich der Dichter vor) wieder auf ihre allgemeine Aussage zurückführen sollte. Aus dem erleuchteten Friedrichstädter mit seinen Ungeheuern und Fischen wieder den ursprünglichen Satz zu rekonstruieren, wird wohl kaum jemandem gelingen.

Von Jean Pauls Ausführungen über den Witz sei folgendes festgehalten: In Anlehnung an die frühaufklärerische Bestimmung von Witz als dem Vermögen, entfernte Ähnlichkeiten zu finden, sieht Jean Paul darin die »Kraft zu *wissen*«, eine unbekannte Gewalt, die Ähnlichkeiten zwischen nicht zu vergleichenden Größen wie Geistes- und Körperwelt herstellt. Im § 43 heißt es, daß der Witz das »Verhältnis der Ähnlichkeit, d.h. teilweise Gleichheit, unter größere Ungleichheit versteckt« findet. Die Frühaufklärung begriff Witz eher als eine Leistung des scharfsinnigen Verstandes, und auch für Jean Paul existiert der »unbildliche Witz«, der nur mit dem Intellekt aufgelöst werden kann (z.B. die Antithese). Wichtiger aber ist ihm der »bildliche Witz«, an dem die Phantasie größten Anteil hat, und zu dessen Gattungen er z.B. Metapher und Allegorie oder das Wortspiel rechnet.

Jede Sache ist nur Zeichen, heißt es in § 49, in der Endlichkeit ist nichts absolut, aber alles hat Verweisungscharakter. Der Witz hat dabei die doppelte Funktion: einmal im willkürlich spielerischen Zusammenwürfeln der unähnlichsten Dinge die Sinn- und Wertlosigkeit der körperlichen Welt zu veranschaulichen (der Witz »achtet und verachtet nichts; alles ist ihm gleich, sobald es gleich und ähnlich wird«. § 54); und zweitens Seele und Körper, Geist und Materie zu verbinden und eine Ahnung von göttlichem Sinn in dem scheinbar Chaotischen und Heterogenen zu vermitteln (vgl. § 49). Die sich widersprechenden Aufgaben des Witzes spiegeln nur Jean Pauls eigenen Zwiespalt; doch die Hoffnung auf einen göttlichen Sinn ist stärker als die Zweifel daran.

Auch aus den Kapiteln über den Roman sollen hier nur die wesentlichen Gedanken wiedergegeben werden. »Das Unentbehrlichste am Roman ist das Romantische«, heißt es. Gerade das in der Wirklichkeit so spärlich vertretene Romantische, das über den spröden Alltag erhebe, müsse entgegen den üblichen Theorien (die nichts Erdichtetes im Roman zulassen wollten) die dargestellte Welt mit seinem Zauber überhöhen; nur so spreche der Roman den Menschen in seinem Innersten an.

Jean Paul gibt eine sehr eigenwillige Unterscheidung der Romane in drei Schulen: die italienische, die deutsche und die niederländische (§ 72). In der ersten Klasse (der italienischen Schule) »fodert und wählt der höhere Ton ein Erhöhen über die gemeinen Lebens-Tiefen«; weniger Individualität, höhere Standespersonen, idealische Schauplätze und schließlich große Leidenschaften kennzeichnen diesen Romantypus. Als Beispiele nennt er den ›Werther‹, Heinses ›Ardinghello‹, Rousseaus ›Nouvelle Héloise‹, Wielands ›Agathon‹ und schließlich seinen ›Titan‹.

Der deutsche Roman, im bürgerlichen Milieu spielend und dessen Probleme widerspiegelnd, ist ungleich schwerer zu »romantisieren«, d.h. »mit dem Abendrote des romantischen Himmels« zu überziehen als der italienische. Beispiele für diese Klasse sind insbesondere Jean Pauls ›Siebenkäs‹ und die ›Flegeljahre‹, »Goethens Meister zum Teil«, Sternes und Fieldings Werke usw. Die niederste Form des Romans bezeichnet er als die niederländische, wozu er etwa seine Idyllen vom ›Schulmeisterlein Wutz‹ und das ›Leben des Quintus Fixlein‹, Smollets Romane oder Johann Gottwerth Müllers ›Siegfried von Lindenberg‹ rechnet. Auch der niederländischen Schule spricht Jean Paul den künstlerischen Wert nicht ab, als auch sie am romantischen Geist teilhaben kann.

Im letzten seiner drei Kollegs, der ›Kantate-Vorlesung‹, greift Jean Paul noch einmal das spielerische Element der Poesie, des Witzes auf und setzt ihm den »ewigen Ernst«, der über das Spiel erreicht werden soll, entgegen. »Das Spielen der Poesie kann ihr und uns nur Werkzeug, niemals Endzweck sein.« Damit rückt Jean Paul deutlich von

Schillers Bestimmung der Kunst als zweckfreiem ästhetischen Spiel, dem interesselosen Schönen, ab.

Die Aufgabe der Dichtkunst in einer säkularisierten Zeit sei es, gegen den Zeitgeist zu wirken, der die Menschen »einseitig, kalt, abgesondert, unabhängig und unduldsam« mache.

Wenn die Welt- und Geschäft-Menschen täglich stärker den Erdgeschmack der Zeit annehmen müssen, in der sie leben: so bricht der Genius, wie der Nachtschmetterling, der sich unter der Erde entpuppet, mit unversehrten Flügeln aus den Schollen in die Lüfte auf. Ist einst keine Religion mehr und jeder Tempel der Gottheit verfallen oder ausgeleert – möge nie das Kind eines guten Vaters diese Zeit erleben! –: dann wird noch im Musentempel der Gottdienst gehalten werden.

(Kantate-Vorlesung)

2.1 Leben des vergnügten Schulmeisterlein Maria Wutz in Auenthal. Eine Art Idylle

Nur wenige Wochen, bevor Jean Paul seine heiter-wehmütige Lebensbeschreibung des Schulmeisterlein Wutz zu Papier brachte, hatte er eine so deutliche Vision seines eigenen Todes, daß er unter dem 15. November 1790 in sein Tagebuch schrieb:

Wichtigster Abend meines Lebens: denn ich empfand den Gedanken des Todes, daß es schlechterdings kein Unterschied ist, ob ich morgen oder in 30 Jahren sterbe, daß alle Plane und alles mir davonschwindet und daß ich die armen Menschen lieben soll, die sobald mit ihrem bisgen Leben niedersinken.

Ganz von dieser Liebe zu den »armen Menschen« getragen, die sich ihre kleinen Freuden erkämpfen müssen gegen alle äußeren Widrigkeiten, ist diese Beinahe-Idylle vom Schulmeisterlein Wutz; mit zarten Händen faßt Jean Paul sein Geschöpf und dessen Welt an, die satirischen Angriffe sind fast gänzlich aus seiner Erzählung verbannt.

Wie war dein Leben und Sterben so sanft und meerstille, du vergnügtes Schulmeisterlein Wutz! Der stille laue Himmel eines Nachsommers ging nicht mit Gewölk, sondern mit Duft um dein Leben herum: deine Epochen waren die Schwankungen und dein Sterben war das Umlegen einer Lilie, deren Blätter auf stehende Blumen flattern – und schon außer dem Grabe schliefest du sanft!

Gleich im ersten Absatz wird eine Atmosphäre des Sanften und Stillen, des friedlichen Eins-Sein mit der Natur, wie sie traditionell die Gattung der Idylle kennzeichnet, aufgebaut – aber das Vokabular täuscht. Jean Paul, der so eigenwillige Romane schrieb, hatte auch ganz eigene Vorstellungen von der Idylle entwickelt. In seiner ›Vorschule der Ästhetik‹ widmet er ihr ein ausführliches Kapitel: als »epische Darstellung des *Vollglücks* in der *Beschränkung*« definiert er die Gattung (§ 73), die bei ihm zu einer Nebenform des Romans wird. Von seinen eigenen Werken ordnet er dem Genre außer dem ›Wutz‹ das ›Leben des Quintus Fixlein‹ und das ›Leben Fibels‹ zu, das heißt: er verläßt die traditionelle Vorstellung der Idylle als eines miniaturhaften Weltausschnitts, eines Bildchens (was griechisch *eidyllion* bedeutet), und setzt statt dessen das Ganze eines Lebens, zumindest in Form einer Lebenshaltung.

Entschieden distanzierte sich Jean Paul in der ›Vorschule‹ von dem beliebtesten Idyllendichter des 18. Jahrhunderts, von Salomon Geßner (s. Bd. II), »in dessen unbestimmten duftigen Allgemeinheiten ... höchstens etwan Schaf und Bock aus den Wasserfarben auftauchen, aber die Menschen verschwimmen«. Das übliche Personal der Idylle aus Jägern, Hirten und Schäferinnen, die seit der Antike in der Gattung ihr unschuldig-natürliches Dasein führten, fand er schlichtweg langweilig. Er forderte für die Idylle eine deutliche Zeichnung des Orts, des Stands, des Charakters, die Einbettung in die bürgerliche Gesellschaft seiner Zeit; die Fiktion des geschichtslosen Goldenen Zeitalters, die der Gattung meist zur Darstellung ungetrübten Glücks diente, schien Jean Paul in einer Zeit hochentwickelten Geschichtsbewußtseins nicht mehr tragbar. An jedem Ort, in jedem Stand, zu allen möglichen Anlässen ließ sich der blaue Himmel der Idylle malen. Allerdings setzte auch Jean Paul voraus, daß große Leidenschaften und die »Gewalt der großen Staatsräder« ausgeschlossen blieben.

Die »Beschränkung in der Idylle«, die das »Vollglück« erst ermöglicht, bezog Jean Paul »bald auf die der Güter, bald der Einsichten, bald des Standes, bald aller zugleich«. Die Helden seiner Idyllen gehören alle dem Kleinbürgertum an, sind – Dorfschulmeister, mit Glücksgütern also nicht gesegnet, wie Jean Paul aus der eigenen Kindheit wohl wußte; hier den »Mißton des *Leidens* in Wohllaut« zu verwandeln, in die »Musik des *Freuens*« (›Vorschule‹), war sein besonderes Anliegen, konnte er damit doch seine eigene Biographie in Enge und Armut idyllisch verklären.

Nur positive Erinnerungen hat das Schulmeisterlein an seine Kindheit: das frühe Lesen-Lernen, das Zusammenarbeiten mit dem Vater, an dessen Stelle er den nachmittäglichen Kirchgängern die Postille von der Kanzel herab vorlas, wobei er heimlich eigene Ideen mitverwob; die harmlosen Phantasiespiele mit den Geschwistern in Haus und Garten, die ersten beglückenden Erfahrungen an der Orgel, zu deren Baßtastatur seine Beine noch nicht langten, und deren Register der Vater zog usw. An Stelle Jean Pauls, so möchte man meinen, erinnert sich Wutz, »wie sie in dem aus dem unabsehlichen Gewölbe des Universums herausgeschnittenen oder hineingebauten Klosett ihrer Stube so beschirmet waren, so warm, so satt, so wohl ...« Und da sich Wutz seine kindliche Seele auch als Erwachsener erhält, kann ihm »der sinnliche Freudendünger die höhere Sonne vergüten« (an Karl Philipp Moritz am 6. 7. 1792). Sein naturhaftes Sein, auf das das Eingangsbild der Lilie hinweist, läßt ihn das Leben *ganz* genießen, erspart ihm die Leiden eines höheren, kritischen Bewußtseins.

Daß schon dieses »Kindheit-Kanaan«, das sich der alte Wutz alle Jahre in Erinnerung ruft, nicht ganz ungefährdet war, verrät sich wie nebenbei. Da heißt es, daß Wutz sich darauf besann, »wie er sonst abends sich aufs Zuketten der Fensterläden freute, weil er nun ganz gesichert vor allem in der lichten Stube hockte, daher er nicht gern lange in die von abspiegelnden Fensterscheiben über die Läden hinausgelagerte Stube hineinsah«. Sobald sich die festen Grenzen der Nest-Stube verwischten, das Drinnen nach draußen gespiegelt wurde, mochte die Phantasie fremde bedrohliche Welten imaginieren, die dem Kind Angst machten; daher duldete es nicht gern lange diese erschreckende Projektion der Stube und seines Ichs ins Weite. Die Beschränkung, die sich Wutz auferlegen muß, um glücklich und zufrieden mit sich und der Welt zu bleiben, ist räumlich und geistig zu sehen: Nur im Jetzt und Hier seines »umzäunten Gartenlebens« (›Vorschule‹ § 73) hatte er sich einzurichten, über seine kleine Welt durfte er nicht hinausblicken.

In Jean Pauls Idylle vom ›Leben des Quintus Fixlein‹ steht der berühmt gewordene Absatz über die drei verschiedenen Wege, »glücklicher (nicht glücklich) zu leben«.

Der erste, der in die Höhe geht, ist: so weit über das Gewölke des Lebens hinauszudringen, daß man die ganze äußere Welt mit ihren Wolfsgruben, Beinhäusern und Gewitterableitern von weitem unter seinen Füßen nur wie ein eingeschrumpftes Kindergärtchen liegen sieht. – Der zweite ist: gerade herabzufallen ins Gärtchen und da sich so einheimisch in eine Furche einzunisten, daß, wenn man aus seinem warmen Lerchennest heraussieht, man ebenfalls keine Wolfsgruben, Beinhäuser und Stangen, sondern nur Ähren erblickt, deren jede für den Nestvogel ein Baum und ein Sonnen- und Regenschirm ist. – Der dritte endlich – den ich für den schwersten und klügsten halte – ist der: mit den beiden andern zu wechseln.

Das Bild des Fliegens, das über das »Gewölke des Lebens« hinausweist, taucht in Jean Pauls Werk immer wieder auf: Es symbolisiert ein Sich-Lösen von dem Kerker-Dasein auf Erden, ein Frei-Werden der Seele, die sich in die Sphäre der hohen Ideale aufschwingt. Albano, der Held des ›Titan‹, auch Walt, der empfindsame Träumer und Poet aus den ›Flegeljahren‹, besitzen diese Fähigkeit, mit dem Reichtum der inneren Welt die äußere gewissermaßen zu verwandeln.

Das Schulmeisterlein Wutz hat sich für den zweiten Weg zum Glück entschieden: das Einnisten im Kindergärtchen; aus seinem Blickwinkel nimmt er nur das Freundliche und Nützliche seiner kleinen Welt wahr, das Böse dagegen kann und will er nicht sehen. Der Dichter selbst wechselt ständig zwischen den beiden Haltungen, er versucht das Schwerste: die Extreme in sich zu vereinen und die Spannung der Gegensätze zu ertragen.

Bemerkenswert ist das Weltbild, das Jean Paul in dem obigen Textausschnitt entwirft: Wolfsgruben, Beinhäuser, Gewitterableiter stehen für die Wirklichkeit des Lebens, das heißt: die Menschen sind sich feind (*homo homini lupus* – der Mensch ist des Menschen Wolf –, hieß es bei Thomas Hobbes); der Tod definiert das Leben; mit Blitzableitern versuchen die Menschen, sich gegen die Einbrüche des Schicksals zu schützen. Eine resignative Bilanz! Rettung, also Wege zu relativem Glück bieten in solcher Welt nur Flucht in die Idylle, das Augenschließen vor der Realität, oder Flucht in den idealischen Traum und Verachtung der irdischen Nichtigkeit.

Kindheit und Jugend des Maria Wutz erzählt Jean Paul, behaglich im Großvaterstuhl zurückgelehnt, seinen »Freunden«; dazwischen schiebt er eine Sonderlichkeit seines Helden, vorgreifend auf dessen Erwachsenenjahre: Das Schulmeisterlein schreibt sich seine Bücher, da er sie nicht kaufen kann, selbst. Allein den Messekatalog legt er sich zu, damit er die Neuerscheinungen erfährt; dann beginnt seine Feierabendlust, sich Lavaters ›Physiognomische Fragmente‹, Cooks Reisen, Leibnizens Philosophie, Rousseaus Bekenntnisse, Schillers ›Räuber‹, Kants ›Kritik der reinen Vernunft‹ usw. auszudenken.

... da er einige Jahre sein Bücherbrett auf diese Art voll geschrieben und durchstudiert hatte, so nahm er die Meinung an, seine Schreibbücher wären eigentlich die kanonischen Urkunden, und die gedruckten wären bloße Nachstiche seiner geschriebnen; nur das, klagt' er, könn' er – und böten die Leute ihm Balleien [Ritterordens-Bezirke] dafür an – nicht herauskriegen, wienach und warum der Buchführer das Gedruckte allzeit so sehr verfälsche und umsetze, daß man wahrhaftig schwören sollte, das Gedruckte und das Geschriebne hätten doppelte Verfasser, wüßte man es nicht sonst.

Hinter Wutz' schrulliger Gewohnheit steckt nicht nur der chronische Geldmangel des armen Dorflehrers, sondern das Bedürfnis, sich auch seine Bibliothek nach seinem heiteren und einfältigen Wesen zu gestalten. Dazu konnte er die Illusion pflegen, am aktuellen kulturellen Geschehen teilzuhaben und genialer zu sein als die Genies seiner Zeit. Noch ist sein Wahn zu belächeln, sein Wunsch, die Realität sich anzupassen (und nicht umgekehrt), ein harmloses Vergnügen. Doch dieses Verdrehen der Wirklichkeit wird schließlich in Jean Pauls Idylle vom ›Leben Fibels‹ problematisch, da der ehrgeizige Fibel, der ein lächerliches ABC-Buch verfaßt, sich ernsthaft literarischen Ruhm einbildet und diese Täuschung braucht. Aber noch ist der parodistisch-satirische Ton ausgeklammert, will Jean Paul seinen Wutz, der so viel seines eigenen Wesens spiegelt, liebevoll bewahren.

Freilich du, mein Wutz, kannst Werthers Freuden aufsetzen, da allemal deine äußere und deine innere Welt sich wie zwei Muschelschalen aneinander löten und dich als ihr Schaltier einfassen; aber bei uns armen Schelmen, die wir hier am Ofen sitzen, ist die Außenwelt selten der Ripienist und Chorist unsrer innern fröhlichen Stimmung ...

[Der Ripienist ist ein Musiker oder Sänger, der nur die Füllstimme zu übernehmen hat.]

Wehmütig, neidvoll und etwas ironisch stellt Jean Paul die glückliche Existenz seines Wutz aus der Übereinstimmung von innerer und äußerer Welt fest; für ihn, den »armen Schelm«, steht dagegen die Realität meist im krassen Widerspruch zur inneren Fröhlichkeit, und deshalb – so ließe sich weiter argumentieren – muß er sich entweder ganz auf sein Inneres zurückziehen oder aber in die spöttische Distanz des Humoristen gehen. Für Jean Paul war ein zufriedenes, menschliches, freies Leben in den politisch-sozialen Verhältnissen, die er vorfand, nicht möglich; die Sehnsucht danach wird sowohl in seinen Idyllen spürbar wie in jenen erhabenen Augenblicken, in denen die überfließende empfindsame Seele sich in göttliche Nähe erhebt und die »höhere Sonne«, die ihm die irdische Welt zur Brandstätte macht, ahnen läßt.

Das Leiden des wissenden Dichters bringt auch in die Idylle seines Schulmeisterleins jene Untertöne ein, die Wutz' Lebenskunst, »stets fröhlich zu sein«, überhaupt erträglich machen; seine Welt- und Gesellschaftskritik bildet den Rahmen für Wutzens Paradies. Zum Beispiel heißt es, für den Internatsschüler Wutz sei es eine »herkulische Arbeit« gewesen, sich für seine Schulzeit das glückliche Gemüt zu bewahren, denn die protestantische Fürstenschule glich eher einem »Präservations-Zuchthaus«, in dem die Gelübde des Gehorsams und der Armut die hungerleidenden und moralisch geknuteten Zöglinge so entkräfteten, daß das Gebot der Keuschheit sich von selbst erfüllte. Der kritisch-ironische Kommentar des Erzählers ist hier deutlich vernehmbar ausgefallen:

Zu wichtigen Ämtern muß der Staatsbürger erst gehänselt werden. Verdient denn aber bloß der katholische Novize zum Mönch geprügelt, oder ein elender Ladenjunge in Bremen zum Kaufmannsdiener geräuchert, oder ein sittenloser Südamerikaner zum Kaziken durch beides und durch mehre, in meinen Exzerpten stehende Qualen appretiert und sublimiert zu werden? Ist ein lutherischer Pfarrer nicht ebenso wichtig, und sind seiner künftigen Bestimmung nicht ebensogut solche übende Martern nötig? Zum Glück hat er sie ...

An solchen Stellen droht sich die Idylle in ihr Gegenteil zu verkehren; das realistische Moment, das Jean Paul in seiner Theorie anmahnt, ist damit zur Genüge eingebracht. Leicht ironisch, gelegentlich auch satirisch gefärbte Sozialkritik begleitet die Idylle, die aber nie – wie etwa Heinrich Voß' Idyllentrilogie ›Die Leibeigenschaft‹ (s. Bd. II) – offen und aggressiv anklagt. Daß Jean Paul jedoch als Verherrlicher kleinstädtischer Beschränktheit und Selbstzufriedenheit mißverstanden werden konnte, nur weil er zuweilen bewußt eine Pose häuslich-behaglichen Winkelglücks einnimmt, ist kaum nachvollziehbar.

Die Knechtigung, die Qualen am Alumneum (Internat) hat Jean Paul auch deshalb so breit ausgeführt, weil er Wutz' Tapferkeit und Kraft, sich dennoch zu behaupten, um so schöner herausstellen konnte. Die fast gewaltsame Freuens-Strategie, die Wutz in seinem äußeren Elend entwickeln muß, spricht der lieblich-tändelnden Idylle eines Salomon Geßner Hohn:

Bloß dem Schulmeisterlein hatte diese Kreuzschule wenig an; den ganzen Tag freuete er sich auf oder über etwas. »Vor dem Aufstehen«, sagt' er, »freu' ich mich auf das Frühstück, den ganzen Vormittag aufs Mittagessen, zur Vesperzeit aufs Vesperbrot und abends aufs Nachtbrot – und so hat der Alumnus [Zögling] Wutz sich stets auf etwas zu spitzen.« Trank er tief, so sagt' er: »Das hat meinem Wutz geschmeckt« und strich sich den Magen. Niesete er, so sagte er: »Helf dir Gott, Wutz!« – Im fieberfrostigen Novemberwetter letzte er sich auf der Gasse mit der Vormalung des warmen Ofens und mit der närrischen Freude, daß er eine Hand um die andre unter seinem Mantel wie zu Hause stecken hatte. War der Tag gar zu toll und windig – es gibt für uns Wichte solche Hatztage, wo die ganze Erde ein Hatzhaus ist und wo die Plagen wie spaßhaft gehende Wasserkünste uns bei jedem Schritte ansprützen und einfeuchten –, so war das Meisterlein so pfiffig, daß es sich unter das Wetter hinsetzte und sich nichts darum schor; es war nicht Ergebung, die das *unvermeidliche* Übel aufnimmt, nicht Abhärtung, die das *ungefühlte* trägt, nicht Philosophie, die das *verdünnte* verdauet, oder Religion, die das *belohnte* verwindet: sondern der Gedanke ans warme Bett wars. »Abends«, dacht' er, »lieg' ich auf alle Fälle, sie mögen mich den ganzen Tag zwicken und hetzen, wie sie wollen, unter meiner warmen Zudeck und drücke die Nase ruhig ans Kopfkissen, acht Stunden lang.« – Und kroch er endlich in der letzten Stunde eines solchen Leidentages unter sein Oberbett: so schüttelte er sich darin, krempte sich mit den Knien bis an den Nabel zusammen und sagte zu sich: »Siehst du, Wutz, es ist doch vorbei.«

Höhepunkt in der Wutzischen Lebensbahn wird seine erste Liebe und die Wartefrist bis zur Hochzeit. Zwischen dem 13. Mai, wo er vom Schüler des Alumneums zum Lehrer aufsteigt, und dem 9. Julius, wo er seine Justel, die er auf einer Tanzerei in der Stube seines Vaters kennengelernt hat, zum Traualtar führt, lebt das Schulmeisterlein im Elysium; die Freuden des Verliebt-Seins und die Vorfreude auf die Hochzeit genießerisch auszukosten, setzt er seine ganze List und Phantasie dran. Der Erzähler kann hier seine poetische Darstellungsgabe beweisen: es gelingt ihm tatsächlich, die Hochstimmung über viele Seiten zu halten, die »Musik des Freuens« immer höher und zarter zu steigern, ohne daß die süße Empfindung ungenießbar würde oder langweilig.

Für keinen Sterblichen fällt ein solches goldnes Alter von acht Wochen wieder vom Himmel, bloß für das Meisterlein funkelte der ganze niedergetauete Himmel auf *gestirnten* Auen der Erde. – Du wiegtest im Äther dich und sahest durch die durchsichtige Erde dich rund mit Himmel und Sonnen umzogen und hattest keine Schwere mehr; aber uns Alumnen der Natur fallen nie acht solche Wochen zu, nicht eine, kaum *ein* ganzer Tag, wo der Himmel *über* und *in* uns sein reines Blau mit nichts bemalt als mit Abend- und Morgenrot – wo wir über das Leben wegfliegen und alles uns hebt wie ein freudiger Traum – wo der unbändige stürzende Strom der Dinge uns nicht auf seinen Katarakten und Strudeln zerstößet und schüttelt und rädert, sondern auf blinkenden Wellen uns wiegt und unter hineingebognen Blumen vorüberträgt – ein Tag, zu dem wir den Bruder vergeblich unter den verlebten suchen und von dem wir am Ende jedes andern klagen: seit ihm war keiner wieder so.

Es wird uns allen sanft tun, wenn ich diese acht Wonne-Wochen oder zwei Wonne-Monate weitläufig beschreibe. Sie bestanden aus lauter ähnlichen Tagen. Keine einzige Wolke zog hinter den Häusern herauf . . .

Mit großem Vergnügen malt Jean Paul die Begabung seines Helden aus, auch die unscheinbarsten Dinge wie ein beschienenes Fenster, die gefegte Stube oder die Aussicht auf den Bodensatz des Kommunionweins sich zum Fest werden zu lassen. Und wie der Bräutigam die süße Geschäftigkeit der Hochzeitsvorbereitungen genießt, die Morgenstunden vor der Vermählung, Minute für Minute, ausschöpft, um sich die Himmelfahrt seines Herzens so weit wie möglich auszudehnen! Mit zitierten Ausschnitten kann der besondere Reiz des Jean Paulschen Textes nicht wiedergegeben werden, und zum vollständigen Zitieren ist er zu lang – so bleibt nur, ihn selbst zu lesen . . .

Wie sehr Jean Paul das kleinbürgerliche Milieu, aus dem er stammte, liebevoll respektierte und zugleich verachtete, zeigt die auffallende Identifikation mit seinem Helden, den er mit Stolz und Bewunderung zeichnete, den er aber auch aus einer Position der Überlegenheit immer wieder ein wenig lächerlich machen mußte.

. . . aber warum macht doch mir und vielleicht euch dieses schulmeisterlich vergnügte Herz so viel Freude? – Ach, liegt es vielleicht daran, daß wir selber sie nie so voll bekommen, weil der Gedanke der Erden-Eitelkeit auf uns liegt und unsern Atem drückt und weil wir die schwarze Gottesacker-Erde unter den Rasen- und Blumenstücken schon gesehen haben, auf denen das Meisterlein sein Leben verhüpft? –

Eine sehr merkwürdige Färbung gibt Jean Paul der Lebensbeschreibung des Wutz, wenn er nach der Hochzeit des Schulmeisters nur noch sein Sterben erzählt – also die 43 eigentlichen Jahre des Ehe- und Berufslebens einfach übergeht. Heißt das, diese Zeit der Erfüllung und Bewährung, der große Bogen des Lebens sei kein Thema für die Idylle wie Kindheit, Jugend und erste Liebe? Für Jean Paul jedenfalls ist es typisch, daß er am Verweilen in der Normalität eines tätigen Lebens wenig Interesse hat; er gilt als der Dichter der Jünglingsträume, der Sehnsüchte – nicht der Erfüllung.

Am Sterbebett seines Helden ist der Dichter wieder ganz präsent: Mit innigem Verständnis nimmt er an Wutzens letztem kleinen Glück teil, sich in die Kinderjahre zurückzuversetzen. Auf seinem Bett hat der Alte seinen sorgsam gehüteten Schatz an Erinnerungsstücken ausgebreitet – ein grün-taftnes Häubchen, eine »mit abgegriffenen Goldflitterchen überpichte Kinderpeitsche«, den kleinen Zinnfingerring seiner vierjährigen Braut usw. Einfühlsam, mit Ernst schildert der Dichter die einfachen Dinge in ihrem besonderen Wert für den Todkranken, gewährt er ihm eine letzte Nachfreude. Am Bett des Sterbenden bleibt er sitzen und begleitet den Freund in den Tod.

Um 11 1/2 Uhr nachts kamen Wutzens zwei besten *Jugendfreunde* noch einmal vor sein Bette, der Schlaf und der Traum, um von ihm gleichsam Abschied zu nehmen. Oder bleibt ihr länger, und seid ihr zwei Menschenfreunde es vielleicht, die ihr den ermordeten Menschen aus den blutigen Händen des Todes holet und auf eueren wiegenden Armen durch die kalten unterirdischen Höhlungen mütterlich traget ins helle Land hin, wo ihn eine neue Morgensonne und neue Morgenblumen in waches Leben hauchen? –

Genau an seinem Hochzeitstag, mit dem aufgehenden Tag, wie er sich's gewünscht hatte, stirbt das Schulmeisterlein. Nur einen kurzen Augenblick überkommt den anteilnehmenden Beobachter des Todes die Schauervision der »in einem Strom von Moder sich in den Abgrund« hinabbröckelnden Welt, dann ist er wieder ruhig, kann das Sterben als erhabenen Augenblick wahrnehmen und darstellen. – Immer wieder beschrieb Jean Paul den Tod, der ihm so früh seinen Vater, den Bruder, zwei wichtige Freunde der Jugend entriß, um sich den schmerzlichen Verlust der geliebten Menschen von der Seele zu schreiben. Daß er den Tod in dieser Eindringlichkeit und Breite hineingeholt hat in seine Idylle, macht die grundsätzliche Begrenztheit allen menschlichen Glücks sinnfällig.

Jean Pauls Idylle vom ›Leben des vergnügten Schulmeisterlein Maria Wutz in Auenthal‹ erschien 1793 als Anhang zu seinem Roman ›Die unsichtbare Loge‹; sie wurde eines der beliebtesten Werke des Dichters, erlebte im 19. Jahrhundert viele Einzelauflagen und wurde in mehrere Sprachen übersetzt.

2.2 Aus dem Roman ›Siebenkäs‹: ›Rede des toten Christus vom Weltgebäude herab, daß kein Gott sei‹

Kaum ein Text Jean Pauls ist so berühmt geworden wie seine ›Rede des toten Christus‹, die er als »Erstes Blumenstück« in seinen Roman ›Siebenkäs‹ (1796/97) einfügte. Den Dichter hat das Thema des Atheismus, die Vision einer gottlosen und damit sinnlosen Welt immer wieder beschäftigt. In einer früheren Fassung hatte er den »Aufsatz« für seinen Satirenband ›Baierische Kreuzerkomödie‹ geplant, der allerdings nicht gedruckt wurde. Mehrere Umarbeitungen nahm er vor, bis dieser Alptraum von der abgründigen Leere und Verlorenheit, in die der Atheismus nach Jean Paul den Menschen stürzt, in der folgenden Fassung endgültige Gestalt hatte.

Ich lag einmal an einem Sommerabende vor der Sonne auf einem Berge und entschlief. Da träumte mir, ich erwachte auf dem Gottesacker. Die abrollenden Räder der Turmuhr, die eilf Uhr schlug, hatten mich erweckt. Ich suchte im ausgeleerten Nachthimmel die Sonne, weil ich glaubte, eine Sonnenfinsternis verhülle sie mit dem Mond. Alle Gräber waren aufgetan, und die eisernen Türen des Gebeinhauses gingen unter unsichtbaren Händen auf und zu. An den Mauern flogen Schatten, die niemand warf, und andere Schatten gingen aufrecht in der bloßen Luft. In den offenen Särgen schlief nichts mehr als die Kinder. Am Himmel hing in großen Falten bloß ein grauer schwüler Nebel, den ein Riesenschatte wie ein Netz immer näher, enger und heißer herein zog. Über mir hört’ ich den fernen Fall der Lauwinen, unter mir den ersten Tritt eines unermeßlichen Erdbebens. Die Kirche schwankte auf und nieder von zwei unaufhörlichen Mißtönen, die in ihr miteinander kämpften und vergeblich zu einem Wohllaut zusammenfließen wollten. Zuweilen hüpfte an ihren Fenstern ein grauer Schimmer hinan, und unter dem Schimmer lief das Blei und Eisen zerschmolzen nieder. Das Netz des Nebels und die schwankende Erde rückten mich in den Tempel, vor dessen Tore in zwei Gift-Hecken zwei Basilisken funkelnd brüteten. Ich ging durch unbekannte Schatten, denen alte Jahrhunderte aufgedrückt waren. – Alle Schatten standen um den Altar, und allen zitterte und schlug statt des Herzens die Brust. Nur ein Toter, der erst in die Kirche begraben worden, lag noch auf seinen Kissen ohne eine zitternde Brust, und auf seinem lächelnden Angesicht stand ein glücklicher Traum. Aber da ein Lebendiger hineintrat, erwachte er und lächelte nicht mehr, er schlug mühsam ziehend das schwere Augenlid auf, aber innen lag kein Auge, und in der schlagenden Brust war statt des Herzens eine Wunde. Er hob die Hände empor und faltete sie zu einem Gebete; aber die Arme verlängerten sich und löseten sich ab, und die Hände fielen gefaltet hinweg. Oben am Kirchengewölbe stand das Zifferblatt der *Ewigkeit*, auf dem keine Zahl erschien und das sein eigner Zeiger war; nur ein schwarzer Finger zeigte darauf, und die Toten wollten die *Zeit* darauf sehen.

Jetzo sank eine hohe edle Gestalt mit einem unvergänglichen Schmerz aus der Höhe auf den Altar hernieder, und alle Toten riefen: »Christus! ist kein Gott?«

Er antwortete: »Es ist keiner.«

Der ganze Schatten jedes Toten erbebte, nicht bloß die Brust allein, und einer um den andern wurde durch das Zittern zertrennt.

Christus fuhr fort: »Ich ging durch die Welten, ich stieg in die Sonnen und flog mit den Milchstraßen durch die Wüsten des Himmels; aber es ist kein Gott. Ich stieg herab, soweit das Sein seine Schatten wirft, und schauete in den Abgrund und rief: ›Vater, wo bist du?‹ aber ich hörte nur den ewigen Sturm, den niemand regiert, und der schimmernde Regenbogen aus Wesen stand ohne eine Sonne, die ihn schuf, über dem Abgrunde und tropfte hinunter. Und als ich aufblickte zur unermeßlichen Welt nach dem göttlichen *Auge*, starrte sie mich mit einer leeren bodenlosen *Augenhöhle* an; und die Ewigkeit lag auf dem Chaos und zernagte es und wiederkäuete sich. – Schreiet fort, Mißtöne, zerschreit die Schatten; denn Er ist nicht!«

Die entfärbten Schatten zerflatterten, wie weißer Dunst, den der Frost gestaltet, im warmen Hauche zerrinnt; und alles wurde leer. Da kamen, schrecklich für das Herz, die gestorbenen Kinder, die im Gottesacker erwacht waren, in den Tempel und warfen sich vor die hohe Gestalt am Altare und sagten: »Jesus! haben wir keinen Vater?« – Und er antwortete mit strömenden Tränen: »Wir sind alle Waisen, ich und ihr, wir sind ohne Vater.«

Da kreischten die Mißtöne heftiger – die zitternden Tempelmauern rückten auseinander – und der Tempel und die Kinder sanken unter – und die ganze Erde und die Sonne sanken nach – und das ganze Weltgebäude sank mit seiner Unermeßlichkeit vor uns vorbei – und oben am Gipfel der unermeßlichen Natur stand Christus und schauete in das mit tausend Sonnen durchbrochne Weltgebäude herab, gleichsam in das in die ewige Nacht gewühlte Bergwerk, in dem die Sonnen wie Grubenlichter und die Milchstraßen wie Silberadern gehen.

Und als Christus das reibende Gedränge der Welten, den Fackeltanz der himmlischen Irrlichter und die Korallenbänke schlagender Herzen sah, und als er sah, wie eine Weltkugel um die andere ihre glimmenden Seelen auf das Totenmeer ausschüttete, wie eine Wasserkugel schwimmende Lichter auf die Wellen streuet: so hob er groß wie der höchste Endliche die Augen empor gegen das Nichts und gegen die leere Unermeßlichkeit und sagte: »Starres, stummes Nichts! Kalte, ewige Notwendigkeit! Wahnsinniger Zufall! Kennt ihr das unter euch? Wann zerschlagt ihr das Gebäude und mich? – Zufall, weißt du selber, wenn du mit Orkanen durch das Sternen-Schneegestöber schreitest und eine Sonne um die andere auswehest, und wenn der funkelnde Tau der Gestirne ausblinkt, indem du vorübergehest? – Wie ist jeder so allein in der weiten Leichengruft des Alles! Ich bin nur neben mir – O Vater! o Vater! wo ist deine unendliche Brust, daß ich an ihr ruhe? – Ach wenn jedes Ich sein eigner Vater und Schöpfer ist, warum kann es nicht auch sein eigner Würgengel sein? . . .

Ist das neben mir noch ein Mensch? Du Armer! Euer kleines Leben ist der Seufzer der Natur oder nur sein Echo – ein Hohlspiegel wirft seine Strahlen in die Staubwolken aus Totenasche auf euere Erde hinab, und dann entsteht ihr bewölkten, wankenden Bilder. – Schaue hinunter in den Abgrund, über welchen Aschenwolken ziehen – Nebel voll Welten steigen aus dem Totenmeer, die Zukunft ist ein steigender Nebel, und die Gegenwart ist der fallende. – Erkennst du deine Erde?«

Hier schauete Christus hinab, und sein Auge wurde voll Tränen, und er sagte: »Ach, ich war sonst auf ihr: da war ich noch glücklich, da hatt' ich noch meinen unendlichen Vater und blickte noch froh von den Bergen in den unermeßlichen Himmel und drückte die durchstochne Brust an sein linderndes Bild und sagte noch im herben Tode: ›Vater, ziehe deinen Sohn aus der blutenden Hülle und heb ihn an dein Herz!‹ ... Ach ihr überglücklichen Erdenbewohner, ihr glaubt *Ihn* noch. Vielleicht gehet jetzt euere Sonne unter, und ihr fallet unter Blüten, Glanz und Tränen auf die Knie und hebet die seligen Hände empor und rufet unter tausend Freudentränen zum aufgeschlossenen Himmel hinauf: ›auch mich kennst du, Unendlicher, und alle meine Wunden, und nach dem Tode empfängst du mich und schließest sie alle.‹ ... Ihr Unglücklichen, nach dem Tode werden sie nicht geschlossen. Wenn der Jammervolle sich mit wundem Rücken in die Erde legt, um einem schönern Morgen voll Wahrheit, voll Tugend und Freude entgegenzuschlummern: so erwacht er im stürmischen Chaos, in der ewigen Mitternacht – und es kommt kein Morgen und keine heilende Hand und kein unendlicher Vater! – Sterblicher neben mir, wenn du noch lebst, so bete Ihn an: sonst hast du Ihn auf ewig verloren.«

Und als ich niederfiel und ins leuchtende Weltgebäude blickte: sah ich die emporgehobenen Ringe der Riesenschlange der Ewigkeit, die sich um das Welten-All gelagert hatte – und die Ringe fielen nieder, und sie umfaßte das All doppelt – dann wand sie sich tausendfach um die Natur – und quetschte die Welten aneinander – und drückte zermalmend den unendlichen Tempel zu einer Gottesacker-Kirche zusammen – und alles wurde eng, düster, bang – und ein unermeßlich ausgedehnter Glockenhammer sollte die letzte Stunde der Zeit schlagen und das Weltgebäude zersplittern ... als ich erwachte.

Meine Seele weinte vor Freude, daß sie wieder Gott anbeten konnte – und die Freude und das Weinen und der Glaube an ihn waren das Gebet. Und als ich aufstand, glimmte die Sonne tief hinter den vollen purpurnen Kornähren und warf friedlich den Widerschein ihres Abendrotes dem kleinen Monde zu, der ohne eine Aurora im Morgen aufstieg; und zwischen dem Himmel und der Erde streckte eine frohe vergängliche Welt ihre kurzen Flügel aus und lebte, wie ich, vor dem unendlichen Vater; und von der ganzen Natur um mich flossen friedliche Töne aus, wie von fernen Abendglocken.

Jean Paul hat die dichterische Gestaltung des Unglaubens in ein Bekenntnis des Glaubens eingebettet; nur mit dieser Absicherung, scheint es, konnte er sich an solche gefährlichen Abgründe heranwagen. Der Traum schließt mit der Gewißheit, in der Liebe des unendlichen Vaters geborgen zu sein, und mit der Freude, den Glauben nicht verloren zu haben. In solchem Bewußtsein wird die Welt wieder als Harmonie wahrgenommen, kann auch ihre Vergänglichkeit froh akzeptiert werden.

Auch in seinem (hier nicht mitabgedruckten) »Vorbericht« hat sich Jean Paul zur Unsterblichkeit der Seele und zur Gottheit bekannt, um der aufrührerischen Kühnheit seiner Dichtung die Spitze zu nehmen. Als Anmerkung gleich zur Überschrift schrieb er:

Wenn einmal mein Herz so unglücklich und ausgestorben wäre, daß in ihm alle Gefühle, die das Dasein Gottes bejahen, zerstöret wären; so würd' ich mich mit diesem meinem Aufsatz erschüttern und – er würde mich heilen und mir meine Gefühle wiedergeben.

Jean Paul hebt die positiv erschütternde Kraft des »Vernichtungstraums« hervor und distanziert sich gleichzeitig von dem Bekenntnis zum Nihilismus, als das er mißverstanden werden könnte. Denn das metaphorisch mitgeteilte Entsetzen wirkt in der Tat so viel eindringlicher, überzeugender als das Glück des wiedergefundenen Glaubens des Erwachten, daß sich der Eindruck höchster innerer Beteiligung aufdrängt.

Das Thema der ›Rede des toten Christus‹ zeigt, wie sehr Jean Paul noch von der Aufklärung geprägt war, zu deren zentralen Anliegen die Suche nach Gott in einer rational erklärten Welt gehörte. Der philosophisch-kritische Verstand hat keinen Zugang zur religiösen Offenbarung, die nur geglaubt werden kann, aber nicht bewiesen. Für den Pfarrerssohn Jean Paul, der sich schon als Gymnasiast mit der modernen Theologie und der Philosophie seiner Zeit beschäftigt hatte, war die Frage nach dem Wert theologischer Wahrheiten von brennender Aktualität; auf poetischem Wege versuchte er, sich über die Vorstellung einer Welt klar zu werden, aus der Gott entfernt wurde.

Viele Jahre lang hatte sich der Dichter mit seinem Glauben auseinandergesetzt, ihn wohl auch zeitweilig bekämpft, bis er schließlich wie in einem Gewaltakt gegen alle Herausforderung durch den Rationalismus sich zu seinem »Kinderglauben« durchrang. Ohne Gott und die Liebe, die den Menschen unsterblich macht und mit Gott verbindet, hatte für Jean Paul das Leben keinen Sinn und das Universum weder Einheit noch Bestand.

Niemand ist im All so sehr allein als ein Gottesleugner – er trauert mit einem verwaiseten Herzen, das den größten Vater verloren, neben dem unermeßlichen Leichnam der Natur, den kein Weltgeist regt und zusammenhält, und der im Grabe wächset; und er trauert so lange, bis er sich selber abbröckelt von der Leiche.

(Vorbericht)

Damit ist der Grundton des eigentlichen Hauptstücks schon angeschlagen: Fehlt die Mitte des Glaubens, stürzt das ganze Weltgebäude ins Nichts zusammen, bleibt dem Menschen nur die Verzweiflung.

In großartigen Bildern entwirft Jean Paul seine Angstvision des Nichts: Der unermeßliche Kosmos mit seinen Milchstraßen und Sonnensystemen wird von einem gewaltigen Erdbeben ins Wanken gebracht und, wie von einer Macht getrieben, stürzt er in die Tiefe. Eine leere bodenlose Augenhöhle starrt; unsägliche Mißtöne zerschreien die Schatten der Toten; eine Uhr ohne Zeiger verweist gespenstisch auf die Ewigkeit von Chaos und Zufall, die sich sinnlos selber wiederkäut.

In der Fassung, die in der ›Baierischen Kreuzerkomödie‹ stehen sollte, ließ Jean Paul den toten Shakespeare die verzweifelte Erkenntnis, daß kein Gott sei, verkünden. Daß die vernichtende Botschaft von Christus selbst ausgesprochen wird, der Gottessohn sein ganzes Leiden, seinen Opfertod damit als vergeblich anklagt, gibt dem Text höchste Brisanz. Der ganze Traum wirkt wie eine Parodie auf Bibel und Predigt, die christlichen Verheißungen werden verkehrt in ihr Gegenteil: Christus am Altar verkündigt den Nicht-Glauben, die Nicht-Existenz Gottes, die Nicht-Auferstehung der Toten; selbst den unschuldigen Kindern muß er ihr gänzliches Verlassen-Sein sagen – in Umkehrung der biblischen Verheißung und Segnung (nach Markus 10. 13–16): »Lasset die Kindlein zu mir kommen . . .« Während die Toten auf der Uhr am Kirchengewölbe die Zeit sehen wollen, die sich erfüllen soll am Jüngsten Tag, zeigt das Zifferblatt nur das unbegrenzte Nichts.

Zu einem hohen Klagelied der Einsamkeit steigert sich die ›Rede des toten Christus‹: »Wie ist jeder so allein in der weiten Leichengruft des Alles! Ich bin nur neben mir – O Vater! o Vater! wo ist deine unendliche Brust, daß ich an ihr ruhe? – Ach wenn jedes Ich sein eigner Vater und Schöpfer ist, warum kann es nicht auch sein eigner Würgengel sein?« Der seit der Renaissance, aber verstärkt durch die Aufklärungsideen des 18. Jahrhunderts, zum Ich erwachte Mensch bekannte sich zwar stolz zu Vernunft und Freiheit des Geistes, hatte aber den Halt verloren, den die alte christliche Weltordnung dem Menschen der Barockzeit noch sicherte. In seiner Hybris maßte er sich wie Prometheus an, Schöpfer seiner selbst und seiner Welt zu sein und Gottes nicht mehr zu bedürfen. Sich selbst setzen kann das Ich nach Fichtes Lehre, sich selbst auflösen, d.h. sein »eigner Würgengel« sein, dagegen nicht.

Erst in einer Zeit, die die Kraft der unendlichen Phantasie beschwor (wie es die Romantiker taten), war es möglich, solche Abgründe menschlicher Existenz zu entwerfen wie Jean Pauls Dichtung: Der gesamte Spiel-Raum der Phantasie wurde ausgelotet, und der totale Nihilismus wurde ebenso erprobt wie der gottselige Flug in den Himmel.

Die berühmte französische Schriftstellerin Madame de Staël nahm Jean Pauls Prosastück als *très-bizarre* in ihr Buch über Deutschland (1810) auf; danach erschien es rasch in vielen anderen europäischen Sprachen. Was bei Jean Paul noch Imagination blieb, gewagter Traum eines »Bekenntnisses zum Nichts«, wurde wenig später bei Büchner als Wirklichkeit dargestellt.

Einführung

In seinem produktivsten Jahrzehnt, zwischen 1792 und 1803, schrieb Jean Paul seinen »General- und Kardinalroman« ›Titan‹. Wenn er hier auch eine Annäherung an die Klassik versuchte, sich formal um Klarheit und Geschlossenheit bemühte, so blieb er doch meilenweit entfernt von den Weimarern. In der Grundstruktur, in der Ausbildung des jugendlich-überschwenglichen Helden zum ganzen, allseits gerundeten und tätigen Menschen, mag er dem klassischen Bildungsroman entsprechen, für den Wielands ›Agathon‹ und vor allem Goethes ›Wilhelm Meister‹ das Muster lieferten; in der Ausführung aber wirkt der Roman eher wie ein Gegenentwurf zu dem Weimarer Modell, denn an schaurigen Abgründen vorbei geht der Weg der Harmonisierung, und grelle Dissonanzen bleiben unversöhnt neben der reifen Ruhe des Helden, dessen Geschichte noch dazu ständig durchkreuzt wird.

Ein »Chinese in Rom« – urteilte Goethe vernichtend über Jean Pauls Art, sich dem klassizistischen Erbe zu nähern; »fremd wie einer, der aus dem Monde gefallen . . .«, konstatierte Schiller (Brief an Goethe am 28. 6. 1796). Karl Philipp Moritz, der Verfasser des ›Anton Reiser‹ (vgl. Bd. II), dagegen äußerte sich enthusiastisch: »Das ist noch *über* Goethe, das ist ganz was Neues«; und Ludwig Börne sagte 1825 in seiner Grabrede: Jean Paul stehe »geduldig an der Pforte des 20. Jahrhunderts und wartet lächelnd, bis sein schleichend Volk ihm nachkomme«.

Das Neue, das Exotische (Chinese!), in die Zukunft Weisende an Jean Paul ist sein unruhiger, krauser Stil, seine Manier, das Erzählen ständig zu unterbrechen, um sich und seine Gegenwart einzubringen: auf alle möglichen historischen, naturwissenschaftlichen, politischen, literarischen Ereignisse spielt er an, am liebsten bunt durcheinander und das Kuriose, Anekdotische betonend, so daß der Eindruck einer närrischen, chaotischen Welt entsteht. Dazu schmückt er die Erzählung mit einer Fülle von Bildern, Gleichnissen und Metaphern aus, deren Sinn sich oft erst nach wiederholtem Lesen, Nachdenken oder gar Nachschlagen im Lexikon erschließt. Man wird erinnert an den Barockdichter Daniel Casper von Lohenstein, dessen phantastisch verschlungener Kolossalroman ›Großmüthiger Feldherr Arminius‹, mit Register versehen, schließlich als Lexikon benutzt wurde – so viel gelehrtes Wissen seiner Zeit hatte Lohenstein darin untergebracht (s. Bd. I).

Eine »Pferdearbeit« sei es, Jean Paul zu lesen, sagte ein Kenner und Verehrer seines Werks; das wird jeder bestätigen, der sich auf den Dichter eingelassen hat. Der Leser, der keine Muße mitbringt, der keine Lust an solch labyrinthischer Ornamentalik findet oder nicht in der Laune ist, den zahlreichen Verschlüsselungen und Ratespielen nachzugehen – der verschiebe die Lektüre besser oder verzichte ganz darauf. Auf einen Leser aber, der durchhält, warten ungewöhnliche Genüsse, denn mit Jean Pauls Werken ist es wie mit den Oliven, von denen man erst mindestens 20 gegessen haben muß, um auf den Geschmack zu kommen.

Zwar sind es meist nicht die Fabel oder die einzelnen Charaktere – mögen sie auch farbig entworfen und originell nuanciert sein –, die faszinieren, sondern im Rankenwerk liegt die eigentliche Kunst Jean Pauls, das oft die epische Erzählung überwuchert. Die geschlossene Handlung, wie sie der Klassik entsprach, löst er ganz bewußt auf, um die »fliegende Hitze des fliegenden Lebens«, die »buntverschränkte« Wirklichkeit einzufangen. Einen ganzen Kosmos läßt Jean Paul wie nebenbei in seinen Abschweifungen, den von ihm so geliebten »Digressionen«, entstehen, wobei er sich selbst in der Rolle des Erzählers in die Mitte stellt: Allein durch seine Person hält er die überbordende Materialfülle, die wilden Gedankengänge in diesen Einschüben zusammen. Dabei scheint er seine schöpferische Allmacht zu genießen, auch seine überlegene Kenntnis des gesamten Wissensstoffs seiner Zeit, über den er beliebig verfügen konnte. (Jean Paul hatte so ziemlich alles, was es in Deutschland an Gedrucktem gab, gelesen und exzerpiert.)

Den Leser läßt der Dichter zusehen bei seiner Produktion; er holt ihn nahe zu sich heran, um ihn dann teilhaben zu lassen an seinen Weltansichten, seiner Menschenerfahrung, seinen Idealen und Reflexionen, vor allem an seinem Glauben an einen göttlichen Sinn des so verworrenen irdischen Treibens. Die vertrauliche Nähe – die er im übrigen auch zu seinen Geschöpfen herstellte – war Jean Paul wichtig; erst auf der Grundlage einer besonderen Dichter-Leser-Beziehung konnte er zu seiner »Gemeinde« sprechen, als die er seine Leserschaft empfand. »Bei ihm liegt man an einem Bruderherzen ... Er zieht uns ... an seine Brust«, hat Gottfried Keller bemerkt, während man bei anderen schriftstellerischen Größen nur »zu Gaste« sei.

Der ›Titan‹ ist das höfischste Werk Jean Pauls, der seine Romane gern im Bannkreis deutscher Duodezfürstenhäuser spielen ließ. Nach dem Erfolg des ›Hesperus‹ (1795) war der bislang unbeachtete Dichter aus der oberfränkischen Provinz nach Weimar und anderen Residenzen und in die dortigen literarischen Zirkel eingeladen worden: Er bekam also Gelegenheit, die große Welt zu studieren. Er tat es, mit kritischer Wachsamkeit, und er setzte seine Erfahrungen wie alles, was er erlebte, in Dichtung um.

Nach ersten Aufzeichnungen sollte der Roman ›Das Genie‹ heißen. Anstoß dazu hatte Jacobis Roman ›Eduard Allwills Briefsammlung‹ gegeben, der die Gefahren eines all-wollenden, sich als Gott setzenden Genies aufzeigt. Der Aufenthalt in Weimar, wo er die, nach seiner Meinung, kalte Egozentrik und Eitelkeit der Halbgötter Goethe und Schiller aus nächster Nähe beobachten konnte (an Schillers »luziferischer« Nasenspitze konnte er sich nicht sattsehen!), bestärkte Jean Paul zu solchem Unternehmen.

»Ein gutes idealisches Genie in allem« wollte er zum Helden seines Staatsromans machen, doch dann spaltete er, wie so oft, dieses geniale Ich auf, genau genommen in drei Personen: der Hauptfigur Albano blieben die guten Kräfte, das unbedingte Gefühl und der Glaube an das Göttliche; dem Freunde Roquairol die dämonisch-zerstörerischen einer haltlosen Phantasie (»unheiliges Schlemmen und Prassen in Gefühlen«) und eines übertriebenen Ästhetizismus; und in dem Bibliothekar Schoppe personifizierte er die Erhebung des rein intellektuellen Genies über die kleine wirkliche Welt, die, am absoluten Ideal gemessen, rasch verächtlich werden mußte. Roquairol und Schoppe sind die eigentlich dramatischen Figuren des Romans, deren wachsender Weltverlust aus Ich-Verfallenheit schließlich bei beiden zum Tode führt.

Titan sollte heißen Anti-Titan. Jeder Himmelsstürmer findet seine Hölle; wie jeder Berg zuletzt seine Ebene aus seinem Tale macht. Das Buch ist der Streit der Kraft mit der Harmonie. Sogar Liane, Schoppe müssen durch Einkräftigkeit versinken; Albano streift daran und leidet wenigstens.
(Brief an den Freund Friedrich Heinrich Jacobi vom 8. 9. 1803)

Um den Ausgleich der inneren Kräfte, um die Überwindung aller forcierten Einseitigkeit, die dem Ganzen der Persönlichkeit schadet, geht es also hauptsächlich in dem Roman, wobei Albano durch die einkräftigen Genies seiner Umgebung, die gewissermaßen als Negativbeispiele dienen, erzogen, vor allem aber durch Leiden geläutert wird. Ganz ähnlich wurde ja Wielands Held Agathon durch das Leben von seinen Illusionen geheilt (vgl. Bd. II). Wie dieser ist Albano ein eher weltfremder Idealist, nur ist er weniger in Gefahr, angesichts der bitteren Erfahrungen zu resignieren. Albano leidet die Enttäuschungen seiner Ideale und die Tode seiner Geliebten und Freunde vorbildlich aus, schwingt sich dann, unverletzt im Kern seines Wesens, das an das Schöne und Große glaubt, wieder zu neuem Anfang auf.

Dem klassischen Bildungskonzept, wie es sich in Goethes ›Wilhelm Meister‹ darstellt, ist nur die Hauptfigur angepaßt, die deshalb auch etwas blaß wirkt; den stärkeren Eindruck hinterlassen die unklassisch-eigenartigen Gegencharaktere. Auch bleibt, selbst nach dem idealistischen Schluß, der einen gemäßigten, vernünftigeren Albano zeigt, eine gewisse Skepsis, ob er tatsächlich zum Mann der Tat geworden ist, ob er also den Kompromiß mit der unidealen Wirklichkeit leisten kann.

Nun zu unserem Helden: Albano de Cesara hat die ersten drei Jahre seines Lebens auf Isola Bella im Lago Maggiore verbracht, kam dann zu den braven Pflegeeltern Wehrfritz nach Blumenbühl in Deutschland, wo er eine warme und freie Kindheit genoß. Mit 20 Jahren soll er seinen Vater zum erstenmal sehen, reist mit dem Bibliothekar Schoppe und Dian, einem griechischen Baumeister, die ihn als seine Lehrer in Kunst und Wissenschaft einführen, nach Italien, eben auf die Isola Bella.

Politische Intrigen haben es notwendig gemacht, die Identität Albanos als des rechtmäßigen Thronfolgers im deutschen Fürstentum Hohenfließ geheimzuhalten. Das Herrscherhaus des benachbarten Kleinstaats Haarhaar hatte, nachdem Hohenfließ' Fürstenpaar lange kinderlos geblieben war, auf Grund eines Erbvertrags Hoffnungen auf Besitzzuwachs genährt und sogar, als sich dann doch ein Sohn, Luigi, einstellte, auch vor Mordplänen nicht zurückgeschreckt. So wurde, als die Fürstin wieder ein Kind erwartete, aus Sicherheitsgründen – und aus einer romantischen Laune der Fürstin und ihrer ebenfalls schwangeren Freundin heraus – beschlossen, falls es ein Sohn würde, die Kinder zu vertauschen. Die Tochter der spanischen Freundin, Linda de Romeiro, und Albano werden nun von ihren Eltern in »künstliche«, fremde Schicksalsbahnen geworfen, zu allem Überfluß wird ihnen auch noch die Bestimmung in die Wiege gelegt, später einmal zu heiraten. Ein genauer Plan, wie solche geheime Lenkung magisch, geisterhaft auszuführen sei, gehört mit zu diesem Schicksalspiel. Die Wahrheit der genealogischen Zusammenhänge wird erst am Schluß dem Leser und den Personen der Handlung offenbart.

Jean Paul greift, wie die Fabel zeigt, ungeniert auf Requisiten des Schauer- und Trivialromans zurück (wenn es auch für den Kindertausch bei den Markgrafen von Ansbach ein zeitgenössisches Vorbild gegeben hat). Mit unheimlichem Geister- und Zauberspuk, Wachsfiguren aus dem Gruselkabinett, Masken- und Echospielen, umstellt er die Menschen seines »italienischen« Romans, der doch von Standespersonen und Haupt- und Staatsaktionen in hohem Stil berichten sollte. Jean Paul wollte nicht an der Wirklichkeit vorbeischreiben, in der doch vieles unerklärbar und schreckenerregend ist, und gab deshalb, ganz im Sinne der Romantik, dem Unheimlichen, Dunklen, auch dem Zufall, breiten Raum. Albano jedenfalls hält den spukhaften Heimsuchungen mit seiner inneren Sicherheit stand und behauptet seinen Willen gegen das von den Eltern so kunstvoll eingefädelte Schicksal. Im übrigen läßt der Autor seinen Helden immer wieder Neigung und Begabung zum Regieren artikulieren, als ob Albano seine wahre Bestimmung ahnte.

Bei aller Vertracktheit des Handlungsentwurfs gibt der Kindertausch doch einen Sinn: Wäre Albano als Fürstensohn aufgewachsen, hätte er sich nie zu so schöner Menschlichkeit entwickeln können. Dahinter steckt tiefe Skepsis gegenüber der traditionellen Fürstenerziehung, aber Jean Paul spart auch nicht mit offener Kritik an der adeligen Gesellschaft, an »dem kalten Montblanc der vornehmen Welt«. Die bürgerliche »natürliche« Erziehung auf dem Lande, die den Helden so unschuldig, froh und frei sich entwickeln ließ, ist ganz notwendige Voraussetzung, daß er später der unbestechliche, hochherzige Mensch wird, der vorbildlich über andere Menschen herrschen kann. Seine schöne Seele, seine Offenheit und Herzenswärme, die ohne forcierte Eingriffe der Pflegeeltern sich unbeschadet entfalten konnten, geben Albano die Kraft, mit den Enttäuschungen und Schicksalsschlägen der Zukunft fertig zu werden. Die »Sennenhütten der Kindheit«, um jean-paulisch zu reden, kräftigten ihn sozusagen für die kalten Spiegelsäle der Gesellschaft. An solcher Grundeinstellung erkennt man den Einfluß Jean-Jacques Rousseaus, nach dessen pädagogischen Ideen Kinder bewahrt werden sollten vor den schädigenden Einflüssen der Zivilisation, um sich natürlich entwickeln zu können. – In Verehrung des großen französischen Philosophen hatte Johann Paul Friedrich Richter 1792 seinen Namen in Jean Paul geändert.

Bevor nun auf den Roman im einzelnen eingegangen wird, eine letzte Vorbemerkung: Bisher haben wir uns bei den Interpretationen an den Handlungsverlauf gehalten; da bei Jean Paul aber die Fabel fast immer äußerst verworren und kaum mit Gewinn nachzuzeichnen ist, sie außerdem nur eine geringe Rolle spielt bei diesem Autor, greifen wir nur sporadisch darauf zurück. Lediglich als »Vehikel ..., um darin über alles andere zu reden«, sah Jean Paul das äußere Geschehen an; auf das ihm eigentlich Wichtige, das Rankenwerk also, konzentrieren auch wir uns im folgenden und auf die Charaktere, deren innere Bewegungen den Dichter vor allem interessierten.

Hoher Stil des Erhabenen

Als »Himmelsstürmer« – endlich im blauen Italien, endlich zum Vater! – lernt der Leser Albano de Cesara kennen und lieben:

Cesara sank schweigend immer tiefer in die dämmernden Schönheiten des Ufers und der Nacht. Die Nachtigallen schlugen begeistert auf dem Triumphtore des Frühlings. Sein Herz wuchs in der Brust wie eine Melone unter der Glocke, und er hob sie immer höher über der schwellenden Frucht. Auf einmal bedacht' er, daß er so den Tulpenbaum des prangenden Morgens und die Kränze der Insel nur wie eine italienische Seidenblume Staubfaden für Staubfaden, Blatt für Blatt zusammenlegen sehe: – da befiel ihn sein alter Durst nach einem einzigen erschütternden Guß aus dem Füllhorn der Natur; er verschloß die Augen, um sie nicht eher zu öffnen als oben auf der höchsten Terrasse der Insel vor der Morgensonne. Schoppe dachte, er schlafe; aber der Grieche erriet lächelnd die Schwelgerei dieser künstlichen Blindheit. [...]

Der Mantel der Nacht wurde dünner und kühler – die Morgenluft wehte lebendig an die Brust – die Lerchen mengten sich unter die Nachtigallen und unter die singenden Ruderleute – und er hörte hinter seiner lichtern Binde die frühen Entdeckungen der Freunde, die in den offnen Städten der Ufer das Menschengewühl aufleben und an den Wasserfällen der Berge bald Himmelsrot, bald Nebel wechseln sahen. – Endlich hing die zerlegte Morgenröte als eine Fruchtschnur von Hesperidenäpfeln um die fernen Kastaniengipfel; und jetzt stiegen sie auf Isola bella aus.

Der verhangne Träumer hörte, als sie mit ihm die zehen Terrassen des Gartens hinaufgingen, neben sich den einatmenden Seufzer des Freudenschauders und alle schnelle Gebete des Staunens; aber er behielt standhaft die Binde und stieg blind von Terrasse zu Terrasse, von Orangendüften durchzogen, von höhern freiern Winden erfrischt, von Lorbeerzweigen umflattert – und als sie endlich die höchste Terrasse erstiegen hatten, unter der der See 60 Ellen tief seine grünen Wellen schlägt, so sagte Schoppe: »Jetzt! jetzt!« – Aber Cesara sagte: »Nein! Erst die Sonne!« Und der Morgenwind warf die Sonne leuchtend durchs dunkle Gezweig empor, und sie flammte frei auf den Gipfeln – und Dian zerriß kräftig die Binde und sagte: »Schau umher!« – »O Gott!« rief er selig erschrocken, als alle Türen des neuen Himmels aufsprangen und der Olymp der Natur mit seinen tausend ruhenden Göttern um ihn stand. Welch eine Welt! Die Alpen standen wie verbrüderte Riesen der Vorwelt fern in der Vergangenheit verbunden beisammen und hielten hoch der Sonne die glänzenden Schilde der Eisberge entgegen – die Riesen trugen blaue Gürtel aus Wäldern – und zu ihren Füßen lagen Hügel und Weinberge – und zwischen den Gewölben aus Reben spielten die Morgenwinde mit Kaskaden wie mit wassertaftnen Bändern – und an den Bändern hing der überfüllte Wasserspiegel des Sees von den Bergen nieder, und sie flatterten in den Spiegel, und ein Laubwerk aus Kastanienwäldern faßte ihn ein. ... Albano drehte sich langsam im Kreise um und blickte in die Höhe, in die Tiefe, in die Sonne, in die Blüten; und auf allen Höhen brannten Lärmfeuer der gewaltigen Natur und in allen Tiefen ihr Widerschein – ein schöpferisches Erdbeben schlug wie ein Herz unter der Erde und trieb Gebirge und Meere hervor. – – O als er dann neben der unendlichen Mutter die kleinen wimmelnden Kinder sah, die unter der Welle und unter der Wolke flogen – und als der Morgenwind ferne Schiffe zwischen die Alpen hineinjagte – und als Isola madre gegenüber sieben Gärten auftürmte und ihn von seinem Gipfel zu ihrem im waagrechten wiegenden Fluge hinüberlockte – und als sich Fasanen von der Madre-Insel in die Wellen warfen: so stand er wie ein Sturmvogel mit aufgeblättertem Gefieder auf dem blühenden Horst, seine Arme hob der Morgenwind wie Flügel auf, und er sehnte sich, über die Terrasse sich den Fasanen nachzustürzen und im Strome der Natur das Herz zu kühlen.

(1. Jobelperiode, 1. Zykel)

Diese »hohe« empfindsame Sprache ist *eine* Tonlage bei Jean Paul, die vor allem die Damenwelt seiner Zeit entzückte und die bis heute als lyrische Prosa ihresgleichen sucht. Im Gegensatz zum »plastischen Stil« der Griechen, auf den die Klassik sich berief, fließt diese Sprache, wird zu Musik, löst sich in Farben und Klänge auf. »Sogar der Prosaist verlangt und ringt in Begeisterungs-Stellen nach dem höchsten Wohlklang, nach Silbenmaß, und er will ... ordentlich singen; nicht reden. In der Kälte hustet der Stil sehr und knarrt«, sagt Jean Paul in seiner ›Vorschule der Ästhetik‹. Ketten von Metaphern, ungewöhnliche poetische Bilder reihen sich, nur durch Gedankenstriche verbunden, aneinander in steigernder Emphase. Mit dem Zerreißen der Augenbinde auf dem Gipfel setzt die höchste Begeisterung ein: »Welch eine Welt!« In drei Stufen verläuft die innere Bewegung, in drei großen Satzgefügen stellt der Dichter Albanos Verschmelzen mit der ihn umgebenden Natur dar.

Die erste Satzperiode beginnt mit dem Blick in die Ferne: »Die Alpen standen wie verbrüderte Riesen der Vorwelt fern in der Vergangenheit verbunden beisammen ...« Dann senkt sich der Blick und nimmt die Wälder auf, dann die Hügel und Weinberge usw., bis er tief unten die Wasserfläche des Sees erfaßt. Die verschiedenen Eindrücke türmen sich aufeinander: Keine Punkte trennen die Hauptsätze, sondern als gleichsam offene Teile gehen sie ineinander über, wobei der Gedankenstrich als Brücke dient und das »und« den weichen Übergang von Satz zu Satz noch erleichtert.

Das zweite Satzgefüge stellt Albano als Schauenden, den die gegenständliche Welt eine schönere ahnen läßt, an den Beginn. Hier steigern sich die zunächst noch ruhig aufgenommenen Natureindrücke zu feuriger Empfindung: »Lärmfeuer der gewaltigen Natur«, »schöpferisches Erdbeben« nimmt Albano wahr. Wie um die höchste Stufe der Begeisterung genügend vorzubereiten, setzt Jean Paul zwei Gedankenstriche vor die letzte große Satzperiode. Diese besteht nun nicht aus Hauptsätzen, sondern aus einer Reihe paralleler Nebensätze, die immer drängender werden, da sie alle auf eine abschließende Aussage hinstreben. »O als er dann ... und als ... und als ...«: noch einmal steigert sich Albanos Sehnsucht nach dem Eins-Werden mit dem »stolzen Weltall« in diesen Temporalsätzen, bis die große Bewegung dann, gebündelt durch den Doppelpunkt, in einem Gefüge von Hauptsätzen zur Ruhe kommt, d. h. wie Jean Paul selbst im folgenden Absatz schreibt, Albanos »schmerzlich ausgedehnt[e]« Brust »selig überfüllt« ist. Immer wieder greift der Dichter auf die Mittel der Steigerung und des Kontrastes, wie zu zeigen sein wird, zurück, um den Fluß der Sprache und der Gedanken zu rhythmisieren – beides sind Übertragungen musikalischer Prinzipien auf sprachliche Ausdrucksformen.

Die empfindsame Sprache von Goethes ›Werther‹, der ja ganz ähnliche *unio-mystica*-Wünsche in der Natur empfand und mit ganz ähnlichem Stilmittel, der »wenn-dann«-Periode des Briefs vom 10. Mai, die Gefühlssteigerungen formulierte, ist bei Jean Paul noch potenziert, in rauschhafte Dithyramben getrieben. Der Dichter habe die Natur zu beseelen, verlangt er in seiner Theorie, wenn sie schon nicht mehr »vergöttert« sein könne wie bei den Griechen.

Um des Lesers Seele zu erwärmen und zu begeistern, trägt er mit bewegten Bildern Emotionen in die Landschaft hinein: Die Sonne wird zur »unendlichen Mutter« und die vielen Lichtreflexe zu ihren »kleinen wimmelnden Kindern«. Das Erlebnis der urgewaltigen Schöpferkraft der Natur verdichtet sich im Bild des Erdbebens, das wie »ein Herz ... Gebirge und Meere« hervortreibt; die Alpen stehen »verbrüdert« zusammen. Der Gipfelblick markiert ein vom Kleinen, Endlichen befreites Erleben der Natur, die in ihrer Unendlichkeit und Schönheit auf Gott verweist. Der Weg von Terrasse zu Terrasse bis auf den höchsten Punkt war vom »Seufzer des Freudenschauders« und »Gebeten des Staunens« der Freunde, also bereits von religiösen Empfindungen, begleitet; oben, im Augenblick, da die Binde weggerissen wird, kann Albano nur selig-erschrocken ausrufen: »O Gott!« Im Gegensatz zur ruhigen, rein geistigen Vorstellung vom Erhabenen bei Schiller erlebt Albano voller Inbrunst den erhabenen Augenblick, da er sich dem »überirdischen Reich« nahe fühlt und damit Gott. Wie mit Flügeln erhebt sich die Seele in die schönere Welt.

Mit seinen ausgesuchten Vergleichen und Metaphern verleiht Jean Paul der berühmten norditalischen Insellandschaft des Lago Maggiore den Reiz des Neuen. So läßt er den »überfüllten Wasserspiegel des Sees«, in völliger Umkehrung der Wirklichkeit, an den »wassertaftnen Bändern« der aus großen Höhen herabstürzenden Bäche »niederhängen« (wieviel sinnliche Vorstellungskraft löst allein das Bild der »wassertaftnen Bänder« aus, dieses seidenglänzenden Stoffes!), oder er nennt die Wälder »blaue Gürtel« der Alpenriesen, die ihre Gletscher als »glänzende Schilde« tragen.

Voll Leben (auch ohne Lebewesen), voll schöpferischer Kraft ist die Natur, die Albanos unendliche Begeisterung entzündet und vielfältig zurückspiegelt. Als »Geliebte«, als ›Titanide‹ bezeichnet er sie an anderer Stelle. Im Unterschied zu Goethes Werther, der auch die

Natur als pantheistisches Weltganzes erlebt, findet Albano in ihr Halt und später Heilung von seinem Schmerz; trotz empfindsamer Seele kann er sich abgrenzen und damit auch öffnen zur Außenwelt, zu den Mitmenschen. Die Gefahren eines grenzenlosen Subjektivismus, die Goethe im ›Werther‹ aufzeigte, werden an anderen Personen demonstriert.

Kontrast von innerer und äußerer Welt

Albano ist im Grunde von Anfang an auf harmonischen Ausgleich angelegt. Auch in der »heroischen« Natur Italiens ist er nicht nur Titan, der seine eigene Kraft wie eine »elektrische Wolke« empfindet, als eine Übermacht, die Welt, ja die Zeit zu beherrschen, und sich schließlich mit einem Messer den Arm ritzen muß, um sein wallendes Blut abzukühlen. Zugleich ist er eben auch empfindsamer Träumer: er erinnert sich sehnsuchtsvoll seiner Kindheit, der Liebe seiner Mutter, und so wird sein Herz »still – und weich«.

Albano ist der einzige Mensch in diesem Roman, der große Gefühle mit großen Entwürfen verbinden kann. Die Freunde Roquairol und Schoppe bezeichnet er später selbst als »Giganten«, als »hart und unfruchtbar – aber auch groß wie Felsen – Menschen welche die Milchstraße der Unendlichkeit und den Regenbogen der Phantasie zum Bogen ihrer Hand gebrauchen wollten, ohne je eine Sehne darüberziehen zu können«. Albano dagegen streift nur das Gigantische, sein Herz wird von Bränden und Frösten erschüttert, aber es bleibt lebendig, rührbar und verletzbar bis zum Schluß; er muß nur lernen, dieses heftige Auf und Ab in sich zu einer ruhigen Mitte zu bringen, er muß kritischer werden, nüchterner, und einiges von der Härte und Zielstrebigkeit seines (vermeintlichen) Vaters Gaspard Cesara gewinnen, die er jetzt noch so ablehnt.

Der bis ins Unendliche gesteigerten »Innerlichkeit« seines Helden, die als Gefühlskraft, aber auch als Neigung, aus der Wirklichkeit zu fliehen, verstanden werden muß, setzt der Realist Jean Paul als Kontrast mit seinen Einschüben kritisch, komisch, kauzig immer wieder die wirkliche Welt entgegen. Denn bei allen idealistisch-schwärmerischen Aufschwüngen in eine bessere Welt, die er z.B. in Albanos Flugsehnsucht veranschaulicht, wollte er doch mit seinem Roman im Realen bleiben. Die Dichter, die ganz den Bezug zur Erde und ihren Grenzen verlieren, bekämpfte er heftig (da er selbst immer wieder in Gefahr war).

Für Jean Paul ist diese Realität gebrochen, zerfallen in tausend Fragmente, ein verwirrendes Kaleidoskop sinnlicher Wahrnehmungen, die bei ihm eine Fülle von Assoziationen wecken: ein Chaos aus schaurigen, grotesken, empörenden, duftig-zarten, lächerlichen, gemeinen, göttlichen Eindrücken – die ganze Vielschichtigkeit der modernen Welt (im Gegensatz zur antiken) decken sie auf. Die »zerfaserte Kultur«-Epoche, in der der Mensch »hinter dem sinnlichen Auge ... mit einem geistigen Sehrohre« steht (›Vorschule der Ästhetik‹), wirkte auf Jean Paul dissonant, sie zerteilte ihn ständig – wie hätte er sie da in seinen Büchern als harmonische Einheit, als organisches Ganzes wie die Klassiker darstellen können?! Schon 1785 schrieb er in sein Tagebuch: »Meine Neigung zur Erhellung der Begriffe liegt in einem beständigen Streite mit meiner Begierde, mich der Wärme der Phantasie zu überlassen. Ich möchte gern bald blos Kopf bald blos Herz sein ...«

Die Klassik versuchte dem Gefühl der Zerstückelung und Vereinzelung des Menschen in ihrer Gegenwart durch ästhetische Erziehung zu begegnen. Schiller als der Theoretiker im Weimarer Bündnis diagnostizierte den Zeitgeist und formulierte das Programm: Ruhe, Klarheit und sittliche Schönheit setzte er als ewige Werte der Wirklichkeit entgegen, deren flüchtige Alltagsforderungen er ablehnte. Auch wenn Jean Paul sich in gewisser Weise im ›Titan‹ den klassischen Postulaten annäherte und objektiver und distanzierter an seine Figuren und seine Fabel ging, hat er doch, wie schon jetzt deutlich wurde, seinen ganz eigenen Standort behalten, zu dem sein spezifischer Realismus, seine ganz subjektive Form der Weltaneignung gehörte.

Harmonische Übereinstimmung, Ganzheit, gelang Jean Paul zeit seines Lebens nicht; seine literarische Position kennzeichnet ein ewiger Zwiespalt: zwischen Herz und Verstand, erhebender Phantasie und niederdrückender Realität, Menschenverachtung und liebevoller Anteilnahme an ihren kleinen beschränkten Freuden, die, aus versöhnlicher Perspektive betrachtet, zu einer Art Idylle auf Erden erhoben werden konnten (vgl. ›Schulmeisterlein Wutz‹). Dieser Zwiespalt setzt sich bis in seine Sprache fort, ja er ist geradezu ihr Charakteristikum: ständiger Wechsel zwischen dem »Dampfbad der Rührung« und dem »Kühlbad der frostigen Satire«, zwischen der »hohen« Sprache der Erhabenheit und der »niederen« des Humors. In seiner ›Vorschule der Ästhetik‹ hat Jean Paul die »humoristische Poesie« genau definiert:

Der Humor, als das umgekehrte Erhabene, vernichtet nicht das Einzelne, sondern das Endliche durch den Kontrast mit der Idee. Es gibt für ihn keine einzelne Torheit, keine Toren, sondern nur Torheit und eine tolle Welt ...

(§ 32)

[Und ferner:] Wenn der Mensch, wie die alte Theologie tat, aus der überirdischen Welt auf die irdische herunterschauet: so zieht diese klein und eitel dahin; wenn er mit der kleinen, wie der Humor tut, die unendliche ausmisset und verknüpft: so entsteht jenes Lachen, worin noch ein Schmerz und eine Größe ist ...

(§ 33)

Niederer Stil des Humors

Im ›Titan‹ ist es der Autor selber, vor allem aber der als Philosoph und Humorist bezeichnete Schoppe, der die Erhebungen des Herzens, das Erhabene, ständig »humoristisch« bricht. Zusammengesetzt ergeben beide Stimmen eine Kontrastharmonie: nur als solche konnte Jean Paul die Wahrheit des Lebens darstellen. Hatte die erste zitierte Passage (auf Isola Bella) in empfindsamem Ton das erhabene Erleben Albanos geschildert, so soll im folgenden der humoristische Autor vorgestellt werden.

Nicht aus reiner Lust und Spielfreude setzte der Dichter die vielen Bilder und Vergleiche, die immer wieder von den handelnden Personen und von den Situationen wegführen, sondern um zusätzliche, oft ganz neue Nuancen oder Sichtweisen hinter den vordergründigen Begebenheiten aufscheinen zu lassen. Das gewöhnliche, normale Verständnis von der Welt, von den Menschen und Dingen – auch einmal eines einzelnen Wortes – »zersetzt« er erst einmal; gleichzeitig schafft er neue Bezüge, indem er ganz überraschende Ähnlichkeiten oder Analogien auch entlegenster Gegenstände aufdeckt. Doch wollte er dadurch keine neuen Systeme oder Ordnungen schaffen, sondern alles Feste sollte in Bewegung geraten und sich neu darstellen, wobei der Autor indirekt sehr wohl seine Weltsicht, sein Herz, seine Moralvorstellungen mit einbringt. Diese neu zusammengesetzte Welt war keine harmonische, sondern eher chaotisch und dissonant. In der Nicht-Normalität, im Verqueren, Seltsamen sah der Dichter die Wahrheit der »tollen Welt«; die Norm gab es für ihn nur als Idee.

Um diese humoristische Brechung der kleinen eitlen Welt, in der die Menschen befangen sind, zu illustrieren, greifen wir eine beliebige Passage heraus: die dritte Jobelperiode etwa, die von den Lehrern Albanos handelt. Bis vor kurzem war der jugendliche Held nur in die Dorfschule des Magister Wehmeier gegangen, doch hatte ihm sein Pflegevater Wehrfritz nun aus der Residenzstadt neben einem Klavier auch noch den Tanz- und Fechtmeister Falterle mitgebracht.

Der Name Falterle ist bereits Programm: Er soll an die Schönheit eines Schmetterlings erinnern und verkehrt seinen Träger durch das Diminutiv sogleich ins Lächerliche, Unbedeutende, Kleine. Wie Jean Paul nun diesen nicht unsympathischen Menschen vorstellt, dem vor lauter höfischen Formalismen nichts Eigenes bleibt als seine narzißtische Eitelkeit, wie er durch die Verwendung ausgefallener Bilder und

Übertreibungen ironisch die Diskrepanz zwischen Auftreten und Wirklichkeit dieses »armen Teufels« nachvollzieht, entspricht der oben skizzierten Technik der Verfremdung, um eine neue Sichtweise (hier: auf die menschliche Eitelkeit) zu ermöglichen.

Da ich in meinen Biographien Duldung und eine vielseitige Gerechtigkeit gegen alle Charaktere lehren will: so muß ich hier mit meinem Muster der Toleranz vorangehen, indem ich von Falterle bemerke, daß seine arme dünne Seele sich selber nicht unter den steinernen Gesetztafeln der Etikette und unter dem hölzernen Joche eines imponierenden Standes aufzubringen vermochte. Wem tat der arme Teufel etwas an? Nicht einmal Damen, für welche er zwar, gleich einem Kupferstecher, immer vor dem Spiegel arbeitete an seinem Ich, allein nur um mit diesem Kunstwerke, gleich andern Figuristen, reine Schönheiten *darzustellen*, nicht aber solche zu *verführen*. Das Seewasser seines Lebens – denn er ist weder ein Millionär noch eben der größte Gelehrte des Säkuls [Jahrhunderts], ob er wohl bei vielen Bücherverleihern herumgelesen – süßet er sich durch das Schönheitswasser ab, worin er sich stündlich badet. Er säuft und frisset fast nichts; flucht und schwört er, so tut ers in fremden Sprachen, wie der Päpstler darin betet, und schmeichelt wenigen außer sich.

Schon der Hinweis auf das hier geübte »Muster der Toleranz« muß den Leser mißtrauisch machen; natürlich karikiert Jean Paul die kümmerliche Existenz des Tanzmeisters, der vom Zwang der Etikette und der Anpassung an adelige Lebensweisen schier erdrückt wird. Das bittere Leben, im Bild des salzigen Seewassers festgehalten, muß sich Falterle selbst versüßen, ja, indem er schließlich jede Stunde in Schönheitswasser badet, mag er sogar eine gewisse Lebenslust gewinnen; doch ist diese rein ästhetischer Natur, denn Falterle will nur gefallen, nicht verführen. Daß seine vitalen Bedürfnisse nachgerade abgestorben sind, verbirgt sich hinter der im Kontext viel zu kernigen Formulierung »er säuft und frisset fast nichts« oder darin, daß er sich nur in Fremdsprachen zu fluchen traut, was für Jean Paul ebenso unnatürlich ist, wie wenn der Katholik auf lateinisch betet statt in seiner Muttersprache.

Am Ende dient die Charakteristik Falterles doch nur als Einleitung gewissermaßen für einen Exkurs über die menschliche Eitelkeit, der im Text sich unmittelbar anschließt – und des Tanzmeisters ironische Vernichtung wieder aufhebt:

Der Eitle und noch mehr die Eitle hassen Eitle viel zu stark, die doch mehr am Kopfe als am Willen siechen. Ich kann mich hier freudig auf jeden denkenden Leser berufen, ob er sich je, wenn er eben ungewöhnlich eitel einhertrat, tiefe Gewissensbisse oder Mißtöne im Ich verspürt zu haben entsinnt, welche doch niemals fehlten, wenn er sehr log oder zu hart war; er nahm vielmehr ein ungemein liebliches Schaukeln seines innern Menschen in der Paradewiege wahr. Daher wird ein Eitler so schwer wie ein Spieler kuriert. Aber auch noch darum: die meisten Sünden sind Kasualpredigten und Gelegenheitsgedichte und müssen häufig ausgesetzet werden, vom 3ten bis 10ten Gebot inclus. – Die Ehe, den Sabbat, das Wort kann man nicht zu jeder gegebenen Stunde brechen – Verleumden kann einer so wenig als kegeln oder duellieren mit sich selber – viele beträchtliche Laster sind nur an der Ostermesse – oder am Neujahrstage – oder im Palais royal oder im Vatikan zu verüben – manche königliche, markgräfliche, fürstliche im ganzen Leben nur einmal – manche gar nicht, z. B. die Sünde gegen den heiligen Geist. – – Hingegen sich innerlich preisen und bekränzen kann einer Tag und Nacht, Sommer und Winter, an jedem Orte, auf dem Katheder, im Prater, im Generalszelte, hinten auf der Schlittenpritsche, auf dem Fürstenstuhle, in ganz Deutschland, z. B. in Weimar. Wie? und diese perennierende Balsamstaude, die den innern Menschen immerwährend anräuchert, sollte man sich ausziehen oder beschneiden lassen? – –

(3. Jobelperiode, 18. Zykel)

Eitle sind Menschen, die sich selbst bewundern und bewundert werden wollen, deshalb hassen sie auch andere Eitle; dabei mangelt es ihnen mehr an Erkenntnis ihrer Schwäche als am Willen, sich zu bessern. Auch der »denkende«, der bewußt lebende und moralisch empfindende Mensch kann, anders als z. B. bei einer Lüge, keine Gewissensbisse feststellen, sondern im Gegenteil nur ein wohliges Gefühl; mit dem Bild des »ungemein lieblichen Schaukelns . . . in der Paradewiege« (einer besonders prunkvollen Wiege) kann man den prächtigen Auftritt des Eitlen aufs Köstlichste nachempfinden. Die anschließende Analogie des Eitlen zu dem Spieler überrascht zunächst, doch besteht sie wohl nur in der Unheilbarkeit beider Süchte. Auch der Vergleich der meisten Sünden – denn die Eitelkeit ist nach katholischer Lehre sogar eine Kardinalsünde – mit den Kasualpredigten und Gelegenheitsgedichten, die beide nur zu bestimmten Anlässen wie Taufen, Hochzeiten usw. verfaßt werden, will nur auf den verborgenen gemeinsamen Nenner, in diesem Fall die Situationsgebundenheit, abheben.

Im folgenden relativiert Jean Paul die traditionellen Sündenvorstellungen der Kirche, indem er wie wahllos einige Sünden herausgreift und in ungewohnte Bezüge bringt: Zum Beispiel stellt er den Ehebruch, den Bruch der Feiertagsruhe, also Verstöße gegen das 6. und 3. Gebot, und den Wortbruch zusammen, da sie nicht stündlich begangen werden können; dann verbindet er, unter dem Aspekt des notwendigen Gegenübers bzw. Partners, das Verleumden mit dem harmlosen Kegeln und dem nun wieder zwar sündhaften, aber gesellschaftlich tolerierten Duellieren usw., so daß der Leser gezwungen ist, über den Sündenbegriff genauer nachzudenken.

Indem er das Sündigen immer mehr konditioniert und behauptet, man könne manche Sünden nur in Gemeinschaft, zu bestimmten Zeiten und an bestimmten Orten begehen (z.B. im Vatikan oder im Pariser Palais Royal, das einen sprichwörtlich schlechten Ruf hatte), andere auch nur, wenn man von bestimmtem Stand sei, unterminiert Jean Paul den orthodoxen Sündenbegriff, erweitert ihn auf alle möglichen angedeuteten Laster, wobei er mit Lust Seitenhiebe auf Fürsten, Könige und Päpste verteilt. Den Gipfel in dieser satirischen Reihe bilden die Sünden, die man überhaupt nicht begehen könne, wie die wider den Heiligen Geist. Tatsächlich gibt es in der katholischen Theologie bis heute keine ganz einheitliche Interpretation dieses aus systematischen Gründen naheliegenden Sündenbegriffs; weiß man aber nicht, meint Jean Paul, worin diese an sich besonders schwere Sünde besteht, kann man sie auch nicht begehen ...

Ganz anders verhält es sich mit der Eitelkeit: Sie kann gar keine Sünde sein – die Logik ist zwingend und komisch zugleich –, denn eitel kann jeder sein zu jeder Zeit, allein oder in Gemeinschaft, an jedem Ort (sogar im klassischen Weimar!). Die Eitelkeit ist also eine menschliche Läßlichkeit, die doch gerne jedem gewährt werden sollte. Das war Jean Pauls humanere Weltsicht, die er dem Leser weitergeben wollte.

Der »Schutzbrief für die Eitelkeit«, wie Jean Paul den ganzen Absatz in der Überschrift zur 3. Jobelperiode ankündigte, entpuppt sich also tatsächlich als ein »Muster der Toleranz«, denn was hätte eine so traurige Existenz wie Falterle überhaupt vom Leben, wenn er sich nicht wenigstens selbst Tag und Nacht »innerlich preisen und bekränzen« dürfte?

In solchen eher harmlosen Spitzen gegen die Eitelkeit allgemein und die der Weimarer Halbgötter im speziellen hat der humoristische Autor noch viel augenzwinkerndes Verständnis aufgebracht. Dagegen geißelt er den kalten Materialismus, das Geschäfts- und Nützlichkeitsdenken, die Borniertheit, Gleichgültigkeit usw. vor allem in den höheren Ständen, aber auch in dem sich sklavisch anpassenden Bürgertum: Hohn und Spott, Essig und Galle schüttet er dann über seine Opfer aus. Doch das zornig-ironische Zurechtrücken der als gegeben hingenommenen Welt übernimmt in diesem Roman der Bibliothekar Schoppe.

Beispiel einer »humoristischen Verkleinerung«

Eines Abends auf Isola Bella sitzen der Ritter Gaspard, Albano, der Grieche Dian, Schoppe und der Höfling Augusti, von Beruf Lektor, im Speisesaal des Palastes; das Gespräch kreist um griechisch-antike und deutsche Kunst, und Schoppe führt das Wort:

»... Aber ich will auch zulassen, daß Griechen und Welsche [Italiener] so malen wie wir: so ragen wir doch dadurch über sie hinweg, daß wir, gleich der Natur und den adeligen Sponsierern [Mitgiftjägern], nie die Schönheit isoliert ohne angebognen Vorteil suchen. Eine Schönheit, die wir nicht nebenher braten, verauktionieren, anziehen oder heiraten können, gilt bei uns nur das, was sie wert ist; Schönheit ist bei uns (hoff' ich) nie etwas anders als Anschrot [Besatz] und Beiwerk des Vorteils, so wie auch auf dem Reichstage nicht die angestoßenen Konfekttischchen, sondern die Sessionstafeln die eigentlichen Arbeitstische des Reichs-corpus sind. Echte Schönheit und Kunst wird daher bei uns nur auf Sachen gesetzt, gemalt, geprägt, welche dabei nützen und abwerfen: z.B. gute Madonnen nur ins Modejournal – radierte Blätter nur auf Briefe voll Tabaksblätter – Kameen auf Tabaksköpfe – Gemmen auf Petschafte [Siegelstempel] und Holzschnitte auf Kerbhölzer – Blumenstücke werden gesucht, aber auf Schachteln – treue Wouwermanne* [nach dem holl. Pferdemaler], aber zwischen Pferdeständen neben Beschälern [Deckhengsten] – erhobenes Bildwerk von Prinzenköpfen, entweder auf Talern oder auf baierschen Bierkrug-Deckeln, beide nicht ohne reines Zinn – Rosen- und Lilienstücke, aber an tätowierten Weibern. – Auf ähnliche Weise war in Basedows Erziehungsanstalt stets das schöne Gemälde und das lateinische Vokabulum verknüpft, weil das Philanthropin [Name des Basedowschen Instituts] dieses leichter unter jenem behielt. – So malte Van der Kabel nie einen Hasen auf Bestellung, ohne ein frisch geschossenes Modell nach dem andern sich zum Essen und Kopieren auszubitten. – So malte der Maler Calkar schöne Strümpfe, aber unmittelbar an seine eignen Beine.« – –

Der Ritter hörte so etwas mit Vergnügen an, ob ers gleich weder belächelte noch nachahmte; ihm waren alle Farben im genialischen Prisma erfreulich. Nur für den Baumeister wars nicht genug im griechischen Geschmack, und für den Lektor nicht genug im höflichen [höfischen]. Letzterer kehrte sich, während Schoppe neuen Atem zu unserer Verkleinerung holte, wie schmeichelnd zum abreisenden Dian und sagte: »Früher nahm Rom andern Ländern nur die *Kunstwerke* hinweg, aber jetzt die – *Künstler*.«

Schoppe verfolgte: »Ebenso sind unsere Statuen keine müßigen Staatsbürger auf der Bärenhaut, sondern sie treiben alle ein Handwerk; was Karyatiden [weibl. Figuren] sind, tragen Häuser, was Engel sind, halten Taufschüsseln, und heidnische Wassergötter arbeiten in Springbrunnen und gießen den Mägden das Wasser in die Scheffel zu.« – –

* Ein guter Wouwermann heißet in der Malersprache ein gut gemaltes Pferd, dessen Beschauen auf die Schönheit des künftigen Füllen einfließet.

(1. Jobelperiode, 6. Zykel)

Schoppe behauptet, der Deutsche erlaube sich ästhetischen Genuß nur im Zusammenhang mit praktischem Nutzen; dabei findet er die sonderlichsten Beispiele für verwertete Kunst und überdreht die Argumentation manchmal bis zur satirischen Umkehrung: Die verzierten Konfekttischchen auf dem immerwährenden Reichstag zu Regensburg sind nicht mehr nur schönes »Beiwerk«, sondern, wie ihr Angestoßen-Sein verrät, wichtiger als die eigentlichen Konferenztische geworden. Die Ineffizienz dieses Reichstags, die im ganzen Reich beklagt wurde, kritisiert Jean Paul in solcher Nebenbemerkung. Überhaupt ist es bezeichnend, daß er seine politische, aber auch seine Gesellschaftskritik wie nebenbei einfließen läßt, in eine bunte Reihe stellt mit Kuriositäten oder Anspielungen aus beliebigen Wissensgebieten etc., so daß man sich sein vollständiges Weltbild aus einzelnen Mosaiksteinen zusammensetzen muß. Ein genaues Bild ergibt sich aber auch dann nicht, denn vieles wird gerade nur angetippt, manches auch nur in die Vergleichsketten mitaufgenommen, um des Autors Gelehrtheit zu demonstrieren. So bringt Jean Paul unter dem Negativaspekt, daß der Deutsche stets das Angenehme mit dem Nützlichen verbinde, ausgerechnet die Reformpädagogik Basedows, der als erster Bildmaterial zur Veranschaulichung und als Lernhilfen nutzte (was der Dichter sicher befürwortete). Die folgenden anekdotischen Beispiele der beiden Maler reduzieren schließlich die Vorstellung von Nutzen und Schönheit aufs Essen des zu malenden Hasen und auf kostensparenden Strumpfersatz. Jean Paul ging es nicht um die umfassende Ausleuchtung eines Begriffs oder Gedankens, sondern um den komischen Effekt, mit dessen Hilfe er hier die Idee der Schönheit deutlich absetzen wollte gegen die banale Wirklichkeit.

Schoppes »Fegemühle« ist »mit allen Rädern in Gang«, wie es im 3. Zyklel heißt: sein satirischer Geist fegt reinigend über den ganzen »heiligen Reichskörper« hinweg. Bei allem Lachen, das er erzeugt, ist doch der tiefe Ernst unverkennbar und der Schmerz dessen, der an den Deformierungen des Lebens leidet.

Wilde Subjektivität

Die eigentliche Aufgabe des modernen Dichters sah Jean Paul darin, die Wirklichkeit zu entziffern, auf ihren göttlichen Sinn zu verweisen; kein »platter Spiegel der Gegenwart« sollte die Dichtkunst sein, sondern der »Zauberspiegel« einer idealen Zeit. Da das Ideal, das »Himmlische ... erst durch Versetzung mit dem Wirklichen« deutlich wird, läßt Jean Paul seiner satirischen Begabung immer wieder freien Lauf, um Schwächen und Mißstände in der Gesellschaft aufzudecken (vgl. ›Vorschule‹, III. Kantate-Vorlesung).

Um den Blick zu öffnen für eine mögliche bessere Welt, verzerrt der Dichter erst einmal humoristisch die Wirklichkeit und hält ihr dann die Idee des Guten entgegen. Im § 35 der ›Vorschule der Ästhetik‹ heißt es im Zusammenhang mit der »humoristischen Sinnlichkeit«: »Da es ohne Sinnlichkeit überhaupt kein Komisches gibt: so kann sie bei dem Humor als ein Exponent der angewandten Endlichkeit nie zu farbig werden.«

»Die überfließende Darstellung«, die Farbigkeit der übervielen Bilder und Kontraste schien Jean Paul geeignet, seine Leser zu erreichen. So suchte er jede allgemeine Aussage bis ins Kleinste zu individualisieren, in eine Fülle sinnlicher Details aufzulösen. Dabei reißt der frei assoziierende Witz des humoristischen Dichters die Dinge aus ihrem gewohnten Zusammenhang, zwingt die inhomogensten Einzelheiten nebeneinander – dadurch werden ganz surrealistische Effekte erzielt; mit der empirischen Wirklichkeit haben die wie willkürlich zusammengesetzten Realitätsfragmente allerdings nichts mehr zu tun.

Nach Jean Pauls Vorstellung sollte der Humorist »als ein Jüngster Tag die sinnliche Welt zu einem zweiten Chaos [ineinanderwerfen], – bloß um göttlich Gericht zu halten«, d. h. um der poetisch vernichteten Wirklichkeit seine Idee einer besseren Welt entgegenzuhalten. Die rauschhafte Begeisterung, mit der er in »Bildern und Kontrasten des Witzes und der Phantasie« die Endlichkeit darstellt, glaubte Jean Paul auf den Leser übertragen und ihn damit aufschließen zu können für wichtige Einsichten.

Löst die Überfülle aber nicht gerade das Gegenteil aus? Die vielen nahen und entlegenen, ja exotischen Bilder, die da ohne ordnende Gewichtung hintereinandergesetzt werden, mögen vielleicht die Heterogenität der Welt spiegeln, haben aber auf den Leser (auch damals schon) den Effekt, daß er binnen kurzem erlahmt und solche im einzelnen nicht mehr nachvollziehbaren sinnlichen Appelle, die doch alle übersetzt werden wollten, nur noch überfliegt. Jean Paul überfordert immer wieder die Vorstellungskraft und Denklust des Lesers.

In diesem Zusammenhang sei darauf hingewiesen, daß Goethe in seinen ›Noten und Abhandlungen‹ zum ›West-Östlichen Divan‹ (1816-19) sein böses Urteil über den »Chinesen in Rom« revidierte; gerade wegen seines bunten, üppigen Stils und seines mannigfaltigen Anspielens auf die »so unendlich verklausulierten, zersplitterten« Zustände seiner Epoche rühmte er Jean Paul nun als »orientalischen« Dichter: »Ein so begabter Geist blickt, nach eigentlichst orientalischer Weise, munter und kühn in seiner Welt umher, erschafft die seltsamsten Bezüge, verknüpft das Unverträgliche, jedoch dergestalt, daß ein geheimer ethischer Faden sich mitschlinge, wodurch das Ganze zu einer gewissen Einheit geleitet wird.«

An das ständige Einmischen des Autors in seine Erzählung, das Jean Pauls Vorstellung von der »humoristischen Subjektivität« entspricht, muß der Leser sich erst gewöhnen. Bei allem Reiz bringt diese Erzählweise gelegentlich auch zur Verzweiflung: Wie gern würde man einmal ohne Unterbrechung die Geschichte weiterhören, wenigstens ein Stück weit!

Die auktoriale Erzählhaltung hatte Jean Paul bei den englischen Humoristen Swift, Fielding, vor allem bei Laurence Sterne studiert, die ja auch Vorbilder für Wielands ›Agathon‹ waren. Aber wie hemmungslos agiert Jean Paul in dieser Pose des allwissenden und allmächtigen Erzählers! Er sagt selbst einmal im ›Titan‹: »Für Autoren, die wahre Geschichten zugleich erzählen und vermummen wollen, bin ich vielleicht im ganzen ein Modell und Flügelmann« (1. Jobelperiode, 9. Zykel). Und fährt fort, er habe die »kleinen unschuldigen Verrenkungen, die eine Geschichte dem Helden derselben selber unkenntlich machen können, studiert und imitiert«. Eine solch waghalsige Akrobatik, ein solcher Zickzack-Kurs des Erzählens ist tatsächlich bis heute kaum wieder erreicht worden. In seiner Poetik hat Jean Paul die »wilde Subjektivität« geradezu als Charakteristikum der neueren Dichtung hingestellt, im Gegensatz zur »schönen Objektivität« der Griechen, deren Person und Individualität aus ihren Werken nicht zu erkennen sei.

Jean Paul spielt mit seiner Rolle als Erzähler; dieses poetische Ich ist natürlich fiktiv, darf also nicht mit der Person des Autors gleichgesetzt werden, wenn es auch viel von ihr enthält. Künstlerischer Gestaltungswille und eine gehörige Portion persönlicher Eitelkeit kommen sich dabei durchaus entgegen. Wie dem auch sei: die schier unendliche Variationsbreite seiner »Einmischungen« ist bewundernswert.

Da ironisiert der Autor einen Topos der Romanliteratur des 18. Jahrhunderts, indem er einen fiktiven Historiographen zitiert, dessen minutiös-genaue Depeschen über das Geschehen am Fürstenhof von Hohenfließ ihm angeblich den Stoff lieferten; die Berufung auf solche Quellen sollte die Authentizität des Romans, der als unwahres Phantasiegespinst nur geringes poetisches Ansehen genoß, beglaubigen, hat hier aber den Effekt, daß gerade das rein Fiktive der Erzählung bewußt gemacht wird. Oder der Dichter schiebt plötzlich in der 16. Jobelperiode die Forderung nach Zensurfreiheit für Briefe ein (da es ein garantiertes Briefgeheimnis noch nicht gab), indem er satirisch eine offizielle Briefzensur und einen »Katalog verbotener Briefe« vorschlägt (in Anspielung auf den katholischen ›Index librorum prohibitorum‹), so daß »aus dem Unrecht ... ein Recht gemacht werde durch gesetzliche Wiederholung«; außerdem nimmt er ständig Bezug auf die zeitgenössische und fernere Literatur. Auch führt Jean Paul pädagogische Gespräche mit den Müttern unter seiner Leserschaft mit einem mehrseitigen leidenschaftlichen Plädoyer gegen die Zwangsverheiratung von Töchtern (»Genau und merkantilisch gesprochen sind Töchter eigentlich kein Handelsartikel ...«); er spottet, philosophiert, belehrt an allen möglichen und unmöglichen Stellen, schiebt plötzlich 10 Aphorismen ein, die er »Verfolgungen

des Lesers« nennt; er läßt Figuren aus seinen anderen Romanen auftreten, beginnt mit dem Leser Werkstattgespräche . . .

Es ist kaum glaublich, wie er immer wieder den roten Erzählfaden
findet und sicher zu Ende spult. Bei solchem Hin-und-Herpendeln
zwischen der Zeit des Erzählers und der erzählten Zeit wird die Illusion zerstört, wird das Eintauchen in die Romanwelt unmöglich. Im
Endeffekt ist damit auch der weihevolle, ja geheiligte Schöpfungsakt
des Dichtens gründlich demontiert.

Nachträglich eingeschoben zwischen die Reise zur Isola Bella, wo
Albano geheimnisvoll die Zukunft gewiesen wird, und seiner Rückkehr nach Deutschland hat Jean Paul Erlebnisse des Helden aus der
Kindheit in Blumenbühl bei seiner Pflegefamilie – solche Rückblen-
den gibt es auch in Wielands ›Agathon‹ und Goethes ›Wilhelm Meister‹. Aber bevor der Leser Albanos Einzug in die Residenzstadt
miterleben darf, hat er noch eine Art Vorrede zu bestehen.

Die Vorreden waren geradezu eine Leidenschaft Jean Pauls,
konnte er doch da, ohne Rücksicht auf die Geschichte, mit dem Leser
über sich und die Welt und seine Arbeit reden. Obwohl er sich beim
›Titan‹ als seinem »klassischsten« Werk einen gewissen Zwang aufer-
legte und um objektive Distanz – in Maßen – bemühte, also viele
Anmerkungen in den ›Komischen Anhang‹ außerhalb des Werks
verbannte, konnte er, schon mitten im Schreiben, der Versuchung
nicht ganz widerstehen. Also schob er das ›Antrittsprogramm des
Titan‹ in den 9. Zykel ein, in dem er einmal die merkwürdige Einteilung seines Romans in Jobelperioden und Zykeln erklärt. (Dazu an-
geregt worden sei er von dem evangelischen Theologen Georg Fran-
cke d. J., der in Anlehnung an das Alte Testament Jahresfolgen mit
regelmäßigen Jobel- oder Festjahren zu einem neuen Kalendersystem
gefügt hatte, das sich allerdings nicht durchsetzte.) Auch wird der
oben bereits erwähnte Historiograph von Hafenreffer in die Erzählung eingeführt; ansonsten reflektiert der Autor seitenlang über sich
selbst und seine »Fronarbeit« der Schriftstellerei, mal parodistisch,
mal ernsthaft.

»Und nun lasset uns sämtlich ins Buch hineintanzen, in diesen
Freiball der Welt – ich als Vortänzer voraus und dann die Leser als
Nachhopstänzer . . . munter tanzen von Tomus [Band] zu Tomus –
von Zykel zu Zykel – von einer Digression zur andern – von einem
Gedankenstrich zum andern – bis entweder das Werk ein Ende hat
oder der Werkmeister oder jeder!« – ist das nicht eine entzückende
Einladung?

Kehren wir also zum Helden Albano zurück: Nach der himmlischen
Begegnung mit der italienischen Landschaft und der eher eisigen mit
seinem (geglaubten) Vater Gaspard kehrt Albano nach Deutschland
zurück. Nachdem der alte Fürst – sein wirklicher Vater – gestorben

ist, darf er endlich in die Residenzstadt Pestitz und dort die Akademie besuchen. Der Leser erfährt später, daß er wegen der Ähnlichkeit mit dem Fürsten, die seine wahre Abstammung verraten hätte, vorher striktes Verbot hatte. Der kränkliche Bruder Luigi hat mittlerweile seine kurze Thronfolge angetreten. Im Hause des Ministers von Froulay lernt Albano Liane und Roquairol kennen, von denen er über seinen Exerzitienmeister Falterle schon so viel gehört hatte. Seele und Arme des Jünglings sind weit geöffnet für einen Freund, und der feurige geniale Hauptmann Roquairol erwidert die stürmische Zuneigung; die beiden vereinigen sich wie zwei gewaltige Ströme (das Bild erinnert an Hyperions Begegnung mit Alabanda, s. S. 101).

Roquairol: die ästhetische Existenz

Natur, Liebe und Freundschaft sind die Bereiche, die den Menschen nach Jean Pauls Vorstellung erheben konnten über die irdische Begrenztheit, ihn die zweite, die göttliche Welt ahnen ließen. So mischt sich der Dichter natürlich an solcher Stelle persönlich ein:

Wir sind alle bessere, offnere, wärmere Freunde, als wir wissen und zeigen; es begegne euch nur der rechte Geist, wie ihn die dürstende Liebe ewig fordert, rein, groß, hell und zart und warm, dann gebt ihr ihm alles und liebt ihn ohne Maß, weil er ohne Fehler ist. Albano fand in diesem Fremdlinge [Roquairol] den ersten Menschen, der sein ganzes Herz mit gleichen Tönen erwiderte, das erste Auge, das seine schüchternen Gefühle nicht flohen, eine Seele, vor deren erster Träne aus seinem ganzen künftigen Leben Blumen auffuhren wie aus den trocknen Wüsten heißer Länder unter der Regenzeit; – daher gab die Liebe seinem starken Geiste nur die gleiche weite Bewegung eines Meeres, indes der obwohl ältere und länger gebildete Freund ein Strom mit Wasserfällen war.

(9. Jobelperiode, 52. Zykel)

Wie stark Jean Paul von der Empfindsamkeit geprägt war und ihrem Freundschaftskult, macht solche Passage deutlich. Erst im sympathetischen Austausch gleichgestimmter Seelen erfuhr der empfindsame Mensch sich selbst und seine eigentliche göttliche Bestimmung; Freundschaft und Liebe führten zu Gott, daher wurden sie in dieser Zeit so emphatisch gefeiert, ja beinahe geheiligt. Zum Symbol der innigen Verbundenheit fließen die Tränen in Strömen, zerfließen die Herzen ins Unendliche, in die »weite Bewegung eines Meeres«, wie es in dem obigen Zitat heißt.

Neben der Fähigkeit, in seliger Übereinstimmung zu glühen und dahinzuschmelzen, verbindet Albano mit Roquairol durchaus das kraftvoll genialische Ingenium, eine gewisse Sturm-und-Drang-Attitüde: Beide ergehen sich in kerniger Verachtung aller bürgerlich-philiströsen Existenz, wie sie Karl Moor in Schillers ›Räubern‹ vorlebte. »Nein, sagte Albano, lieber wirf eine schwarze Bergkette von Schmerzen ins platte Leben, damit nur eine Aussicht dasteht und etwas Großes.« – Albano wird seine so leichthin gewünschten Schmerzen noch bekommen und mehr daran zu leiden haben, als er im Überschwang seines Kraftgefühls glaubt.

In Roquairol hat Jean Paul einen seiner eindrucksvollsten Charaktere geschaffen, in den er seine eigenen, ihm durchaus bewußten Schwächen und Gefährdungen projizierte: einen Menschen, der sich hemmungslos seiner Phantasie hingibt, der das Leben gleichsam als Bühne nimmt, um dort jede nur gewünschte Rolle zu spielen, den Bezug zur Wirklichkeit und zum eigenen Ich aber dabei verliert. In seiner ›Vorschule der Ästhetik‹ schreibt er über die »Entstehung poetischer Charaktere« (§ 57):

Die bestimmtesten besten Charaktere eines Dichters sind daher zwei alte, lang gepflegte, mit seinem Ich geborne Ideale, die beiden idealen Pole seiner wollenden Natur, die vertiefte und die erhabne Seite seiner Menschheit. Jeder Dichter gebiert seinen besondern Engel und seinen besondern Teufel . . .

Mit seinem »Teufel« Roquairol hat Jean Paul gleichwohl das »kalte« Genie Goethes mit ins Auge gefaßt; auch der Sturm-und-Drang-Dichter Klinger soll Züge zu dieser Figur geliehen haben, mit der sich interessanterweise Clemens Brentano vollkommen identifizierte. Solche Übereinstimmung ist kein Zufall, denn Roquairol (wie auch die anderen Figuren) repräsentiert ein bestimmtes Lebensgefühl seiner Zeit. Den vom poetischen und philosophischen Idealismus geprägten romantischen Charakter verkörpert Roquairol, der sich in seiner schrankenlosen künstlerischen Phantasie so weit von der Wirklichkeit und jeder Moralität entfernt hat, daß ihm das Leben nur noch als ästhetischer Genuß möglich ist, nicht aber mehr als echte Empfindung.

Ein Beispiel seiner exaltierten Lebensart hat Roquairol bereits als Vierzehnjähriger geliefert: Angetan mit Werthers Kostüm, also mit blauem Frack und gelben Hosen, steigerte er sich an einem Redoutenball so sehr in die Rolle, daß er – als die schöne Linda de Romeiro, in die er sich wahnsinnig verliebt hatte, ihm einen Korb gab – wie sein literarisches Vorbild zur Pistole griff und sich erschießen wollte (wenn er auch in der Aufregung sich nur verletzte). Roquairol lebt sein Leben in Rollen – und er wird auch so sterben.

Eine Zeitlang kann der ausgebrannte Hauptmann neue Lebenskraft finden in der Freundschaft mit dem wahrhaften, schwärmerisch-idealistischen Albano, seinem besseren Ich. Daß beide die gleiche Stimme haben und sie deshalb verwechselt werden, bestätigt ihre Wesensverwandtschaft. Im Grunde haßt Roquairol seine fatale Künstlichkeit, von der er hofft, sie ablegen zu können. Als auch noch Rabette, Albanos Pflegeschwester aus Blumenbühl, dieses frische, ganz unverdorbene Mädchen, seine Geliebte wird, glaubt er im Bündnis mit diesen beiden spontanen, natürlichen Menschen einen neuen Anfang in seinem Leben setzen zu können. Doch der Reiz des Neuen erstirbt rasch, und Roquairol verstößt das Mädchen wie den Freund.

Nach kurzer Zeit erkennt Albano Roquairols wirklichen Charakter hinter dessen tausend genialischen Verstellungen. Mit ungewöhnlicher Präzision beschreibt und reflektiert Jean Paul Begabungen und Wesen Roquairols.

Roquairol ist ein Kind und Opfer des Jahrhunderts. Wie die vornehmen Jünglinge unserer Zeit so früh und so reich mit den Rosen der Freude überlaubt werden, daß sie wie die Gewürz-Insulaner den Geruch verlieren und nun die Rosen zum Sybariten-Polster [besonders luxuriöses Lager] unterbetten, Rosensirup trinken und in Rosenöl sich baden, bis ihnen davon nichts zum Reiz mehr dasteht als die Dornen: so werden die meisten – und oft dieselben – von ihren philanthropischen Lehrern anfangs mit den *Früchten* der Erkenntnis vollgefüttert, daß sie bald nur die honigdicken Extrakte begehren, dann den Apfel-Wein und Birnmost davon, bis sie sich endlich mit den gebrannten Wassern daraus zersetzen. Haben sie noch dazu wie Roquairol eine Phantasie, die ihr Leben zu einem Naphthaboden macht, aus welchem jeder Fußtritt Feuer zieht: so wird die Flamme, worein die Wissenschaften geworfen werden, und die Verzehrung noch größer. Für diese Abgebrannten des Lebens gibt es dann keine neue Freude und keine neue Wahrheit mehr, und sie haben keine alte ganz und frisch; eine vertrocknete Zukunft voll Hochmut, Lebensekel, Unglauben und Widerspruch liegt um sie her. Nur noch der Flügel der Phantasie zuckt an ihrer Leiche.

Armer Karl! – Du tatest noch mehr! Nicht bloß die Wahrheiten, auch die Empfindungen antizipierte er [nahm er vorweg]. Alle herrliche Zustände der Menschheit, alle Bewegungen, in welche die Liebe und die Freundschaft und die Natur das Herz erheben, alle diese durchging er früher in Gedichten als im Leben, früher als Schauspieler und Theaterdichter denn als Mensch, früher in der Sonnenseite der Phantasie als in der Wetterseite der Wirklichkeit; daher als sie endlich lebendig in seiner Brust erschienen, konnt' er sie ergreifen, regieren, ertöten und gut ausstopfen für die Eisgrube der künftigen Erinnerung. Die unglückliche Liebe für Linda de Romeiro, die ihn später vielleicht gestählet hätte, öffnete so früh alle Adern seines Herzens und badete es warm im eignen Blute; er stürzte sich in gute und böse Zerstreuungen und Liebeshändel und stellte hinterher alles auf dem Papier und Theater wieder dar, was er bereuete oder segnete; und jede Darstellung höhlte ihn tiefer aus, wie der Sonne von ausgeworfenen Welten die Gruben blieben. Sein Herz konnte die heiligen Empfindungen nicht lassen, aber sie waren eine neue Schwelgerei, höchstens ein Stärkungsmittel (ein tonicum); und gerade von ihrer Höhe lief der Weg zu den Sümpfen der unheiligsten abschüssiger. Wie im dramatischen Dichter engelreine und schmutzige Zustände nebeneinander stehen und folgen, so in seinem Leben; er fütterte wie in Surinam die Schweine mit Ananas; gleich den ältern Giganten hatt' er hebende Flügel und kriechende Schlangenfüße.

Unglücklich ist die weibliche Seele, die sich in ein so großes, mitten im Himmel aufgespanntes Gewebe verfliegt; und glücklich ist sie, wenn sie sich unvergiftet durchreißet und bloß die Bienenflügel beschmutzt. Aber diese allmächtige Phantasie, diese strömende Liebe, diese Weichheit und Stärke, diese erobernde Besonnenheit wird jede weibliche Psyche mit Gespinsten überziehen, sobald sie nicht die ersten Fäden wegschlägt. – Könnt' ich euch warnen, arme Mädchen, vor solchen Kunturs [wohl: Kondore], die mit euch in ihren Krallen auffliegen! Der Himmel unserer Tage hängt voll dieser Adler. Sie lieben euch nicht, aber sie glauben es; weil sie wie die Seligen in Muhammeds Paradies statt der verlornen Liebes-Arme nur Fittiche der Phantasie haben. Sie sind gleich großen Strömen nur am Ufer warm und in der Mitte kalt.

Bald Schwärmer, bald Libertin in der Liebe, durchlief er den Wechsel zwischen Äther und Schlamm immer schneller, bis er beide vermischte. Seine Blüten stiegen am lackierten Blumenstabe des Ideals hinauf, der aber farbenlos am Boden verfaulte. Erschreckt, aber glaubt es: er stürzte sich zuweilen absichtlich in die Sünde und Marter hinab, um sich drunten durch die Wunden der Reue und Demut den Schwur der Rückkehr tiefer einzuschneiden; wie etwan die Ärzte (Darwin und Sydenham) behaupten, daß *stärkende* Mittel (China, Stahl, Opium) kräftiger wirken, wenn vorher *schwächende* (Aderlaß, Brechmittel etc.) verschrieben worden.

Äußere Verhältnisse hätten ihm vielleicht etwas helfen können, und das Gelübde der Armut hätt' ihm die beiden andern [die der Keuschheit und des Gehorsams] erleichtert; hätte man ihn als Neger verkauft, sein Geist wäre ein freier Weißer und ein Arbeitshaus ihm ein Purgatorium [Fegefeuer] geworden. Daher gaben die ersten Christen den Besessenen immer Geschäfte, z. B. Kirchenausfegen u. s. w. Aber das müßige Offiziersleben arbeitete ihn bloß noch eitler und kecker aus.

So stand es in seiner Brust, als er an Albanos seine kam – Liebe schwelgerisch aufjagend, aber bloß um mit ihr zu spielen – mit einem unwahren Herzen, dessen Gefühl mehr lyrisches Gedicht als wahres dichtes Wesen ist – unfähig, wahr, ja kaum falsch zu sein, weil jede Wahrheit zur poetischen Darstellung artete und diese wieder zu jener – leichter vermögend, auf der Bühne und auf dem tragischen Schreibpult die wahre Sprache der Empfindung zu treffen als im Leben, wie Boileau nur Tänzer nachmachen konnte, aber keinen Tanz – gleichgültig, verschmähend und keck gegen das ausgeschöpfte stofflose Leben, worin alles Feste und Unentbehrliche, Herzen und Freuden und Wahrheiten, zerschmolzen herumschwammen – mit ruchloser Kraft vermögend, alles zu wagen und zu opfern, was ein Mensch achtet, weil er nichts achtete, und immer nach seinem eisernen Schutzheiligen umblickend, nach dem Tode – an seinen Entschlüssen verzagend und sogar in seinen Irrtümern schwankend – aber doch nur des *Stimmhammers*, und nicht der *Stimmgabel* der feinsten Moralität beraubt und mitten im Brausen der Leidenschaft stehend im hellen Lichte der Besonnenheit, wie der Wasserscheue seinen Wahnsinn kennt und davor warnt. – –

(10. Jobelperiode, 53. Zykel)

In Roquairol (wie auf andere Weise auch in Schoppe) hat sich Jean Paul selbst analysiert und bekämpft – daher sein Pathos, seine »innige Trauer« an ihrem Scheitern. Jacobi äußerte sich »erschrocken« über dieses genaue Wissen des Freundes »von dem was das Herz austrocknet und die Seele tödtet« (Brief am 31. 7. 1802), das ihm selbst auch nicht fremd war, und fragt nach seinem »Ernst«, seiner »Wahrheit«, die er solch gefährlichen Abgründen entgegenzusetzen habe. Worauf Jean Paul antwortet: »Mein Ernst ist das überirdische bedeckte Reich, das sogar der hiesigen Nichtigkeit noch sich unterbauet, das Reich der Gottheit und Unsterblichkeit und der Kraft. Ohne das giebts in der Lebens-Oede nur Seufzer und Tod ...« (am 16. 8. 1802)

Kleine biographische Abschweifung

»Kind und Opfer des Jahrhunderts« war Jean Paul selbst. Hineingeboren in eine Zeit gewaltiger geistiger (wie politischer und gesellschaftlicher) Umbrüche, wurde er geprägt von dem Vernunftglauben der Aufklärung und dem Gefühlskult der Empfindsamkeit, dazu vom Sturm und Drang der siebziger Jahre, dessen Unangepaßtheit und sozialpolitisches Engagement und dessen Rousseau-Begeisterung er übernahm. Durch Herder vor allem, der die Genie-Bewegung kritisch beurteilte, fand Jean Paul zur notwendigen Grenzziehung und zu jenen Humanitätsidealen, wie sie auch die Klassiker vertraten, deren rein ästhetische und, wie er meinte, wirklichkeitsabgewandte Haltung er allerdings ablehnte. Auch mit den Frühromantikern fühlte er sich in wichtigen Punkten verbunden – in dem Bestreben, das kalte, nüchterne Leben zu poetisieren, und in der Betonung der Phantasiekräfte –, ohne die Vorstellung von den uneingeschränkten Rechten des Geistes zu teilen. Auf den Einfluß des deutschen Idealismus, insbesondere Fichtes Philosophie, wird im Zusammenhang mit der Figur des Bibliothekars Schoppe näher eingegangen. Daß Jean Paul in solchem geistigen Umfeld seine unverwechselbare Eigenart gefunden und behauptet hat, auch daß er von seiner schriftstellerischen Arbeit – als erster! – leben konnte, bestätigt die Kraft seiner Persönlichkeit, die Überzeugung vom eigenen Ingenium.

Neben der allgemeinen Erziehung durch sein Jahrhundert war Jean Paul natürlich von seinem Elternhaus geprägt. Als Sohn eines streng orthodox denkenden Pfarrers und Schulmeisters in Wunsiedel im

Fichtelgebirge aufgewachsen, hatte er früh für sich den Ausbruch aus der kleinbürgerlichen Enge und Armut beschlossen. Obwohl der Vater seine Kinder von klein an mit trockenem Auswendiglernen und Abschreiben von »Sprüche[n], Katechismus, lateinische[n] Wörter[n] und Langens Grammatik« (›Selberlebensbeschreibung‹) traktierte, konnte er dem begabten und wissensdurstigen ältesten Sohn die Lust am Lernen nicht nehmen. Im Gegenteil: Johann Paul Friedrich las alles, was er nur unter die Finger bekommen konnte, und machte sich Auszüge. Wichtige geistige Anregung bekam der Autodidakt von zwei freisinnigeren Theologen, die ihn mit der kritischen Aufklärungsphilosophie und -theologie bekannt machten.

Mit skeptischem Bewußtsein und deutlichem Hang zur Eigenbrötelei absolvierte Jean Paul spärliche zwei Jahre am Gymnasium in Hof: die Einsiedlerexistenz, die er so viele Jahre auf dem Dorfe hatte führen müssen, war nicht spurlos an ihm vorübergegangen. Immerhin fand er in Hof wichtige Freunde, unter anderm den lebenslangen Weggefährten Christian Georg Otto, der alle seine Entwürfe lektorierte. Es folgten einige Semester Theologie in Leipzig, wo er zu den Ärmsten der Armen zählte (nach dem Tod des Vaters, 1779, war die Familie in äußerste Not geraten). Der mittellose Student bekam seine soziale Unterprivilegierung bitter zu spüren, so daß sich ihm ein lebenslanger Haß gegen Standesdünkel und Ignoranz der sogenannten gebildeten, feinen Gesellschaft eingrub. In Jean Pauls Leiden an seiner ärmlichen Herkunft gibt es deutliche Parallelen zu Karl Philipp Moritz (vgl. Bd. II), mit dem er sich innerlich verbunden fühlte und dem er seinen Erstlingsroman ›Die unsichtbare Loge‹ anonym zur Begutachtung schickte; Moritz, der ebenfalls die tiefe Übereinstimmung empfand, verhalf dem damals noch weitgehend Unbekannten durch seine begeisterte Empfehlung zum literarischen Durchbruch. »Und wenn Sie am Ende der Welt wären, und müßt ich hundert Stürme aushalten, um zu Ihnen zu kommen, so flieg' ich in Ihre Arme! – Wo wohnen Sie? Wie heißen Sie? Wer sind Sie? – Ihr Werk ist ein Juwel; es haftet mir, bis sein Urheber sich mir näher offenbart!« Zu einer Begegnung kam es nicht mehr: Karl Philipp Moritz starb bereits ein Jahr später.

Mit seinen ersten Arbeiten (aus der »Satirischen Essigfabrik«) in Nachfolge der Engländer Pope und Swift hatte der zielstrebig in die Schriftstellerei drängende Student keinen Erfolg. Erst sein zweiter Roman ›Hesperus‹, in empfindsamem Stil wie Goethes ›Werther‹ geschrieben, machte Jean Paul fast über Nacht berühmt. Einige Jahre genoß der ehrgeizige Dichter seinen Ruhm und die gesellschaftliche Anerkennung, die er an Höfen und vor allem in der literarischen Hauptstadt Weimar erfuhr. (Allerdings schloß sich Jean Paul dort rasch an Wieland und besonders Herder an, da ihn die kalte Distanziertheit Goethes abstieß.) Es schmeichelte ihm, wie die Damen der höheren Gesellschaft für ihn schwärmten, mit einigen kam es auch zu näheren Beziehungen, doch floh er immer rechtzeitig, bevor das Verhältnis zu bindend wurde.

Die Erfahrungen mit der großen Welt blieben nur eine Episode in seinem Leben (bösartig gesagt: die er vor allem machen wollte, um seinen ›Titan‹ schreiben zu können), seine Vorstellungen von häuslichem Glück konnte er in diesen ihm fremden Kreisen nicht verwirklichen. 1801 heiratete er in Berlin Karoline Mayer, die Tochter eines höheren Richters, mit der er schließlich 1804 nach Bayreuth zog, in die Nähe seines Geburtsorts; er kehrte also in die Enge und Provinzialität zurück, die er hatte fliehen wollen, die ihn aber zutiefst geprägt hatte und sein eigentliches Zuhause blieb. Jean Pauls beliebteste Werke spielen in diesem kleinstädtischen Milieu, in der Welt der Schulmeister, Pfarrer und Armenadvokaten – ohne sie allerdings zu verherrlichen, die er aber mit einer atmosphärischen Genauigkeit und liebevollen Anteilnahme darstellen konnte wie kein zweiter.

Gewiß hatten die geistige Drillmethode des Vaters und die eigene Lesewut den Knaben zu einem einseitig forcierten Genie (wie seine Antihelden im ›Titan‹) mit pathologischen Zügen gemacht: Jean Pauls Manier, bei jeder passenden und unpassenden Gelegenheit Proben seines Wissens anzubringen, das er in seinen berühmten Zettelkästen und Exzerptheften geordnet hatte, läßt das Lesen seiner labyrinthischen Bücher ja so mühsam werden, was ihm schon seine Rezensenten ankreideten. Allein die Tatsache, daß er diese Notizsammlungen noch auf seinem Sterbebett sorgsam weiterführte, hat etwas Zwanghaftes, deutet nicht auf ein souveränes Zusammenwachsen mit dem gehorteten Wissensstoff hin. Der frühe Lern- und Leseifer, der dem Kind das Gefühl der Überlegenheit gab, führte später zu einer Art Schreibwut; nicht anders kann man Jean Pauls enorme Produktivität, die an Besessenheit grenzte, bezeichnen. Die Schreibtischexistenz wurde für ihn zum eigentlichen Leben, gab ihm seine Identität.

Zur Kompensation seiner im Grunde unkindgemäßen intellektuellen Ausbildung rettete sich der Knabe ins Reich der Phantasie und der Träume, »so daß er, es mochte noch so schwarz um ihn sein, immer weiß aus schwarz machen konnte und mit einem beidlebigen Instinkt für Land und Meer weder ersaufen noch verdursten konnte« – so schreibt der Dichter im Alter verklärend über seine Kindheit (›Selberlebensbeschreibung‹). Die Phantasie, die ihm Flügel verlieh, sich zu erheben über die unschöne Gegenwart seiner Kindertage, sie mit Träumen und Wünschen sehnsüchtig in die Zukunft auszuweiten, befähigte den späteren Dichter, in seiner Kunst so wunderbare Traumlandschaften zu entwerfen; aber ebenso litt Jean Paul an dieser Begabung, die ihn nie den gegenwärtigen Augenblick leben, sondern, wie er es bei seinem teuflischen Ebenbild Roquairol ausführte, immer vorausphantasieren bzw. erinnernd nachgestalten ließ.

Als letztes sei die Bedeutung des Predigerberufs seines Vaters, den er von klein auf intensiv begleitet und dessen Predigten er auswendig gelernt hatte, auf die schriftstellerische Entwicklung Jean Pauls angemerkt. So ist z.B. die Einteilung vieler seiner Romane von der Ordnung des Kirchenjahrs bestimmt, und große, wichtige Ereignisse im Leben seiner Helden werden gern mit hohen Feiertagen in Verbindung gebracht. Vor allem übernimmt Jean Paul Formen der geistlichen Rede, meist als Parodie oder Satire, um in säkularisierter Gestalt gleichzeitig die offizielle Kirchenpraxis zu kritisieren und die Religiosität zu bewahren (›Leichenrede auf sich selber‹, ›Friedenspredigt an Deutschland‹, ›Politische Fastenpredigten‹, vgl. insbes. die ›Rede des toten Christus . . .‹).

Der feste »Kinderglauben« bot Jean Paul in geistigen Krisenzeiten Halt und Rettung, wenn die alles zersetzende kritische Vernunft ihn in Atheismus zu drängen drohte. Er brauchte die Gewißheit der Unsterblichkeit der Seele, um als Schriftsteller wirken zu können. Seine ganze Dichtkunst begriff Jean Paul auch als weltliche Predigt in einer säkularisierten Zeit. Gegenüber König Friedrich Wilhelm III. von Preußen hat der Dichter einmal geäußert, daß er es als seine Aufgabe ansehe, den »sinkenden Glauben an Gottheit und Unsterblichkeit und an alles was uns adelt und tröstet zu erheben und die in einer egoistischen und revoluzionären Zeit erkaltete Menschenliebe wieder zu erwärmen«. »Denn ein Autor ist der Stadtpfarrer des Universums«, heißt es im ›Leben des Quintus Fixlein‹.

Schoppe: Philosoph und Humorist

Eine andere wichtige Seite seines Ichs hat Jean Paul in Schoppe Gestalt werden lassen: Der kauzige, spöttische, vernichtende Kritiker des Erdentreibens ist er selbst. Als Leibgeber im ›Siebenkäs‹, als Giannozzo in ›Des Luftschiffers Giannozzo Seebuch‹, das er als zweiten Teil des ›Komischen Anhangs‹ dem ›Titan‹ nachschickte, als Vult in den ›Flegeljahren‹: überall taucht er auf. Nichts ist diesem Schoppe heilig, alles sieht er durch seinen Vexierspiegel, aus seiner Perspektive verzerrt, abartig, komisch, lächerlich, denn alles mißt er an einem absoluten Ideal. So ist er auch ein strenger Moralist von unbedingter Verläßlichkeit.

Die kritische Vernunft der Aufklärung, aufgeladen von der idealistischen Philosophie seiner Zeit, vor allem von Fichtes Postulat der absolut freien Geisteskraft, hat sich in Schoppe zu einer skurrilen, gelegentlich erschreckenden Nihilistenexistenz verdichtet. Sein freies Denken, seine innere und äußere Unabhängigkeit verleihen ihm zwar ein stolzes Ich-Gefühl, doch da diese Haltung auch den Glauben ausschließt, ist er auch gefährdet, weil ohne festen Halt. Wie Roquairol kreist er so im eigenen Ich, daß er kaum eine innige Beziehung zu andern Menschen herstellen kann und will. Nur Albano versteht Schoppes bitteren kaltschnäuzigen Humor und erkennt dahinter den enttäuschten Idealisten und unbedingten Wahrheitssucher.

Die »nahe Verwandtschaft ihres Trotzes und Adels« verbindet Albano und den Bibliothekar, doch während der ebenso sensible Schoppe sein Herz verschlossen hat, bekennt Albano sich zu seinem Gefühl. Die Beerdigung des alten Fürsten von Hohenfließ gibt Gelegenheit, den Zyniker Schoppe, der sich über die »Lust der Hoftrauer« mokiert, und Albanos offene Menschlichkeit vorzuführen.

Mit *komischem* Humor fing Schoppe gewöhnlich an und endigte mit *tragischem*; so führte auch jetzt der leere Trauerkasten, die Flöre der Pferde, die Wappen-Schabaracken derselben, des Fürsten Verachtung des schwerfälligen deutschen Zeremoniells und die ganze herzlose Mummerei, alles das führte ihn auf eine Anhöhe, wohin ihn immer das Anschauen *vieler* Menschen auf einmal trieb und wo er mit einer schwer zu malenden Erhebung, Ergrimmung und lachenden Kümmernis ansah den ewigen, zwingenden, kleinlichen, von Zwecken und Freuden verirrten, betäubten schweren Wahnsinn des Menschengeschlechts; – und seinen dazu.

[Albano und Schoppe sehen unerwartet Roquairol im Trauerzug reiten, in der Maske des neuen Herrschers; der Jüngling ist bewegt über die tragische Zerrissenheit, die der Reiter ausstrahlt.]

Auf einmal sagte Schoppe verdrüßlich über die Rührung: »Welche Maskerade wegen einer Maske! Lumperei wegen Lumpenpapier! Werft einen Menschen still in sein Loch und rufet niemand dazu. Ich lobe mir London und Paris, wo man keine Sturmglocken läutet und die Nachbarschaft rege macht, wenn der Undertaker einen Eingeschlafnen zu Bette bringt.« – »Nein, nein«, (sagte Zesara, voll Kraft zum Schmerz) »ich lob' es nicht – wem die heiligen Toten gleichgültig sind, dem werden es die Lebendigen auch – nein, ich lasse gern mein Herz in eine Träne nach der andern zerreißen, kann ich nur des lieben Wesens noch gedenken.« –

(9. Jobelperiode, 47. Zykel)

Für den schwärmerischen, auch etwas naiven Albano stellt der alles kritisierende Schoppe ein wichtiges Korrektiv dar, ohne daß es zu direkten Diskussionen über beider Einstellungen käme. Selbst ein einfacher Widerspruch wie oben ist selten. Schoppes Einseitigkeit besteht in der *nur* negativen Weltsicht, in seiner Intoleranz; im Absolutheitsanspruch seiner Ideen wirkt er inhuman, denn er läßt nicht einmal die »sanften Irrungen des Herzens, ... durch welche der Mensch ins kurze Leben eine noch kürzere Freude einwebt«, gelten.

Schoppe wird Albanos wichtigster Lehrer und ein wahrer Freund; gegen ihn ist der Menschenverachter merkwürdig nachsichtig, von rührender Sorge und Mitgefühl. Besonders nach den bitteren Erfahrungen seines Schützlings, die den Wonnemonden seiner ersten Liebe folgen, steht er ihm tröstend und heilend zur Seite.

Liane: die Engelsgleiche

Noch ist Albano ein Seliger auf Erden, noch schwebt er im Hochgefühl seines Glücks, denn Liane von Froulay, Schwester des Freundes Roquairol, erwidert seine Liebe. – Springen wir also in die 15. Jobelperiode! Die poetische Darstellung der zarten Liebe zwischen den zwei »schönen Seelen« gehört zu den bezaubernden Passagen des Romans.

Jetzt in dieser Minute muß unter allen Adamsenkeln, welche ein freudiges Gesicht zum Himmel aufhoben und ihm einen noch schönern darauf nachspiegelten, irgendeiner gewesen sein, der den größten hatte, ein Allerseligster. – Ach freilich muß auch unter allen tragenden Wesen auf dieser Kugel, die unser kurzer Lauf zur Ebene macht, eines das unglücklichste gewesen sein, und möge der Arme schon im Schlafe liegen unter, nicht auf seinem steinigen Wege! – Ob ichs gleich wünschte, daß Albano nicht jener Allerglücklichste gewesen wäre – damit es noch einen höheren Himmel über seinem gäbe –, so ist doch wahrscheinlich, daß er am Morgen nach der heiligsten Nacht, im jetzigen Traume vom reichsten Traume, tief in den dreifachen Blüten der Jugend, der Natur und der Zukunft stehend, den weitesten Himmel in sich trug, den die enge Menschenbrust umspannen kann. [. . .]
Kein kleinliches Kalendermaß werde an die schöne Ewigkeit gelegt, die er nun lebte, da er die Geliebte jeden Abend, jeden Morgen in ihrem Dörfchen sah. Als Abendstern ging sie vor seinen Träumen, als Morgenstern vor seinem Tage her. Den Zwischenraum füllten beide mit Briefen aus, die sie einander selbst brachten. Wenn sie abends schieden, nicht weit vom Wiedersehen, und dann in Norden unten am Himmel schon die Rosenknospen-Zweige hinliefen, die unter dem Menschenschlafe schnell nach Osten hinwuchsen, um mit tausend aufgeblühten Rosen vom Himmel herabzuhängen, eh' die Sonne wiederkam und die Liebe – und wenn sein Freund Karl [Roquairol] nachts bei ihm blieb und er nach einer Stunde fragte, woher das Licht komme, ob vom Morgen oder vom Mond – und wenn er aufbrach, da noch Mond und Morgen in den tauenden Lustwäldern zusammenschienen, und wenn ihm der Weg, vor einigen Stunden zurückgelegt, ganz neu vorkam und die Abwesenheit zu lange (weil Amors Pfeil halb ein Sekundenzeiger ist, der den Monatstag, und halb ein Monatszeiger, der die Sekunde weiset, und weil in der Nähe der Geliebten die kleinste Abwesenheit länger dauert als in ihrer Ferne die große) – und wenn er sie wiederfand: so war die Erde ein Sonnenkörper, aus welchem Strahlen fuhren, sein Herz stand in lauter Licht, und wie ein Mensch, der an einem Frühlingsmorgen von dem Frühlingsmorgen träumt,

ihn noch heller um sich findet, wenn er erwacht, so schlug er nach dem seligen Jugendtraum von der Geliebten die Augen auf vor ihr und verlangte den schönsten Traum nicht mehr.

(15. Jobelperiode, 67. Zykel)

Über die Schönheit solcher lyrischen Assoziationen, die gar nicht recht greifbar sind, aber das Gemüt des Lesers selig erheben – es gibt hunderte davon in Jean Pauls Werk! – konnten die empfindsamen Damen seinerzeit süchtig werden. Die dithyrambische Emphase hat der Autor nach ganz ähnlichem Muster wie in der eingangs zitierten Sonnenaufgangs-Szene erzeugt: eine langsame, weit ausholende Bewegung, die Bild auf Bild häuft, steigernde Kreise zieht, bis der Leser mit im Himmel steht . . .

Mit den zartesten Farben, mit ganz neuen Tönen gibt der Dichter Jubel und Glanz der ersten Liebe wieder; so wurde das Aus-der-Zeit-Sein der Liebenden nie vorher und nachher beschrieben. Albano »war von dem blassen, leisen Mondwagen der Hoffnung auf den rauschenden, glänzenden Sonnenwagen der lebendigen Entzückung gestiegen. Sogar von den Ruderschiffen hölzerner Wissenschaften schlugen jetzt, wie von Bacchus' Wunderhand belebt, Maste und Taue zu Weinstöcken und Trauben aus . . .« Mit solcher Bildlichkeit wurde das bacchantische Feuer, die belebende Energie der Liebe nur von Jean Paul beschworen.

Den »Traum von der Liebe« in allen seinen Entzückungen auszumalen, war Jean Pauls große Kunst, denn das sehnsüchtige Träumen ist unendlich, und erst die Liebeserfüllung bringt notwendig Grenzen. Deshalb hat der Autor die erste keusche Liebe Albanos genießerisch breit ausgeführt; sie reicht vom ersten bis ins dritte Buch, während die sehr viel heftigere, auch sinnlichere zweite Beziehung zu Linda de Romeiro recht kurz geschildert und die dritte und letzte – zu Idoine, die er heiraten wird – ohne großen poetischen Zauber nur noch erwähnt wird.

Den »weitesten Himmel . . ., den die enge Menschenbrust umspannen kann«, hat Jean Paul den Jünglingen zugesprochen, denen die Zukunft noch Traum ist; seine eigenen Jugendgefühle hat der Dichter sich damit verewigt. Den noch nicht vom Leben Enttäuschten, die nur schwärmen und wünschen und entwerfen dürfen, noch nicht realisieren müssen, widmete er sich mit besonderer Liebe; er stilisierte diese Zeit zum Glück einer noch ungebrochenen Lebensperiode. So schreibt er im ›Titan‹, daß »die holde Jugendzeit unser Welsch- und Griechenland . . . voll Götter, Tempel und Lust« sei (64. Zykel). Albano hat das Eins-Sein mit sich und den anderen, mit der Natur, dem Göttlichen, das der Grieche lebte, sozusagen verinnerlicht; als »unbeschreiblich stark und süß« empfindet er solche Harmonie.

In der ›Vorschule der Ästhetik‹ hat Jean Paul der modernen, romantischen Poesie die innere Welt als ihren Bereich zugewiesen im Gegensatz zur antiken, der noch »die ganze Sinnenwelt mit allen ihren Reizen« zur Verfügung gestanden hatte. Nach seiner Darstellung (die der romantischen Theorie entspricht) hat das Christentum diese Entkörperlichung eingeleitet; »dafür öffnete das Ungeheuere und Unermeßliche seine Tiefen«, wurden das Gefühl, der Verstand, die Phantasie – kurz: der unermeßliche Kosmos des inneren Menschen zum Gegenstand der Poesie (vgl. § 23). Der unendlichen Sehnsucht oder höchsten Seligkeit Ausdruck zu verleihen, galt Jean Pauls Streben und wurde seine besondere Leistung. In dem Absatz, der die 14. Jobelperiode einleitet, schreibt er:

In unserer innern Welt fliegen so viele zarte und heilige Empfindungen herum, die wie Engel nie den Leib einer äußern Tat annehmen können; so viele reiche gefüllte Blumen stehen darin, die keinen Samen tragen, daß es ein Glück ist, daß man die Dichtkunst erfunden, die alle jene ungebornen Geister und den Blumenduft leicht in ihrem limbus [hier: Blütenkelch] aufbewahret.

Ein Charakteristikum der Jean Paulschen Prosa sind die vielen Seelenbeschreibungen, die in unbestimmte Landschafts- und Naturbilder übergehen. Nicht daß die Natur mit dem inneren Befinden der Figuren korrespondiert, ist damit gemeint – wie es erstmals Goethes ›Werther‹ vorführte –, sondern daß Empfindungen auf diese Weise Ausdruck finden. Auch diese Technik des Erzählens hat Jean Paul in seiner ›Vorschule der Ästhetik‹ beschrieben, in der er alle seine dichterischen Praktiken theoretisch begründete. »Es gibt Gefühle der Menschenbrust, welche unaussprechlich bleiben, bis man die ganze körperliche Nachbarschaft der Natur, worin sie wie Düfte entstanden, als Wörter zu ihrer Beschreibung gebraucht ...« (§ 80)

Albano schied endlich, aber sein bewegtes Herz war ein Meer, in welchem die Morgensonne glühend noch halb steht und in welches sich in Abend [nach Westen] ein bleifarbiges Gewitter taucht und das glänzend schwillt unter dem Sturm.

(13. Jobelperiode, 59. Zykel)

Schon durch Farbe und Klang der Worte verleiht Jean Paul einer Gemütslage Ausdruck. Nachvollziehbar sind die einzelnen Bilder nicht immer, aber in ihrer Gesamtheit vermitteln sie dem Leser eine intensive Stimmung, auf die er sich einschwingen kann. Albano ist zum ersten Mal allein mit Liane in einem Zimmer, während sie die Harmonika spielt:

Wenn in den Fluren Persiens ein Glücklicher, der auf der üppigen Aue tief unter Nelken und Lilien und Tulpen schlief, vor dem ersten Abendrufe der

Nachtigall selig die Augen aufschlägt in die laue stille Welt und in die bunte Dämmerung, durch welche einige Goldfaden der Abendsonne glühend fliessen: so gleicht der Selige dem Jüngling Albano im magischen Zimmer – die Jalousiefenster streueten gebrochne Lichter, grüne zitternde Schatten aus, und es dämmerte heilig wie in Hainen um Tempel – nur tönende Bienchen flogen aus der lauten fernen Welt durch die schweigende Klause wieder ins Getöse – einige scharfe Sonnenstreife, gleichsam Blitze vor Schlafenden, wurden romantisch neben der Rose hin- und hergeweht – und in dieser träumerischen Grotte mitten im rauschenden Walde der Welt wurde die Einsamkeit nicht einmal durch das Schattenwesen eines Spiegels gestört. –

(13. Jobelperiode, 62. Zykel)

Aber die allerseligste Zeit ist dem Menschen bekanntlich nur für Lebensminuten geschenkt; Zweifel, Mißtöne, Sorgen greifen die schöne Traumwirklichkeit der Liebenden an. Liane ist so zart, so tugendhaft fromm, empfindsam, demütig bis zur Selbstaufopferung, ist so ganz »schöne Seele«, daß ihre körperliche Kraft darunter leidet. Sie gleicht eher einer »himmlischen Braut« als einer irdischen. Sie ergibt sich ganz in ihren mystischen Wahn (daß sie ihrer geliebten Freundin Karoline binnen eines Jahres mit dem Schleier der Jungfräulichkeit in den Himmel folge), anstatt dagegen aufzubegehren. Selbst ihre zärtliche Liebe zu Albano kann keine physische Widerstandskraft in ihr wecken, so daß Albano in seiner Verzweiflung argwöhnt, sie liebe ihn nur, weil sie nicht hassen könne. Doch nicht nur ihre innere Disposition, auch äußere Zwänge machen Liane zur Leidenden.

In der Figur der Liane hat Jean Paul den Einfluß pietistischer Frömmigkeit aufgezeigt. Diese protestantische Glaubensbewegung, die gegen die in der Orthodoxie erstarrte Religiosität eine lebendige, aus dem Herzen kommende Gläubigkeit vertrat, war seit der Jahrhundertmitte in Deutschland weitverbreitet. Mit dem ›Titan‹ schrieb Jean Paul auch einen Gesellschafts- und Zeitroman, daher hat er die so einflußreiche geistig-religiöse Strömung aufgenommen. Der Begründer des Pietismus war Philipp Jakob Spener (1635–1705); in Gestalt des gleichnamigen Hofpredigers, eines sanften gütigen Greises, hat ihm Jean Paul in seinem Roman ein Denkmal gesetzt. Allerdings gerät er, der über Albanos fürstliche Abkunft informiert ist, merkwürdig ins Zwielicht, als er Liane zwingt, auf den Geliebten zu verzichten und Albano die Gründe dafür zu verschweigen. Auch Lianes demütiger Gehorsam ihren Eltern, vor allem dem tyrannischen Vater gegenüber, der sie aus persönlichem Ehrgeiz in eine ungeliebte Ehe zwingen will, entspricht der pietistischen Forderung nach Unterwerfung unter den Willen Gottes, des Staates und der elterlichen Autorität. Liane opfert ihre Liebe höheren Zwecken, dem Heil anderer; daß der Dichter die leidende Person mit dem Bild der Dornenkrone in Verbindung bringt, sie mit Christus assoziiert, kennzeichnet ihre idealische Struktur.

Das Wesen der alliebenden Liane erfüllt sich erst im Tode; das Leben auf der Erde hält sie für ein kindlich-spielerisches Durchgangsstadium zum jenseitigen, eigentlichen, von dem sie sich, in Umkehrung der üblichen christlichen Vorstellung, tätige Erfüllung erhofft. Deshalb kann sie lächelnd von ihrem Geliebten Abschied nehmen. Lianes Eingehen in das ewige Licht ist wie die Verklärung einer Heiligen geschildert:

Vom Schmerz belastet und gebückt, trat er [Albano] leise hinein. In einem Krankenstuhl ruhte eine weißgekleidete Gestalt mit weißen, tiefen Wangen und ineinandergelegten Händen und lehnte den Kopf, den ein bunter Grasblumenkranz umzog, an die Seitenlehne. Es war seine vorige Liane. »Sei mir willkommen, Albano!« sagte sie mit schwacher Stimme, aber mit dem alten, aufgehenden Sonnen-Lächeln und reicht' ihm die mühsam gehobne Hand entgegen; das schwere Haupt konnte sie nicht erheben. Er trat hin, sank auf die Knie und hielt die teure Hand, und die Lippe zitterte stumm. »Sei mir recht willkommen, mein guter Albano!« wiederholte sie noch zärtlicher in der Meinung, er hab' es das erstemal wohl nicht gehört; und alle Tränen seines Herzens riß die bekannte wiederkommende Stimme in *einem* Regen nieder. »Auch du, Liane!« stammelte er noch leiser. Mühsam ließ sie ihr Haupt auf die andere, ihm nähere Lehne herüberfallen; da schaueten ihre lebensmüden blauen Augen recht nahe seine feurigen nassen an; wie fanden beide ihr Angesicht von *einem* langen Schmerz entfärbt und veredelt! Rotwangig und vollblühend und Schmerzen tragend war Liane in das kalte fremde Totenreich der schweren Prüfung für die höhere Welt gegangen, und ohne Farbe und ohne Schmerzen war sie wiedergekommen und mit himmlischer Schönheit auf dem irdisch-verblühten Gesicht – Albano stand vor ihr, auch bleich und edel, aber er brachte auf dem jungen kranken, eingefallnen Angesicht die Kämpfe und die Schmerzen zurück und im Auge die Lebens-Glut.
»Gott, du hast dich verändert, Albano« – fing sie nach einem langen Blicke an – »Du siehst ganz eingefallen aus – Bist du so krank, Lieber?« – fragte sie mit der alten Liebes-Bekümmernis, die ihr weder der fromme Vater [der Hofprediger Spener] noch der letzte Genius, der den Menschen erkältet gegen das Leben und Lieben, eh' er es entrückt, aus dem Herzen nehmen konnten. – »O, wollte Gott! – – Nein, ich bins nicht«, sagte er und erstickte aus Schonung den innern Sturm; denn er hätte so gern seinen Jammer, seine Liebe, seinen Todes-Wunsch ausgerufen vor ihr mit einem tödlichen Schrei, wie eine Nachtigall sich zu Tode schmettert und vom Zweige stürzt.
. . .
Da klang aus Lianens Harfe ein heller, hoher Ton lang in die Stille; die Parze, die an ihrem Leben spann, kannte das Zeichen, hielt innen und stand auf, und die Schwester mit der Schere kam. Lianens Finger hörten auf zu spielen, und unter dem Schleier wurd' es still und unbeweglich.
»Dein Kopf ist schwer und kalt, meine Tochter«, sagte die trostlose Mutter. »Reißt den Schleier weg«, rief der Bruder; und als er ihn herunterzog, ruhte Liane zufrieden und lächelnd darunter, aber gestorben – die blauen Augen offen nach dem Himmel – der verklärte Mund noch Liebe atmend – die jung-

fräuliche Lilien-Stirn von der tiefer herabgesunknen Blumenkrone umwunden – und bleich und verklärt vom Mondschein der höhern Welt die fremde Gestalt, die groß aus den kleinen Lebendigen unter ihre hohen Toten trat.

(24. Jobelperiode, 96. Zykel)

Ungewöhnlich kalt hatte Liane nach der Unterredung mit Spener Albano zurückgewiesen, so daß er in seiner Verletztheit der Geliebten seinerseits grausam und hart begegnete; nach ihrem Tode kann er sich vor Schuldgefühlen kaum retten. Die innere Krise läßt ihn in schwere Krankheit fallen, in der er immer wieder, hoch fiebernd, Liane um ihr Erscheinen als Zeichen der Vergebung bittet. Hier erweist sich Schoppe als treuer Freund und Bruder, denn dieser Erzrationalist und Wahrheitsfanatiker ersinnt einen frommen Betrug, um Albano zu retten: er bittet die Prinzessin Idoine, die Liane zum Verwechseln ähnlich sieht, sich dem Fieberkranken zu zeigen und ihm Frieden zu geben. Die List gelingt; mit dem Genesenden bricht sein Vater Gaspard eilig nach Italien auf, um ihn auf andere Gedanken zu bringen. Schon auf dem Weg in den Süden erwachen Albanos Lebenskräfte wieder.

Seit dem 17. Jahrhundert gehört die Reise nach Rom ins klassische Italien zum festen Standard einer gehobenen Bildung und Erziehung. Die Begegnung mit der Antike sollte Geist und Gemüt reifen, und in der Tat löst sie bei Albano keine geringe Erschütterung aus.

Unvollständiger Exkurs über Jean Pauls Verhältnis zur Französischen Revolution

Der ›Titan‹ spielt in der Gegenwart Jean Pauls, und da der Autor sich – anders als Goethe, der in seinem zeitgenössischen Bildungsroman ›Wilhelm Meister‹ das Thema der Französischen Revolution bewußt aussparte – auch als politischer Schriftsteller begriff, ließ er seine Romanfiguren Stellung zu dem Jahrhundertereignis beziehen.

Die vergangene Größe der ewigen Stadt, an die ihre Altertümer erinnern, beflügelt Albano; an vergleichbar Großem will er teilhaben. Eines Tages schreibt er aus Rom seinem Freunde Schoppe:

».. Ich bin verändert bis ins Innerste hinab und von einer hineingreifenden Riesenhand. Wenn die Sonne über den Scheitelpunkt der Länder zieht, so hüllen sie sich alle in ein tiefes Gewölk; so bin ich jetzt unter der höchsten Sonne und bin eingehüllt. Wie in Rom, im wirklichen Rom, ein Mensch nur genießen und vor dem Feuer der Kunst weich zerschmelzen könne, anstatt sich schamrot aufzumachen und nach Kräften und Taten zu ringen, das begreif' ich nicht. Im gemalten, gedichteten Rom, darin mag die Muße schwelgen; aber im wahren, wo dich die Obelisken, das Coliseo, das Kapitolium, die Triumphbogen unaufhörlich ansehen und tadeln, wo die Geschichte der alten Taten den ganzen Tag wie ein unsichtbarer Sturmwind durch die Stadt fortrauschet und dich drängt und hebt, o wer kann sich unwürdig und zusehend hinlegen vor die herrliche Bewegung der Welt? – Die Geister der Heiligen, der Helden, der Künstler gehen dem lebendigen Menschen nach und fragen zornig: was bist du? – Ganz anders gehst du aus dem Vatikan des Raffaels und über das Kapitolium herunter, als du aus irgendeiner deutschen Bildergalerie und einem Antikenkabinett heraustrittst . . .«

(27. Jobelperiode, 105. Zykel)

Albano ist tief betroffen von der Begegnung mit den Originalen des antiken Roms, aber auch mit den Werken Raffaels und Michelangelos; die kleinliche Enge fürstlicher Kunstkabinette – bisher für ihn die einzige Möglichkeit, sich mit antiken Kunstwerken auseinanderzusetzen – erträgt er nun nicht mehr; aufgerufen zu großen heroischen Taten fühlt er sich von den Zeugen der erhabenen Geschichte Roms. »Tun ist Leben, darin regt sich der ganze Mensch und blüht mit allen Zweigen«, schreibt er. Es ist eine jener Erschütterungen, wie sie Rainer Maria Rilke sehr viel später in dem Gedicht ›Archaischer Torso Apollos‹ formulierte: »Und jede Stelle blickt dich an: du mußt dein Leben ändern!«

In seinem langen Brief an Schoppe steigert sich Albano in eine Verherrlichung des Selbstopfers im Kriege, die uns Heutigen, nach den Erfahrungen unseres Jahrhunderts, unbegreiflich und nur schwer erträglich erscheint:

». . . Noch stehet an der Krönungsstadt des Geistes ein Tor offen, das Opfertor, das Janustor. Wo ist denn weiter auf der Erde die Stelle als auf dem Schlachtfeld, wo alle Kräfte, alle Opfer und Tugenden eines ganzen Lebens, in *eine* Stunde gedrängt, in göttlicher Freiheit zusammenspielen mit tausend Schwester-Kräften und Opfern? Wo sind denn allen Kräften, von dem schnellsten Scharfblick an bis zu allen körperlichen Fertigkeiten und Abhärtungen, von der höchsten Großmut und Ehre an bis auf die weichste Träne herab, von jeder Verachtung des Körpers an bis zur tödlichen Wunde hinauf, so alle Schranken aufgetan für einen wetteifernden Bund? Wiewohl eben darum der Spielraum aller Götter auch dem Larventanz aller Furien freisteht. Nimm nur den Krieg höher, wo die Geister, ohne Verhältnis des Gewinstes zum Verlust, nur aus Kraft der Ehre und des Zwecks, sich dem Schicksal verdingen, daß es unter ihren Körpern die Leichen auslese und das Los des Sieges aus den Gräbern ziehe. – Zwei Völker gehen auf die Schlacht-Ebene, die *tragische Bühne* eines höhern Geistes, um ohne persönlichen Haß die Todesrollen gegeneinander zu spielen – still und schwarz liegt die Gewitterwolke auf dem Schlachtfeld – die Völker ziehen hinein in die Wolke, und alle ihre Donner schlagen, und düster und allein brennt die Todesfackel über ihr – es wird endlich Licht, und zwei Ehrenpforten stehen aufgebauet, die Todespforte und das Siegestor, und das Heer hat sich geteilt und ist durch beide gezogen, aber durch beide mit Kränzen. – Und wenn es vorüber ist, stehen die Toten und die Lebendigen erhaben in der Welt, weil sie das Leben nicht geachtet hatten. – Wenn aber der große Tag noch größer werden, wenn dem Geiste das Köstlichste kommen soll, was das Leben heiligen kann: so stellt Gott einen Epaminondas, einen Kato, einen Gustav Adolph vor das geheiligte Heer – und die Freiheit ist zugleich die Fahne und die Palme – o selig, wer dann lebt oder stirbt für den Kriegs-Gott und für die Friedens-Göttin zugleich. – –

Lasse mich das nicht durch Sprechen entweihen. Nimm aber hier mein leises festes Wort und leg es in deine Brust zurück, daß ich mir, sobald Galliens wahrscheinlicher Freiheitskrieg anhebt, meine Rolle durchaus nehme in ihm, für ihn. Abhalten kann mich nichts, auch nicht mein Vater. Dieser Entschluß gehört zu meiner Ruhe und Existenz. Aus Ehrgeiz ergreif' ich ihn nicht; obwohl aus Ehrliebe gegen mich selber . . .«

(27. Jobelperiode, 105. Zykel)

Um Albanos Begeisterung für das Heldentum richtig einzuordnen, muß man versuchen, ihn aus seiner Zeit zu begreifen (und z.B. die unselige NS-Propaganda zu vergessen). Mit der Französischen Revolution glaubte das deutsche Bürgertum zum ersten Mal an eine Chance, seine sittliche Kraft in politische Tat umsetzen zu können. Denn im Absolutismus des 18. Jahrhunderts hatte es zwar wirtschaftlich und kulturell den Staat getragen, war aber von jeder politischen Mitsprache ausgeschlossen. Diese Diskrepanz zwischen intellektueller Überlegenheit und gesellschaftlicher Bedeutungslosigkeit – natürlich wurde sie nur von einer kleinen Schicht so leidvoll erlebt – hatte es mit dem Bewußtsein moralischer Idealität und innerer Werte wie dem Gefühlsreichtum etc. kompensiert.

In Albanos sich steigernder Begeisterung für den *einen* Augenblick, in dem er seine Vorbildlichkeit, alle geistigen und körperlichen Fertigkeiten, Mut, Ehrgefühl usw., einsetzen und bewähren kann, drückt sich gewissermaßen der ganze angestaute Tatendrang des Bürgers aus, denn in der einen großen Weltminute der Französischen Revolution schien eine Aktion auch nachhaltig etwas zu bewirken, schienen längst entwickelte Ideen (wie Freiheit, Gleichheit, Brüderlichkeit) Wirklichkeit zu werden.

Wie eine Glorifizierung des Krieges klingen Albanos Sätze! Als ob im Krieg nicht vor allem gelitten würde, spricht er erhaben von den Todesrollen, die auf der »tragischen Bühne eines höhern Geistes . . . ohne persönlichen Haß« gespielt werden, und poetisiert das Kampfgeschehen zur »schwarzen Gewitterwolke auf dem Schlachtfeld«, die die Völker einhülle . . . Albano hebt ganz ab vom realen Krieg und bewegt sich nur noch auf einer Ebene der Idealität, d.h. der ideale Held verherrlicht die ideale Tat, zu der er sich berufen fühlt; schließlich verpflichtet ihn sein Name Albano de Cesara auf das große heroische Vorbild des Gaius Julius Caesar.

Als erhaben kann Albano den Tod in der Schlacht bezeichnen, weil die Ehre höher zu achten sei als das Leben. Wenn gar für die Idee der Freiheit gekämpft wird, gewinnt der Krieg für ihn eine äußerste, eben heilige Dimension; als von Gott Berufene nennt er den griechischen Feldherrn Epaminondas, der für die Freiheit Thebens starb, den Verteidiger der römischen Republik, Cato, und schließlich den Schwedenkönig Gustav Adolf, der im Kampf für die Freiheit der deutschen Protestanten sein Leben ließ. Albano versteht auch den sich abzeichnenden ersten Koalitionskrieg gegen Frankreich als »Freiheitskrieg« und er will auf der Seite der französischen Revolutionäre deren bedrohte Freiheit verteidigen.

Albano bekommt bald Gelegenheit, seine Ideale auch vor größerer Gesellschaft zu vertreten, als er mit seinem Vater den Palazzo Colonna besucht:

... hier fanden sie die schwarzmarmorne Galerie voll Antiken und Gemälde aus einem Kunst- und Gesellschaftszimmer in einen Fechtboden verkehrt, alle Arme und Zungen der Römer waren in Bewegung und Kampf über die neuesten Entwicklungen der gallischen Revolution, und die meisten für sie. [...] Der Ritter allein gab sich lieber den Kunstwerken als dem leeren Gefechte seiner Nachbarschaft hin; endlich aber hört' er von weitem, wie Albano, gleich allen damaligen Jünglingen, der *Himmels-Königin*, der *Freiheit*, jauchzend nachzog, unter den ewigen Freien und ewigen Sklaven mitgehend nach der damaligen Gleichheit; da trat er näher und merkte nach seiner Weise an: »die Revolution sei etwas sehr Großes; er finde indes an großen Werken, z.B. an einem Coliseo, Obeliskus, an dem Flor einer Wissenschaft, an dem Kriege, an der Höhe der Astronomie, der Physik weniger als andere zu bewundern, denn bloß die Menge in der Zeit oder im Raume schaff' es, eine beträchtliche Vielheit *kleiner* Kräfte. Aber nur *große* achte man. In der Revolution seh' er mehr jene als diese – Freiheit werde an *einem* Tage so wenig gewonnen als verloren; wie schwache Individuen im Rausche gerade ihr Gegenteil wären, so geb' es auch wohl einen Rausch der Menge durch die Menge.« –

(27. Jobelperiode, 105. Zykel)

Die Römer als Erben der heroischen Antike sind Feuer und Flamme für die »gallische Revolution«. Gaspard dagegen hält sich zurück und greift ein, als er Albanos heftiges Engagement bemerkt; nüchtern glaubt er nicht an die Verwirklichung von Freiheit durch einen plötzlichen gewaltsamen Umsturz, bewirkt durch eine Fülle einzelner, unbedeutender Kräfte. Die ganze Revolution scheint ihm eher ein Rausch der Massen als eine bewundernswerte Leistung zu sein. Mit der *großen* Kraft, die man allein achte, spielt er wohl auf die machtvolle Herrschaft an, die für ihn, wie an anderer Stelle deutlich wird, in klug berechnender Menschenführung besteht.

In dem sich anschließenden Gespräch mischt sich auch der von Albano zutiefst verachtete Höfling Bouverot ein, der den gallischen Rausch wegen des folgenden Katers scheut; Albano hält ihm sein mit Verve vorgetragenes Plädoyer für den Enthusiasmus als der Quelle alles »Besten« entgegen. Die französische Begeisterung für die Freiheit sei nicht zufällig, sondern sei »in der Menschheit und Zeit zugleich gegründet« und führe die Menschen zwar durch Blut und Krieg, doch unaufhaltsam weiter dem »gelobten Lande« entgegen. Ansonsten verschließt des Vaters kalte Argumentation Albano den Mund.

Aber dem Griechen Dian gesteht Albano »den großgewachsenen Vorsatz [ein], sobald der unheilige Krieg gegen die gallische Freiheit, der jetzt seine Pechkränze in allen Straßen der Stadt Gottes aushing, in Flammen schlage, an die Seite der Freiheit zu treten und früher zu fallen als sie«. Doch Dian, obwohl er Albanos Begeisterung teilt, kann nicht mitziehen, weil er für seine Familie zu sorgen habe. Ohne Bedenken und Abwägen formuliert er seine selbstverständliche Verantwortung für die Seinen.

Wie auch Albanos Vater Gaspard geht Schoppe in Distanz zur Revolution, aber natürlich mit anderen Argumenten; in seinem Antwortbrief schreibt er:

».. .Wer nicht vor der Revolution ein stiller Revolutionär war – wie etwan Chamfort [frz. politischer Schriftsteller], mit dessen feuerfesten Brust ich einmal in Paris an meiner schönes Feuer schlug, oder wie Montesquieu und J.J. Rousseau –, der spreize sich mit seiner Tropfenhaftigkeit nicht breit unter seine Haustür aus. Freiheit wird wie alles Göttliche nicht gelernt und erworben, sondern angeboren. Freilich sitzen im Frank- und Deutschreich überall junge Autoren und Musensöhne, die sich über ihren schnellen Selbst-Gehalt verwundern und erklären, nur verflucht erstaunt, daß sie nicht früher ihr Freiheitsgefühl gefühlt, weiche Schelme, die sich als ganze blasende Walfische ansehen, weil sie einiges Fischbein [im Korsett] davon um die Rippen zu schnüren fanden – Immer würd' ich in einem Kriege, wie ihn die tote Zeit geben kann, glauben, zwar gegen die Toren zu kämpfen, aber auch für Toren. [. . .]

Zwar statt des Degens könnte ich auch sehr gut das Federmesser ergreifen und als schreibender Cäsar aufstehen, um die Welt zu bessern und ihr und sie zu nutzen.«

(31. Jobelperiode, 122. Zykel)

Schoppe, dessen Lebensgesetz die Freiheit ist, eine innere, die sein ganzes Denken und Tun umfaßt, kann mit den großen Parolen wenig anfangen, die eine äußere Freiheit, errungen durch die Revolution, propagieren. Für ihn besteht die Welt aus Toren, deshalb würde er sich kaum an einem Krieg beteiligen, der an der Torheit beider Parteien nichts ändert. Er könne zwar schreibend versuchen, in den Lauf der Welt einzugreifen, aber auch das scheint ihm zwecklos. Schoppes grundsätzliche Skepsis gegenüber der Gegenwart, die er als »tote Zeit« bezeichnet, läßt ihn kaum an Besserung glauben, eher Verschlimmerung erwarten. Er vermeidet eine direkte Stellungnahme, bekennt sich nur zu seinem »Hasse der Tyrannen und Sklaven zugleich« und zu seinem »Zorne über die Mißhandlung sowohl als über die Gemißhandelten«.

Im ›Titan‹ hat Jean Paul seine eigene jugendliche Begeisterung für die Sache der Französischen Revolution, für Freiheit und Gleichheit, von Albano artikulieren lassen, wie er durch Schoppe seine späteren Zweifel äußerte, durch rasche Tat oder auch durch das dichterische Wort die Freiheit unter den Menschen befördern zu können. Jean Paul war viel zu sehr Realist, als daß er eine Fabel entworfen hätte, in der der schöne Enthusiasmus zu erfolgreicher revolutionärer Aktion führt. So wird zwar Albanos Entschlossenheit nie erschüttert, aber bevor er in den Krieg ziehen könnte, ist er bereits regierender Fürst von Hohenfließ und sieht sich hinreichend zu bedeutender Leistung herausgefordert. Nun kann er seine schon vor Zeiten gefaßten Ideen und Wünsche von politischer Macht verwirklichen: »wie er, wär er ein Fürst, mit dem schlagenden Funken der Zepterspitze in Millionen verknüpfter Herzen auf einmal belebend und erschütternd strahlen könnte [...] und wie er die Freiheit, statt sie nur zu verteidigen, *erschaffen* und *erziehen* und ein Regent sein wollte, um Selbstregenten zu bilden« (49. Zykel).

Jean Paul war von tiefer Skepsis erfüllt über die Reformbereitschaft der deutschen Fürsten, zumindest solange sie ihre traditionelle Erziehung erhielten. Daher läßt er seinem Fürst Albano eine bürgerliche Erziehung zuteilwerden und ihn für die Revolutionsideale sich begeistern, um ihn dann mit dem nötigen Reformbewußtsein auf den Thron folgen zu lassen.

Auch in Jean Pauls zweitem Roman ›Hesperus‹, der bereits 1795 erschien, wird viel vom Staat, von der Politik geredet, durchaus kritisch mit revolutionären Untertönen, aber auch dort kommt es nicht zur Revolution. Der Pfarrerssohn Flamin, Regierungsrat im deutschen Duodezfürstentum Flachsenfingen, hat sich mit drei Engländern befreundet, die einen republikanischen Club gegründet haben. Bei dieser Gelegenheit kann Jean Paul seine demokratischen Vorstellungen darlegen, die ihm aus dem Mund von Engländern glaubwürdiger klangen als von Deutschen, da England bekanntlich bereits über eine lange demokratische Tradition verfügte. Als Flamin in ein Duell hineingezogen wird, bei dem er, im Durcheinander Jean Paulscher Verwechslungen und Verkleidungen, einen Kammerherrn tötet (wie er im ersten Augenblick glaubt), probt er in Erwartung, wegen Mordes in Haft genommen und hingerichtet zu werden, schon einmal vor den Freunden seine schier unglaubliche Abschiedsrede an das Volk:

»Wenn ich sterbe«, sagt' er immer glühender, »so müssen sie mich auf dem Richtplatz sagen lassen, was ich will. Da will ich Flammen unter das Volk werfen, die den Thron einäschern sollen. Ich will sagen: seht, hier neben dem Richtschwert bin ich so fest und froh wie ihr, und ich habe doch nur *einen* Nichtswürdigen aus der Welt geworfen. Ihr könntet Blutigel, Wölfe und Schlangen und einen Lämmergeier zugleich fangen und einsperren – ihr könntet ein Leben voll Freiheit erbeuten, oder einen Tod voll Ruhm. Sind denn die tausend aufgerissenen Augen um mich alle starblind, die Arme alle gelähmt, daß keiner den langen Blutigel sehen und wegschleudern will, der über euch alle hinkriecht und dem der Schwanz abgeschnitten ist, damit wieder der Hofstaat und die Kollegien hinten daran saugen? Seht, ich war sonst mit dabei und sah, wie man euch schindet – und die Herren vom Hofe haben eure Häute an. Seht einmal in die Stadt: gehören die Paläste euch, oder die Hundshütten? Die langen Gärten, in denen sie zur Lust herumgehen, oder die steinigen Äcker, in denen ihr euch totbücken müsset? Ihr arbeitet wohl, aber ihr habt nichts, ihr werdet nichts – hingegen der faulenzende tote Kammerherr da neben mir . . .«

(›Hesperus‹, 40. Hundsposttag)

An keiner Stelle in seinem Gesamtwerk hat Jean Paul so eindeutig revolutionäre Töne angeschlagen. Im Deutschland des Jahres 1794 war diese Rede eine Kühnheit; erstaunlich, daß die Zensur die Passage nicht gestrichen hat. Da Flamin in Wahrheit unschuldig ist und aus dem Gefängnis befreit wird, bleibt die Rede ungehalten, und die allgemeine Revolution findet in Flachsenfingen natürlich nicht statt. Nach echt Jean Paulscher Manier stellt sich schließlich Flamin als der lang gesuchte Thronerbe heraus und die drei Engländer als seine jüngeren Brüder, die von ihm und seinem Freunde Viktor geliebte Klothilde ist seine Schwester, und wird mit Viktor vermählt, obwohl der in Wirklichkeit nur ein Pfarrerssohn und nicht Sohn eines englischen Lords ist, wie er geglaubt hatte.

So erhält am Ende Flachsenfingen einen bürgerlich erzogenen Fürsten, dessen Schwager ein adelig erzogener Bürger ist, und der drei republikanisch denkende Brüder hat . . . Welch glückliche Zukunft! Im ›Hesperus‹ spielt also Jean Paul gewissermaßen mit dem Gedanken der Revolution, läßt es aber zu dem entscheidenden Schritt nicht kommen; *ein* Grund hierfür liegt sicher in der Beurteilung der Ereignisse in Frankreich, denn als das Manuskript des ›Hesperus‹ fertig ist, am 21. Juni 1794, hat die Schreckensherrschaft Robespierres ihren Höhepunkt erreicht (Robespierre wurde am 28. Juli 1794 hingerichtet).

Nun darf man nicht übersehen, daß in Deutschland an der Wende zum 19. Jahrhundert (aber nicht nur dort!) kaum ein wissenschaftliches oder auch nur intellektuelles Instrumentarium vorhanden war, die Französische Revolution primär als rasanten, gewalttätigen *politischen* Prozeß zu begreifen. Es verbindet Jean Paul mit Herder, Wieland, Hölderlin und vielen anderen Zeitgenossen, daß er mit der Revolution erst einmal auf die Verwirklichung der aufklärerischen bürgerlichen Utopie einer humanisierten, moralisch integren Gesellschafts- und Staatsform hoffte und den jakobinischen Terror unter Robespierre nicht als Machtkampf, sondern als Verrat an den ursprünglich edlen Zielsetzungen ansah, kurz: daß er geschichtsphilosophisch und, nach modernem Verständnis, unpolitisch urteilte. In seinem Essay über ›Charlotte Corday‹ schreibt er:

Der Tornado des Säkulums, der eiskalte Sturm des Terrorismus, fuhr endlich aus der heißen Wolke und schlug das Leben nieder. Nicht die, deren Vermögen oder Leben geopfert wurde, litten am bittersten, sondern die, denen jeder Tag eine große Hoffnung der Freiheit nach der andern mordete, die in jedem Opfer von neuem starben, und vor die sich allmählich das weinende Bild eines sterbenden, von Ketten und Vampyren umwickelten Reichs als Preis aller Opfer gekrümmt hinstellte.

Die Pervertierung der Idee, die Zerstörung der philosophischen Hoffnungen wird hier als die eigentliche Tragödie betrachtet: Bei aller Identifikation mit den Zielen ist der Verzicht, ja die Unmöglichkeit der revolutionären Aktion für Jean Paul und seine Helden vorgezeichnet.

Jean Paul erhoffte sich soziale Gerechtigkeit durch reformbereite Fürsten und lehnte die revolutionäre Gewalt der in Wahrheit unpolitischen Massen ab. Als bürgerlicher Moralist war er, der sich nie gegen die Revolution als solche – wohl aber gegen die *terreur* der Jakobiner – geäußert hat, auch ein leidenschaftlicher Gegner des Krieges; zwar konnte er einen Verteidigungskrieg akzeptieren, aber dann plädierte er doch mit Nachdruck und all seinem Scharfsinn mitten in der Napoleonischen Ära in seiner ›Kriegserklärung gegen den Krieg‹ (1809) für den Frieden, in Fortsetzung von bereits 1807 in der ›Levana oder Erziehlehre‹ geäußerten Gedanken.

Im Kapitel über Fürstenerziehung entwirft er dort das Ideal des »Landesvaters«, des »Land-Pflegers im höhern Sinn, der für und über alle Zweige des Staats den Blick hat«, der eine »höhere« Tapferkeit besitzt, des Friedens und der Freiheit, und stellt es gegen militärische Tapferkeit und kriegerischen Ehrgeiz. Dem jungen Thronfolger sollte man die quasi abgedroschenen Begriffe »Schlachtfeld, Belagerungs-Not, hundert Wagen Verwundeter ... einmal recht in ihre entsetzlichen Bestandteile [auflösen], in die Schmerzen, die *ein* Wagen trägt und tiefer reißt, in *einen* Jammertag eines Verschmachtenden«. (Vgl. das V. Bruchstück der ›Levana‹)

Jean Pauls Traum folgt der bürgerlichen Utopie des 18. Jahrhunderts: »ein goldenes Zeitalter, das jeder Weise und Tugendhafte schon jetzo genießet, und wo die Menschen es leichter haben, gut zu leben, weil sie es leichter haben, überhaupt zu leben – ... – wo man den kriegerischen und juristischen Mord verdammt und nur zuweilen mit dem Pfluge eine Kanonenkugel aufackert –« aber er fährt auch fort: »Wenn diese Festzeit kömmt, dann sind unsre Kindeskinder – nicht mehr.« (›Hesperus‹, Sechster Schalttag).

Zweiter Exkurs über Jean Pauls Verhältnis zur Klassik

Um Jean Pauls Einstellung zur klassizistischen Kunsttheorie darzulegen, sei noch einmal auf den oben zitierten Rom-Brief Albanos an Schoppe verwiesen. Die Bauwerke der römischen Antike hatten in dem Jüngling heroisch-revolutionäre Impulse ausgelöst, keine ästhetischen. »Wie in Rom, im wirklichen Rom, ein Mensch nur genießen und vor dem Feuer der Kunst weich zerschmelzen könne ...«, hieß es zu Beginn seines Briefes. Damit setzt sich Jean Paul deutlich ab von der klassizistischen Kunstauffassung, der es wesentlich auf die ästhetische Wirkung ankam. In seinem ›Titan‹ hat der Dichter die Figur des Kunstrats Fraischdörfer eingeführt, um seine Kritik an der Weimarer Kunstdoktrin darzustellen. Schon die erste Begegnung mit dieser zur Karikatur geratenen Person greift die Stichpunkte der Winckelmannschen Antikenrezeption – edle Einfalt, stille Größe – satirisch auf, denn Fraischdörfer hatte »sein Gesicht, wie die Draperie der Alten, in einfache edle große Falten geworfen« (24. Zykel).

Bei der Besichtigung der Peterskirche äußert Albano aus übervollem Herzen: »In keiner Kunst ... wird die Seele so gewaltig vom Erhabnen angefasset als in der Baukunst; in jeder andern steht der Riese [der Geist des Kunstwerks] in ihr und in den Tiefen der Seele, aber hier steht er außer und dicht vor ihr.« – Dian, dem alle Bilder deutlicher waren als abstrakte Ideen, sagte: »Er hat vollkommen recht.« – Fraischdörfer versetzte, »das Erhabene stecke auch hier nur im Kopfe, denn die ganze Kirche stehe doch in etwas Größerem, nämlich in Rom und unter dem Himmel, wobei wir ja nichts empfänden«. Auch klagt' er, »daß dem Erhabnen der Platz in seinem Kopfe sehr verengt werde durch die unzähligen Schnörkel und Monumente, die der Tempel zugleich mit sich in ihn hineintreibe«. (104. Zykel)

Im Gegensatz zu Albano, der mit dem Herzen die Kunst aufnimmt, dessen Seele gewaltig vom Erhabnen erschüttert wird, registriert Fraischdörfer Kunst nur mit dem Kopf, mit dem urteilenden und ordnenden Verstand; nur in der »ästhetischen Richterstube als Richter [mache er] eine gute Figur«, sagt Dian über ihn. Fraischdörfer verkörpert den seelenlosen Theoretiker, dessen reines Kunstinteresse ihn schließlich das ganze Leben nur noch unter ästhetischen Gesichtspunkten beurteilen läßt. Der griechische Baumeister Dian als Kontrastfigur zu dem Kunstrat *lebt* die Gesinnung, die er vertritt; alles gereicht ihm zum Schönen, wie ein Relikt aus der Antike erfaßt er alles sinnlich, ganzheitlich, ohne zergliedernden Verstand. Daher waren ihm, wie es oben hieß, »alle Bilder deutlicher als abstrakte Ideen«.

Daß Fraischdörfers ästhetisierende Weltsicht geradezu unmenschlich ist, belegt seine Reaktion, als Roquairol sich auf offener Bühne erschossen hat: »Von der bloßen Seite der Kunst genommen, wäre die Frage, ob man diese Situation nicht mit Effekt entlehnte. Man müßte wie im genialischen *Hamlet* ein Schauspiel ins Schauspiel flechten und in jenem den scheinbaren Tod zum wahren machen; freilich wär' es dann nur Schein des Scheins, spielende Realität in reellem Spiel und tausendfacher, wunderbarer Reflex!« (130. Zykel)

Die Figur des Kunstrats (welch sprechender Titel!) taucht ebenfalls in der ›Geschichte meiner Vorrede zur zweiten Auflage des Quintus Fixlein‹ auf, die Jean Paul schrieb, während er bereits am ›Titan‹ arbeitete. Der Dichter verwandelt dort die Diskussion zwischen seiner und der klassizistischen Kunstauffassung in eine Geschichte, also konkret in Dichtung, nach dem Prinzip der humoristischen Sinnlichkeit setzt er die theoretische Kontroverse in Anschauung um.

Bei einer Fußreise, auf der der Dichter die Vorrede schreiben will – zu der die Erzählung dann wird –, kommt es zu einer Begegnung zwischen ihm und Fraischdörfer. Gleich zu Beginn des Weges hat er ein schönes Mädchen in einem Wagen bemerkt, wenn auch nur ihren Rücken, und eilt nun, sie von vorne zu sehen; der Kunstrat dagegen ist unterwegs nach Bamberg, »um von einem Dache oder Berge irgendeiner zu hoffenden Hauptschlacht zuzusehen, die er als Galerieinspektor so vieler Schlachtstücke, ja selber als Kritiker der homerischen nicht gut entbehren kann«. Fraischdörfer gibt sich als künftiger Rezensent Jean Pauls aus, seine Kritik an dessen Werken bietet Gelegenheit zur Entwicklung seiner Kunstauffassung.

Im Verlauf ihrer nun gemeinsamen Wanderung vertritt der Kunstrat, wie schon im ›Titan‹, einen kalten, ja unmenschlichen Ästhetizismus, der ihn in Häusern und Gebäuden nur das architektonische Kunstwerk sehen und ihren eigentlichen Zweck, das Bewohnen, schon für Mißbrauch halten läßt. Für ihn, den »Artisten«, wäre es auch »kein Mißvergnügen, wenn eine ganze Stadt in Rauch aufginge, weil er alsdann doch die Hoffnung einer neuen schönern fasse«; er würde, unterstellt ihm Jean Paul, Menschen foltern, nur »um nach den Studien und Vorrissen ihres Schmerzes einen Prometheus und eine Kreuzigung zu malen«.

Fraischdörfer propagiert die reine Form, die ästhetische Gestalt, die einen höchsten Grad an Vollkommenheit dadurch erreiche, daß sie ganz auf den Stoff verzichte. Der Kunstrichter verurteilt in diesem Zusammenhang heftig die Werke Jean Pauls, »in denen fast nur auf Materie gesehen werde«; er verstünde nicht, wie man ihn »wegen der Wahl so zweideutiger Materien wie z. B. Gottheit, Unsterblichkeit der Seele, Verachtung des Lebens usw. preisen« könne. Auch den Humor Jean Pauls lehnt er entschieden ab: er sei »ebenso verwerflich als ungenießbar, da er bei keinem Alten eigentlich anzutreffen sei«. In dem ersten Punkt, die reine Form betreffend, beruft sich Fraischdörfer auf Friedrich Schlegel, der sogar »reines Denken ohne allen Stoff« vertrete (was Jean Paul als völligen Unsinn bezeichnet), und auf Schiller, der vom vollkommenen Kunstwerke verlange, daß es den Menschen zu Ernst und Spiel gleichermaßen befreie und befähige.

Schillers Idee der zweckfreien Kunst, die nur um ihrer selbst willen und als schöner Schein existieren solle und sich darum von der wirklichen Welt zurückzuziehen habe, wird hier von Jean Paul polemisch angegriffen. Doch tut er dies in seiner bekannten anschaulichen und satirisch überzeichnenden Weise; das Hohle, Kalte, rein Papierne, das eben im klassizistischen Kunstbegriff auch enthalten ist, hat der Dichter in der Person Fraischdörfers Gestalt werden lassen. Und seiner ganzen Abscheu gegen Schillers, wie er meinte, lebensfeindliche Position kann er nun durch sein fiktives Ich in der Geschichte Luft machen:

»Du elende frostige Lothsalzsäule! Du ausgehöhlter Hohlbohrer voller Herzen! Ausgeblasenes Lerchen-Ei, aus dem nie das Schicksal ein vollschlagendes, auffliegendes, freudentrunknes Herz ausbrüten kann! Sage, was du willst, denn ich schreibe, was ich will. – Du sollst weder meine Reißfeder noch mein Auge von dem Eisgebirge der Ewigkeit abwenden, an dem die Flammen der verhüllten Sonne spielen, noch vom Nebelstern der zweiten Welt, die so weit zurückliegt und nur die Parallaxe einer Sekunde hat, und von allem, was die fliegende Hitze des fliegenden Lebens mildert und was den in der Puppe zusammengekrümmten Flügel öffnet und was uns wärmt und trägt!«

(›Leben des Quintus Fixlein‹: ›Geschichte meiner Vorrede‹)

Das war Jean Pauls Kunstbekenntnis, an dem er gegen alle Kritiker und Verächter seiner Art zu dichten festhielt.

Linda de Romeiro: die Titanide

Nun zurück zur Geschichte: Auf seiner Italienreise lernt Albano seine zweite große Liebe kennen, Linda de Romeiro, die ihm von den Eltern vorbestimmt und so zauberisch in jenem magischen Park Lilar verheißen worden war. Sie begegnen sich auf der Insel Ischia; beide sind tief bewegt von dem erhabenen Eindruck des donnernden, funkenschleudernden Vesuvs in der Ferne, der ihre rasch entbrennende Liebe widerspiegelt. Gehörte zur unheilbar sanften Liane sozusagen als ihr eigentümlich das silberne Mondlicht, so bildet für das kühne, selbstherrliche Wesen Lindas der Vulkan durchaus eine charakteristische Kulisse.

Das leidenschaftlich eruptive Moment in der Liebe von Albano und Linda, diesen gleichermaßen unbedingten Menschen, zu unterstreichen, arrangiert der Verfasser auch noch ein Erdbeben – harmlos genug, um keinen Schaden anzurichten, aber doch so erschreckend, daß die nachtblinde Linda sich einen Augenblick schwach zeigen kann:

Aus der Hölle heran rollte ein Donnerwagen in den unterirdischen Wegen – ein breiter Blitz schlug die Flügel am reinen Himmel unter den Sternen auf und zu – die Erde und die Sterne zitterten, und aufgeschreckte Adler flogen durch die hohe Nacht. – Albano hatte die Hände der wankenden Linda ergriffen. Ihr Angesicht war vor dem Monde zu einer blassen Götter-Statue aus Marmor verblüht. Es war schon vorbei; nur einige Sterne der Erde schossen noch aus dem festen Himmel ins Meer, und wunderbare Wolken zogen unten ringsherum auf. »Bin ich nicht recht furchtsam?« sagte sie weich. Albano schauete ihr lebendig und heiter wie ein Sonnengott im Morgenrot ins Angesicht und drückte ihre Hände. Sie wollte sie heftig wegziehen. »Gib sie mir ewig!« sagte er heftig. – »Kühner Mensch«, (sagte sie verwirrt) »wer bist du? – Kennst du mich? – Wenn du bist wie ich, so schwöre und sage, ob du immer wahr gewesen!« – Albano sah gen Himmel, sein Leben wurde gewogen, Gott war nahe bei ihm, er antwortete sanft und fest: »Linda, *immer!*« – »Ich auch!« sagte sie und neigte schamhaft das schöne Haupt an seine Brust, hob es aber sogleich wieder auf mit den großen feuchten Augen und sagte schnell: »Gehen Sie jetzt! Früh morgens kommen Sie, Albano! Addio, addio!« –
Die Mädchen kamen herauf, Albano ging hinab, die Brust gefüllt mit Lebenswärme, mit Lebensglanz – die Natur wehte mit frischern Düften aus den Gärten her – das Meer rauschte unten wieder, und auf dem Vesuv brannte eine Amors-Fackel, ein Freudenfeuer – durch den Nacht-Himmel zogen noch einige Adler nach dem Mond wie nach einer Sonne – und an das Himmels-Gewölbe war die Himmelsleiter aus goldnen Sprossen von Sternen gelehnt.

(28. Jobelperiode, 110. Zykel)

Im ›Titan‹ läßt Jean Paul gewissermaßen bestimmte Eigenschaften bzw. Weltanschauungen in den einzelnen Hauptpersonen dominieren. Deshalb hat man ihm gelegentlich vorgeworfen, seine Gestalten seien »Einseitigkeitsmuster«; aber: Jean Paul wollte auch keine individuellen, lebendigen Menschen entwerfen, sondern »dichterisch wahre Charaktere« darstellen, in denen sich das »Universum menschlicher Kräfte und Bildungen« ausdrückt. So wird aus der Charakteristik der »Amazone« Linda, die wenig später auf dem Höhepunkt ihrer Liebe zu Albano eingerückt ist, diese gar nicht konkret, plastisch vorstellbar, sondern nur der Kern ihres Wesens wird deutlich, der »geheime organische Seelenpunkt . . ., um welchen sich alles erzeugt« (›Vorschule‹ § 56): eben die Unbedingtheit im Fühlen und Denken der »Titanide«.

Wenn Albano so über den weiten reichen Geist Lindas hinsah – sie, zugleich ihrer Liebe lebend und jede fremde beschirmend und doch gleichsam vom Wissens-Durste trunken – zugleich ein Kind, ein Mann und eine Jungfrau – oft hart und kühn mit der Zunge, für und gegen Religion und Weiblichkeit und doch voll der zärtesten kindlichsten Liebe gegen beide – glühend zerschmelzend vor dem Geliebten und schnell erstarrend bei kaltem Anrühren – ohne alle Eitelkeit, weil sie immer vor dem Throne einer göttlichen Idee stand und der Mensch nie eitel ist vor Gott, aber sich alles zutrauend und vor niemand demütig, ohne doch sich oder andere zu vergleichen – voll männlicher kecker Aufrichtigkeit und voll Achtung für Gewandtheit und listigen Welt-Verstand – so ohne Eigennutz und kindlich über Frohe froh, ohne besondere Sorge und Achtung für Menschen – so unbeständig und unbiegsam, jenes in Wünschen, dieses im Wollen – aber ewig ihr Auge und Leben gegen die Sonne und den Mond des geistigen Reichs, gegen Würde und Liebe gerichtet, gegen das eigne und gegen ein geliebtes Herz: – wenn Albano das alles vor sich spielen und weben sah, so lebt' er gleichsam auf dem einfachen und doch unabsehlichen, dem beweglichen und doch allgewaltigen Meere, dessen Grenze bloß der klare Himmel ist, der keine hat.

(29. Jobelperiode, 115. Zykel)

So rasch beider Liebe entbrannt war, so plötzlich ist sie auch vorbei: Der äußere Grund ist Lindas rigoroses Nein, Albano in den »gallischen Krieg« ziehen zu lassen, worauf Albano, ebenso konsequent, sich auf seine männliche Freiheit zurückzieht und mit ihr bricht. Daß Roquairol die Nachtblinde unmittelbar darauf mit Albanos Stimme in Lilar verführt, besiegelt nur den Bruch: Linda, durch diese elende Täuschung im Tiefsten verletzt und gedemütigt (und, wie konnte es anders sein? auch sofort schwanger), verläßt fluchtartig Pestitz, und Albano weint ihr nicht nach. Sinnliche Liebe, schon gar außerhalb der Ehe, kommt bei Jean Paul, der so sehr das Ideal engelsreiner Unschuld propagierte, nur vor, um sogleich bestraft zu werden.

In Linda de Romeiro hat Jean Paul von weitem Charlotte von Kalb abgebildet. Auf ihre Einladung war der Dichter das erste Mal nach Weimar gekommen, ihn hatte sie (nach Schiller und Hölderlin) zeitweilig an sich gebunden und wohl bis an ihr Lebensende geliebt. Charlotte von Kalb, deren Ehe höchst unglücklich verlief, war entschieden bis zur Emanzipiertheit und litt wie Linda unter der Nachtblindheit. – Nie wollte Jean Paul einen Menschen, den er kannte, einfach nachzeichnen, sondern das vom Dichter bereits erschaffene, quasi lebendige Geschöpf sollte nur noch mit etlichen individuellen Zügen ausgestattet werden, die er der Wirklichkeit entnahm (vgl. § 57 der ›Vorschule der Ästhetik‹). Gerade an Linda de Romeiro, die seine naturgetreuste Romangestalt ist, zeigt sich, daß auch bei Jean Paul Theorie und Praxis nicht immer übereinstimmen; seine Figuren sind eben auch Antworten auf Menschen, die er traf. Charlotte von Kalb bewunderte den Dichter nicht nur, sondern hatte ihre eigene Meinung und ihren eigenen Willen; der Widerstand, den Linda Albano leistet, hat also einen ganz realen Erfahrungshintergrund. Aus dem Briefwechsel und anderen Unterlagen läßt sich nachweisen, daß das Verhältnis zwischen Charlotte von Kalb und Jean Paul sogar bis in manche Formulierungen hinein im ›Titan‹ nachgebildet wurde.

Schauder des Ich, Schauder des Todes

Die beiden so unterschiedlichen Liebesbeziehungen zu Liane und Linda waren nur Antworten auf Albanos extrem weite Möglichkeiten, die sowohl die empfindsame Schönheit Lianes wie Lindas genialische Freiheit und Kraft umfaßten. Aber der Held sollte ja zu seiner Mitte finden, also mußten beide Lieben unglücklich enden, um jeder Einseitigkeit in ihm entgegenzuwirken. Die rechte Frau, die die Extreme in sich vereint und damit den ganzen Menschen in Albano anspricht, wird dieser schließlich in Idoine, der jüngsten Prinzessin von Haarhaar, kennenlernen. Doch davon später!

Bevor Albano sein Wesen ganz geläutert hat, muß er noch Abschied nehmen von den beiden wichtigsten Freunden seiner Jugend, von Schoppe und Roquairol; es scheint, als stürben mit ihnen symbolisch jene negativen Tendenzen in ihm, die sein Gleichgewicht gefährdeten. »O genug, genug fiel von mir in die Gräber« – wird er später sagen.

Trotz der Entfremdung spielt Roquairol, schon als Lianes Bruder, weiter eine gewisse Rolle in Albanos Leben; für Roquairol aber ist er der tägliche Beweis seiner Schuld, seines Scheiterns, seiner verfehlten Existenz. Als aggressiv-effektvollen Schlußpunkt seines Lebens inszeniert er auf dem fürstlichen Liebhabertheater den ›Tod des Trauerspielers‹, ein Stück, das sein Leben nachspielt. Die Aufführung findet auf einer Insel im sogenannten Prinzengarten statt, alle bisher am Geschehen Beteiligten spielen entweder mit oder sind als Zuschauer anwesend. Der geheimnisvolle Kahlkopf, der schon in verschiedensten Masken durch das ganze Buch gegeistert ist, tritt mit seiner Dohle auf und läßt sie (schließlich ist er Bauchredner) bedeutend klingende Kommentare abgeben, die an den Chor in der attischen Tragödie erinnern lassen. Schaurig verdüstert ein nahendes Gewitter die Szene des V. Akts: Roquairol trinkt und läßt gräßlichwilde Musik erklingen, enthüllt spielend noch seine letzte ungeheure Freveltat, die er aus Rache und Liebe beging: die Verführung der stolzen Linda, und erschießt sich auf offener Bühne.

Das allgemeine Entsetzen über den Skandal ist groß, nur Fraischdörfer bleibt distanziert und entwickelt neue theoretische Ansätze für die Bühnenkunst. Albano schwankt zwischen Wut und kalter Verachtung für Roquairol, der schlimmer als jeder Deserteur vor der Verantwortung geflohen ist; für Linda, die ein Opfer ihrer emanzipierten Liebe geworden, empfindet er zuletzt tiefes Mitleid, doch will er ihr nicht mehr begegnen.

Allein die Aussicht, bald in den gallischen Freiheitskrieg aufbrechen zu können, gibt dem aufgewühlten Albano innere Ruhe; nur Schoppens Rückkehr aus Spanien will er noch abwarten, denn seit seiner Italienreise war er nur in brieflichem Kontakt mit ihm gestanden. Schoppe, der die Gräfin Zesara als junge Frau gemalt hatte und wegen der Ähnlichkeit mit Linda argwöhnte, daß sie und Albano Geschwister seien, bringt aus Spanien das Porträt als Beweis mit und stürzt Albano mit dieser Entdeckung in neue Nöte. Schoppe will noch den selben Abend mit Linda und Gaspard de Zesara reden, um Gewißheit zu erlangen; aber er kommt nicht zurück, und Albano sucht mehrere Tage nach ihm.

Schließlich erhält Albano die Erklärung für das Ausbleiben: Auf der Reise hat Schoppe den Bruder Gaspards kennengelernt (eben jenen Kahlkopf, Gaukler, Wachsfigurenmeister und Bauchredner, der mit seiner mechanischen Dohle in Roquairols Tragödie auftrat), der ihn mit seinen Künsten fast um den Verstand brachte, so daß er in seiner Verzweiflung auf den Kahlkopf schoß. Daß er allerdings nur eine Puppe getroffen hat, weiß er nicht und so läßt er sich, wegen Mordes angeklagt, ins Tollhaus bringen, um dem Gefängnis zu entgehen. Nun pflegt Albano liebevoll den Freund und müht sich, ihn zu retten.

Wie sehr der kalte, überlegene Zyniker Schoppe, den nichts zu berühren scheint, sich innerlich bedroht fühlt, zeigt sich in seiner fast panischen Angst, allein zu sein:

»Ich versteh' dich nicht«, (sagte Albano) »wovor scheuest du dich?« – »Albano«, (sagte er leise und wichtig, und seine sonst geraden Blicke schlugen scheu seitwärts, und seinen lächelnden Mund umzingelten unzählige große Faltenkreise) »der Ich könnte kommen, ja, ja!«

Verwundert und fragend, wer das sei, blickte ihm Albano ins Gesicht. »Verflucht«, (sagte Schoppe) »ich errate Euch ganz gut, Ihr haltet mich nicht für achtels so vernünftig als Euch selber, sondern für toll. Wolf, komm herauf! Du Bestie warst häufig auf einsamen Wegen und Stegen mein Schirmvogt und Teufelsbanner gegen den Ich. – Herr, wer Fichten und seinen Generalvikar und Gehirndiener Schelling so oft aus Spaß gelesen wie ich, der macht endlich Ernst genug daraus. Das Ich setzt Sich und den Ich samt jenem Rest, den mehrere die Welt nennen. Wenn Philosophen etwas, z. B. eine Idee oder sich aus sich ableiten, so leiten sie, ist sonst was an ihnen, das restierende Universum auch so ab, sie sind ganz jener betrunkne Kerl, der sein Wasser in einen Springbrunnen hineinließ und die ganze Nacht davor stehen blieb, weil er kein Aufhören hörte und mithin alles, was er fort vernahm, auf seine Rechnung schrieb – Das Ich denkt Sich, es ist also Ob-Subjekt und zugleich der Lagerplatz von beiden – Sapperment, es gibt ein empirisches und ein reines Ich – die letzte Phrasis, die der wahnsinnige Swift nach Sheridan und Oxford [Freunde Swifts] kurz vor seinem Tode sagte, hieß: ich bin ich – Philosophisch genug!« –

»Und was schließest du Furchtbares aus allem?« sagte Albano mit innigster Trauer. »Alles kann ich leiden«, (sagte Schoppe) »nur nicht den Mich, den reinen, intellektuellen Mich, den Gott der Götter . . .«

(33. Jobelperiode, 132. Zykel)

Die philosophische Theorie Fichtes, der das Ich zum Mittelpunkt der Welt und alles außerhalb des Ichs, also das ganze Universum, zum Nicht-Ich erklärte, hat Jean Paul durch Schoppe in konkrete Lebenswirklichkeit umgesetzt und sie damit *ad absurdum* geführt. Er wollte damit weniger den großen Philosophen persiflieren, den er zumindest anfangs bewunderte und mit dem er durchaus die aggressive Komponente der Gesellschaftskritik teilte, sondern die Gefährdungen des nur in sich (und nicht in Gott) begründeten Menschen zur Anschauung bringen. Mit dem grotesken Bild des betrunkenen Kerls, der zwischen dem selbsterzeugten Geplätscher und dem des Brunnens nicht mehr zu unterscheiden weiß, wird die Vorstellung von der unendlich potenzierbaren geistigen Energie des Menschen, die in Fichtes Philosophie steckt, als Wahn entlarvt.

Schoppe leidet auch unter seinem nach absoluter Freiheit strebenden Geist, er haßt sein intellektuelles Ich; die Vorstellung, selbst Schöpfer des Universums zu sein und Gott gleich, entsprechend der Fichteschen Theorie, stürzt ihn in unsägliche Isolation und bringt ihn schließlich um den Verstand. Wenn der Mensch keinen Bruder hat, der ihm stützend die Hand reicht, ist er verloren.». . . Gott gebe nur, daß Gott selber niemals zu sich sagt: Ich! Das Universum zitterte auseinander, glaub' ich, denn Gott findet keine dritte Hand.« (136. Zykel) Dadurch, daß Schoppe sowohl das reine (theoretische) Ich Fichtes und das empirische Ich gleichsetzt und auch das Nicht-Ich auf sich bezieht – er sich sozusagen in verschiedene Ichs aufspaltet –, fühlt er sich schließlich von sich selbst bedroht. Schon als junger Mann hatte Schoppe, der ursprünglich Kees hieß und daraus Siebenkäs machte, versucht, seiner Identität zu entkommen, und mit seinem

Freund Leibgeber den Namen getauscht (was nicht schwierig war, denn beide waren sich zum Verwechseln ähnlich). Als der Freund nun plötzlich in Hohenfließ auftaucht, ereilt den Verzweifelten endlich der Tod.

In dem Wissen, daß erst die Freiheit den Menschen zum Menschen mache, stimmt Albano mit Schoppe überein; aber beide haben einen anderen Begriff von Freiheit. Schoppe versteht darunter absolute Unabhängigkeit: frei von Vorurteilen zu sein und unbeeinflußbar durch die Mitmenschen, ohne äußere Bindungen und ohne innere Begrenzungen; aber Glück und Erfüllung findet Schoppe in solcher Freiheit nicht, nur immer wieder sich selbst – und unendliche Leere. Albano dagegen gibt der Glauben an eine zweite Welt über der erfahrbaren irdischen die Freiheit, gegen alle Bedrängnisse und Widerstände sein wahres Ich zu leben. Im Wissen um seine Grenzen besitzt er doch so viel schöpferische Kraft, daß er sich »in der plattgedrückten Ebene seines Lebens ... den Berg selber vorheben« kann. Als Teil der göttlichen Ordnung weiß er sich geborgen; aus dieser Sicherheit schöpft Albano immer wieder Lebensmut und neue Kraft trotz der schweren Schicksalsschläge, zu denen er nun auch den Verlust Schoppes zählen muß.

Als er so über sich und die stille dunkle Wüste seines Lebens hinsah: so war ihm auf einmal, als würde sein Leben plötzlich erleuchtet und ein Sonnenblick fiele auf den ganzen Wasserspiegel der verflossenen dunkeln Zeit; es sprach in ihm: »Was ist denn da gewesen? Menschen – Träume – blaue Tage – schwarze Nächte – ohne mich hergeflogen, ohne mich fortgeflogen, wie fliegender Sommer, den die Menschenhand weder spinnen noch befestigen kann. Was ist dageblieben? Ein weites Weh über das ganze Herz – aber das Herz auch – Es ist freilich leer, aber fest – unzerrüttet – heiß – Die Geliebten sind verloren, nicht die Liebe, die Blüten sind herunter, nicht die Zweige – Ich will ja noch, wünsche noch, die Vergangenheit hat mir die Zukunft nicht gestohlen – Noch hab' ich die Arme zum Umfassen, und die Hand, um sie ans Schwert zu legen, und das Auge zum Schauen der Welt – – Aber was untergegangen ist, wird wieder kommen und wieder fliehen, und nur das wird dir treu bleiben, was verlassen wird, – du allein. –«

(33. Jobelperiode, 133. Zykel)

»Ich-Blitze« nennt Jean Paul solche plötzlichen Eingebungen, die, von keiner Reflexion ausgelöst, ins gewohnte Leben einbrechen und diesem eine andere Klarheit geben. Immer wieder beschreibt der Dichter diese Augenblicke, da Unbewußtes an die Oberfläche dringt (»es sprach in ihm ...«), so daß es Sprache werden kann. In seiner ›Vorschule‹ schreibt Jean Paul, daß es solche Blitze »in der ersten Liebe, zuweilen bei der Musik, bei großen Entschlüssen, bei großen Schmerzen, bei Entzückungen ... gibt, ... welche den ganzen Himmel fliehend aufreißen, den wir suchen« (III. Kantate-Vorlesung).

Das heißt: das Ich hat in solchen wenigen großen Momenten teil an der himmlischen Weltweisheit; ein religiös-mystisches Erschrecken und Ergriffen-Sein ist mit diesem Erkennen verbunden. Klarsichtig formuliert Albano nach dieser »Erleuchtung« sein Anders-Sein: Im Gegensatz zu Schoppe, dem reinen Denker, vertraut er seiner Herzenskraft und seinen Sinnen, die ihn der positiven Tat, den Mitmenschen und Gott öffnen.

Idoine: Engel und Titanide

Noch bevor er starb, hat Schoppe jene Unterlagen im Grab der Fürstinmutter Eleonore von Hohenfließ gefunden, die über Albanos Identität Klarheit bringen. Luigis Testament bestätigt seine Rechte als Thronfolger. Ein wenig zürnt Albano über das Spiel, das mit ihm getrieben worden, aber Stolz und Freude über die ihm anvertraute Macht sind stärker. Voll Selbstgewißheit und reformerischer Pläne begibt er sich nach Pestitz; das »Volksglück« will er befördern und für höchste Gerechtigkeit sorgen. Nun braucht Albano nur noch eine Gefährtin auf dem Thron, die ihn in seinem Reformeifer unterstützt: er findet sie, wie schon angedeutet, in Idoine, der Erbin des Nachbarlands Haarhaar, die ihn auch längst liebt, und so löst sich der diplomatische Kleinkrieg zwischen den beiden Duodezfürstentümern um das gegenseitige Erbe aufs Schönste.

Idoine hat sich schon räumlich aus der verderbten Hofatmosphäre entfernt und ihr eigenes Wunsch-Dorf in einem idyllischen Gebirgstal erbaut. Die Prinzessin gleicht der verstorbenen Liane nicht nur äußerlich, sondern auch in ihrem empfindsamen reinen Wesen, besitzt jedoch, wie Linda, Selbstbewußtsein und Energie. – Ein wenig erinnert das Schema an ›Wilhelm Meisters‹ Erfahrungen mit Frauen: Natalie, die Goethes Held schließlich heiratet, ist ähnlich unlebendig wie Idoine, ein Kunstprodukt aus der Wärme seiner ersten Liebe Mariane, der Sinnlichkeit der Schauspielerin Philine, der Frömmigkeit der pietistischen Tante und schließlich der praktischen Tatkraft Theresas. Jean Paul läßt seine idealische Heldin über ein Gebiet herrschen, das sie im Scherz Arkadien nennt, und deutet damit selbst auf das Fiktive ihrer Existenz; während Goethe, ebenfalls nicht ohne Ironie, Wilhelm nach der Verlobung mit Natalie erst einmal auf die ›Wanderjahre‹ schickt (vgl. Bd. III).

Idoine ist das »reizende Mittelding von Nonne und Ehefrau«. Ihre täuschende Ähnlichkeit mit der toten Liane erschüttert zunächst Albano, und ein Teil seiner unerfüllten reinen Liebe geht auf Idoine über. Darüberhinaus zieht ihn ihre praktische Lebenstüchtigkeit an. Ihr fest auf Erden verwurzeltes Sein spiegelt das »fruchttragende Leben«, die glückliche Zufriedenheit ihrer Untertanen in Arkadien,

> wo der bunte Blütenstaub ihrer Ideen und Träume, ungleich dem schweren toten Goldstaub des bloßen Reichtums, leicht im heitern Leben flatternd, unbemerkt belebend, endlich feste Wälder und Gärten auf der Erde ausbreitete – alles in ihm liebte sie und rief: nur sie könnte deine letzte wie deine erste Liebe sein – und sein ganzes Herz, durch Wunden offen, war der stillen Seele aufgetan.
>
> (34. Jobelperiode, 137. Zykel)

In Idoine vereinen sich das Leichte und das Feste, ihre Ideen und Träume realisiert sie in ernster Tätigkeit und mit leichter Hand regierend; so besteht durchaus Hoffnung, daß sie den Idealisten Albano »erden« und ihn in seinen Reformplänen tatkräftig unterstützen wird. Die letzten Absätze des Romans stehen ganz im Zeichen dieser glücklichen Verbindung, die die Utopie einer friedlichen, brüderlich geeinten Menschheit erlaubt:

> ... Die Lindenstädter Gebürge, das ewige Ziel seiner Jugendtage, waren vom Mond beschneiet, und die Sternbilder standen blitzend und groß auf ihnen hin. Er sah Idoine nun an – wie gehörte diese Seele unter die Sterne! – »Wenn die Welt rein ist vom niedrigen Tage – wenn der Himmel mit seinen heiligsten fernsten Sonnen das Erdenland ansieht – wenn das Herz und die Nachtigall allein sprechen: – nur dann geht ihre heilige Zeit am Himmel an, dann wird ihr hoher stiller Geist gesehen und verstanden und am Tage nur ihr Reiz«, dachte Albano.
>
> »Wie manchmal, mein guter Albano«, (sagte die Schwester) »hast du hier in deinen verlassenen Jugendjahren zu den Bergen nach den Deinigen gesehen, nach deinen verborgnen Eltern und Geschwistern; denn du hattest immer ein gutes Herz!« Hier blickte ihn Idoine unbewußt mit unaussprechlicher Liebe an – und sein Auge ihres. – »Idoine«, (sagt' er, und ihre Seelen schauten ineinander wie in schnell aufgehende Himmel, und er nahm die Hand der Jungfrau) »ich habe noch dieses Herz, es ist unglücklich, aber unschuldig.« – Da verbarg sich Idoine schnell und heftig an Juliennens Brust und sagte kaum hörbar: »Julienne, wenn mich Albano recht kennt, so sei meine Schwester!« –
>
> »Ich kenne dich, heiliges Wesen«, sagte Albano und drückte Schwester und Braut an *eine* Brust. – Und aus allen weinte nur *ein* freudetrunknes Herz. »O ihr Eltern«, (betete die Schwester) »o du Gott, so segne sie beide und mich, damit es so bleibe!« Und da sie gen Himmel sah, als die Liebenden im kurzen heiligen Elysium des ersten Kusses wohnten, so blickten unzählige Unsterbliche aus der blauen tiefen Ewigkeit – die fernen Töne und die milden Strahlen verwoben sich ineinander – und das schlummernde Reich des Mondes erklang – »schauet auf zum schönen Himmel«, (rief die freudetrunkne Schwester den Liebenden zu) »der Regenbogen des ewigen Friedens blüht an ihm, und die Gewitter sind vorüber, und die Welt ist so hell und grün – wacht auf, meine Geschwister!« –
>
> (Ende des Romans)

›Komischer Anhang‹

Der idealisierende Schluß des Romans befriedigt nicht wirklich. Das
Ziel seiner Ausbildung hat Albano erreicht, insofern ist der ›Titan‹
ein geschlossenes Kunstwerk, wie es die Klassik forderte. Aber der
ganze Jean Paul steht wohl nicht hinter diesem utopischen »Regenbogen des ewigen Friedens«: seine Hoffnungen mögen darin Ausdruck gefunden haben; seine Skepsis, seinen kritischen Sinn für
Wahrheit hat er im ›Komischen Anhang‹ des Romans um so deutlicher artikuliert. Fast ein eigenes Buch stellt dieser Anhang dar, der
aus dem fiktiven ›Pestitzer Realblatt‹ und ›Des Luftschiffers Giannozzo Seebuch‹ besteht und schließlich dem »Anhang zum I. komischen Anhang des Titans«, des ›Clavis Fichtiana seu Leibgeberiana‹,
der ein Schlüssel zur Fichteschen Philosophie sein will.

Im ›Pestitzer Realblatt‹ rechnet Jean Paul, der sich wie befreit
fühlt von den Zwängen des ernsthaften Schreibens und nun luftig
und leicht seine Feder regieren will, satirisch mit seinem Jahrhundert
ab, um am Ende dieses »Zank- und Eismonats« (das Blatt erscheint
vom 1. bis 31. Jänner 1799) doch wieder mit seiner Zeit Frieden zu
schließen und der Hoffnung auf eine bessere Zukunft Raum zu
geben.

Seine ganze Lust an der grimmigen Satire hat Jean Paul noch einmal in dem Luftschiffer Giannozzo ausgelebt, wiewohl er sich in
seiner Vorrede – um die Identität nur interessanter zu machen –
entschieden distanziert von den Ansichten dieses »ungestümen,
durchreißenden« Menschen, der

satt eines prosaischen Jahrhunderts ohne Theokratie und eines Lebens ins
Deutsche übersetzt – so recht erbittert von der allgemeinen freundlichen
Auswechslung gegenseitiger Lüge und Tücke – recht feind dem schwanken-
den Halblob aller Parteien und dem schlaffen Bündnisknüpfen, das nur ein
verdecktes Nestelknüpfen ist – sich ekelnd vor jeder Mattigkeit – anbetend
jede derbe Kraft und die Hände ausstreckend nach dem Äther der Freiheit . . .

in seiner Wut wie blind dreinschlagen muß in die Menge. Näher der
»göttlichen Glanzwelt«, schwebt dieser weltverachtende Menschen-
freund in einer Montgolfiere (dem 1783 erfundenen Heißluftballon)
über die deutsche Kleinstaaterei hinweg, betrachtet und kommentiert
sie mit spöttischem Zynismus. Zuweilen schwillt sein Ingrimm so an,
daß er sich in wilde Aggressionen steigert und mit Donner und Blitz
unter diese »statistischen, kleinstädtischen Achtzehnjahrhunderter
ohne Geister und Religion« hineinfahren möchte. Vergeblich wünscht
er sich »ein paar Sündfluten oder Jüngste Tage . . ., [um die] zahllosen
Blut- und Schweinsigel, Kirchenfalken und Staatsfalken – in allen
Ländern, Departements und den drei Zeit-Dimensionen – [die] unge-

straft saugen, stechen, stoßen und rupfen; – [die], gleich dem grünen Wasserfrosch, der die bewohnten Schneckenhäuser verdauet, Häuser und Länder verdauen«, gehörig zu demütigen und zu strafen (Erste und Zweite Fahrt).

Ohne ein Blatt vor den Mund zu nehmen, gelegentlich grobianisch läßt sich Giannozzo über das »Spuckkästchen drunten, das Pißbidorchen« aus, als das er die Erde mit seinem Fernrohr wahrnimmt. Wie die Winde ihn treiben, überfliegt er (benannte und, der Zensur zu entgehen, unkenntlich gemachte) Orte und Fürstentümer, Parks und Gärten, Wüsten und Meere; gelegentlich landet er und treibt seine galligen Späße mit den Menschen. Mit einer an den späthumanistischen Satiriker Johann Fischart erinnernden überquellenden sprachschöpferischen Lust reibt Giannozzo den Zeitgenossen ihre Lächerlichkeiten hin:

Ich sah in 22 Gärten von mehreren Zwergstädten auf einmal das Knicksen, Zappeln, Hunds-, Pfauen-, Fuchsschwänzen, Lorgnieren [scharf mustern], Raillieren [Zürnen] und Raffinieren von unzähligen Zwergstädtern, alle (was eben der wahre Jammer ist) mit den Ansprüchen, Kleidern, Servicen, Möblen der Großstädter ...

(Zweite Fahrt)

Über Militär und Justiz, Kirche und Staat, das Bürgertum und vor allem die Großen und Mächtigen läßt er sich aus; das Bigotte, das Seichte, Kanzleimäßige, Schlafröckige, Seelenlose und Langweilige der »steifgestiefelten Deutschen« treibt seine Spottlust ungemein an. Seine Reisebilder hält der Luftschiffer im Tagebuch fest, das er seinem Freund Leibgeber, den er hier beinahe zärtlich »Bruder Graul« nennt, widmet; ihn redet er immer wieder an, mit ihm führt er sein einsames Gespräch zwischen Himmel und Erde, bis er am Ende in einem schweren Gewitter aus seiner exzessiv gelebten Freiheit gerissen wird und zerschellt.

Vom selben satirischen Geist wie die beiden vorigen Stücke ist der ›Clavis Fichtiana seu Leibgeberiana‹, das heißt zu deutsch: Schlüssel zu Fichte oder auch zu Leibgeber. Jener Grundgedanke des Fichteschen Systems, daß das sich selbst setzende Ich auch Schöpfer der Welt um sich sei (vgl. oben S. 20ff.), reizte Jean Paul zum Widerspruch in immer neuen Varianten. Das rein abstrakte philosophische »Lehr- und Luftgebäude«, das sich nur schwer mit den i.a. doch konkreten Begriffen und Bildern der Sprache darstellen läßt, klopfte er auf seinen Wahrheitsgehalt hin ab, indem er es mit dem gesunden Menschenverstand untersuchte, bzw. es in die gemeine Wirklichkeit stellte. Ein Absolutes, wie es Fichte postulierte, gab es für Jean Paul im Bereich des Menschlichen nicht – nur im göttlichen. An diesen

Punkt knüpfte er die Hauptkritik, die darin enthaltene Anmaßung zersetzte er satirisch:

§ 12

Leibgeber. »Es frappiert mich selber«, (sagt' ich, als ich mein System während eines Fußbades flüchtig überblickte, und sah bedeutend auf die Fußzehen, deren Nägel man mir beschnitt) »daß ich das All und Universum bin; mehr kann man nicht werden in der Welt als die Welt selber (§ 8) und Gott (§ 3) und die Geisterwelt (§ 8) dazu. Nur so lange Zeit (die wieder mein Werk ist) hätt' ich nicht versitzen sollen, ohne daraufzukommen, nach 10 Visthnus-Verwandlungen, daß ich die natura naturans [die erschaffende Natur] und der Demiurgos [Schöpfer] und der Bewindheber des Universums bin. Mir ist jetzt wie jenem Bettler, der, aus dem Schlaftrunk erwachend, sich auf einmal als König findet. Welch ein Wesen, das, sich ausgenommen (denn es *wird* nur, und *ist* nie), alles macht, mein absolutes, alles gebärendes, fohlendes, lammendes, heckendes, brechendes, werfendes, setzendes Ich* !« –

Hier konnt' ich nicht länger mit den Füßen im Wasser bleiben, sondern ging barfuß und tropfend auf und ab: »Überschlage doch einmal«, sagt' ich, »in Pausch und Bogen deine Schöpfungen – den Raum – die Zeit (jetzt bis ins achtzehnte Jahrhundert herein) – was in beiden ist – die Welten – was auf diesen ist – die drei Reiche der Natur – die lumpigen königlichen Reiche – das der Wahrheiten – das der kritischen Schule – und sämtliche Bibliotheken!« – Und mithin auch die paar Bände, die Fichte geschrieben, weil ich ihn erst setzen oder machen muß, eh' er eintunken kann – denn es kommt auf meine moralische Politesse an, ob ich ihn leben lassen will – . . .

* Die letzten drei Partizipien sind aus der Jägerei.

Seinem Freund Friedrich Heinrich Jacobi hat Jean Paul den ›Clavis‹ zugeeignet. Jacobis Gefühls- und Glaubensphilosophie, die gegen die idealistischen Entwürfe Kants und gegen die ›Wissenschaftslehre‹ Fichtes gerichtet war, entsprach ganz Jean Pauls Vorstellung, nach der die Vernunft des Herzens die Erkenntnis der Welt leiten müsse. In der Figur Leibgebers oder Schoppes hat Jean Paul jenen skurrilen Querdenker erfunden, der seine Gedanken hierzu überzeugend, halb ernst, halb spaßhaft, aussprechen konnte, bis hin zu jener Klage über die fürchterliche Leere und Einsamkeit dieses sich selbst setzenden, allmächtigen Ichs.

Dunkel, dunkel lag dem Jüngling das Leben vor, im langen schwarzmarmornen Säulengang der Jahre schritten die Schmerzen als Pantertiere heran und wurden hell gefleckt unter den weglaufenden Sonnenblicken der Vergangenheit.

(81. Zykel)

... das sind lauter Metaphern – und die unähnlichsten dazu –, welche zu nichts dienen können, als die lang' erwartete Auflösung, welche sie beschreiben wollen, nur noch länger und verdrüßlicher aufzuhalten; ...

(74. Zykel)

[Der Pädagoge:]

Nur der Hunger verdauet, nur die Liebe befruchtet, nur der Seufzer der Sehnsucht ist die belebende aura seminalis [befruchtende Kraft] für das Orpheus-Ei der Wissenschaften. Das bedenket ihr nicht, ihr Fluglehrer, die ihr Kindern den Trank früher gebt als den Durst, die ihr wie einige Blumisten in den gespaltenen Stengel der Blumen fertige Lackfarben, und in ihren Kelch fremden Bisam [Moschus] legt, anstatt ihnen bloß Morgensonne und Blumenerde zu geben – und die ihr jungen Seelen keine stille Stunden gönnt, sondern um sie unter dem Stäuben ihres blühenden Weins gegen alle Winzer-Regeln mit Behacken, Bedüngen, Beschneiden hantiert. – O könnt ihr ihnen jemals, wenn ihr sie vorzeitig und mit unreifen Organen in das große Reich der Wahrheiten und Schönheiten hineintreibt, gerade so wie wir alle leider mit dunkeln Sinnen in die schöne Natur einkriechen und uns gegen sie abstumpfen, könnt ihr ihnen mit irgend etwas das große Jahr vergüten, das sie erlebt hätten, wenn sie aufgewachsen, wie der erschaffne Adam, mit durstigen offnen Sinnen in dem herrlichen geistigen Universum sich hätten umherdrehen können? – Daher gleichen auch euere Eleven den Fußpfaden so sehr, die im Frühling vor allem grünen, später aber sich gelb und eingetreten durch die blühenden Wiesen ziehen. –

(11. Zykel)

[Ich-Bewußtsein:]

In ihm wohnte ein mächtiger Wille, der bloß zur Dienerschaft der Triebe sagte: es werde! Ein solcher ist nicht der Stoizismus, welcher bloß über innere *Missetäter* oder *Hämlinge* oder *Kriegsgefangene* oder *Kinder* gebeut [gebietet], sondern es ist jener genialisch-energische Geist, der die gesunden *Wilden* unsers Busens dingt [gegen Bezahlung anstellt] und bändigt, und der königlicher zu sich, als der spanische Regent zu andern, sagt: Ich, der König! –

(36. Zykel)

[Der Dichter der Jünglingsgefühle:]

Nicht nach den Kinderjahren, sondern nach der Jünglingszeit würden wir uns am sehnsüchtigsten umkehren, wenn wir aus dieser so unschuldig wie aus jenen herkämen. Sie ist unser Lebens-Festtag, wo alle Gassen voll Klang und Putz sind und um alle Häuser goldne Tapeten hängen, und wo Dasein, Kunst und Tugend uns noch als sanfte *Göttinnen* mit Liebkosungen locken, die uns im Alter als strenge *Götter* mit Geboten rufen! – Und in dieser Zeit wohnt die Freundschaft noch im heiter offnen griechischen Tempel, nicht wie später in einer engen gotischen Kapelle.

(53. Zykel)

[Über die jungfräuliche Liane:]

... Dafür gebührt ihr der herrliche Beiname Virgils: die *Jungfräuliche*. In unsern Tagen der weiblichen Krachmandeln, der akademischen Kraftfrauen, der Hopstänze und Doubliermarschschritte im platten Schuh kommt der virgilianische Titel nicht oft vor. Nur zehn Jahre lang (vom 14ten an gezählt) kann ich ihn einem Mädchen geben; später wird es manirierter. Dreizehn und siebzehn Jahre zugleich ist gewöhnlich ein solches holdes Wesen alt.

(56. Zykel)

... wenn es glatteiset, gehen die Menschen sehr Arm in Arm.

(75. Zykel)

Für die weibliche Schönheit ist der Tanzboden, was für unsere das Pferd ist, auf beiden entfaltet sich der gegenseitige Zauber, und nur ein Reiter holet eine Tänzerin ein.

(56. Zykel)

Seliger, dessen Herz nichts braucht als noch eines, aber keinen Park dazu, keine Opera seria, keinen Mozart, keinen Raffael, keine Mondfinsternis, nicht einmal einen Mondschein und keinen vorgelesenen oder nachgespielten Roman!

(71. Zykel)

O die Wunde des Gewissens wird keine Narbe, und die Zeit kühlt sie nicht mit ihrem Flügel, sondern hält sie bloß offen mit ihrer Sense.

(82. Zykel)

Wenn der Mensch sein eigner Freund nicht mehr ist, so geht er zu seinem Bruder, der es noch ist, damit ihn dieser sanft anrede und wieder beseele ...

(93. Zykel)

[Des Bürgers Jean Paul bittere Adelskritik:]

Der gegenwärtige *Titan* benutzt noch den andern Vorteil, daß ich gerade den väterlichen Hof bewohne und schmücke und mithin als Zeichner gewisse Sünden recht glücklicherweise näher und heller vor dem Auge zum Beschauen habe, wovon mir wenigstens der Egoismus, die Libertinage und das Müßiggehen gewiß bleiben und sitzen; denn diese Schwämme und Moose säete das Schicksal so weit, als es konnte, in die höhern Stände hinauf, weil sie in den niedern und breitern zu sehr ausgegriffen und sie ausgesogen hätten – welches das Muster derselben Vorsicht gewesen zu sein scheint, aus der die Schiffe den Teufelsdreck, den sie aus Persien holen, stets oben an den Mastbaum hängen, damit sein Gestank nicht die Fracht des Schiffraums besudle.

(›Antrittsprogramm des Titan‹)

ANHANG

(Die folgenden Erläuterungen sollen lediglich eine erste Orientierungshilfe darstellen; ein literarisches Lexikon ersetzen sie natürlich nicht.)

Abvers: nach der Zäsur (s.d.) liegender Teil eines Verses
Anekdote: kleine Geschichte, die insbesondere durch ihre Pointe einen charakteristischen Zug einer (meist historischen) Person, das Merkwürdige eines Ereignisses oder einer Situation erhellt
alkäische Strophe: antike Odenstrophe (Schema s. S. 53, vgl. Ode)
Allegorie: die bildhafte Darstellung eines abstrakten Begriffes, oft als Personifikation (z.B. Justitia mit Waage und Augenbinde)
Anakoluth (rhetorische Figur): folgewidrige Satzkonstruktion
Anvers: vor einer Zäsur (s.d.) liegender Teil eines Verses
Aphorismus: einzelner, kurzer Prosasatz, der in zugespitzter, oft witziger Form eine Lebensweisheit oder subjektive Erkenntnis formuliert
asklepiadeische Strophe: antike Odenstrophe (Schema s. S. 53, vgl. Ode)
auktoriale Erzählhaltung: Perspektive des allwissenden, die Handlung überschauenden Erzählers, der kommentierend oder mit dem Leser diskutierend in den Ablauf der Erzählung eingreift

Bispel: im Mittelalter eine kurze Reimpaardichtung mit lehrhaftem oder satirischem Inhalt und moralischer Deutung
Blankvers: fünfhebiger Jambenvers ohne Reimbindung:
x x́ / x x́ / x x́ / x x́ / x x́ (x)

Chorjambus: antiker Versfuß, aus einem Trochäus und einem Jambus bestehend: x́ x x x́

Digression: Abschweifung
Distichon: Verspaar, bestehend aus einem Hexameter (mit sechs Daktylen) und einem Pentameter (ebenfalls mit sechs Daktylen, jedoch ohne Hebungen beim dritten und sechsten Daktylus)
Dithyrambe (-us): getanztes Chorlied mit Wechselgesang von Chorführer und Chor (als solches Ursprung der attischen Tragödie), bis zur Ekstase sich steigernd, daher i.a. ohne festen Vers- oder Strophenbau

Elegie: ursprünglich antike Gedichtform in Distichen, später wehmütig-klagende Lyrik ohne Festlegung auf ein Versmaß; im Zeitalter des Idealismus Sehnsucht nach dem Ideal
Emblem: meist allegorisches Sinnbild mit fest umrissener Bedeutung
Epigramm: kurzes Sinn- oder Spottgedicht, meist in Distichen
Essay: kürzere Abhandlung über ein literarisches oder wissenschaftliches Thema in, nach Stil und Gedankenführung, anspruchsvoller, jedoch eher allgemein verständlicher Form

Exkurs: Abschweifung, meist eher am Rande liegende Themen behandelnde, eingeschobene Abhandlung

Fabel: 1. thematisch-stofflicher Grundplan der Handlung in Epik und Drama; 2. knappe lehrhafte Erzählung, in denen Tiere oder Pflanzen handeln und sprechen, meist mit klar ausgesprochener Moral am Ende

Harte Fügung: Aneinanderreihung von Wörtern oder Sätzen ohne Konjunktionen

Hexameter: antiker Vers aus sechs Daktylen:
x́ x x / x́ x x / x́ x x / x́ x x / x́ x x / x́ x x

Hymne: ursprünglich feierlicher Lobgesang zu Ehren eines Gottes oder Helden; seit Klopstock auch Dichtung hohen Tones mit religiösen, patriotischen, schließlich philosophischen Themen

Hypotaxe: Nebensatzkonstruktion

Inversion, inversiver Satzbau: Umstellung der üblichen Satzgliedfolge Subjekt–Prädikat in Prädikat–Subjekt

Jambus: zweiteiliger antiker Versfuß aus einer unbetonten und folgenden betonten Silbe: x x́

Kadenz: metrische Form des Versendes (männlich: betonte Silbe = Hebung; weiblich: unbetonte Silbe = Senkung)

Kalendergeschichte: kurze, meist etwas lehrhafte Erzählung, wie sie seit dem 15. Jahrhundert zur Erbauung oder zur Volksbildung in gedruckten Kalendern üblich waren

Klimax (rhetorische Figur): Wort- oder Satzreihe mit steigernder Aussage

Metapher: bildliche Veranschaulichung eines abstrakten Begriffs oder einer Eigenschaft, wobei Vergleichspartikel (»wie«) entfallen, z.B. die Wogen der Begeisterung

Ode: ursprünglich Chorgesang in der griechischen Tragödie; allgemein lyrische Form des Erhabenen, feierlicher Ergriffenheit, die sich von Lied und Hymne durch Distanz und strenge Formgebung unterscheidet

Oxymoron (rhetorische Figur): Verbindung zweier einander sich eigentlich widersprechender Begriffe (»der Schultern warmer Schnee«)

Parabel: Gleichnis, zur (kleinen) Erzählung ausgebauter Vergleich

Paradoxon: scheinbar widersinnige Zusammenstellung sich eigentlich ausschließender Begriffe zum Ausdruck tieferer Wahrheit (»Schwarze Milch der Frühe«, Celan)

Parallelismus: Wiederholung der gleichen Satzglied- oder Wortartenfolge

Parataxe: Konstruktion nebeneinander geordneter Sätze

Parodie: satirisch-kritische, meist komische Nachahmung eines ernsthaften Werkes durch Unterlegung eines unernsten, unpassenden Inhalts

Pentameter: antiker Vers mit sechs Daktylen, deren dritter und sechster ohne Senkungen sind, ferner mit einer Zäsur in der Mitte:
x́ x x / x́ x x / x́ // x́ x x / x́ x x / x́

Satire: literarische Darstellung menschlicher Schwächen und Laster, um sie durch Übertreibung der Lächerlichkeit und Verachtung preiszugeben

Sentenz: stets im Kontext einer Dichtung stehende, knapp formulierte, allgemeine Erkenntnis im ganzen geschlossenen Satz; meist auch in der Form (Vers, Prosa) der Dichtung angepaßt

Sonett: Gedicht aus zwei vierzeiligen Strophen (Quartette) und zwei dreizeiligen (Terzette), mit i.a. festem Reimschema: abba abba cdc dcd

Stabreim: Gleichklang des Anlauts zweier Wörter in betonter Silbe

Stollen: Die beiden gleichgebauten und nach der gleichen Melodie gesungenen bzw. dem gleichen Rhythmus folgenden Teile des Aufgesangs einer Stollenstrophe

Strophenresponsion: s. Triade

Syntax: Teil der Grammatik, Lehre vom Satzbau

Triade: Einheit von drei Strophen, bei denen entweder die ersten beiden metrisch gleich, die dritte abweichend gebaut sind, oder die bei einer Folge mehrerer Triaden untereinander metrisch korrespondieren.

Trochäus: zweisilbiger antiker Versfuß aus einer betonten und folgenden unbetonten Silbe: x́ x

Utopie: von dem Staatsroman ›Utopia‹ [Nirgendwo] des Thomas Morus abgeleitete Bezeichnung für einen fiktiven gesellschaftlichen oder politischen Idealzustand

Zäsur: Einschnitt in einen Vers, der durch ein Wortende oder ein Satz- bzw. Nebensatzende entsteht, dabei jedoch den Rhythmus des Verses nicht wesentlich unterbricht

Die abgedruckten Textausschnitte sind folgenden Ausgaben entnommen:
Friedrich Hölderlin, Sämtliche Werke und Briefe, hrsg. von Günter Mieth,
2 Bde., München (4. Aufl.) 1984
Friedrich Hölderlin, Hyperion oder Der Eremit in Griechenland, hrsg. und
mit einem Nachwort vers. von Jochen Schmidt, Frankfurt am Main 1979,
insel taschenbuch 365
Heinrich von Kleist, Sämtliche Werke und Briefe, hrsg. von Helmut Sembdner,
2 Bde., München (2. Aufl.) 1961
Jean Paul, Werke Bd. 2 (›Siebenkäs‹, ›Flegeljahre‹), hrsg. von Gustav Lohmann,
München 1959
Jean Paul, Werke Bd. 3 (›Titan‹, ›Komischer Anhang‹, ›Clavis Fichtiana seu
Leibgeberiana‹), hrsg. von Norbert Miller, München 1961

(soweit sie ausführlich besprochen wurden; Überschriften sind kursiv gedruckt.)

Geschichte der deutschen Literatur im Mittelalter

**Dieter Kartschoke:
Geschichte
der deutschen
Literatur
im frühen Mittelalter**

dtv

**Joachim Bumke:
Geschichte
der deutschen
Literatur
im hohen Mittelalter**

dtv

**Thomas Cramer:
Geschichte
der deutschen
Literatur
im späten Mittelalter**

dtv

Dieter Kartschoke:
Geschichte der
deutschen Literatur
im frühen Mittelalter
Originalausgabe
dtv 4551

Joachim Bumke:
Geschichte der
deutschen Literatur
im hohen Mittelalter
Originalausgabe
dtv 4552

Thomas Cramer:
Geschichte der
deutschen Literatur
im späten Mittelalter
Originalausgabe
dtv 4553

Das reichhaltige moderne Studienwerk für alle,
die an der Literatur- und Kulturgeschichte des
deutschen Mittelalters interessiert sind. Vor dem
Hintergrund der politischen, sozialen und kulturellen Verhältnisse werden die literarischen
Strömungen, Formen und Gattungen sowie die
Dichter und Schriftsteller mit ihren Werken und
ihrem Publikum ausgiebig geschildert.

Der Begriff Literatur ist sehr weit gefaßt – er reicht
von Zaubersprüchen und einfachen Liedern über
die reiche Lyrik und die großen Epen, Bibelüber-
setzungen, Predigten und Mysterienspielen bis zu
Legenden und Viten und zu Städtechroniken,
Rechts- und Naturbüchern. Es ist die Literatur
aus acht Jahrhunderten, von den ersten, oft
fragmentarisch überlieferten althochdeutschen
Zeugnissen bis zu den Schriften der Humanisten
Erasmus und Melanchthon.

dtv-Atlas zur deutschen Sprache

Tafeln und Texte
Mit Mundart-Karten

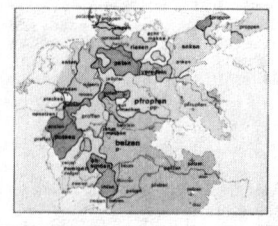

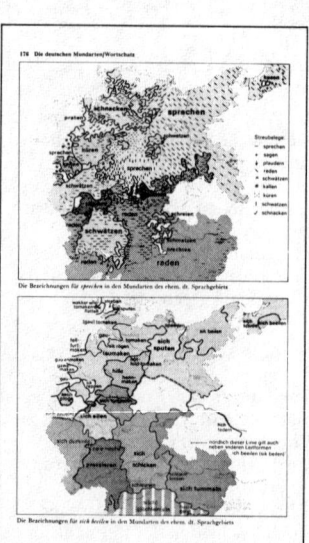

Sprachatlas

dtv-Atlas zur deutschen Sprache
von Werner König
Tafeln und Texte
Mit Mundart-Karten
Originalausgabe

Aus dem Inhalt:
Einführung: Sprache, Text, Satz,
Wort, Laut, Bedeutung,
Sprache und Weltbild, Schrift
Geschichte der deutschen
Sprache: Indogermanisch. Alt-,
Mittel- und Neuhochdeutsch.
Sprachstatistik. Entwicklungs-
tendenzen. Sprache und Politik.
Namenkunde. Sprachsozio-
logie.
Mundarten: Sprachgeographie,
Phonologie, Morphologie.
Wortschatzkarten: Junge,
Mädchen, Schnupfen, klein,
gestern, warten, Kohl, Mütze,
Sahne, Tomate, Stecknadel
u. v. a.

dtv 3025

dtv-Atlas
zur
deutschen
Literatur

Tafeln und Texte

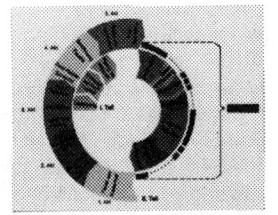

dtv-Atlas
zur
deutschen
Literatur

von Horst Dieter Schlosser
Tafeln und Texte
Originalausgabe

116 Farbtafeln und ausführliche
Texte zeigen die Entwicklung der
deutschen Literatur von den
Anfängen bis zur Gegenwart.

Aus dem Inhalt:
Anfänge. Epos- und
Verstradition. Nibelungenlied.
Artusroman. Minnesang. Mystik.
Volksbuch. Volkslied.
Meistersang. Humanisten.
Reformation. Sprachgesell-
schaften. Opitz. Grimmels-
hausen. Gottsched. Aufklärung.
Lessing. Empfindsamkeit. Sturm
und Drang. Goethe. Schiller.
Weimarer Klassik. Hölderlin.
Romantik. Kleist. Heine. Mörike.
Stifter. Büchner. Grabbe.
Realismus. Hebbel. Fontane.

Naturalismus. G. Hauptmann.
Hofmannsthal. Rilke. H. und
Th. Mann. Expressionismus.
Brecht. Feuchtwanger. Döblin.
Exilliteratur. Literatur in
Österreich 1933-38. Nach-
kriegsliteratur. Literatur in der
DDR. Literarische Tendenzen
nach 1970.
Auswahlbibliographie.
Register.

dtv 3219

dtv
Wörterbuch
der
deutschen
Sprache

Wahrig

»dtv-Wahrig«

**dtv-Wörterbuch
der deutschen Sprache**
Hrsg. von Gerhard Wahrig
in Zusammenarbeit mit zahlreichen Wissenschaftlern und
anderen Fachleuten
943 Seiten mit
ca. 16000 Stichwörtern
Originalausgabe

Wahrigs dtv-Wörterbuch
enthält etwa 16000 Stichwörter
mit Beispielen für die Verwendung in Sätzen und Wendungen,
Redensarten und Sprichwör-
tern; Bedeutungserklärungen
mit Verweisen auf Wörter
gleicher, entgegengesetzter
oder verwandter Bedeutungen;
Angaben zu Rechtschreibung,
Silbentrennung, Aussprache
und Grammatik, Stilebenen,
Fachsprachen und Mundarten.
Dazu, erstmals in diesem Wörter-
buch, Hinweise auf Satzmuster
für Verben und Adjektive

dtv 3136